에베레스트에서의
삶과
죽음

에베레스트에서의 삶과 죽음
셰르파, 히말라야 원정대, 두 문화의 조우

1판1쇄 펴냄 2018년 10월 26일

지은이 셰리 B. 오트너 | **옮긴이** 노상미

펴낸이 김경태 | **편집** 홍경화 전민영 성준근 | **디자인** 박정영 | **마케팅** 곽근호 윤지원
펴낸곳 (주)출판사 클
출판등록 2012년 1월 5일 제311-2012-02호
주소 03385 서울시 은평구 연서로26길 25-6
전화 070-4176-4680 | 팩스 02-354-4680 | 이메일 bookkl@bookkl.com

ISBN 979-11-88907-32-8 93300

이 도서의 국립중앙도서관 출판예정도서목록(CIP)은 서지정보유통지원시스템 홈페이지(http://seoji.nl.go.kr)와 국가자료공동목록시스템(http://www.nl.go.kr/kolisnet)에서 이용하실 수 있습니다.(CIP제어번호: CIP2018032384)

에베레스트에서의 삶과 죽음

셰르파,
히말라야 원정대,
두 문화의 조우

셰리 B. 오트너 지음
노상미 옮김

우리 가족

팀과 그웬
아버지와 멜에게

친족은 소중하다

차례

일러두기

특별한 언급이 없는 한 이 책에 나오는 인명은 실명이다. 나의 글이나 인용으로 당사자가 난처해질 수도 있을 경우에만 이름을 바꾸거나 뺐다.

3장의 다른 버전은 「초기 히말라야 등반에서 셰르파의 형성과 자기형성The Making and Self-Making of the Sherpas in Early Himalayan Mountaineering」이란 제목으로 『네팔 역사와 사회 연구』에 실릴 예정이다.

5장의 다른 버전은 「강력한 저항: 히말라야 등반에서 작용주체의 죽음과 문화적 구성 Thick Resistance: Death and the Cultural Construction of Agency in Himalayan Mountaineering」이란 제목으로 인문학 저널 『재현Representations 59 (summer 1997): 135-162』에 실렸다.

8장의 다른 버전은 「국경의 정치학과 성애학: 히말라야 등반에서 젠더와 성Borderlands Politics and Erotics: Gender and Sexuality in Himalayan Mountaineering」이라는 제목으로 내 책, 『젠더의 형성: 문화의 정치학과 성애학Making Gender: The Politics and Erotics of Culture, 181-212. (Boston: Beacon Press, 1996)』에 실렸다.

1
들어가기

1996년 5월 에베레스트산에서 각기 다른 세 등반대 소속 대원 여덟 명이 폭풍으로 사망했다. 이 사건은 히말라야 등반 사상 최악의 참사는 아니었지만 엄청난 대중적 관심을 받았다. 아마 조지 리 맬러리George Leigh Mallory가 다른 등반가와 함께 에베레스트 정상 부근에서 안개 속으로 사라진 뒤 다시 나타나지 않았던 1924년 이래 최고였을 것이다. "그 산이 거기 있으니까" 에베레스트에 오르고 싶다고 말했던 이가 바로 맬러리였다.

1996년 에베레스트의 재난이 알려진 것은 20세기 말 여러 발전의 결과였다. 무엇보다 통신기술의 발달로 에베레스트에 있던 여러 등반대는 산에서 곧바로 컴퓨터나 전화로 전 세계 어디와도 실시간으로 통신할 수 있었다. 그리하여 등반가인 롭 홀Rob Hall이 에베레스트 정상 가까이에서 꼼짝 못 하고 누워 죽어가면서도, 뉴질랜드에 있는 임신 중인 아내와 위성전화로 여러 차례 통화를 하는 무서운 일도 벌어졌다.

그 사건이 세계적인 관심을 끌게 된 두번째 요인으로는 지난 10여 년 사이에 등장한 이른바 '모험 여행adventure travel'을 들 수 있다. 상대적으로 등반 경험이 부족한 사람들이, 과거에는 보통 대단히 헌신적인 애호가들의 영역이었던 위험한 스포츠에 많은 돈을 내고 참여하게 된 것이다. 1996년 사망자들이 나왔던 등반대 중 두 곳이 그렇게 상업적으로 조직된 등반대로, 고객들은 에베레스트산 정상까지 전문가의 안내를 받는 대가로 각자 6만5,000달러 정도를 지불했다.

또 1996년의 참사는 목숨을 잃은 셰르파가 한 명도 없었다는 점에서도 예외적이었다.[1] 셰르파란 에베레스트산과 히말라야의 몇몇 최고봉 주변에 사는 민족 집단의 구성원으로, 1910년 이래 줄곧 히말라야 등반 원정대들의 등반을 지원해온 소수민족이었다. 그들은 보통 국제 산악인들의 조용한 파트너로서 물품을 운반하고 루트를 개설하고 로프를 고정하고 요리를 하고 캠프를 설치하는 일을 했으며, 때로는 등반가의 목숨도 구하고 때로는 그 와중에 죽기도 했다.

그 등반가들은 누구였을까? 셰르파들은 또 어떤 사람들이었을까? 그들은 지구상에서 가장 높은 그 아찔하고 치명적인 암벽에서 뭘 하고 있다고 생각했을까?

나는 인류학자로서 1960년대 중반부터 셰르파들을 연구하고 있는데, 등반에서 셰르파의 역할에 대한 글을 써서, 셰르파의 관점에서 히말라야 등반을 이야기해야겠다는 생각이 갈수록 커졌다. 그 기획이 이 책의 일부를 이루고 있다. 셰르파들은 히말라야 등반에 가장 큰 공헌을 했고 그 과정에서 돈을 벌고 유명해졌으며 종종 죽기도 했다. 그러나 히말라야 등반은 원래부터, 그리고 지금도 대부분 국제 산악인들에 의해서 정의된다. 그것은 그들의 스포츠이고 그들의 게임이며 그들이 가진 욕망의 실연實演이다.

따라서 이 책을 등반에서 셰르파가 갖는 역할의 역사 혹은 셰르파의 관점에서 보는 등반의 역사로 규정함으로써, 처음부터 이 남자들과 (나중에는 여자들도) 이들의 생각이 설정한 틀 안에서 셰르파를 생각해보고자 한다. 여기에 중요한 이야기가 있는데, 등반가들이 그 스포츠를 통제했음에도 불구하고 20세기를 통해 자신들의 처지를 엄청나게 개선한 셰르파들의 역사가 있다는 점이다. 이제 셰르파들이 처음부터 지금까지 더 나은 보수와 장비를 요구하는 동시에 항상 더 많은 존중을 요구하며 벌인 파업의 역사를 보게 될 것이다. 또한 셰르파들과 국제 등반가들은 (사이비) 남성성을 공유하는 범위 내에서 서로 경쟁하고 서로를 놀렸으며, 아버지와 아들 비슷한 관계를 맺기도 하고 때로는 친구 같은 평등한 관계에 이르기도 했다. '셰르파의 관점에서' 히말라야 등반 이야기는 이런 복잡하고 변화하는 관계들에 대한 이야기이기도 하다.

그러나 만일 셰르파 중심의 히말라야 등반사의 한 부분이 등반에서 또는 등반과의 관계에서 셰르파들의 역할 변화에 대한 이야기라고 한다면, 다른 한 부분은 셰르파 자신들의 문제와 관련해 등반이 한 역할에 대한 이야기여야 한다. 최근 몇 년 사이 셰르파들이 제대로 인정을 못 받고 있다는 언급이 점차 일반화되고 있지만, 이는 보통 등반 자체의 지원이나 성공과 관련해서 인정을 못 받는다는 의미이다. 그런데 이 책이 거듭 주장하는 바가 하나 있다면 셰르파에게 산 이외의 삶이 있다는 점이다. 그들 나름의 의도와 욕망과 성취가 있는 삶, 그리고 그 나름의 불평등과 고통이 있는 삶. 그리하여 이 책에 나오는 또 다른 이야기의 무대는 산이 아니라, 말하자면 그들의 고향 지역인 솔루-쿰부의 셰르파 마을이고, 그들의 사원과 수도원이며, 네팔의 수도인 카트만두의 도시 지역이다. 이 책에서 많은 젊은 셰르파들을 등반으로 내몰

왔고 또 여전히 내몰고 있는 사회적, 경제적 삶의 압력을 보게 될 것이고, 그들이 등반에 가져온 종교적 믿음과 젠더 가정gender assumptions을 보게 되겠지만, 이런 것들 역시 20세기를 통과하면서 변해왔음을 알게 될 것이다. 또한 셰르파들의 등반 경험이 그들이 살고 있는 지역적, 국가적, 그리고 더 나아가 세계적인 맥락에서 셰르파들의 삶과 관련되면서 셰르파의 '정체성'이 변하는 모습도 추적할 것이다.

등반 이전 셰르파의 삶은 지금과 달랐지만 목가적이지는 않았다. 솔루-쿰부는 매우 아름다운 곳이었지만(지금도 아름다운 곳이다), 농사일은 힘들고 지형은 거칠며 길도 없고 바퀴 달린 운송수단도 없었다. 셰르파 사회에는 불평등한 관계가 있었고, 비교적 평등한 관계에도 경쟁과 갈등의 방식이 있었다. 마을 생활, 그리고 나중에는 도시 생활이라는 상황에 놓인 셰르파들에게 등반은 삶 속에 자리한 이런 문제들을 다루는 방법을 제공했다. 등반이 셰르파에게 '영향'을 미쳤다는 식으로 생각할 수도 있겠지만, 앞으로 내가 이 책을 통해 보여주려는 것처럼 등반은 셰르파에게 그들의 문제와 관련해 적어도 부분적으로는 그들의 사회를 변형하고 개조하는 방법을 제공했다고도 생각해볼 수 있을 것이다.

용어와 관련된 언급을 하나 하자면, 1970년대까지 셰르파들은 국제 산악인들을 힌두어로 '보스'나 '주인'을 뜻하는 '사히브sahib'(통상 '삽sahb'이라고 1음절로 발음한다)라는 말로 부르거나 지칭했다. 1970년대에 와서는 이 말을 더 이상 쓰지 않게 됐는데, 이는 앞에서 잠깐 언급한 존중과 인정을 요구하는 캠페인의 일환이었다. 하지만 나는 여러 이유로 이 사히브라는 용어를 이 책 전반에 걸쳐 저자로서 나의 목소리를 낼 때 계속 사용할 것이다. 한 가지 이유를 들자면 사히브(혹은 여성 사히브를 지칭하는 '멤사히브memsahib')는 국제 산악인들을 구체적인 특성으로 구분할 필요가 없을 때 그들에게 일반적으로 붙이기 편리한, 한 단어로 된 꼬리표이기 때문이다. 또 다른 이유는 그것이 사히브들을 셰르파들과 동일한 틀 안에, 즉 민족지ethnography(특정한 사람들의 생활방식에 대한 기술적 설명—옮긴이)적 조사의 대상이라는 단일 범주 안에 놓기 때문이다. 그리고 마지막으로는, 사히브라는 용어가 갖는 우월성의 함의(물론 그래서 셰르파들이 이 용어의 사용을 그만둔 것이다)를 인정하지 않는다고 해도 사히브가 원정대의 셰르파에게 권력을 행사한다는 여전히 계속되는 현실을 회피할 수는 없다는 게 내 생각이기 때문이다. 다소 아이러니하지만 나는 이 용어를 계속 사용함으로써 그런 현실이 계속되고 있음을 알리고자 한다.

위험

고도 등반은 세상에서 가장 위험한 스포츠에 속한다. 이 스포츠에서는 갑작스럽고 충격적인 죽음이 가장 흔한 죽음의 방식이다. 수직에 가까운 깎아지른 암벽에서 미끄러지거나 추락해서, 크레바스에 빠져서, 혹은 눈사태에 파묻혀서 죽게 되는데, 사상자 수로 보면 눈사태 매몰이 가장 큰 원인이다. 또한 '고산병'으로 서서히 죽기도 하는데, 듣기에는 별로 해로울 게 없을 것 같은 이 병은 혈류에 도달하는 산소 공급 부족이 그 원인으로, 뇌졸중과 뇌부종과 폐부종, 그 밖에도 신체적 붕괴를 초래한다.

히말라야 등반 사망률의 정확한 통계를 얻기는 어렵다. 하지만 다양한 수치가 퍼져 있다.[2] "히말라야에 오르면 10명 중 1명은 돌아오지 않는다."[3] "에베레스트 원정대의 사망률은 약 8분의 1이다."[4] "에베레스트의 빙폭에 들어가면 10명 중 1명은 나타나지 않는다."[5] "2명이 에베레스트 정상에 올랐다면 다른 1명은 그 과정에서 사망했다."[6] 카트만두에서 여러 해를 산 정보통인 저널리스트 엘리자베스 홀리Elizabeth Hawley는 1996년 어느 기자에게 "그동안 약 4,000명이 에베레스트에 오르려고 했는데, 그중 660명이 성공하고 142명이 사망했다"고 말했다.[7] 그렇다면 5번의 성공마다 약 1명꼴로 사망자가 발생했다는 이야기다. 셰르파들만 보면 "1950년부터 1989년 중반까지 등반 원정대에서 84명의 셰르파들이 사망했다."[8] 특히 에베레스트와 관련해서는 "사망한 115명의 등반가 중 43명이 셰르파였다."[9]

일반적으로 통계학이 지니는 비인격성은 차치하더라도, 이런 수치들이 부정확하고 비교 불가능하다고 해서 그냥 지나치면 안 된다. 이 문제를 실제로 등반에 참가했던 이들의 관점에서 바라보면, 가까운 이의 급작스럽고 끔찍한 죽음을 보는 일은 거의 압도적인 경험이다. 아마도 히말라야를 등반한 사람 가운데 등반사고로 가까운 친구를 잃지 않은 사람은 단 한 명도 없을 것이며, 대개는 한 명 이상일 것이다. 또 치명적인 사고나 사망자가 발생한 원정대에 한 번도 참여한 적이 없는 등반가는 없을 것이다. 위대한 영국의 등반가 크리스 보닝턴Chris Bonington은 자칭 '사망자 목록catalogue of deaths'이라는 것을 정리했는데, 그가 참여한 원정대에서 등반했던 8명 중 4명이 죽었고, 또 다른 원정대에서 함께 등반했던 10명 중 4명이 죽었다. 그런 식으로 따져보니 총 29명 가운데 15명이 죽었다고 했다.[10]

셰르파의 경우도 거의 마찬가지라 할 수 있다. 등반 경험과 관련해 나와 인터뷰를 했던 30명 이상의 등반 셰르파들 가운데, 등반 사고로 친구나 같은 마을 사람 혹은 친척을(대체로 사히브에게는 해당되지 않는 사항이다) 최소 한 명 이상 잃지 않은 이가 한 사람도 없었으며, 치명적인 사고가 발생한 원정대에 참여한 적이 없는 사람도 단 한 명도 없었다. 사실상 몇몇 등반 셰르파의 경우에는 일했던 거의 모든 원정대에서 치명적인 사고가 발생했다. 그러니 셰르파라면 남자든 여자든 아이든 또 등반가이든 아니든 간에 등반 중 목숨을 잃은 셰르파를 아무도 직접 알지 못하는 이는 단 한 명도 없다고 말하는 게 맞을 것이다.

이런 위험도와 갑작스런 죽음과 관련해 등반에 대한 나 자신의 태도는 시간이 지나면서 바뀌었다. 처음에는 그 문제에 대해 비교적 중립적이어서 등반은 '모험'이란 생각이나 성공과 승리의 짜릿함 같은 것을 액면 그대로 받아들였던 것 같다. 내가 이렇게 중립적인 태도를 취했던 것은 나의 첫 현지조사가 시간적, 공간적으로 등반에 참여하는 셰르파가 거의 보이지 않는 상태에서 이뤄진 탓이기도 했다. 나는 솔루 계곡에 있는 마을에서 지냈는데, 솔루의 남자들은 쿰부의 남자들보다 등반 일을 하는 사람이 훨씬 적었다. 쿰부는 고도가 더 높고 산봉우리들과 더 가까웠다. 또 첫번째 현지조사는 1966년부터 1968년 사이에 이뤄졌는데 그 시기에는 네팔에서 등반이 대부분 폐쇄됐다. 중국에서 '문화대혁명'이 일어났으며 중국인들이 국경 침범에 극단적으로 민감했기 때문이다. 이러한 이유에 더해 내가 나 자신을 등반가로서의 대중적 이미지 뒤의 '진짜' 셰르파들에게 다가가는 인류학자로 생각했던 탓에, 셰르파들의 등반 참여라는 문제 자체는 나의 의식에 거의 영향을 미치지 않았으며 등반 자체에 대해서도 특별한 판단을 하지 않았던 것 같다. 사실 당시 나는 등반 중단이 초래한 셰르파들의 경제적 곤란을 염려했었다.

첫 현지조사 여행과 두번째 여행 사이에, 나는 〈에베레스트에서 스키를 타고 내려온 사나이The Man Who Skied Down Everest〉라는 셰르파 여섯 명이 목숨을 잃은 일본 원정대에 관한 다큐멘터리를 봤다.

1979년에 다시 현지조사를 하려고 돌아갔을 때는 쿰중Khumjung이라는 높은 계곡에 있는 쿰부의 마을에서 지냈다. 아마 그곳은 등반 셰르파의 최대 단일 공급처일 것이다. 쿰중의 하숙집 주인은 알고 보니 그 일본 스키 원정대의 사다sardar(셰르파들의 십장)였다. 나는 그가 그 사망 사건으로 큰 타격을 받았음을 알게 되었다. 사망한 남자들 대다수가 그의 친척이었던 것이다. 그 후로 그는 등반을 하지 않았다. 게다가 내가 그곳에 있는 동안 유고슬라비아 원정대가 에베레스트를 등반하고 있었는데, 그 원정대의 선봉에 선 고산 셰르파 가운데 한 명이 죽었다. 그도 역시 쿰중 출신이어서 나는 마을을 휩쓰는 강렬한, 아니 격렬한 슬픔을 생생하게 목도할 수 있었다. 나는 이들 젊은이들의 터무니없이 무의미한 죽음에 아연했으며 등반에 극도로 적대적이 되었다. 이 책에 실린 몇몇 장의 초고에는 '정신 나간' 그리고 '기괴한' 같은 단어가 군데군데 등장했다.

내가 등반을 끔찍하게 여기게 된 것은 그 셰르파들의 죽음이 비통해서만은 아니었다. 이 프로젝트를 진행하는 동안 등산 문학을 읽을 때면, 나는 종종 그 대상이 사히브이든 셰르파이든, 가차 없는 죽음의 연대기를 읽는 기분이었다.[11] 왜 자진해서 이런 괴이한 위험을 무릅쓰는 것인지 알 수 없었다. 나는 사히브들이 그에 관해 했던 온갖 이야기들을 알게 되었지만, 아주 오랫동안 그게 무슨 뜻인지 깊이 이해하게 됐다고는 말할 수 없는 상태였다. 내게는 여러 가지 면에서 등반 사히브들이 셰르파들보다 훨씬 낯설었다.

그런데 마침내 '이해한' 것 같다. 그렇게 무의미하게(저자가 초고에 썼다 지웠다는 표시—옮긴이) 목숨을 거는 것에 대해 비판적인 감각을 전적으로 상실한 것도 아니고 또 내가 그런 일을 한다는 것도 상상할 수 없긴 하지만. 나는 등반이 문제의 여지가 있는 특정 문화 시나리오(이를테면, 개인적인 영광 추구, 과도한 남성성 등등)에 참여하고 있음에도 불구하고 어떤 점에서는 지배문화에 다소 비판적인 입장에 서 있다는 사실을 알게 되었다. 이 이야기는 이 책의 주요 주제 중 하나이다.

원정

히말라야 산맥에는 세계에서 가장 높은 산들이 있다. 지구상에는 8,000미터가 넘는 산이 14개뿐인데, 그 모든 산이 히말라야에 있으며 네팔에만 그중 8개가 있다. 그 가운데 가장 높은 산이 에베레스트로, 8,848미터이다. 8,000미터가 넘는 고봉을 오르는 것이 얼마나 어려운 일인지 먼저 짚고 넘어갈 필요가 있다. 높은 고도에서는 공기 중에 산소가 거의 없어서 지극히 사소한 일을 해내는 데도 그 어려움이 엄청나게 커진다. 1938년에 에릭 십턴Eric Shipton은 "에베레스트 위쪽을 오르는 등반가는 꿈속에서 등반하는 아픈 사람과 같다"고 일기에 썼다.[12] 그리하여 1920년대 초부터 8,000미터 이상의 고봉들을 오르려는 진지한 노력들이 있었지만, 첫 성공은 프랑스 등반가 모리스 에르조그Maurice Herzog가 네팔의 안나푸르나를 등정한 1950년에야 이뤄졌다. 현재까지 8,000미터 이상의 고봉 등정에 나선 원정대 가운데 3분의 1만이 성공했다.[13]

원정대란 산을 오르기로 결심하고 이를 시도하는 사람들이 자체 조직한 집단이다. 한때는 원정대가 모두 남자들로 이뤄졌지만 이제는 많이 바뀌었다. 사히브들 또한 예전에는 주로 서구의 백인들이었지만 이 역시 1960, 1970년대를 기점으로 현저히 달라졌다. 그러나 비교적 변하지 않은 한 가지가 있는데, 그것은 사회적으로 등반이 대체로 중간

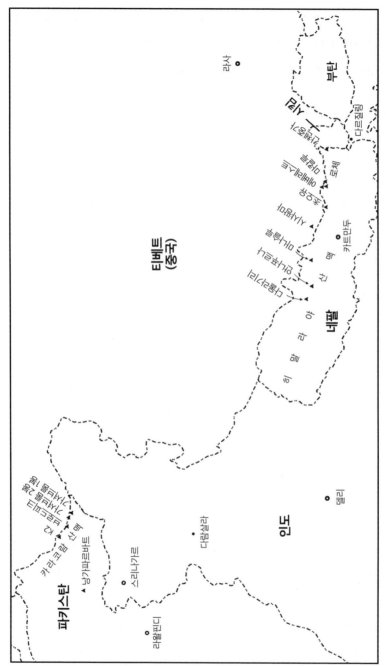

지도 1. 전 세계 8,000미터 이상 고봉 14개를 모두 보여주는 장대한 히말라야-카라코람 지역.

부탄

시킴

칸첸중가

로체
마칼루
에베레스트
초오유
시샤팡마

다르질링

티베트
(중국)

카트만두

마나슬루

안나푸르나
다울라기리

산 맥

히 말 라 야

네팔

티베트

델리

인도

다람살라

스리나가르

낭가파르바트

K2
브로드 피크
가셔브룸 2봉
가셔브룸 1봉
히든 피크

카라코람 산맥

파키스탄

라왈핀디

1장 들어가기

계급의, 일반적으로는 고등교육을 받은 중상류계급의 스포츠였고 지금도 그렇다는 사실이다. 초창기에는 매우 유명한 상류계급 인사도 몇몇 참여했고 1970년대 이후로는 노동계급 (특히 영국) 등반가들이 점차 늘기도 했지만 그럼에도 불구하고 등반가의 대다수는 중간계급에서 중상류계급이었다. 그래서 앞으로 논하겠지만 이 스포츠의 문화에는 계급의 구성요소가 반영돼 있다.

원정대를 조직하는 일은 큰일이다. 우선 기금을 모아야 한다. 기금 모금 방식은 원정대에 따라, 국적에 따라, 또 시기에 따라 굉장히 다양한데, 그 자체가 이야깃거리가 된다. 보통 핵심 그룹이 있고 그들이 얼마나 사람들을 더 모을지 생각한다. 개인들은 초대를 받아야 원정대에 참여할 수 있는데, 초대를 받게 되면 몹시 기뻐하고 배제되면 고통스러워한다. 최첨단 기술로 무장하고 많은 대원과 몇 톤에 이르는 장비와 물품 그리고 상당히 많은 셰르파와 말 그대로 수백 명에 이르는 포터 porter(짐꾼—옮긴이)로 구성된 대규모 원정대가 있는가 하면, 상대적으로 규모가 작고 저차원 기술low-tech을 쓰는 원정대도 있다. 이러한 선택에는 모두 결과가 따른다.

다음으로 원정대 대원들 사이의 사회적, 심리적 역학관계 문제가 있다. 일단 원정대가 산에 들어가 좁은 곳에서 함께 생활하면서 신체적으로 스트레스가 심한 조건에서 어려운 임무를 수행하다보면 성격, 국적, 등반 가치관을 비롯한 많은 차이들이 엄청나게 확대된다. 신체 능력과 기술능력 그리고 장비가 성공에 필수적이기는 하지만, 산을 오르는 일에는 대인관계도 굉장히 중요한 요소이다.

마지막으로 서구 혹은 '제1세계' 국가 출신 등반가의 관점에서 볼 때 초고도 등반은 일반적으로 멀리 떨어진 지역, 대체로 히말라야 산맥이나 안데스 산맥에서 이뤄진다. 이 지역에는 '인종', 문화, 종교, 근대화 정도, 그리고 이런 것들과 상관 있다고 여겨지는 개인적 특성 중 일부 혹은 전부가 심각하게 달라 보이는 사람들이 살고 있다. 원정은 원정 허가와 물자, 특히 노동력 측면에서 그 사람들에게 의존하기 때문에 그들과의 관계 역시 사히브 집단 내의 관계나 등반의 전문성만큼이나 고도 등반 역학관계의 중요 부분이다. 그렇다면 셰르파란 어떤 사람들인가?

셰르파

히말라야 원정대들 대부분은 20세기 내내 일반적인 짐 운반이나 숙련을 요하는 고산 짐 운반 그리고 전반적인 원정 지원을 셰르파라 불리는 사람들에게 의존했다. 무심한 관찰자들은 '셰르파'가 소수민족의 이름인지 역할 범주인지 아니면 그 둘 다인지 종종 헷갈려하는데 이런 혼동이 부당한 것은 아니다.[14] 여기서 간략히 설명할 테지만 셰르파란 무엇인가 하는 문제는 서문에서 간략히 언급하는 대부분의 내용들처럼 이 책 전반에 걸쳐 다양한 방식으로 등장할 것이다.

셰르파는 일단 네팔 북동쪽 에베레스트 대산괴 주변의 산과 계곡에 사는 소수민족이다. 그들의 조상은 16세기에 티베트 동부에서 이주했으며 민족적으로 티베트인과 밀접한 관련이 있다. 19세기 후반에 일부 셰르파 남자들은 크고 작은 사업과 임금 노동의 형태로 영국인들에게서 경제적 기회를 얻고자 (대부분 계절에 따라) 인도의 다르질링으로 이주하기 시작했다.[15] 셰르파족은 다른 소수 민족들과 함께 다르질링 지역의 도로건설 사업의 '쿨리coolie' 일(막노동—옮긴이)에, 주변 산들의 탐사 및 측량 프로젝트에, 그리고 원정 등반이 별개의 활동이 되자

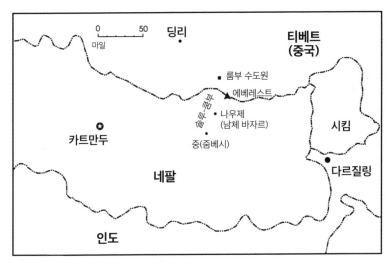

지도 2. 동부 네팔. 지역 여행의 핵심 포인트와 셰르파의 고향인 솔루-쿰부.

등반 원정대에 지원했다. 셰르파들은 금세 두각을 나타냈다. 셰르파족
이 특히 산 탐험과 등반 관련 지원 작업에 매우 적합하다는 사실을 등
반가들은 1907년에 이미 주목하고 있었다.

그 같은 작업에 정확히 어떤 일들이 포함되는가는 시간이 흐름에
따라 차차 달라졌다. 최소한 짐을 나르는 일과 대내 지원이라 할 수 있
는 캠프 설치, 장작과 물 나르기, 요리, 서빙, 청소와 같은 일들은 항상
들어갔다. '길을 안내한다'는 개념은 유럽의 알파인 가이드 경우보다는
항상 덜했다.[16] 그러나 앞으로 보게 되겠지만 세월이 흐르면서 '셰르파
의 일'은 늘어났고 지금은 대다수 원정대가 셰르파를 실제 등반대원에
일부 포함시키는 데 이르렀다.

'셰르파'란 범주 역시 계속 변하고 있다. 원래는 고산에서 짐을 나
르는 일과 일반 원정 지원에 소질을 보이는 소수민족을 일컬었지만,
결국은 역할과 지위를 나타내는 말이 돼 최소한 몇 가지 (때로는 아주

많은) 전문 등반기술을 갖춘 고산 전문 포터를 의미하게 되었다. 지위를 나타내는 의미로서 셰르파는 한편으로 '현지 포터'(셰르파족일 수도 있고 아닐 수도 있는 낮은 고도 포터들로, 요즘에는 대부분이 타망족 Tamang이다)와 구별되었고, 다른 한편으로는 '대원'(보통 사히브로만 구성된 원정대 자체)과도 구별되었다. 만일 어떤 셰르파족이 등반 '셰르파', 그러니까 고산 포터인데 정상등반조에 선발됐다면 그는 원칙적으로 원정대의 '셰르파'가 아닌 '대원'이 되었다.

초기에는 사히브들이 셰르파를 개별적으로 뽑으려고 했다. 하지만 곧 좋은 사다를 고용해 그에게 자신의 팀을 선발하게 하는 것이 관행이 됐다. 그리하여 셰르파가 원정대 일을 구하려면 혈연관계나 다른 형태의 개인적 친분을 통해서 또는 호의를 구하는 셰르파 방식으로 선물을 갖다주면서 사다와 접촉해야 했다. 등반 셰르파의 경력 패턴은 다양하다. 셰르파 청년이라면 키친보이(취사 담당—옮긴이)나 일반 짐꾼으로 시작해 한두 원정대에서 그 정도의 일을 하다가 등반 셰르파'급'으로 고용되기를 희망할 수도 있다. 하지만 곧바로 셰르파 일을 얻는 운 좋은 젊은이도 일부 있다. 몇 년을 등반 셰르파로 보낸 야심만만한 젊은이라면 사다가 되기를 희망할 수도 있다. 하지만 모든 셰르파가 사다가 되는 것은 아니며 단순 '셰르파'로 산을 오르다 경력을 끝내는 이들도 있다. 그런 이들 중에는 사다가 되고 싶지 않다고, 그 일은 너무 스트레스가 심하다고 말하는 이들도 있다. 하지만 사다는 돈을 아주 많이 벌 수도 있으며, 그런 이들은 대부분 비교적 일찍 은퇴할 수도 있다.

일부 셰르파는 등반의 전설이 되고 영웅이 되었다. 어떤 셰르파들은 자신의 목숨마저 희생했다. 에베레스트산을 여러 차례 오른 셰르파들도 있다(최근 집계에 따르면 앙 리타Ang Rita 셰르파는 10번을, 아파 Apa 셰르파는 8번을 올랐다).[17] 그리고 이 점 역시 매우 주목할 만한데,

원정대가 치명적인 사고 없이 산을 올랐다 다시 내려오도록 이끌거나 도왔던 셰르파들도 많다. 이 책에는 그런 셰르파 가운데 일부가 등장하지만, 일차적으로 이 책은 개개인들이 쌓은 업적의 연대기가 아니다. 오히려 이 책은 사히브와 셰르파 양자를 추동하는 것이 무엇인지, 그들이 서로에게 그리고 서로를 위해 무엇을 했는지, 그들이 만났을 때 그들이 가져온 것은 무엇이고 가져간 것은 무엇인지, 그리고 이 모든 것이 그들이 규정한 각자의 세계에 어떤 영향을 —특히 셰르파들에게— 미쳤는지, 이런 점들을 유서 깊은 인류학적 방식으로 이해하고자 한다.

조사

최근 들어 등산은 모든 스포츠 가운데 '가장 문학적'이라고 불린다.[18] 산악인들은 대체로 교육수준이 높고 표현력이 좋아서 특정 원정대에 대한 기록이나(같은 원정대에 대해 여러 사람이 쓰기도 한다) 개인적인 회고록을 비롯해 기사나 책을 많이 쓴다. 나는 산악인들의 작품을 말 그대로 수백 권을 읽었는데 어떤 책들은 얼마나 흥미진진하던지 평소 연구자료를 읽을 때보다 더 재미있게 탐독하는 바람에 죄책감마저 들었다. 나는 이 책의 사히브 편을 쓰기 위해 그런 문헌들을 깊이 팠다. 원정대에서 있었던 일들과 대인 역학관계에 대한 상세한 설명을 듣기 위해서, '사히브' 문화에 대한 통찰을 얻기 위해서, 셰르파에 대한 견해를 알아보기 위해서, 그리고 이 모든 것이 20세기를 거치면서 어떻게 변해왔는지에 대한 역사적 감각을 얻기 위해서였다.

둘째, 나 자신의 과거 민족지를 포함해, 이제는 방대해진 셰르파 관련 민족지학 문헌들을 참고했다. 셰르파에 대한 '자료'를 얻기 위해서였다. 또한 이런 문헌들을 셰르파에 대한 '사히브의 재현representations'이라는 일반 자료로 간주해 산악인들의 저술과 마찬가지로 비판적으로 검토해야 할 것으로 보았다.

셋째, 이 책의 앞부분을 쓸 때는 앙 타르카이Ang Tharkay와 텐징 노르가이Tenzing Norgay 두 셰르파의 자서전을 많이 참고했다.[19] 이 자서전들은 그 자체로 문제점을 지니고 있다. 그들이 구술한 내용을 서구의 작가들이, 때로는 통역사의 도움을 얻어 기록한 것이라 셰르파 본인의 직접적인 자기표현으로 간주될 수 없기 때문이다. 이런 텍스트들은 셰르파의 '목소리'를 왜곡, 과장했다고 비난받을 수도 있겠지만, 이 사람들과 그들의 시대를 아는 데 자서전을 이용하는 것이 매우 간단한 방법이므로 이 문제는 대부분 건너뛰었다.

그리고 마지막으로 당연히 나 자신의 현지조사도 참고했다. 이 책과 관련해 내가 한 현지조사에 대해 간단히 설명하자면, 조사 시작 단계부터 셰르파어(티베트 방언)를 열심히 배운 덕분에 내 셰르파어 실력이 상당히 좋아졌다. 하지만 내가 셰르파어를 연습하길 원하는 만큼이나 영어를 연습하고 싶어하는 조수와 늘 함께 일했기 때문에 셰르파어와 영어가 뒤섞인 일종의 효과적인 혼종어가 나왔다. 이전 프로젝트에서 나의 주된 조사 분야는 셰르파의 종교였는데, 종교에 관한 인터뷰는 대부분 조수의 도움을 받아 셰르파어로 진행됐다. 그러나 등반과 관련된 이번 프로젝트를 위한 인터뷰는 영어로 진행된 경우가 상당히 많았는데, 많은 등반 셰르파의 영어 실력이 적어도 내 셰르파어 실력만큼이나 좋았기 때문이다.[20]

녹음기는 거슬리기 때문에 거의 사용하지 않았다. 공식적인 인터뷰를 할 때는 메모를 많이 했고 비공식적인 대화는 끝나는 즉시 핵심 내용을 기록했다. 두 경우 모두 숙소에 가서 가능한 한 빨리, 기억할 수 있는 한 상세하게 기록했으며 내 조수나 주변에 있었던 이들에게 들은 내용이나 의미에 대해 그들이 기억하는 바를 자주 물었다. (물론 이들이 말한 것 역시 그 자체가 자료이다.) 이런 식으로 조사를 했기 때문에 독자에게는 다소 거슬릴 수도 있겠지만 내 필드노트에서 인용한 인터뷰 내용은 삼인칭으로 "그는 매우 기뻤다고 말했다"는 식으로 되어 있는데 내가 인터뷰 내용을 기록한 방식이 그러했다. 직접성을 높이기 위해 일인칭으로 바꿀까도 생각해봤지만 필드노트에 대해 내가 일반적으로 접근하는 방식은 필드노트도 출판물이나 역사적 문서처럼 일련의 고정된 텍스트라는 것이다. 따라서 나는 간간이 문법을 정리하는 것 외에 손대는 것은 좋아하지 않는다.

그 필드노트들은 이 책과 관련한 나의 주된 최종 정보 출처이다. 일부는 첫번째 현지조사 때인 1966년에서 1968년 사이에 네팔의 셰르파 거주 지역인 솔루-쿰부에서 작성된 것이다. 뒤에, 1976년과 1979년에 다시 솔루-쿰부에 갔으며, 1990년에 마지막으로 네팔의 수도인 카트만두에서 이 책을 쓰기 위해 인터뷰를 진행했다. 이미 초기 현지조사를 바탕으로 해서 셰르파에 관한 책과 논문을 많이 출간하긴 했지만, 나는 그 여행 모두에서 얻은 필드노트 전체를 독립적이고 지속적인 존재로 본다. 따라서 이전에 다루지 않았던 문제들에 대한 자료로, 또 이전에 다뤘던 문제들을 다시 생각해보려는 시도의 일환으로 나의 옛 필드노트들을 이용했다. 여기에 소개된 일단의 민족지 자료, 즉 수도원 창립의 종교적 여파에 대한 자료는 이전에 출간된 적이 없다. 나는 『고등 종교High Religion』라는 책에서 20세기 초 셰르파 불교수도원 창립의 문화사를 소개했다. 일단 수도원이 창건되면 승려들은 셰르파 대중 종교를 향상시키고 수도원의 이상에 맞추기 위해 조심스럽지만 광범위한 캠페인에 착수했다. 나는 원래 『고등 종교』에서 이 정화 운동 부분을 논할 계획이었는데 책이 그만 너무 길어져버렸다. 어쨌든 창건 이후의 사건들은 창건으로 이어진 사건들과는 아주 다른 이야기가 됐다. 대신 창건 이후의 사건들은 이 책의 주요 부분으로 들어와, 20세기 전반에 걸쳐 셰르파족을 대상으로 진행된 '진지한 게임'(이 개념은 잠시 뒤에서 다룰 것이다), 등반과 셰르파 지역사회의 사회 변혁 역학과 얽히게 되는 그 게임을 다룰 때 함께 다루게 될 것이다.

언급했듯이 마지막 현지조사는 1990년에 진행됐다. 당시 나는 특별히 이 책을 쓸 목적으로 등반 셰르파들을 인터뷰하며 카트만두에서 한 달을 보냈다. 이전에도 네팔에 갈 때면 늘 시간을 내서 카트만두에 사는 셰르파 친구들을 방문하긴 했지만 도시 현지조사는 해본 적이 없었다. 어쨌든 카트만두는 1979년에 가본 이래 많이 변해 있었다. (도시 현지조사의 편리함이라니! 전기에, 복사기에, 24시간 사진현상까지, 정말 황홀했다!) 30명가량의 등반 셰르파와 사다를 인터뷰한 것 외에 도시 셰르파 공동체에 대해 어느 정도 풍부한 인상을 얻을 수 있었으며 솔루-쿰부에서 날아온 소문도 실컷 들었는데, 그중 많은 내용이 이 책 뒷부분에 나온다.

이 책과 인류학 논쟁들

이 책은 두 집단의 장기간에 걸친 만남의 역사이다. 역사적 배경이 다르고 한쪽이 다른 쪽보다 돈과 권력이 더 많고 모인 이유도 서로 다르지만 하나의 과업을 성취하기 위해 모인 두 집단의 만남이 가져온 역사이다. 단일 집단보다는 만남에 초점을 두는 이 연구는 서양과 그 외 지역의 역사 간 상호 얽힘과 상호 생산을 강조하는 현대의 연구 추세를 따른다. 이같은 연구에는 초기 자본주의 팽창과정에서[21] '탐험자들'과 토착민들의 만남에 대한 연구, 식민지와 탈식민지의 권력과 지식체계에 대한 연구,[22] 그리고 근대 후기 사람들의 세계적인 이동(이주노동에서부터 난민탈출, 관광여행에 이르기까지 모든 이동)에 대한 연구가 포함된다.[23] 이 모든 맥락에서 문제가 되는 것은 권력과 의미가 전개되고 협상되고 표현되고 변형되는 방식인데, 이는 사람들이 서로 다른 의제의 틀 안에서 서로 대면하기 때문이다. 이런 의제들이 꼭 권력과 지배와 관련된 것만은 아니다. 보통은 그렇지 않다. 하지만 사실상 권력과 자원의 차이는 가장 선의의 만남에서조차 만남의 형태를 결정하며 역사의 지속적인 마찰을, 종종 즐겁고 흔히 비극적이며 언제나 생성적 마찰을 일으킨다.

거의 언제나 권력의 비대칭성이 수반되는 문화 간 만남의 연구는 흔한 방법론적 문제, 즉 만남의 이야기(역사)를 기록하는 쪽은 보통 지배집단이며, 그 지배집단의 텍스트를 해석하는 이들 역시 흔히 (다른) 지배집단이라는 문제를 공유한다. 이런 자료에 직면하면 선택은 두 가지뿐인 것처럼 보인다. 그것이 구현하고 표현한 권력과 사회적 차이를 들어 텍스트를 '해체하는' 데 주력하든지, 아니면 텍스트를 통해 약자, 즉 '서벌턴subaltern'의 '목소리'를 읽으려고 노력하든지. 어느 쪽이든, 가야트리 스피박Gayatri Chakravorty Spivak의 좀처럼 잊을 수 없는 말을 빌리자면, "서벌턴은 말할 수 없다".[24] 글 쓰는 이는 대체로 지배집단의 재현에 초점을 맞추기 때문에 덜 강한 쪽의 말은 전혀 들리지 않거나, 아니면 전적으로 억압에 의해 규정되며 '저항'을 통해 표현되는 주체인 타자로서만 등장한다.[25] 그리하여 이 틀 안에서는 덜 강한 쪽에 다른 의제가 있을 수 있다는 생각, 즉 지배자들과의 관계에 의해 정의되는 것 이외의 목적과 의미를 가진 삶이 있을 수 있다는 생각은 배제되기 쉽다.

과거에는 인류학이 다른 이들의 목소리와 욕망을 '그들 자신의 말'로 듣는 법을 제공하는 분야였다. 그런데 이런 인류학적 프로젝트 자체가 굉장히 많은 문제를 제기하게 되었다. 다른 사람들을 '그들 자신의 말'로 이해한다는 것은 무슨 의미인가? 그들의 말을 듣는다고 할 때 '그들'은 누구인가? 인류학자는 그저 또 다른 '지배 당사자'가 아닌가? 등등.

이런 질문들 및 이와 연관된 질문들은 인류학에서 '재현의 위기 crisis of representation'라는 개념으로 수렴됐다.[26] 이 개념에는 실제로 관련이 있기는 해도 서로 다른 여러 주장들이 섞여 있다. 가장 단순하게 말하자면 인류학자들이 다른 문화를 재현한 전통적 장르인 민족지학은 스타일상 남아 있는 게 없다. 적어도 전통적 민족지는 흔히 지루하고 따분하며 다른 문화들을 가령 '친족', '경제' 그리고 '의례' 같은 무미건조한 조각들로 잘라 '객관적인' 기술과 '분석'이라는 이름으로 포장했다. 또한 대부분 단일 시점에서, 흔히 자체의 기록된 역사가 없는 사람들을 대상으로 한 현지조사를 기반으로 하는 민족지는 보통 몰역사적이고 경직되어 있어서, 이야기도 서사도 과거도 미래도 없었다.

민족지 장르의 이런 측면에는 더 어두운 면도 있었고, 따라서 정치적, 윤리적으로 더욱 예리한 비판을 받았다. 원래 비非서구, 비非근대 문화에 대한 기록과 상세한 연구로 정의된 민족지 프로젝트는 19세기 제국주의 시대에 탄생했다. 그러므로 그 시대 식민지 프로젝트의 일부로 볼 수 있다는 점이 강조되었다. 과학의 이름으로 다른 문화를 객관화하는 일은 (지루하지만) 순수하게 다른 문화를 분류하고 기술한 것이 아니었다. 그것은 식민지화와 착취 체제를 통해 생성되고 더욱 정교해진 '오리엔탈리즘'(비서구 문화에 대한 서구의 연구에 구현된 특수한 형태의 인종차별)[27]을 구현했다. 또한 재현 그 자체—집단, 부족, 카스트 목록과 습관, 관습, 관행에 대한 서술—는 건강, 질서, 그리고 문명의 이름으로 주민을 규정하고 규제하는 엄청난 통제력을 지닌 것으로 간주되었다.

현대 인류학의 새로운 경향 중 상당수는 적어도 부분적으로는 이런 비판들에 대한 응답으로 등장했다. 무엇보다 무미건조한 실증주의적 재현에서 벗어나 재현되는 사람들의 목소리와 경험을 보다 생생하게 포착하려는 노력에서 여러 글쓰기 방식을 탐구하는 다양한 '실험적' 민족지 저작물이 있다. 이 저작물 대부분은 대단히 '문학적'이어서 시나 소설, 초현실주의 텍스트와 비슷하다. 내 저작도 이런 문제들에 응답하면서 부분적으로 스타일이 바뀌었다. 비록 방향은 정반대인 사실주의 역사, 실화, 흥미진진한(원하는 바이다) 서사 쪽으로 취했지만. 여기에 무슨 문학 모델이 해당된다면 아마 탐정 소설이 아닐까 한다.

재현의 문제에 응답하는 현대의 두번째 연구 경향은 지배적 표현의 해체에 초점을 맞춰, 식민권력, 국가기구, 대중매체, 인류학자 등의 범주와 이미지들이 다른 사람들, 다른 문화, 다른 장소를 어떻게 구성하는지 고려하는 것이다. 이 '구성'은 재현이 지니는 오리엔탈리즘 또는 인종차별을 드러내는 비교적 약한 의미로, 혹은 지배적 재현(그리고 관행)이 문자 그대로 지배적 프로젝트에 맞춰 다른 이들을 재구성했다고 주장하는 좀 더 강한 의미로 검토될 수 있다.

이런 작업은 중요하지만 새로운 문제를 제기한다. 지배적 재현에 과도하게 초점을 맞추면 흔히 실제 민족지 활용을 회피하게 된다.[28] 민족지학에 대한 다양한 비판 —실증주의, 객관주의, 식민 공모— 때문에 민족지 자체를 포기할 수도 있다. 일반적으로 목소리가 들리지 않는 이들의 관점, 특히 먼 곳에 사는 사람들과 약자들 뿐만 아니라 종종 (다른 종류의 이유로 그 목소리가 '들리지 않는') 매우 강한 자들의 관점을 이해하려는 노력마저 포기할 수도 있는 것이다. 민족지학이 지닌 결점들이 뭐든지 간에, 언제나 고전적 민족지학 프로젝트를 구원하는 것은 다른 관점에 대한 이같은 깊은 관심이다. 인류학자들이 그 개념에 대해 중요한 비판을 하는데도 민족지학이 계속해서 다른 학문의 바람직한 작업방식이 되는 이유도 바로 이 때문이다.

이번 프로젝트의 어려움은 단일한 텍스트 안에서 두 종류의 작업을 수행하는 점이다. 즉 셰르파의 역할을 포함해 등반 일을 정의하는데 사히브의 재현이 지닌 권력을 인식하는 동시에, 비교적 고전적인 민족지학적 방법으로, 등반에서 갖는 셰르파의 역할을 부분적으로나마 그들 자신의 관점, 그들 자신의 사회적 관계가 있는 공동체, 그들 자신의 삶의 맥락에서 보는 것이다. 이 프로젝트를 이런 식으로 규정함으로써 사히브들, 셰르파들, 그리고 등반에 대한 그들 각자의 이해 사이에 시간이 지나면서 형성된 많은 관계들을 추정하기보다는 탐구하고자 한다. 어떤 경우에는 거의 1세기에 걸친 사히브의 재현과 관행이 셰르파들에게 큰 영향을 미친 게 확실하다. 반면 셰르파들이 자신들에 대해 또 등반에 대해 사히브가 구성하는 것을 피하고 '저항했'으며, 그래서 등반과 그들 자신의 정체성을 사히브의 관심사보다는 자신들의 관심사에서 비롯된 방식으로 재형성한 게 분명한 경우도 있다. 이런 일들은 대체로 동시에 진행된다.

두 가지 작업을 함께, 긴장 관계를 유지한 채 진행하는 것이 중요하다. 지배적 재현이 갖는 정의하고 구성하는 힘을 —국가 프로파간다에서부터 광고, 대중매체, 그리고 등반 사히브의 담론과 같은 비공식적 담론에 이르기까지 무엇이든 간에— 지나치게 강조하면 지배집단의 견해가 그들의 이미지만으로 세계를 재형성하는 힘을 갖는 세계상이 나오게 된다. 반대로 지배 담론과 관행을 피하고 거기에 저항하는, 아니면 거리를 둘 수 있는 약자의 힘을 지나치게 강조하면, 지금도 여전한 힘과 자원의 비대칭을 감안할 때, 사회생활의 작동 방식에 대해 마찬가지로 비현실적인 상을 낳게 된다.

이 두 가지 관점의 대립에는 다양한 이름이 붙었다. '문화연구' 대 '민족지', '구성주의' 대 '저항'과 '주체', '포스트모더니즘' 대 '사실the real'에 대한 헌신 등등. 나의 관심은 이런 이분법 자체가 아니라 이 두 과정이 동시에 작동하고 있음을 눈으로 볼 수 있으면서도, 미리 예측할 수는 없는 방식으로 글을 쓰고, 그런 텍스트를 구축하는 데 있다. 이런 점을 유념하면서 다시 히말라야 등반에서 셰르파들과 사히브들의 만남의 역사를 들여다보자. 이 만남을 어떻게 이해할 것인가? 이 만남이 사히브에 대해서, 셰르파에 대해서, 그리고 특히 그들이 함께 펼친 역사에 대해서 무엇을 말해줄 수 있을까? 본론에 들어가기에 앞서 몇 가지 정리할 사항이 있다.

진지한 게임

무엇보다 '재현'의 문제가 있다. 즉 우리가 특정 원정대에 대해 그리고 등반의 역사에 대해 아는 바는 대부분 사히브의 저술에서 나온다는 사실이다. 이에 대한 응답으로 나는 이미 말한 바대로 이중게임을 할 것이다. 사히브의 재현을 한편으로는 오리엔탈리즘 때문에, 그리고 그것이 우리에게 말해주는 사히브의 관점 때문에 해체할 것이다. 그러면서 동시에 내가 직접 한 현지조사로, 그 밖에도 (다양한) 셰르파의 관점에 접근할 수 있는 모든 것, 즉 다른 민족지와 셰르파의 자서전, 등반 사히브의 텍스트로, 이 경우에는 이들이 지닌 오리엔탈리즘적 편향을 철저히 살피면서, 셰르파의 관점을 민족지학적으로 규명할 것이다.

그리고 두번째로 이 모든 사람들, 사히브와 셰르파는 누구인가 하는 문제가 있다. 이전의 민족지는 흔히 연구대상 집단을 균질화하는 문제가 있었지만('모모 문화'는 마치 대상 집단 내부에 관점의 차이가 전혀 없는 양, 혹은 시간이 흘러도 문화적 신념과 가치관에 아무런 변화도 없는 양 제시되었다), 최근의 민족지도 흔히 자체 균질화 문제를 안고 있다. 여러 가지 함정이 있는데, 권력을 강조할 경우 지배집단(이를테면 '식민권력')이나 피지배집단('저항' 외에 다른 건 생각조차 하지 않는 것처럼 보이는)을 균질화할 수 있으며, 다국적주의나 세계화를 강조할 경우 '서양'이나 '근대성'을 비교적 예측 가능한 방식으로 그 과정에 있는 모든 것을 변형시키는 단일한 힘으로 균질화하는 문제 등이 발생할 수 있다. 이에 반해 나는 사히브와 셰르파 양자 모두, 그들이 나온 특정 맥락에서 살펴봐야 한다는 것을 알게 되었다. 사히브가 대부분 교육수준이 높은 중상류계급 출신이며 최근까지도 대부분 남자였다는 사실은 중요하다. 대체로 등반 셰르파는 그들 사회에서 혜택받지 못한 처지였고 최근까지도 대부분 남자였다는 사실도 중요하다. 달리 말해, 사히브와 셰르파의 만남은 단지 문화가 다른 두 집단의 만남이 아니다. 각 집단 내부에서 다른 형태의 차이를 구현하고 있으며, 그렇게 각 집단이 가져온 차이가 두 집단 사이에서 발생하는 차이의 형태를 결정짓기 때문이다.

다음으로는 매우 중요한, 목적이나 의도의 문제가 있다. 사회적 과정에서 그리고 문화적 사고에서 의도나 목적이 차지하는 위치는 이론과 철학의 세계에서 논란이 많다. 이 논쟁들을 알고 있지만 독자를 위해 길게 논하지는 않겠다. 여기서는 그저 내가 클리포드 기어츠Clifford Geertz의 견해를 따른다는 점만 언급하겠다. 그의 많은 저작에 깔려 있으며, 특히 『중층기술Thick Description』에 명확히 표현된[29] 기어츠의 생각은 대략 다음과 같다. 문화적 형태는 단순히 용어와 규칙과 범주의 집합이 아니라 목적과 욕망의 구조에서 나오며, 그런 근본적인 목적과 욕망과 관련해서만 의미를 갖는다는 것이다. 그러므로 사히브에게 '등반'이 어떤 것인지는 등반이 달성하고자 하는 의도와 욕망과 관련해서만 이해될 수 있는 것이다. 근대성, 계급, 그리고 남자다움에 대해 갖는 사히브의 생각에 깔려 있는 욕망도 포함된다. 셰르파에게 '등반'은 그와는 다른 의도와 욕망, 무엇보다 '돈'과 '근대성'에 대한 욕망에 근거하고 있다. 셰르파에게는 그런 욕망 자체도 사히브에게와는 다른 의미를 지닌다. 따라서 이런 차원에서 등반을 이해한다는 것은 작동하고 있는 서로 다른 일련의 의도를 이해하는 문제인데, 그 의도들의 의미는 사회적 상황, 문화적 범주, 그리고 두 집단에게 그 의도들이 구체화된 역사적 순간에서 나온다.

마지막으로 만남 자체가 있다. 이는 서로 다른 배경과 서로 다른 목적을 가진 이들이, 과업의 구체적 특성과 두 집단 간 권력 차이가 빚어놓은 상황에서, 함께하는 원정대에서의 실제 경험이다. 이 만남은 ― 자신의 육체를 그리고 서로를 지상에서 가장 높은 산 위로 밀어올리는 남성 집단(나중에는 여성도 해당된다)이 관련되는 이런 경우에― 마셜 살린스Marshall Sahlins가 '결합의 구조the structure of the conjuncture'라고 불렀던 자체 역학을 갖는다.[30] 이 만남은 작용하는 여러 형태의 차이들을 조정하는 일, 바로 그것이다. 이 만남의 역사는 원정이 바뀌어가는 역사일 뿐만 아니라 다른 모든 형태의 차이가 달라져가는 역사이기도 하다. 앞으로 보게 되겠지만 히말라야 등반은 20세기가 진행되면서 그 모습이 바뀌며, 사히브와 셰르파 양자가 등반에 가져온 사회적 배경, 젠더 가정, 욕망의 구조 또한 바뀐다.

나는 최근에 이런 문제들 몇 가지를 '진지한 게임'이라는 개념으로 정리했다.[31] 불가능하겠지만 나는 '게임'이라는 용어로 방금 말한 요점들 대부분을 하나의 이미지에 담아내고자 한다. 사람들이 단지 물질적 필요나 문화적 각본에 따라 행동하는 것이 아니라 (흔히 강렬한) 목적과 의도를 가지고 인생을 산다는 점. 사람들은 사회적, 문화적 맥락에 의해 정의되고 또 재정의되는데, 그 맥락은 그들이 갖고 시작하는 자원일 뿐 아니라 그들이 인생이라는 게임에 들여오는 의도와 목적을 만들어내기도 한다는 점. 사회생활은 정확히 사회적이라서, 협력과 경쟁, 연대와 착취, 동맹과 배반의 문제라는 점들이 그것이다. '진지한'이란 형용사를 붙임으로써 나는 인생이라는 게임에는 늘 권력이 작용하며, 대부분의 사람들에게 많은 것이 걸려 있다는 점을 더욱 강조하고자 한다. 그리고 '진지한 게임'이라는 용어 전체로는 인간의 경험이 그저 '담론'만도 '행동'만도 아닌, 관념과 실천, 개념과 행동이 얽히고설킨 구조물이라는 생각을 지지하고자 한다. 이 구조물 내에서 역사는 사람들과 그들이 하는 게임을 구성하며, 사람들은 그런 게임을 실행하고 재생산하고 변형하면서 역사를 만든다. 따라서 꿈이면서 실행이고, 연대의 한 형태이자 권력의 한 형태인 히말라야 등반에서, 셰르파와 사히브의 결속을 이해하려면, 각자가 상대방의 현실과 상상에 개입한 상이한 방식을 이해하고, 그들이 도입하고 현장에서 진화한 게임과의 연관성을 이해해야 한다고 주장하려 한다.

　마지막으로 이쯤에서 이 책의 저자로서 나 자신의 게임에 대해서도 이야기하는 편이 좋겠다. 셰르파에 대해 글을 써오면서 깨달은 사실 하나는, 이 책에서도 마찬가지지만, 특정 시점에 셰르파에 대한 지배적 이미지가 어떤 것이든 나는 적어도 부분적으로나마 그에 반대되는 입장에 선다는 점이다. 나의 첫 저서에서는 최초의 민족지학자 크리스토프 폰 퓌러-하이멘도르프Christoph von Fürer-Haimendorf와 초기 등반가들의 낭만주의적 관점에 반대해 셰르파 생활의 보다 어두운 몇 가지 측면, 즉 불평등, 경쟁, 이기심을 강조했다. 하지만 지금은 등반가들과 인류학자들 사이에 셰르파들을 헐뜯는 것이, 그들이 '망가졌다'고, 돈과 명성의 유혹에 빠졌다고 보는 시각이 어느 정도 유행처럼 되어 버렸다. 이 점은 뒤에서 논할 것이다. 상황이 이렇다보니 나는 다시 한 번 반대 입장을 취해야 한다는 생각이 들어 애초에 등반가들과 인류학자들이 찬양했던 셰르파의 특성들, 즉 친절함, 따스함, 고결함을 강조하는 쪽으로 (아무리 낭만적이라고 해도) 나아가게 된다. 내가 이 모든 일을 하는 목적은 셰르파를 이렇다 저렇다 평가하려는 것이 아니라, 일방적인 표현은 **어떤 것이든** 반대하는 데 있으며, 셰르파를 그 나름의 복잡한 인생과 의도가 있는 실제 인간으로 보려는 데 있다.

이 책 전체에서 저자인 '나'는 여러 가지 모습으로 나타날 것이다. 그중 일부는 내가 선택한 것이고 일부는 선택받은 것이다. 나는 셰르파 민족지학자이고, (좀 더 최근에 와서는) 서구 중간계급 민족지학자이며, (내가 원치 않더라도) 확실한 특권을 가진 멤사히브이고, 동료 학자들에 맞서 내 입장을 분명히 밝히고 방어하는 학계의 인류학자이며, 내가 언급하는 사람들을 형성해온 역사의 여러 면(1950년대, 페미니즘, 반체제문화)이 빚어낸 개인적 자아이다. 그리고 물론 다른 모습들도 있다. 이들 각각의 모습은 어떤 종류의 권위를 주장하고 또 어떤 종류의 권위는 부인하지만, 그 문제는 독자에게, 자기 자신의 진지한 게임 안에 있으면서 디테일을 해결하기 위해 적극적으로 게임에 임하는 이 책의 독자에게 맡기겠다.

이제 초기 히말라야 등반이라는 ~~어상한~~ 세계로 들어가보자.

2
사히브

히말라야의 영국인들

1852년 인도의 대삼각측량국은 히말라야에 있는 별 매력 없어 보이는 봉우리 하나를 삼각측량했다가 그 산이 세계에서 가장 높은 산임을 발견했다. 그들은 1820년대부터 1840년대까지 측량국장이자 이후 아대륙과 그 너머 모든 측정의 기반이 된 인도자오선 측정의 책임자였던 조지 에베레스트 경Sir George Everest을 기려, 그 산을 에베레스트라고 이름 지었다. (셰르파와 티베트인들은 그 산을 초모룽마Chomolungma로, 네팔인들은 사가르마타Sagarmatha로 부르는데, 이 이름들은 20세기를 거치면서 공적 담론에서 점점 더 많이 쓰이게 된다. 하지만 나는 주로 서구 원정대에 대한 서구의 이야기들을 논할 것이며, 이들 원정대에서는 최근까지 그 산을 늘 에베레스트라고 불렀기 때문에 이 영어식 이름을 사용하겠다.)

대삼각측량국은 영국 통치의 최선과 최악을 둘 다 보여주었다. 한 편으로 대삼각측량국은 과학의 놀라운 업적으로 사실상 인도 아대륙에 있는 모든 봉우리의 지도를 제작했을 뿐 아니라 "아시아 전 대륙 지도 제작의 기초를 제공했고… '아마도 모든 시대와 모든 대륙을 통틀어 가장 위대한 지리학적 성취'로 정당화돼왔다."[1]

다른 한편 그 모든 사업은 현지인의 노동력을 기반으로 삼았다. 현지인 측량사들은, "당대 유럽의 등반가들을 좌절하게 했던 유럽의 산들보다 더 힘들고 더 높은 3,000미터가 넘는"[2] 산꼭대기에 계측기를 설치하고 측량을 했다. 더구나 그들은 영국인이 (아니 다른 누구라도) 요구할 권한이 없는 진지하고도 헌신적인 태도로 임무를 수행했다. 1911년 인도 측량국의 감독관이자 옥스퍼드 대학교의 지리학 교수인 케네스 메이슨Kenneth Mason이 (히말라야 서부) 카라코람 산맥에 있는 측량국의 관측소 중 한 곳을 다시 찾아갔는데, "최초에 세웠던 14제곱피트(약 1.3제곱미터—옮긴이)의 측량대가 (측량사가) 정교하게 새긴 표시가 선명한 채 아직도 단단히 자리잡고 있는 것을 보았다. 근처에는 무너진 돌로 된 대피소가 있었고 구석에는 인간의 해골이 있었다."[3] 또 다른 저자는 메이슨의 역사서를 요약하며 다음과 같이 말을 잇는다.

얼마나 많은 헌신적인 측량사들—한 달에 고작 6루피(영국 돈으로 60페니)를 보수로 받고 측량국에 고용된 칼라시khalasi(포터, '쿨리')[4]들—이 고립된 봉우리에서 추위와 기아로, 혹은 혹독한 날씨로 죽어갔는지 밝혀지지 않을 것이다. 그들이 얼마나 많은 봉우리에 올랐고, 그 봉우리 중 어느 것이 가장 높았는지도 알려져 있지 않다. 1860년에 14인치 경위의經緯儀를 들고 고군분투하며 실라산(약 7,025미터)의 정상에 올랐던 칼라시가 기록 보유자일 거라고 메이슨이 시사하고 있기는 하지만.[5]

19세기 말에는 영국육군 장교, 박물학자, 여행자들이 히말라야 산맥의 봉우리와 계곡들을 탐험했고,[6] 19세기가 거의 끝나갈 무렵에는 이 산들을 오르려는 진지한 시도들이 있었다.[7] 그들은 항상 짐을 운반하고 다양한 지원 서비스를 제공할 '쿨리', 즉 포터들을 데려갔다. 보통은 봉우리가 있는 지역에서 구할 수 있는 소수민족 남자들을 데려갔는데, 군 장교들은 주로 자신이 지휘한 네팔의 다양한 소수민족과 카스트 출신의 병사들로 이뤄진 구르카Gurkha 연대에서 몇 사람을 선발해 데려갔다.[8]

이를테면, 1895년 카슈미르에 있는 낭가파르바트를 오르기 위해 결성된 영국 원정대에는 후에 초기 에베레스트 등반에서 핵심 역할을 하게 되는, 당시에는 젊었던 찰스 그랜빌 브루스Charles Granville Bruce 소령이 포함됐다. 브루스는 "뛰어난 포터이자 충실한 하인임이 증명된" 구르카 병사 둘을 데려왔다.[9] 또한 이전에 그 저자가 "야만족들이 살고 있고… 여전히 그들에 대한 군사 작전이 진행되고 있다"고 묘사한 지역 출신인 로르 칸Lor Khan이라는 '사냥꾼'도 그 원정대에 가담했다.[10]

구르카 병사들과 로르 칸에 대한 영국 등산가들의 반응을 보면 그들이 포터에게 어떤 자질을 기대하고 인정했는지 조금은 알 수 있으며, 또한 나중에는 거의 셰르파들에게만 했던 칭찬의 말, 즉 그들의 쾌활함과 충성심, 용감함을 어떤 식으로 칭찬했는지 미리 볼 수 있다.

로르 칸은 나와 자일로 몸을 연결하고 뒤에서 따라왔는데 굉장히 즐거워 보였다. 물론 그는 이전에 이렇게 높이 오른 적이 없었다. 하지만 이 칠라스Chilas 부족은 유명한 친구들이다. 스위스 농사꾼이라면 눈 덮인 거봉과 빙하를 처음 보면서 감히 따라왔을까? 그것도 녹은 눈에 푹 젖은

발 주변을 감싼 가죽신만을 신고서? 로르 칸은 한순간도 주저하지 않았다. 내가 돌아보며 아래를 가리키자 그는 그저 씩 웃기만 했다. 마치 한 평생 매일같이 습관적으로 빙판 위를 걸었던 사람 같았다.[11]

나중에 하산할 때는 구르카 병사 중 하나가 앞장을 섰다.

그는 우리를 이끌고 엄청나게 빠른 속도로, 그리고 굉장히 즐거워하면서 가장 가파른 곳들로 내려갔다. 그에 따르면 그 모든 것이 '좋았는데' 아래를 내려다보고 있는 그의 유쾌한 얼굴을 보니 어떤 어려움도 없을 것 같았다.[12]

이 원정대 또한 많은 히말라야 원정대처럼 폭력적인 죽음으로 끝나게 된다. 리더와 구르카 병사들이 모두 사망했다.

히말라야에서 영국인의 활동은 늘 경제적, 정치적, 과학적, 동양학자적,[13] 그리고 '스포츠적' 관심사들이 독특하게 조합된 형태였는데, 이는 전반적으로 지배자들의 특징이었다(다른 시공간에서는 다른 조합이지만). 히말라야에서 지리학자는 평화롭게 고도를 측정했고,[14] 박물학자는 식물을 연구했으며,[15] 잡다한 관찰자들은 민족지적 관찰을 수행했다.[16] 다들 '학문'이라는 이름으로. 한편 동양학자는 동양의 종교, 특히 불교를 서양의 영적 개선이라는 이름으로 연구했으며,[17] 등반가들은 과학과 스포츠라는 이름으로 산을 탐험하고 등반했다.[18] 그리고 이 지역에 대한 영국의 경제적, 정치적 관심은 1904년, 이제는 침략으로 널리 알려진 티베트에 대한 영허즈번드Younghusband의 참담한 '외교적 임무'를 통해 맹렬히 발산됐다.

영국인들은 이 지역을 잠식해 들어오는 러시아의 영향력을 차단하기 위해 티베트인들과 외교협정을 맺기를 희망했다. 그들은 영국인 장교들과 많은 인도 군대를 함께 파견해 폐쇄된 나라에 들어갔고 여러 차례 교전을 치르면서 700명이 넘는 티베트인들을 학살했다. '영국'(즉 인도) 군대의 사상자는 훨씬 적었다. 비록 기온이 영하인 4,500미터 높이의 티베트 고원에서 엄청난 고생을 하긴 했지만.[19]

'임무'는 외교적 성과 면에서는 사실상 실패로 끝났다. 협약이 체결됐지만 달라이라마가 협약 당사자가 아니라서 정당성이 없었던 것이다. 침략이 발발하자 달라이라마는 중국으로 피신해 영국인들을 막아달라고 중국에 도움을 요청했다. 그 결과는 20세기 중반에 나타났다. 1959년 중국이 티베트를 침공했던 것이다. 영국의 침략으로 달라이라마가 어쩔 수 없이 지원을 요청하기 전에는 근본적으로 소멸되어 있었던 옛날의 종주권이 빌미가 되었다. 중국은 현재까지 티베트를 점령하고 있다.

당시 영국인들이 얻은 유일한 구체적인 이득은 이 책의 이야기와 직접적인 관련이 있다. 몇몇 불특정 봉우리에 탐사대를 보내고 그곳을 오를 수 있는 권리에 대해 불안정한 승인을 받아낸 것이 그것이다. 그리하여 3년 후인 1907년, 불운하게도 낭가파르바트에 구르카 병사 둘을 데려갔던 찰스 브루스가 최초의 에베레스트 등반대를 조직하려고 했다. 브루스는 영허즈번드가 얻었던 승인권을 활성화해 원정대가 티베트를 지나가도 된다는 허락을 받아내고자 했다(네팔을 통해 에베레스트 남쪽으로 접근하는 루트는 1950년대까지 닫혀 있었다). 그러나 침략의 쓴맛은 여전히 남아 있었다. 티베트인들은 새 원정대에 극렬히 반대했고, 애초부터 침략에 찬성하지 않았던 영국 장교들 역시 브루스를 지지하려 하지 않았다.[20] 최초의 원정대는 1921년에야 비로소 결성됐다.

셰르파의 '발견'

네팔은 20세기 전반까지 외국인에게 폐쇄돼 있어서 중앙 히말라야 등반은 다르질링에서 준비됐다. 다르질링은 네팔 북동부의 셰르파 지역으로부터 동쪽으로 걸어서 열흘 정도 거리에 있는 인도 북부의 마을(지도 2 참고)로, 셰르파들은 19세기 중엽부터 일을 찾아 그곳으로 들어왔다. 많은 이들이 크고 작은 사업에 종사했지만,[21] 그저 '쿨리', 즉 육체노동자로 공사판에서 일한 이들도 있었다. 처음부터 셰르파들 대다수는 계절적으로 이주했지만 충분히 오래 머물러서 1901년 최초의 인구조사를 실시했을 무렵에는 다르질링 지역에 3,450명의 셰르파가 있었다.[22] 조사 연구, 탐사, 박물학자 원정, 그리고 초기 등반 원정에서 포터 일은 건설 노동과 비슷했다. 모두 '쿨리'의 일이었고 셰르파는 그 지역에 있는 다른 소수민족과 함께 이 일에 나섰다. 다르질링은 지정학적으로는 인도였지만 히말라야 산맥 내에 위치했다. 다르질링 북쪽으로는 칸첸중가(해발 8,598미터)가 장엄하게 솟아 있었는데 도보로 며칠 거리에 불과했다. 다르질링은 상거래의 중심지여서 다양한 산악 부족이 많이 모여들었다. 산악 부족에는 티베트 사람, 시킴 사람, 부탄 사람, 네팔 동부 중간 구릉 지역의 라이족과 림부족, 그리고 셰르파족 사람들이 있었다.

　1907년, 브루스가 에베레스트 등반 허가를 받는 데 실패했던 그 해에 잘 알려지지 않은 두 명의 노르웨이 사람, 루벤손C. W. Rubenson과 몬라드-오스Monrad-Aas(그의 성은 알려져 있지 않다)가 다르질링에 왔다. 그 지역에 있는 7,338미터 봉우리, 카브루Kabru산을 등반하기 위해서였다. 그들은 여러 소수민족들로 이뤄진 포터들을 데려갔는데, 정상에는 이르지 못했지만 셰르파 찬가를 부르며 돌아왔다. 루벤손은 다음과 같이 썼다.

가장 중요한 것은 우리의 쿨리들처럼 착하고 자발적인 쿨리들을 데려가
는 일이다. 제대로 장비를 갖춰주고 친절하게 대해주면 그들은 불가능
해 보이는 일도 이겨낸다… 우리의 경험에 의하면, 그 쿨리들, 특히 네팔
셰르파들은 제대로 대해주기만 하면 뛰어난 능력을 발휘했다. 우리의
성공은 오로지 그 자발적이고 용감한 사람들 덕분이다.[23]

브루스는 셰르파에 대한 루벤손의 평가를 지지했다. 다른 '보티아
족Bhotia' 또는 '부티아족Bhutia'이라고 하는 티베트인들을 배제하지는
않았으며, 셰르파들의 자발성과 씩씩함보다는 고도와 추위에 대한 적
응력을 더 높이 평가했지만.

루벤손 씨와 몬라드-오스 씨가 고용한 포터 대다수는 에베레스트산 기
슭에서 발원한 코시 강의 한 지류인, 두드코시 강에서 온 셰르파들이었
다. 높은 계곡 출신들은 다들 우수한 포터감이지만 지역에 따라 복장이
상당히 다양하다… 부티아 사람들(티베트인)[셰르파-부티아로, 셰르파
도 여기에 포함된다]은 일반적으로 복장을 훨씬 잘 갖추고 있어서 추위
에 대한 저항력도 크다.[24]

이와 비슷한 보고가 1, 2년 후에 켈러스 박사Dr. A. M. Kellas라는
영국의 화학자에게서도 나왔다. 그는 높은 고도가 인체에 미치는 영향
을 연구하기 위해 1909년부터 다르질링 지역에 왔다. 켈러스는 다른
서양인 동행자 없이 여행했고 포터들과 친밀한 관계를 형성했다. 이때
도 셰르파들이 두드러졌다. 첫 탐험이 끝나자, 그는 다음과 같이 썼다.

그들은 일을 참 잘했다. 여행이 끝나갈 무렵에는 우리 모두 아주 사이좋게 일하고 있었다. 그들은 정말 최고의 동료이다… 다양한 쿨리들 가운데 네팔의 셰르파족이 최고라는 사실을 알게 되었다. 그들은 공정하게만 대해주면 강하고 선량하며, 불교도라서 음식과 관련해 특별한 어려움도 없다. 이는 높은 고도에서 굉장한 이점이다.[25]

켈러스는 1차대전이 발발할 때까지 거의 매년 돌아왔고 셰르파 포터들만 채용했던 것 같은데, 셰르파들 역시 그를 위해 일하려고 계속 돌아왔다. 그는 이후 등반에서 표준이 될 많은 것들을 개척했다. 연구결과 고산 작업에 산소 보충의 중요성을 역설하게 되었고, 셰르파족은 그의 평가 덕분에 최고의 고산 포터 자리에 오르게 되었다. 또한 그는 셰르파들과 계속 작업을 하는 과정에서 그들에게 서로 자일로 몸을 묶는 것의 중요성을 설득시켜 서구 등반의 기술적 가정에 친숙해지도록 만들었다.[26]

켈러스는 1921년 브루스의 에베레스트 정찰대에 참여했다가 산으로 가는 도중 사망했다. 하지만 그는 1921년 원정대에 셰르파에 대한 긍정적인 견해를 강하게 전달하였으며, 그리하여 탁월한 고산 포터로서 셰르파의 명성이 시작되었다.[27]

사히브는 누구였나

셰르파와 사히브의 역학관계를 깊이 있게 들여다보려면 두 집단 모두 그들 자체의 맥락 안에, 즉 주어진 역사적 기간에 그리고 시간의 흐름 속에 놓고 매우 신중히 살펴봐야 한다. 등반이라는 영역 내에서 사히브를 다룰 때 셰르파라는 획일적 집단에 권력을 행사하는 강대국 출신의 획일적 집단으로 보려는 유혹에 빠지기 쉽지만, 이렇게 하면 실제 일어난 일은 거의 알지 못하게 된다. 푸코가 가르쳐줬듯 권력이란 디테일 속에 있다. 즉 사람들이 세상에서 뭔가를 성취하고자 할 때 서로를 만나게 되는 매우 구체적인 정체성과 매우 구체적인 실행 속에 있는 것이다. 이 책에서는 전체적으로 사히브와 셰르파의 차이를 크게 강조할 것이다. 여기서는 사히브에 초점을 맞춘다.

먼저 '인종'을 보자. 사실상 초기 사히브는 모두 백인이어서 셰르파와 '인종'이 달랐지만, 인종이란 신체적 차이보다는 신체적 차이라고 주장되는 권력의 차이를 설명하는 것이다. 따라서 나중에 다른 '인종' 출신의 사히브들이 나타났지만, 예를 들어 일본인이나 한국인 사히브도 셰르파에 대해서는 사히브이므로, '인종'은 이 연구에서 중요한 범주가 아니다.

다음은 국가. 히말라야에서는 국가 차이가 여러모로 상당히 두드러진다. 원정대는 국가별로 표시되는 경향이 있다. 영국 에베레스트 원정대, 독일 칸첸중가 원정대, 일본 다울라기리 원정대 등등. 일부 원정대는 특정한 역사적 이유로 자국 내에서 크게 정치 이슈화됐다. 등반은 일반적으로 국가별, 시대별로 다양한 관심의 대상이었고 국가적 관심(정치 이슈화)의 정도는 원정에 사용할 수 있는 재원에도 영향을 미쳤다. 등반가들은 자국의 국민 정서 측면에서 개인별로 큰 차이를 보였다. 히말라야 등반에 '국가' 이슈가 영향을 미치는 다양한 방식은 상당히 흥미로울 수 있지만, 원정대의 현장 활동이나 사히브-셰르파 관계와는 연관성이 떨어지므로 대체로 이 책에서는 추적하지 않겠다.

실제 원정대 활동이나 사히브-셰르파 관계와 관련지어 국가별 차이로 생각될 수 있는 영역이 있다면, 예전에 '국민성'이라고 불렸던 것이 있다. 영국인이나 미국인, 독일인이나 한국인은 각자의 문화적 스타일에 따라 원정대를 달리 조직하고 셰르파를 달리 대할까? 사히브와 셰르파 모두 이것을 관련 요인이라고 **생각한다**는 점은 분명하다. 거의 모든 사람이 원정대의 음식에서부터 젠더와 권력 관계에 이르기까지 이 모든 것에 대해 민족적, 국가적 고정관념을 지니고 있으니까. 그러나 이런 것은 분명히 고정관념이고 현실을 통찰하는 데는 그다지 도움이 되지 않았다. 그래서 거의 이야기하지 않으려 한다.

반면에 젠더는 이 연구와 관련성이 높다. 초기 국제 산악인들은 사실상 전부 남자였다('사히브'도 남성 용어이다). 셰르파도 사실상 모두 남자였다. 등반계에 여성인 사히브와 셰르파가 대거 등장한 때는 1970년대부터였는데, 이는 상당히 극적인 영향을 미쳤다. 젠더 문제는 이 책 뒷부분에서 다룰 것이다.

마지막으로 당면한 목적과 가장 연관성이 큰 사히브의 계급을 보자. 최초의 원정대부터 국제 등반가의 대다수는 비교적 교육수준이 높고 부유한 중상류층 출신이었다. 잠시 영국인들만 살펴보면, 등반 역사가인 언스위스Unsworth는 1933년 에베레스트 원정대에 대해 언급하면서 "등반가들은 전통적으로 지난 75년간 알파인 클럽의 회원들을 배출한 동일한 계층, 즉 옥스브리지(옥스퍼드와 케임브리지 대학교—옮긴이) 출신에, 육군 장교와 정부 관료가 적당히 섞인 부유한 중간계급이었다"고 했다.[28] 처음에는 상류계급 등반가가 거의 없었는데, 그런 이들의 경우 속물이 아니며 사회적 평등주의자임을 스스로 입증하지 못하면 대개 심한 의심을 받았다. 1921년 에베레스트 정찰대에서 '신사회주의자'인 조지 맬러리는 엘리트 리더인 하워드-버리C. K. Howard-Bury를 참을 수 없어했다고 한다. 하워드-버리는 이튼 학교 출신에, 서적의 백작인 저명한 하워드 가문의 자손이자… 극단적 보수당원이었다.[29] 동시에 노동계급 등반가 역시 비교적 드물었다(비록 중간계급 등반가들이 때때로 노동계급 스타일에 영향을 미치지만). 언스워스는 영국 등반계의 계급 요인을 잘 파악하고 있었다. 그는 1933년 에베레스트 원정대에 대해 쓰면서 다음과 같이 말한다,

> [1933년과 그 이전] 원정대는 '권투선수, 이발사, 굴뚝 수리공'의 지원서를 받았다고 러틀리지는 회상했는데, 이는 암암리에 독자들로 하여금 그런 터무니없는 생각을 비웃게 하려는 것이었다… 어쨌든 노동계급 등반가는 히말라야에 갈 시간을 낼 수 없었다. 그러므로 그 격차는 사회적이기도 했지만 현실적이기도 했다.[30]

이는 단순히 시간을 낼 수 있는지의 문제만이 아니었다. 원정대는 대원에게 경제적 부담이 될 수 있었다. 외부 후원자들의 기금을 모았더라도, 20세기 내내 유럽의 원정대들과 (나중에는) 미국의 원정대들에서는 대개 등반가가 비용 일부를 대야 했다. 히말라야 원정대의 경우에는 거리가 멀고 기간이 길어 상당한 비용이 들었다. 다른 나라들에서는 계급 구성에서 조금씩 차이가 있다. 1929년 독일 칸첸중가 원정대에는 의사 1명, '농학자' 1명, 화학자(약사) 1명, 수의사 1명, '정치경제학자' 2명, 의대생 1명, 기술자 1명과 공증인 1명이 포함돼 있었다.[31] 영국과 마찬가지로 대원들은 중간계급이었을 뿐 아니라 교육수준이 높고 약간의 재력을 갖춘 전문직 중간계급이었다.

등반가들의 높은 교육수준은 원정 기간 중 그들의 여가활동에서 잘 드러났다. 빌 틸먼Bill Tilman은 1938년 에베레스트 등반대 대원들의 여가활동 모습을 스케치했는데, 체스게임을 하고『바람과 함께 사라지다』『17세기 운문』, 몽테뉴의『수상록』『돈키호테』『아담 비드』,

『마틴 처즐위트』를 읽는 모습을 볼 수 있다.[32] 20세기 산악인들이 모두 텐트 속에 둘러앉아 17세기 운문을 읽은 것은 아니다. 사실 상류계급 등반가들도 있었고 노동계급 등반가들도 있었으며 학교 중퇴자들도 있었다. 시간이 지날수록 노동계급, 교육을 덜 받은 중하류계급이 다소 늘었다. 그럼에도 교육수준이 높은 중상류계급이 히말라야 등반의 지배적 사회집단이었던 것은 사실이며, 이는 지금도 마찬가지다.[33]

그렇다고 해도 이 사람들이 등반을 할 때는 깨끗하고 안락한 중간계급의 응접실에 앉아 있는 게 아니다. 이들은 춥고 불결하고 불편한 환경에서 지내며 형편없는 음식을 먹고 극도로 어려운 일을 하기 위해 몸을 움직인다. 그리고 정확히 이것이 바로 요점이다. 스포츠로서 등반은 중간계급의 정상적인 삶의 패턴에서 나와 삶을 (비판적으로) 되돌아보게 한다. 앞으로 보겠지만 등반에 대한 지배적 담론 중 하나는 '부르주아' 존재에 반대하는 입장을 취한다. 이 스포츠를 하려면 필요한 자원은 부르주아라야 확보 가능한데도. 이제 사히브들의 생각과 이야기를 살펴보자. 그들은 자신들이 무엇을 하고 있다고 생각했고 또 그에 대해 어떻게 이야기했을까?

사히브 게임

사회생활을 영위하는 방법에 대한 '메타포'로서 '게임'이란 개념은 특히 이 연구와 관련이 깊다. 우선 등반 자체는 일종의 '스포츠'로, 일반적인 의미의 '게임'과 가깝다. 다음으로 20세기 초반 히말라야에서 영국인들은 그 지역에 대한 영향력을 놓고 러시아와 '그레이트 게임'great game(영국과 러시아가 19세기부터 20세기 초까지 중앙아시아 내륙의 주도권을 두고 벌였던 패권 다툼—옮긴이)이라는 이름의 상당히 심각한 정치 공작과 군사 작전을 수행했다. 당시의 일은 그 어떤 작품보다 키플링의 『킴Kim』에 잘 기록돼 있다. 마지막으로, 나는 (사회적, 문화적 삶을 설명하는 다른 많은 해석가들과 더불어) 인간이 자신이 처한 문화, 권력, 역사의 교차점에 의해 정의되고 구속되는 한편, 자신을 만든 세계를 만드는 데도 (때로는 개조하는 데도) 능동적으로 참여한다는 생각을 전달하기 위해 게임이란 개념을 사용했다.

게임은 세계 안의 대상이라기보다는 세계 안의 대상을 해석하는 방식이다. 우리는 '등반'을 자체적인 규칙과 정의와 권력 관계와 연대가 있는 하나의 게임으로 생각할 수 있으며, 이 책에서는 등반을 어떤 면에서 그런 식으로 생각할 것이다. 그러나 대개는 등반이 다른 더 큰 게임에 어떻게 들어맞는지 파악함으로써 등반을 이해하고자 한다. 우선, 남성성 게임masculinity game, 즉 남성적 자아를 정의하고 실현하는 게임이 있다. 다음으로 '모험' 게임이 있다. 여기서는 등반의 주안점이, 게오르그 짐멜Georg Simmel이 말했듯 "삶의 연속성에서 이탈하는 것"이다.[34] 모든 인간과 모든 문화는 일종의 '모험' 개념을 갖고 있으며, 모험은 그저 인간을 이루는 일부라고 볼 수 있다 하더라도 등반과 관련된 모험, 기본적으로 20세기 현상인 이 모험은 '근대성' 이슈와 관련해 매우 명확하게 구성된다. 즉 무엇보다 '모험'이 결핍돼 있음을 알기 때문에 (근대적) 삶의 연속성에서 이탈하는 것이다. 등반의 모험성을 근대성 비판과 연결하는 담론이 아마도 (유일하지는 않더라도) 지배적인 등반 담론이며, 따라서 20세기 전반에 걸친 반反근대 등반 담론을 간략히 살펴보면서 보다 역사적으로 구체적인 변형들을 이해하는 데 도움이 될 것이다.

근대성 비판

많은 등반가, 아니 어쩌면 대부분의 등반가에게 등반의 의의는 현대생활에서 찾을 수 없는 뭔가를, 사실 현대생활에서 잃어버린 뭔가를 찾는 일이다. 가장 문제가 되는 현대적 삶이 정확히 어떤 건지는 시대에 따라 다르고 등반가에 따라서도 다양하겠지만 대략 몇 가지로 요약해볼 수 있다.

초기 등반가들은 등반을 현대생활에 결여된 영성을 구현하는 것으로 보았던 듯하다. 1920년 최초의 에베레스트 원정대 기금을 모금하면서 당시 왕립지리학회Royal Geographical Society 회장이었던 프랜시스 영허즈번드 경은 "에베레스트 등반이 실제로 유용한 일은 아니지만… '인간 정신을 고양시킬 것'이다"[35]라고 주장했다. 많은 해석이 가해진 조지 리 맬러리의 말, 에베레스트에 오르려는 것은 "그 산이 거기 있기 때문"이라는 말 역시 이런 종류의 일에서 구현되는 표현할 수 없는 영성을 말하려는 것 같다. 맬러리는 다른 곳에서 그것을 "온전한 즐거움"이라고 했다.[36] 1950년대에 에베레스트 꼭대기는 "금지된 문과 삶의 한계에 닿아 있다"고 했던 스위스의 등반가 르네 디테르René Dittert의 말에도 또 다른 종류의 영성이 드러난다.[37]

등반의 영성과 초월성은 현대생활의 실용주의와 무신경한 물질주의와 대조를 이룬다. 1930년대에 빌 틸먼은 일기예보를 듣기 위해 무선라디오를 원정에 가져가는 것에 반대했다. "'성공'을 우상화"하는 표시이자 표명이라면서.[38] 그리고 1940년대에 캐나다인 얼 덴먼Earl Denman은 "나는 [그 산에서] 인생의 놀라운 의미를 성공에 대한 비전에서 보았으며, 우리의 문명이 빠져 있는 천박한 물질주의에 대한 나의 승리가 그 의미라고 여겼다"고 썼다.[39]

근대성의 무신경함은 무엇보다 소음과 분주함에서 잘 나타나는데, 그것들은 성찰 그리고 자연과 혹은 신과 교감할 수 있는 능력을 차단한다. 무선라디오를 가져가는 데 반대한 틸먼의 주장에는 등반가가 그런 물건을 가져가면 "매일 뉴스를 들으면서 생각과 감정을 빼앗길 일이 없는… 티베트에 머무는 중요한 이점 하나를 놓친다는 생각이 깔려 있다."[40] 1950년대에 또 다른 등반가는 다음과 같이 썼다.

이른바 문명사회라는 곳으로 돌아와 또다시 북적대는 도시에서 어리석은 환상에 정신이 뒤틀린 남녀들에 떠밀리다보니 당혹스럽고 불안하다. 당장 여기서 벗어나 어디 먼 곳으로 도망쳐서, 단순하고 겸손하고 원시적인 사람들 속으로 돌아가고 싶다. 한 인간이 자기자신과 자신이 믿는 신밖에 없는 황량한 불모지라면 더할 나위 없겠다.[41]

근대성이 천박하고 물질주의적이고 무신경하고 시끄럽긴 하지만, 또한 부드럽고 일상적이고 지루하기도 하다. 이런 무딘 현대 사회에서 자아는 의미를, 강렬함을, 목적을, 정직성을 상실한다. 그런데 등반은 어렵고 위험하고 도전적이다. 등반은 자아를 더 예리하고, 더 강하고, 더 솔직하고, 더 생생하게 만든다. 1960년대에 한 인도 등반가는 근대성은 우리의 결점을 감출 수 있게 해주지만 등반은 결점을 모조리 인정하게 만든다고 역설했다,

산은 무자비한 스승이다! 누구든 이른바 근대 교육이 제공한 망토—부드러운 말씨, 상냥하고 세련돼 보이는 매너, 짐짓 꾸민 미소 등—를 걸치고 자신의 내적 자아를 감출 수 있다. 그리하여 가장 똑똑한 사람도 속일 수 있다. 그러나 산에서는 이런 위장이 불가사의하게 벗겨져나가

고 모든 사람 앞에 무방비 상태로 서게 된다. 자신의 정신구조와 성격의 모나고 뒤틀린 보기 흉한 면들을 감출 수가 없다. 게다가 말하자면 실물 크기의 거울 앞에 서게 되므로 자신이 진정 어떤 존재인지 깨닫게 된다.[42]

노먼 디렌퍼스Norman Dyhrenfurth는 1950년대에 등반을 시작하기 전에는 자신이 무미건조한 현대생활을 불만스러워한다는 사실을 의식하지 못했다. 그는 이 책을 읽는 많은 이들에게는 선택받은 직업으로 보일 만한 일을 했다. UCLA의 연극 예술학부의 영화과 창립자이자 학과장이었던 것이다. 그러나 1952년 실패한 스위스 에베레스트 원정대에 참가한 후 그 일을 그만두었다.

큰 대학에서 새로운 학부를 창설하는 일에 힘을 보태고, 새로운 세대의 더 나은 영화 제작자 양성에 헌신하는 일이 한때는 큰 도전이었다. 하지만 이제 그 일이 끔찍이도 진부하고 따분해 보였다. 초기에 느꼈던 자극은 사라져버렸다. 누군가 다른 사람이 이어갈 수 있을 것이다. 남은 평생을 학계에서 만족스럽게 보낼 사람이.[43]

마지막으로 1970년대에 한 미국인은 맬러리가 역설한 '온전한 즐거움'을 연상시키는 말로, 등산의 매력을 현대생활의 '지루함'에 반대되는 '진짜 모험'이라고 표현했다.

사람들이 오늘날 등반처럼 위험을 감수해야 하는 스포츠를 하는 주된 이유는 지루함과 싸우기 위해서이다. 진짜 모험을 찾는 일이 거의 불가능한 세계에서 사는 많은 인간들에게 지루함을 극복하는 일은 주요 도

전 과제이다.[44]

이런 사람들에게 근대성은 당면한 문제이고 등반은 그 해결책이다. 근대가 천박하고 물질주의적이라면 등반은 숭고하고 초월적이다. 근대가 시끄럽고 산만하다면 등반은 평화롭고 성찰적이다. 근대가 편하고 지루하다면 등반은 어렵고 도전적이며 스릴이 있다. 에베레스트의 '거기'는 근대의 '여기'와 대조되는 지점이다.

낭만주의

반근대 등반 담론은 20세기 내내 나타나지만 시대별로 중요한 변화를 겪는다. 초기에는, 말하자면 기본적으로 1920년대부터 1940년대까지는 19세기 말과 20세기 초의 '낭만주의', 다시 말해 자아의 한계를 초월하려는 욕망을 둘러싼 에토스와 상당히 유사했다. 즉 (에베레스트산 등반 같은) 매우 어려운 일을 성취할 수 있도록 자아를 단련해 기존의 장벽과 한계를 극복하고 초월하는 것을 지향하는 담론이자 실천이었다. 낭만주의는 도덕적이거나 신비적이거나 금욕적인 다양한 형태를 취할 수 있었다. 낭만주의는 대개 매우 진지했다. 그 독특함은 나중의 담론들과 비교하면 더욱 명확해져서 낭만주의에 결여된 것이 무엇인지 분명히 알 수 있다. 낭만주의에는 후기 등반에 나타나는 저돌적이고 태평한 스타일이 결여돼 있었다. 후기 등반에는 일종의 활기와 스스로 너무 심각하게 여기는 것처럼 보이지 않으려는 쾌활함이 있었다. 또한 낭만주의에는 후기 등반에서 드러나는 마초성machismo과 성적 농담이 없었다.

이런 낭만주의적 에토스의 또 다른 측면은 자연의 미화, 즉 자아가 그 한계를 알고 초월할 수 있는 극한 조건을 제공하는 자연이라는 상을 가져왔다. 따라서 영허즈번드는 최초의 에베레스트산 원정을 후원하는 왕립지리학회를 옹호할 때, "그 산에 대한 인간 투쟁의 서사시"에 대해, 그 산의 위력에 대항해 인간의 능력을 증명하는 것에 대해, 그 산의 미지의 힘에 저항해 인간의 능력을 최대치까지 시험하는 것에 대해 말했다.[45]

독일에서도 이런 담론이 파울 바우어Paul Bauer에게서 나왔는데, 그는 1929년과 1931년에 칸첸중가를 오르려 했던 인물로 영허즈번드의 말을 거의 그대로 되풀이하고 있다.

우리를 그런 도전으로 몰고 간 것은 맹목적인 열정이나 억누를 수 없는 자만심이 아니었다. 그보다는 일상생활에 불필요하게 된 자질, 그러나 우리에게는 이 세상 최고의 자질인 불굴의 용기와 동지애 그리고 자기희생을 시험할 기회였다.[46]

그 시대에 에베레스트 단독 등반에 나섰던 두 사람도 이런 담론에 동참했다. 영국인 모리스 윌슨Maurice Wilson은 1934년에,[47] 캐나다인 얼 덴먼은 1947년에 단독 등반을 시도했다.[48] 두 경우 모두에서 초기 등반가들이 히말라야에 가져온 금욕주의와 신비주의 혹은 도덕주의 요소가 눈에 띈다. 비록 그 조합은 다르지만. 앞서 보았듯이 덴먼은 에베레스트를 정복하면 서양의 물질주의적 가치관을 극복할 수 있을 거라고 생각했다. 하지만 초기 원정 시대의 가장 극단적 신비주의자는 영국인 모리스 윌슨이었을 것이다. 1934년에 그는 두 명의 셰르파와 함께 몰래 에베레스트로 가서 셰르파들을 베이스캠프에 남겨두고 홀로 산을 올랐다. 윌슨은 "인간이 거의 죽을 지경에 이를 때까지 단식을 하면 육체적, 정신적인 모든 병이 빠져나간다고 믿었다. 또 신의 권능을 믿으면 신이 자신을 육체적으로 정신적으로 새롭게 하여 더 강하고 더 나은 인간으로 탄생시킬 것이라고 믿었다."[49] 만일 자신이 이런 신체요법을 따르면서 에베레스트 단독 등반에 성공할 수 있다면 자기 생각이 옳았음을 증명해 널리 알리게 될 것이라고 윌슨은 생각했다. 그리고 실행에 옮기다가 죽음을 맞았다.

마지막으로 빌 틸먼은 일상적인 의미에서는 전혀 '신비적'이거나 '낭만적'으로 보이지 않을 수 있지만, 등반에서 산소나 다른 현대기술의 사용을 맹비난하는 낭만적 태도를 보였다. 이러한 그의 태도는 반근대적일 뿐 아니라 등반이란 내면의 자아를 시험하고 단련하는 일이란 생각에 근거했다. 먼저 그는 등반가들의 산소 사용이 모순이라고 지적했다.

> (에베레스트산 등반에 대해) 과거에 제시돼왔던 여러 이유, 이를테면 인간이 가진 '불굴의 정신'을 입증하기 위해서라거나 인간의 능력에 대한 우리의 지식을 확장하기 위해서라는 이유들로 우리의 방법을 바꾸려 해서는 안 된다… 인간이 산소를 흡입해야만 할 때는 인간의 정신이 이미 산에게 정복된 것이며 능력의 한계가 이미 선명하게 드러난 상태라고 생각한다.[50]

다음으로 그는 산소를 사용하더라도 에베레스트 등반은 최고도에서 움직이는 인간의 능력에 대한 우리의 지식을 확장하므로 과학적 가치를 지닌다는 생각을 특별히 악의적으로 받아들였다. 그는 "특유의 냉혈한 방식으로"[51] 그런 일에 관심이 있는 과학자들에 대해 언급하면서 다음과 같이 말을 맺는다.

> 아니, 난 그저 등반과 과학을 구별해달라고, 특히 에베레스트를 등반하는 문제는 다른 산과 마찬가지로 등반가들이 해결하도록 맡겨달라고 하는 것이다. 이 문제를 해결하는 데 적극적으로 가담하는 이들은 괴테가 말한 과학의 납골당에 들어갈 생각을 해서는 안 된다.[52]

칭찬보다는 아이러니한 비판에서 표현력이 뛰어난 틸먼은 그토록 많은 말을 하면서도 등반의 긍정적이고 비현대적인 덕목에 대해서는 거의 말이 없다. 하지만 이 논의 전체에 대해 그가 내린 결론에는 등반의 의미를 개인의 내적 가치 문제로 보는 낭만적인 태도가 드러나 있다.

> 한편 우리의 축복을 헤아려보자. 이미 올랐거나 아직 오르지 않은, 온갖 크기와 모습과 난이도를 가진, 우리 각자가 도달할 수 없는 자신만의 에베레스트를 발견할지도 모를 그 수천 개의 봉우리를 말이다.[53]

사히브 게임—이 경우에는 반근대 '탈출' 게임이자 자아(물론, 꽤 근대적인 주체)를 시험하고 개발하는 게임—을 이해하는 것은 그들이 무엇을, 왜 하고 있는지에 대해서 스스로 생각했던 바를 이해하는 시발점이다. 또한 사히브들이 그 게임에 참여하면서 다양한 관계들을 구축하는 방식, 특히 셰르파들과 관계를 구축하는 방식을 이해하는 데도 도움이 된다.

해결책의 일부로서 셰르파

등반가들은 히말라야에서 산과 셰르파라는 두 개의 '타자'와 만났다. 초기에는 이 둘이 거의 분리되지 않았다. 둘 다 부정적으로 간주된 근대성과 대조되었다. 물리적 산과 등반이라는 행위와 마찬가지로 셰르파는 현대 세계에 의해 손상되지 않은 모든 것을 상징했다.

일단의 반근대적 재현, 가장 노골적인 인종차별적 재현들은 셰르파를 사실상 자연의 영역에 위치시켰다. 예를 들어 1924년 에베레스트 원정대는 셰르파를 어느 정도 얼굴과 신체 유형에 따라 선발했다.[54] 그 시대의 다른 이미지들은 높은 고도에서 짐을 나르며 성장한 결과물로서 셰르파의 체력과 고도 순응력을 강조했다. 셰르파의 강한 체력에 대한 주장이 20세기 내내 지속되긴 했지만, 초기에는 그런 주장이 셰르파에게는 등반에 필요한 '정신력'이 부족하다는 주장과 병치되었고, 그럼으로써 그들의 타고난 신체능력이 강조되었다. 1924년 원정대와 관련해, 대원 중 하나는 다음과 같이 썼다.

이 사내들은 정말 바란다면 쉽게 정상에 오를 수 있다고들 한다. 나는 그 말을 조금도 믿지 않는다. 내 생각에 우리에게 그들이 필요하듯 그들 역시 우리가 필요하다. 그들은 고지에 순화된 신체를 지녔지만 올바른 정신력은 부족하고, 우리는 의지와 꼭 필요한 정신력은 갖췄지만 안타깝게도 고도 순응력이 부족하다.[55]

영허즈번드도 거의 비슷한 이야기를 했다.

신체적 적합성만 본다면 언제라도 정상에 오를 수 있는 셰르파 사내들이 지금 여기에만도 수십 명은 될 것이다. 그렇지만 사실은 그렇지 않다. 그들은 오르려는 욕망조차 없다. 그들에게는 그런 정신력이 없다.[56]

셰르파는 자연인이고 타락하지 않은 사람들이라는 이런 담론의 주류는 아마도 셰르파는 아이와 같다는 생각이었다. 이 비유는 시간이 지나면서 변화를 겪었다. 초기에 셰르파는 **유치**하고 규율이 안 잡힌 사람들이었다. 브루스는 1922년 에베레스트 원정대의 포터들에 대해 "이들 산악 부족은, 네팔인[즉 셰르파]이든 티베트인이든 매우 태평하고 무책임하고 쾌활하며" 기회만 있으면 술을 마셔댄다고 썼다.[57] 1924년 원정대와 관련해서 노턴Norton은 셰르파를 "영국 병사의 어린 아이판"이라고 특이하게 표현했다. 두 경우 모두 셰르파의 타고난 '거칢'과 문명적 세련됨의 결여는 강점이자 약점으로 간주됐다.

그들은 험하고 위험한 일을 하면서도 항상 기분이 좋은 상태라 금세 시시덕거리며 농을 주고받는다. 영국 병사들처럼 거친 기질은 술과 문명의 유혹에 빠져들어 길을 잃게 되면 영원한 골칫거리지만, 보통은 순한 사람들이 실패하는 상황에서 '궁지에 몰리게 되면' 아주 강하게 발현된다.[58]

그 후 이 모든 유치함 담론은 당시 좀 더 '학술적인' 텍스트인 노디Northey와 모리스Morris의 『구르카족: 그들의 예절과 풍습과 나라The Gurkhas: Their Manners, Customs, and Country』에 채택되었다.[59] 모리스는 자신이 쓴 「네팔의 북동 변경 여행A Journey on the North East Frontier of Nepal」이라는 장에서 —모리스가 실제 솔루-쿰부를 방문한 것 같지는 않다— 셰르파에게는 육체가 전부인 양 묘사하면서 "엄청난 지구력이라는 놀라운 재주를 보여준 에베레스트산 포터 군단은 바로 이 종족에서 나왔다"고 했으며, 계속해서 다음과 같이 썼다.

가만히 놔두면 그들은 몹시 게을러서 하루 종일 술내기 노름이나 할 것이다. 그들은 술을 지나치게 좋아한다. 엄하게 다루면 굉장히 열심히 일하지만 조난 시 비상용품인 타고난 절제력은 부족하다.[60]

다른 한편 셰르파가 어린아이와 비슷하다는 발상은 방향을 달리해 셰르파를 아이 같고(유치하다기보다는), 순진하고, 때묻지 않았다는 식으로 받아들여졌다. 조지 핀치George Finch는 1922년 원정대에 대해 쓰면서, "나는 이들 자발적이고 쾌활하며 웃음 짓는 사내들에게 책임감을 느꼈다. 그들은 리더를 우러러보았고 어린아이처럼 전적으로 신뢰했다"고 했다.[61] 셰르파는 빈번히 아이들처럼 걱정 근심이 없다는 식으로 묘사됐다. 제프리 브루스Geoffrey Bruce는 그들을 "쾌활하고 태평하다"고 했고,[62] 1934년 낭가파르바트 원정대에서는 그들의 "미소 짓는 행복한 얼굴"에 대한 이야기도 들렸다.[63] 이런 순진함 혹은 행복 담론은 실제로 1930년대에 아이 같은 셰르파라는 지배적 버전으로 자리잡아(절제력 결여 버전이 완전히 사라지지는 않았지만) 대략 1970년대까지 계속 오르내렸다. 초기 이후를 잠시 보자면, 1950년대에 제임스 모리스James Morris는 "셰르파 부대는 문명의 때가 전혀 묻지 않은, 항상 정직하고 충실한 사람들"이라고 썼다.[64] 1960년대에 존 디아스John Dias는 셰르파와 그들의 고향 솔루-쿰부를 행복하고 때묻지 않은 비근대라는 패키지로 묶었다.

솔루 쿰부와 그곳의 셰르파 사람들은 단순하고 행복하고 목가적인 이상

향의 분위기를 간직하고 있다. 샹그릴라는 낡아빠진 생각이지만, 이 산과 골짜기가 불만에 찬 인간의 탐구심이 항상 갈구해온 비밀스런 피난처에 딱 들어맞기 때문에 그 말이 절로 떠오른다.[65]

1960년대에 콜리Kohli도 아이들에게나 쓰는 말로 셰르파들을 "다 부지고 튼튼하고 행복하고 즐거운 아기 천사 같은 산山 사람들"[66]이라고 불렀는데, 1978년에 미우라는 이런 아기 천사 이미지를 더 밀고 나갔다.

나는 그들이 서로에게 보여준 충성심과 헌신에, 오늘날 '문명화된' 세계에서는 사라진 듯하지만 극동의 외딴 곳에 살고 있는 이 맨발의 천사들 사이에는 아직도 남아 있는 자질에, 매우 깊은 인상을 받았다.[67]

셰르파는 순진무구하다는 이 담론은 셰르파의 비근대성에 대한 또 다른 주요 주제와 밀접하게 연관된다. 즉 셰르파는 돈을 벌려고 산을 오르지 않으며, 절대 돈만 보고 산을 오르는 것이 아니라는 생각이 초기에 꾸준히 강조되었다. 1930년대에 파울 바우어는 자연스러움, 순진무구함, 물질적 보상에 대한 관심의 결여라는 주제를 다음과 같이 묶었다.

이들 부티아족[티베트인]과 셰르파들처럼 훌륭한 사람들에게 우리의 배려는 허사가 아니었다. 그들은 대단히 위험한 곳에서도 보상 수준을 뛰어넘는 신뢰와 열정으로 최후의 한 사람까지 우리를 따랐다. 보수를 바라서가 아니라 순수하게 윤리적인 동기와 고귀한 본능에서 우러나온 행동이었다.[68]

또한 1930년대에 프랭크 스마이드Frank Smythe는 셰르파는 돈을 위해 산을 오르지 않았다고, 그들은 릭샤(인력거―옮긴이)를 몰면서 "편안하게 살았다"고, 기본적으로 사히브와 같은 이유로, 그러니까 "모험심" "위신" 그리고 "산에 대한 사랑" 때문에 산을 올랐다고 썼다.[69] 휴 러틀리지Hugh Ruttledge는 1933년 에베레스트 원정대의 셰르파들에 대해 "셰르파족은 그저 거기서 벌 수 있는 돈 때문에 에베레스트에 오지는 않는다. 다른 곳에서도 그 정도는 벌 수 있을 것이다"라고 썼다.[70]

셰르파의 비물질적 동기 담론은 1960년대 내내 계속되었다. 1961년 막스 아이젤린Max Eiselin은 1960년 다울라기리 원정대에 대해서 "셰르파들은 대부분 등반을 좋아하는 멋진 친구들로 거기서 얻을 수 있는 것만 바라고 원정대에 들어오지는 않았다"고 썼다.[71] 거의 같은 시기에 울먼Ullman은 1963년 미국 에베레스트 원정대에 대해 다음과 같이 썼다.

> 모든 사람이 급료를 받았으므로 그들도 제공한 서비스에 대해 보수를 받고 있었지만, 그들이 대열에 참가한 주된 이유는 돈이 아니었다. 자신들을 고용한 서구 산악인들 못지않게 그들 역시 하고 싶은 일을, 그들의 타고난 운명인 바로 그 일을 하고 있었다. 그들은 고용된 일꾼이 아니라 모험의 동반자였다.[72]

울먼의 글은 비근대 혹은 반근대로서 셰르파를 보는 여러 관점을 포착하고 있다. 자연성(그들은 산에 오르기 위해 '태어났다'), 그들이 반근대적인 사히브들이 추구했던 '모험'을 동일하게 추구했다는 생각, 그들이 돈을 바라고 원정대에 들어오지 않았다는 주장.

비근대 셰르파 담론은 분명 이제는 고전적인 의미가 된 에드워드 사이드Edward Said(1978)의 '오리엔탈리즘'이다. 19세기 후반 영국의 제국주의 프로젝트에서 탄생한 항상 '타자화'하고 가끔은 인종차별적인 오리엔탈리즘. 이 담론의 구체적 특징은 등반 사히브와 셰르파 사이의 관계에 대한 특정 관점과 결부될 수 있다. 즉 원정대에 대한 사히브의 권력과 효과적인 권위의 필요성은 셰르파는 '규율'이 부족하다/필요하다는 생각과 연결되고, 사히브의 강렬한 낭만주의, 근대성의 탈출구로 등반을 경험하려는 그들의 욕망은 셰르파를 (산과 마찬가지로) 본래 그대로의, 순진무구하고 훼손되지 않은 존재로 보는 견해와 연결된다. 셰르파는 돈을 보고 들어오지 않았다는 생각, 심지어 단언은 이 두 관점을 복잡한 방식으로 엮었다. 한편으로는 셰르파가 ('상업적'이고 '물질주의적'인) 근대의 일부가 아니라는 점을 나타내기 위해서였고, 다른 한편으로는 사히브의 경제력이 셰르파에게 영향을 미친다는 사실을 묘하게 부인하기 위해서였다. 그들은 셰르파들이 자신들과 동일한 이유로 등반을 하고 거기서 동일한 기쁨을 얻기를 원했는데, 어떤 경우에는 매우 진실되고 절박하기까지 한 욕망이었다.

나는 여기서 거의 처음부터 오리엔탈리즘이라는 발상에 큰 장애가 됐던 핵심적인 문제 하나를 제쳐둔다. 즉 '사실the real'의 문제이다. 초기의 등반 셰르파들은 정말로 규율이 부족하고 순진하고 태평했으며, 돈 때문에 그 일을 한 게 아니었을까? 다음 장에서 이런 의문을 다루겠지만, 지금은 셰르파가 아이 같다거나 유치하다는 사히브의 묘사가 실제로 어떤 역할을 했는지 살펴봐야 한다. 그러자면 사히브의 또 하나의 주된 등반 담론, 등반을 남성성 게임의 일부로 보는 데서 나오는 담론을 살펴봐야 한다. 남성성 게임은 반근대 '모험' 게임처럼 20세기 전반 내내 등반계에 퍼져 영향을 미친다. 그리고 반근대 게임처럼 시대별로 다양한 형태를 취한다. 이 장에서 다루고 있는 초기, 사실상 1970년대까지는 남성성 게임이 대체로 군대 이미지로 표현되었다. 그리고 이런 맥락에서 셰르파에 대한 견해도 약간 다른 형태를 취했다.

군대 모델과 사히브 가부장주의

한 차원에서 영혼을 파괴하는 근대성에 대항하는 교양 있는 중상류계급의 구성원으로 사히브를 보는 게 적절하다면, 다른 차원에서는 1970년대까지 사히브가 대부분 남성들로, 체력과 용맹과 용기, 권위와 리더십과 (한도 내의) 공격성, 사회적 하류계급과 약자에 대한 '가부장적' 책임감 등 서구 남성성의 특정 가치와 이상에 매우 민감했다는 사실을 상기하는 것이 적절하다. 이는 근대성의 어떤 차원에는 의문을 제기하면서도 특정 차원은 일관되게 지지해온 사히브의 면모이다. 이런 모습에 문화 간, 국가 간 차이가 있다고 하더라도 이 논의의 주체이자 객체로서 사히브라는 일반 범주를 계속 사용하기에는 충분히 타당하다.

사히브 문화의 남성적인 측면 대부분은 등반 원정을 군사 원정으로 보는 틀로 구현되었다. 이는 초기 원정에서부터 1970년대 중반까지 이어진 사고방식이다. 히말라야는 오직 군사 작전을 통해서 '정복'될 수 있다고 일찌감치 정해졌다. 고도를 높여가며 연속적으로 캠프를 설치하고 보급품을 공급해 정상을 최종 '공략'할 등반가들을 지원할 공급 사슬을 형성하는 방식이었다. 바로 여기가 셰르파가 중요해지는 지점이다. 그들이 주로 맡은 임무가 그 모든 보급품을 산 위로 운반하는 일이었으므로.

초기 원정대 리더 중 상당수는 실제 육군 장교였고 그렇지 않은 경우에도 군사적 틀은 등반의 기술적 조직, 등반 용어(포위, 공략, 정복

사진 1. 1922년 에베레스트 원정대의 사히브들.
뒷줄 왼쪽부터 오른쪽으로:
모스헤드 소령, 제프리 브루스 대위, 노엘 대위, 웨이크필드 박사, 서머벨, 모리스 대위, 노턴 대위.
앞줄 왼쪽부터 오른쪽으로:
맬러리, 핀치 대위, 롱스태프 박사, 브루스 장군, 스트럿 대령, 크로퍼드.

등등), 그리고 리더십과 권위와 명령의 형태를 포함해 사실상 원정의 모든 측면을 정의하는 데 사용되었다.

　　군사 모델은 상당수 초기 등반의 중심이 되었던 낭만적 동경 및 다른 반근대적 동경과 확고한 긴장 속에서 작동했다. 초기부터 원정의 규모와 조직의 복잡성 그리고 적정한 기술의 종류와 정도에 대한 논쟁이 있었다. 가장 심각한 논쟁 중 하나는 보조 산소의 사용 문제였다. 산소가 부족하면 뇌는 집중력을 잃고 실수하기 때문에 높은 고도에서 산소 보충은 등반을 훨씬 쉽고 안전하게 해준다는 사실이 초기에 발견되었는데, 이는 주로 켈러스 박사 덕분이었다. 그러나 많은 등반가들에게 이런 종류의 기술 지원은 애초에 등반가들을 극단적인 고산 등반으로 이끈 바로 그 도전을 축소시켰다. 1930년대의 보조 산소에 대한 찬반 논쟁은 20세기 내내 계속되었다.

그럼에도 불구하고 1970년대에도 군사 모델은 여전히 지배적이었다. 앞서 언급한 모리스 윌슨과 얼 덴먼과 같은 극단적 낭만주의자들은 보조 산소 없이 단독 등반을 시도했다가 사망하거나(윌슨) 실패 후 극도의 환멸에 빠졌다(덴먼). 군사 모델과 낭만적 모델이 모순되는데도 불구하고 불행히도 너무나 잘 들어맞는 지점이 바로 셰르파를 어린아이로 보는 관점이었다. 낭만적 맥락에서 셰르파의 어린아이 같음은 단순하고 매력적으로 보였다. 군사적 맥락에서는 '통제하기 어렵'고 '규율이 안 잡혀'서 엄한 아버지의 손길과 일련의 징계 조치를 요하는 것으로 보였다.

통제하기 어려운 한 측면은 원정대에서 벌어지는 셰르파들의 음주와의 싸움이었다. 이는 대부분 산으로 가는 행군 중에 발생했다. 원정대에서는 보통 술이 금지됐지만(베이스캠프에서는 허용하는 사히브들도 있었다), 셰르파들은 산으로 가는 도중에 마을이 나타나면 가던 길을 멈추고 현지 맥주인 **창**chang이나 독주인 **아라크**arak나 **락시**rakshi를 사곤 했다. 사히브들은 재밌어하거나 짜증을 냈지만 음주가 일에 지장을 초래하지 않는 한 아주 심하게 나무라지는 않았다. 사실상 그런 일은 드물었지만 이따금 마찰 상황에 이르렀고, 사히브가 엄하게 다루지 않으면 셰르파들은 제멋대로 굴고 자제력을 잃는다는 생각을 확실히 조장했다.

잠재적 기강 해이의 가장 심각한 측면은 위험한 상황에서도 자진해서 계속 산을 오르려는 셰르파의 의지와 관련되었다. 사히브는 셰르파에게 높은 캠프로 짐을 운반해줄 것을 요구했다. 무엇보다 그 일을 하려고 그들이 거기 있는 거니까. 하지만 히말라야의 높은 경사면은 상당히 무서울 수 있었다. 가파른 절벽, 미끄러운 얼음, 깊은 크레바스,

눈사태 등 까딱하다가는 목숨을 잃을 수도 있다. 꽁꽁 얼 듯한 기온, 강
풍, 눈앞을 가리는 눈, 산소가 희박한 공기 때문에 최소한의 작업만으
로도 녹초가 됐다. 실제로 셰르파들이 물러설 때도 있었다. 하지만 대
개는 그들을 계속 전진하게 해야 했고, 더 일반적으로는 누가 시키지
않아도 자진해서 전진하는 법을 (심지어는 전진하도록 욕망하는 법을)
가르쳐야 했다. 즉 셰르파들은 끊임없이 죽음의 그림자가 어른거리는
상황에서 자기 규율을 습득해야 했다.

죽음과 규율

초기 원정대에서의 죽음

초기 히말라야 원정대들은 거의 모두 치명적인 사고를 당했으며, 실제
로 모든 경우에 셰르파가 1명 이상 죽었다. 이 모든 죽음 하나하나가,
등반사회 전체, 셰르파와 사히브 모두를 뒤흔들어놓았다는 사실을 알
아야 한다. 모든 원정은 이전에 발생한 죽음을 인지한 상태에서 진행
되었다. 나는 여기서 2차대전 이전에 사망한 이들, 기본적으로 1920년
대와 1930년대의 사망자들을 간략히 요약하겠다.[73]

- 1921년 영국의 에베레스트 정찰대에서 켈러스 박사가 행군 도
  중에 심장마비로 사망했고, 포터 1명도(이름이나 민족에 대한
  기록이 없다) 행군 중 사망했다.[74]
- 1922년 최초의 본격적인 에베레스트 등반 시도에서 7명의 셰
  르파, 락파Lhakpa, 누르부Nurbu, 파상Pasang, 페마Pema, 상게

Sange, 도르제Dorje, 렘바Remba가 눈사태로 목숨을 잃었다.[75]

- 1924년 세번째 시도에서 2명의 사히브, 맬러리와 어빈Irvine이 죽었고 셰르파가 아닌 포터 2명도 죽었다("구르카 병사, 란체-나이크 샴셰르펀Lance-Naik Shamsherpun은 뇌출혈로, 보조 제화공인 만 바하두르Man Bahadur는 심각한 동상에 따른 폐렴으로 사망했다").[76] 셰르파 4명은 3일 동안 눈보라에 갇혀 있다가 극심한 쇼크 상태에서 구조됐다.[77]

- 1930년 독일인들이 칸첸중가 등반을 시도했을 때 이전 원정대들에서 뛰어난 활약을 했던 셰르파 체탄Chettan이 얼음사태로 사망했다.[78]

- 1931년 독일인들이 칸첸중가에 재도전했을 때 파상 셰르파가 눈에 미끄러져 균형을 잃고 사히브인 헤르만 샬러Hermann Schaller를 끌고 절벽 아래로 함께 떨어졌다.[79]

- 1934년 독일-미국 낭가파르바트 원정대에서는 그 시대 최대 참사가 있었다. 사히브 1명(드렉설A. Drexel)은 병으로 죽고 사히브 3명(메르클Merkl, 빌란트Wieland, 벨첸바흐Welzenbach)과 셰르파 6명(가이라이Gaylay, 다크시Dakshi, 니마 도르제 2Nima Dorje II, 니마 타시Nima Tashi, 니마 노르부Nima Norbu, 핀주 노르부Pinju Norbu)은 폭풍으로 죽었다. 가이라이는 죽어가는 사히브 중 하나인 빌리 메르클 곁을 떠나기를 거부하고 그와 함께 죽어 초기 등반 시대의 전설적인 셰르파 영웅 중 하나가 되었다.[80]

- 1934년에는 모리스 윌슨이 에베레스트 단독 등반에 나섰다가 탈진과 체온저하로 사망했다.[81]

- 1936년에는 영국의 또 다른 에베레스트 원정대가 등반을 시도하고 돌아오는 길에 원정대의 통역사인 카르마 폴Karma Paul이

라는 "다르질링 사업가"가 한 티베트인(셰르파라는 설도 있다) 포터에게 높은 계곡에 걸쳐진 밧줄로 된 엉성한 다리를 건너라고 명령했는데, 그 포터가 "감히 거부하지 못해" 추락사했다.[82]

- 1937년 독일의 낭가파르바트 등반 시도는 이전 등반보다 훨씬 처참했다. 사히브 7명(카를 빈Karl Wien, 한스 하르트만Hans Hartmann, 군터 헤프G. Hepp, 아돌프 괴트너A. Göttner, 페르트 판크하우저P. Fankhauser, 마르틴 페퍼M. Pfeffer, 페터 밀리터P. Müllritter)과 셰르파 9명(파상 노르부Pasang Norbu, 밍마 체링Mingma Tsering, 니마 체링 1Nima Tsering I, 니마 체링 2Nima Tsering II, 티그메이Tigmay, 총 카르마Chong Karma, 앙 체링Ang Tsering, 잘젠 몬조Gyaljen Monjo, 카르미Karmi)이 단 한 차례의 눈사태에 모두 사망해 지금까지 단일 원정대 최대 사망자 기록을 세웠다.[84]

- 1938년 독일의 낭가파르바트 등반 시도 때는 1934년 원정 때 죽은 가이라이와 빌리 메르클의 얼어붙은 시신이 발견됐다.[85]

- 1938년 영국인들은 다시 한번 에베레스트에 갔다. 파상 셰르파가 뇌졸중을 일으켰으나, 논란의 여지가 많았던 사건에서 구조됐다(5장 참고).[86]

- 1939년 미국인들이 많은 이들이 에베레스트보다 오르기 훨씬 어렵다고 생각하는, 세계에서 두번째로 높은 카라코람의 K2에 도전했다. 사히브 1명(더들리 울프Dudley Wolfe)이 산 높은 곳에서 병으로 죽었다. 3명의 셰르파(파상 키쿨리Pasang Kikuli, 앙 키타르Ang Kitar, 핀초Pintso 셰르파)가 그를 구하려다 죽어, 전쟁 이전 셰르파 영웅담의 또 다른 주인공들이 되었다.[87]

- 1939년 스위스의 가르왈 히말Garhwal Himal 등반 시도에서 셰르

파 2명(아지티아Ajitia와 곰부Gombu)이 눈사태로 사망했다.[88]

- 1939년 빌 틸먼이 아삼Assam 트레킹을 가면서 셰르파 3명을 고용했는데 누쿠Nukku셰르파가 말라리아로 사망했다.[89]

셰르파의 실패, 사히브의 경멸

요약하자면 셰르파들은 원정 중에 죽었고, 다른 이들(셰르파와 사히브)의 죽음을 목격했으며, 죽을 뻔한 공포를 겪었다. 따라서 그들이 잠재적 혹은 실질적인 죽음이 도사리는 상황에서 무너져내려 계속 가기를 거부했던 일은 그다지 놀랍지 않다. 사히브들조차 사히브 때문에도 죽음 때문에도 그랬지만, 셰르파 때문에도 냉정을 잃고 때로는 격분했다.[90] 그들은 살아남은 셰르파의 반응에 대체로 공감하지 못했으며, 셰르파들이 두려워하거나 사기가 꺾인 모습을 보이면 경멸하는 반응을 보였다. 그들의 경멸은 셰르파의 어린아이 같음이나 원시성, 즉 용기와 자제력 부족, 두려움에 대한 과도한 취약성이라는 관점으로 일관되게 표현되었다. 이를테면 1922년 에베레스트 원정대에서는 눈사태로 셰르파 일곱 명이 죽었는데, 존 노엘John Noel은 살아남은 셰르파들이 "완전히 정신을 놓고 아기처럼 떨면서 울었다"고 썼다.[91] 1931년 독일 칸첸중가 원정 때는 최고 셰르파 중 하나가 죽자 다른 포터들이 극도로 불안해했으며, 단 세 명 외에는 죽은 포터가 떨어진 곳 위쪽으로 올라가려 하지 않았다.[92] 나중에 계속 전진했던 포터 가운데 두 명은 "심신이 무너져 울었는데" 너무나 많은 셰르파가 떠나버려 심각한 과로 상태였던 탓으로 보인다. 그러나 리더인 파울 바우어는 "그들은 현실을 단단히 붙들고 놓지 않기 위해 그리고 미신적인 감정이 일어나는 것을 막

기 위해, 두고 온 세계와의 어떤 연결이 필요했다"고 썼다.[93]

1938년 독일의 낭가파르바트 원정 때는 1934년 등반에서 사망한 가이라이와 메르클의 시신이 우연히 발견됐는데 사히브들은 셰르파들이 그 시신들을 보지 못하게 하려 했다. 하지만 "이 자연의 아이들은 본능이 너무 강해서" 그 후 제4캠프 위쪽에서 일하려는 포터는 한 명밖에 없었다고 바우어는 썼다.[94] 후에도 예를 들자면, 1951년 에베레스트 단독 등반을 시도했던 클라우스 베케르-라르센Klavs Becker-Larsen은 "진짜 어려움과 위험에 직면하면 [셰르파들은] 명예라는 개념이 아직 없는 대다수 원시 민족처럼 꼬리를 내렸다"고 썼다.[95]

셰르파들이 두려움과 사기저하로 등반을 거부하더라도 사히브들로서는 어떻게든 그들이 계속 일을 해줘야 하는 상황에서, 사히브들은 물리력에 의지해 셰르파들을 계속 움직이도록 했다. 1931년 독일 칸첸중가 원정대의 경우 독일인들은 셰르파 두 명을 강제로 끌고갈 수밖에 없다고 여겼다. 리더의 경멸은 행동으로 고스란히 드러났고 그의 "충성스런 하인"에게도 투사됐다.

(그 치명적인 사고 이후) 도르지Dorji는 히스테리 상태가 돼 짐을 내려놓고 돌아가려고 밧줄을 풀었다. 우리는 그의 옷깃을 붙잡고 그와 파상을 둘 다 억지로 끌고 테라스까지 올라갔다. 나의 충성스런 하인 카미Kami는 밧줄에 의해 끌려가는 그들을 보고 경멸스럽다는 듯 입술을 삐죽였다.[96]

사히브들이 보기에 셰르파들이 원정의 성공을 위협하는 유치한 공포와 자제력의 결핍에 시달렸다면, 최소한 그들이 정신을 놓지 않도록, 최대한 제대로 '정신력'을 갖춰 더 이상 외적인 규율이 필요하지 않도록 그들을 단련하는 것이 사히브에게 중요한 문제였다.

셰르파 훈육하기

특히 영국인들은 셰르파들의 태도를 개선하는 일련의 총체적 전략을 갖고 있었다. 그 대부분은 군사 훈련 모델과 권위가 작동하는 법에 관한 기본 가정에서 이런저런 방식으로 도출되었다.[97] 우선 가부장주의 자체가 훈육 기법으로 사용되었다. 제프리 브루스(1922년과 1924년 원정대에 참여한 찰스 브루스의 조카)는 셰르파들이 사기를 잃고 그만두는 일이 없도록 하려면 매일 그들을 살피고 개인적으로 안위를 묻는 것이 중요하다고 썼다.[98] 노턴도 비슷한 이야기를 썼다.

> 내가 언급했던 어려움, 즉 컨디션이 최상일 때 육체적 한계까지 밀어붙이도록 포터들을 설득하는 문제의 해결책은 하나뿐이다. 셰르파들이 따를 수 있도록 대다수 등반가가 그들에 대한 영향력을 획득하는 것이다.[99]

달리 말하면 셰르파는 어린아이와 같아서 지성과 합리성이 아니라 (사실상 그런 것은 부인되었다) 그 어린아이 같음에 호소하거나, 그들보다 우월한 합리성과 지성을 가지고 그들을 안내하고 보호할 사히브들에게 어린아이처럼 개인적으로 의존하도록 장려함으로써, 일을 잘해내도록 훈련시킬 수 있다고 여겨졌다. 따라서 원정대의 셰르파들이 일을 잘하면 의존성과 충성심을 제대로 이끌어낸 사히브 덕분이었다. 앞에 인용한 글에서 바우어는 사히브들이 "배려"해서 대해줬기에 "받

는 보수 이상의 신뢰와 열정으로… 우리를 따른" 셰르파들에 대해 썼다.[100]

군사 모델은 셰르파 개개인을 다루는 일종의 가부장주의 전략을 넘어서 셰르파들에게 올바른 '정신'을 심어주는 특정 전략 또한 제시했다. 제프리 브루스는 셰르파 일부를 리더급으로 승진시킴으로써 서열 경쟁을 일으키려 했다.[101] 또 노턴은 셰르파들에게 이전의 고도 기록을 넘어서면 매우 유명해질 것이라고("너희들 이름이 황금 글자로 신문에 나올 것이다") 했다.[102]

셰르파들에게 메달과 배지를 수여하는 아이디어도 있었다. 1922년 원정대의 사히브 대원들은 올림픽 메달을 받았는데, 나중에 "두 명의 포터"에게 추가로 메달이 수여됐다.[103] 물론 가장 유명한 메달은 이른바 호랑이 메달로, 다르질링에 있는 히말라야 클럽이 1939년부터 공식적으로 수여하기 시작했다. 탁월한 실력을 보여준 셰르파들에게 '호랑이'란 말을 쓰기 시작한 것은 1924년 원정 이후부터였다. 상으로는 배지뿐 아니라 "설선(만년설이 시작되는 부분의 경계선—옮긴이) 위에서 작업하는 대가로 다른 포터들보다 하루에 8아나(인도, 파키스탄의 구화폐 단위로 루피의 16분의 1—옮긴이)가 더" 주어졌다.[104] 첫번째 호랑이 그룹은 앙 타르카이, 텐징 노르가이 그리고 '왕디Wangdi'(아마 1933년 원정대의 사다였던 왕디 노르부Wangdi Norbu일 것이다)를 포함해 셰르파 열두 명이었다. 텐징 노르가이는 상을 받아 "자랑스럽고 행복하다"고 했다.[105]

적어도 에베레스트에서는 1920년대 원정대들과 1930년대 원정대들 사이에 확실한 단절이 있었다. 1933년 (그리고 그 이후) 원정대의 셰르파들은 훨씬 더 전문화된 것으로 보인다. 셰르파들의 규율 부재—게으름, 술 취함, 무책임함, 동기 결여, 정신력 부족—에 대한 사히브들의 불평은 더 이상 들리지 않는다. 오히려 그들은 어느 정도 완벽해 보인다. 모든 일을 잘해내고 위기에 처해도 이겨내고 뭐든 기꺼이 할 준비가 됐던 것 같다.

5월 29일 동이 텄는데 날씨는 화창할 거라 했지만 몹시 추웠다. 이제 정말로 포터들을 시험할 때가 왔다. 1924년 유사한 경우에 노턴은 그 사내들에게 일을 시작하라고 설득하느라 네 시간이나 말싸움을 벌였다. 이번에는 그런 일이 없었다. 등반가들이 새벽 5시에 일어났더니 셰르파 여덟 명은 당장이라도 출발할 채비를 하고 있었다. 이 셰르파들이⋯ 이제 개선된 전통을, 성취의 자부심을, 가능성의 기준을 발전시켰음은 의심의 여지가 없다.[106]

어린아이 같은 순진함 담론은 계속되었지만(그의 책 다른 부분에서 러틀리지는 셰르파들을 "무기력하게 사히브들에게 의존하게 됐다"고 묘사했다[107]), 셰르파의 실제 일솜씨에 대해서는 많이 칭찬했다.

당연한 일이지만 셰르파들을 제대로 만들어놓은 공은 영국인들이 차지했다. 러틀리지는 그것을 "심리적 진화 과정이라고 부르며 그 공은 그 사내들과 그들을 이끌었던 등반가들이 공유해야 한다"고 했다.[108] 틸먼은 "이런 변화를 가져온 다른 요인은, 그리고 우리가 주로 빚지고 있는 것은 초기 에베레스트 원정대들이 포터들을 다룰 때 동원했던 배려, 공감, 등반 기술"이라고 썼다.[109]

그런데 원정 기간 중에 일어나는 일은 만남 자체에 의해서도 결정되지만, '고향'에서 일어나는 일에 의해서도 결정된다는 것이 히말라야 등반과 같은 문화적 만남의 특성이다. 셰르파의 고향은 등반이 시작될 무렵 특별한 변화가 진행 중이었던 네팔의 솔루-쿰부 계곡과 다르질링-칼림퐁Kalimpong 지역이었다. 그곳에서 셰르파들은 임금 노동, 금융 경제, 그리고 다양한 사히브들을 상대하는 일에 족히 50년은 종사하고 있었다.[110] 영국과 유럽의 다소 독창적인 여러 훈육 전략이 셰르파들에게 영향을 미쳤음은 분명하지만, 그 영향력은 ―사히브들이 계속 부인하고 있는 돈의 영향력은 말할 것도 없고― 셰르파 자신의 욕구나 의도나 필요와 맞물린 방식과 관련해서만, 즉 그들의 '진지한 게임'과 관련해서만 이해될 수 있다. 이제 이 문제를 살펴보자.

3
셰르파

일찍부터 사히브들은 셰르파들에 대해 다양한 생각을 갖고 있었다. 바로 앞 장에서 나는 그런 생각들이 주로 사히브 자신이 투영한 환상과 편견을 구현한 방식들을 논했다. 셰르파에 대한 사히브의 단언들은 뭔가 실제를 기술하고 있다고 주장한다. 이 장에서는 '실제' 셰르파들을 살펴보겠다. 동시에 재현의 문제도 그냥 넘길 수 없다.

최소한 두 가지 이슈가 있다. 첫번째는 거의 진위에 관한 문제이다. 셰르파에 대한 사히브의 재현에 다양한 편견이, 개개인의 편견뿐아니라, 식민주의, 자본주의, 남성성, 근대성 같은 사히브들이 속한 시공간을 반영하는 보다 큰 이데올로기적인 편견이 담겨 있다는 사실을 인정한다면, 사히브가 셰르파에 대해 진실이나 사실을 말한다고 믿을 수 있을까? 이 문제는 등반가들의 설명뿐 아니라 인류학자들의 기술에도 적용된다. 우리는 무엇을 알 수 있을까? 두번째 질문은 재현이 지니는 힘에 관한 것이다. 만일 사히브가 셰르파의 '현실'보다는 (물론 단일한 '셰르파의 현실' 같은 것은 존재하지 않을지라도) 자신의 환상과 필요에 맞게 특정한 방식으로 셰르파를 재현한다면, 그러는 동시에 셰르파에게 권력을 행사한다면, 사히브의 재현이 셰르파의 현실에 얼마나 강제될까?

두 가지 이슈는 모두 문화적 혹은 이데올로기적 해석의 문제이다. 첫번째 경우 셰르파는 상상되거나 만들어진다는 의미에서 '구성'된다. 즉 셰르파는 자신의 현실과는 거의 무관한 사히브의 이미지로 구성된다. 두번째 경우 셰르파는 이미지에 의해서, 또한 이미지 뒤의 권력에 의해서 사실상 사히브의 욕망에 일치하도록 '만들어지고' 형성된다는 의미에서 '해석'된다. 어떤 의미에서는 이 책 전체가 이 문제에 대한 응답이기도 하지만, 여기에서 두 가지 관점에 대해 몇 마디 하겠다.

우리가 사히브 텍스트에서 무엇을 알 수 있을까 하는 문제에 대해, 나는 라나지트 구하Ranajit Guha와 인도 역사학 서벌턴(종속집단) 연구학회Subaltern Studies school of Indian historiography 회원들의 저작에서 영감을 얻었는데,[1] 이들은 사건들에 대한 설명과 민족지 기술뿐 아니라 지배(이 경우에는 식민지) 텍스트들로부터 주체와 주체성의 질문들을 되찾는 문제에 많은 관심을 기울였다. 나는 지배자의 표상들('이데올로기')은 항상 '미망illusion'과 '암시allusion'를, 왜곡과 진실을 모두 담고 있다는 루이 알튀세르Louis Althusser의 주장에서 영감을 받았다.[2] 이는 실제로 민족지 독서와 이데올로기 독서 사이에서 일종의 끊임없는 텍스트 뒤집기를 의미한다. 등반가들의 재현은 셰르파 민족지학을 위해 채집된다. 거기에 담긴 편견과 환상을 찾기 위해 해체되긴 하지만. 셰르파에 대한 인류학적 설명도 양질의 민족지학 작업 기록이 쌓이면서 등반가들의 견해를 비판적으로 해석하는 기준이 되었음에도, 동시에 그 자체가 지닌 이론적 편향과 재현적 편향에 대해 비판받는다. 알튀세르식으로 말하자면 암시 안에서 미망을 (겉보기에는 사실적인 주장에서 이데올로기적 편견을) 찾는다고 말할 수 있다면, 동시에 미망 안에서 암시를, 가장 기이한 사히브의 재현에서조차 민족지적 진실의 파편(혹은 그 이상의 것)을 찾는다고도 말할 수 있을 것이다.

나는 이미 '재현'에 관한 두번째 질문, 즉 셰르파에 대해 사히브(등반가와 인류학자, 그리고 나중에는 관광객까지 포함)가 갖는 이미지가 셰르파에게 얼마나 많은 영향을 미쳤는가 하는 문제에 대해 내 입장을 밝혔다. 20세기 후반 셰르파 정체성에 관한 최근 저서(1996)에서 빈캐니 애덤스Vincanne Adams는 셰르파가 사히브의 욕망과 환상에 의해 심하게 재구성되었다고 주장한다. 빈캐니 애덤스가 보기에는 오늘날 우리가 셰르파 문화라고 생각하는 많은 것이 모방의 과정을 겪으며 생겨났다. 셰르파들은 등반과 관광수입에 많은 부분 의존했기 때문에 사히브들이 원하는 사람이 되고자 했고 사히브들이 원하는 문화를 갖고자 했다. 오늘날 셰르파는 '가상 셰르파virtual Sherpas'가 되었다는 것이 그녀의 주장이다. 제임스 피셔James Fisher도 이보다 덜 과격한 형태로 비슷한 주장을 했는데,[3] 나는 그중 일부는 실제로 일어난 일이라는 데 동의한다. 그러나 애덤스는 사히브의 관점이 가져온 영향력은 지나치게 과대평가하면서도 사히브의 영향력을 자신들의 목적에 맞게 굴절시키는 셰르파 세계의 현실은 지나치게 과소평가했다. 이 책 전체에서 나는 사히브에 의한 셰르파의 구성과 셰르파의 자기 형성이 동시에 복잡하고 예측할 수 없는 방식으로, 변증법적으로 이루어진다는 입장을 구체화하고자 한다.

이제 초기 셰르파들에게 돌아가겠다. 다시 사히브의 재현, 이번에는 셰르파의 '우수성'을 설명하는 재현부터 살펴보자. 다음으로 그런 재현들을 넘어서, 20세기 초 솔루 쿰부의 사회관계와 문화적 이해가 있는 셰르파 세계 속으로 들어가보도록 하겠다.

셰르파의 다양한 우수성

20세기에 들어서면서부터 서양 등반가(대체로 영국인)들은 셰르파들을 '뛰어난 사람들' '뛰어난 포터감' 그리고 '멋진 동료'로 지목했다. 이 뛰어남이 20세기 전반 내내 셰르파 고용 조건과 사히브-셰르파 관계의 핵심이었으므로, 먼저 사히브들이 장기간 일관되게 언급하고 인정한 셰르파의 여러 뛰어난 점을 살펴보겠다.

애초에 사히브들은 주로 강인한 체력 때문에 셰르파를 높이 평가했다. 흔히 셰르파는 대다수 사히브보다 더 무거운 짐을 더 오랫동안 더 높은 곳으로 옮길 수 있었다. 그 밖의 중요한 요인으로는 1910년에 브루스 장군(당시는 소령)이 언급했던 것처럼 셰르파는 따뜻한 옷과 신발을 갖춰(현지 생산 모직으로 만든 옷과 신발을 착용했고, 시간이 지나면서 오래된 원정대 장비도 착용했다) 인도인이나 저지대 평원의 네팔인보다 극한의 추위에 대처할 준비가 잘돼 있었다.[4]

사히브들은 또한 일찍부터 유머감각이 좋고 심성이 착하다며 셰르파의 '성격'이나 '기질' 이야기를 했다. 잘 웃고 장난과 농담을 좋아하고 일반적으로 태도가 싹싹해서 셰르파를 상대하는 게 유쾌하고 즐겁다고 했다. 텐징 노르가이의 자서전에 서문을 썼던 등반가는 다음과 같이 밝혔다.

너그럽고 명랑하고 자발적이며 내숭 떨지 않는 것으로… 그들은 유명하다. 그들과 함께 여행을 해본 이들이라면 다들 알겠지만, 그들은 정말 행복한 사람들이고 대단히 너그럽고 명랑해서 자신들이 하는 거의 모든 일에서 즐거움을 찾고 모든 것에 관심을 보이며 재미있어한다.[5]

셰르파들은 명랑 쾌활하고 선량하다는 생각은 다양한 방식으로 표현됐다. 지난 장에서 보았듯이 셰르파의 명랑함을 어린아이 같다고 간주하는 인종차별적 담론에 가까운 형태도 있었다.[6] 하지만 대개는 극도의 악조건에서도 명랑함과 선량함을 잃지 않는 사람들에게 솔직히 감탄했다. 이를테면, 높은 고도에서 등반하느라 힘든 하루를 보낸 후 또는 잠을 거의 못 자고 새벽에 일어났을 때 자신들은 녹초가 돼 있는데 셰르파들은 기분 좋게 웃고 농담하고 노래 부르는 광경을 보고 사히브들은 놀랐다. 에드먼드 힐러리 경Sir Edmund Hillary은 "나는 셰르파들이 존경스러웠다. 그들은 노래를 부르며 일했고 대다수 외국인들이 의례적인 웃음조차 띨 수 없는 상황에서도 쾌활했으며 자신의 운명을 좀처럼 불평할 줄 몰랐다"고 썼다.[7]

한 캐나다인은 "[셰르파는] 더위나 태양에 [캐나다인들은 쇠약해지는데도] 영향을 받지 않는 듯 일광욕을 하고 신발 깔창을 말리고 차를 마시고 웃고 농담을 했다"고 썼다.[8]

셰르파의 명랑함에 대한 감탄은 원정대의 지원 조직으로서 그들의 가치와 관련됐다. 셰르파들은 대부분 무슨 일을 요구해도 기분 좋게 기꺼이 했다. 그들은 미소를 띠며 협력했고 전반적으로 '할 수 있다'는 태도를 보였다. 스위스 탐험가인 토니 하겐Toni Hagen은 "셰르파, 아일라Aila가 보통 최악의 위기 상황에서도 한결같이 씩 웃으며 '알겠습니다'라고 말했다"고 썼다.[9] 에드먼드 힐러리는 텐징 노르가이에 대해 "나는 그의 힘, 탄탄한 기술 그리고 특히 내가 하자고만 하면 어떤 변동 상황에도 기꺼이 달려드는 태도에 깊은 인상을 받았다"고 썼다.[10]

그리고 너그러움이 있다. 셰르파는 사히브가 필요로 하면 자신의 산소를 내주었고,[11] 담요나 침낭이나 방수 물품이 충분치 않으면 자신의 것을 양보했으며,[12] 사히브가 텐트를 다 차지하면 밖에서 잤다.[13] 그리고 동상에 걸리지 않도록 사히브의 손발을 몇 시간씩 문질러주었다.[14] 또 다른 사히브들이 모두 서둘러 가버리면 뒤처진 산악인을 도와주려고 뒤에 남았고,[15] 자기 몸집의 두 배나 되는 아프거나 부상당한 사히브를 업고 산 아래로 옮겼다.[16] 또 보급품을 가져오기 위해 자진해서 추가로 산을 오르내렸고,[17] 성공적인 등정을 마치고 하산하는 정상등반조를 마중하기 위해 뜨거운 차를 들고 다시 산을 올라가 그들의 짐을 덜어주는 등[18] 많은 일을 했다. 거의 모든 경우 셰르파들은 이런 추가 일들을 부탁을 받지 않고서도 **해주었다**. 어느 정도는 선택의 여지가 없다고 느꼈을 수도 있지만, 그래도 그들의 자발적인 행동은 진심으로 보였으며 굉장히 너그럽게 여겨졌다. 힐러리는 첫번째 에베레스트 정상 등반조를 위해 물품을 가장 높은 캠프로 운반한 뒤 좀 더 편한 아래쪽 캠프로 내려가게 돼 있던 앙 니마Ang Nyima라는 셰르파에 대해 다음과 같이 썼다.

그는 우리와 함께 (꼬박) 밤을 새고 다음 날 우리가 하산하는 걸 도와줘도 되느냐고 물었다. 하산 과정에서도 분명 엄청 힘들 텐데 이렇게 사심 없이 충성스러운 모습에 나는 정말 감동했다. 셰르파의 완벽한 본보기를 본 것 같았다.[19]

이런 너그러운 행동은 사고나 위기에서는 완전히 영웅적인 행위로 바뀌었다. 놀랍게도 원정대의 셰르파들은 다른 사람들이 전부 탈진해 있는 혹독한 상황에서도 곤경에 처한 등반가를 구조하러 나섰으며,[20] 그러다가 목숨을 잃기도 했다. 이런 이야기는 등산 문학에서 반복되는데, 1939년 K2에서 아픈 사히브를 구조하려고 애썼던 파상 키쿨리와[21] 1959년 초오유산에서 폭풍에 갇힌 정상등반조를 도와주려고 애썼던 초왕Chhowang도 그런 영웅담의 주인공이다.[22] 두 셰르파 모두 자기 목숨을 구할 기회를 여러 번 포기했다. 이런 이야기의 주된 변형은 셰르파가 죽을 위험을 무릅쓰고, 아프거나 부상당한 사히브 곁을 떠나려 하지 않는 경우이다. 가장 초기의 사례는 1934년 낭가파르바트의 '가이라이(기알리Gyali)'의 경우인데, 그는 탈진한 빌리 메르클 곁을 끝까지 떠나지 않고 산에서 함께 죽었다.[23] 좀 더 최근 사례로는, 1978년 숭다레Sungdare의 경우가 있다. 그는 탈진한 하넬로레 슈마츠Hannelore Schmatz와 함께 에베레스트 정상 바로 밑에서 하룻밤을 비박(텐트 없이 야영하는 것—옮긴이)하고 다음 날 그녀를 위해 산소를 가지러 아래쪽 캠프로 내려갔다가 다시 올라왔다. 하지만 하넬로레 슈마츠가 너무 쇠약해져 움직일 수 없다는 것을 알고 죽을 때까지 곁을 지켰다. 그는 동상으로 발가락 네 개를 잃었다.[24] 또 1996년 에베레스트 대참사 때 롭상장부Lobsang Jhangbu 셰르파는 너무 아파서 움직일 수 없는 스콧 피셔Scott Fischer의 곁을 떠나지 않겠다고 고집을 부리다가, 피셔가 내려가지 않으면 산 아래로 몸을 던지겠다고 협박하자 그제야 물러났다.[25]

이런 자기희생과 영웅적인 행동들의 기저에는 셰르파의 충성심이라는 좀 더 일반적인 패턴이 있다. 등반가들은 원정대 전체에 대해 그리고 사히브 개개인에 대해 금세 충성심을 보이는 셰르파의 성향을 일관되게 언급해왔다. 초기 원정대에 보다 흔했던 사히브의 가부장주의에 걸맞은 효도 비슷한 헌신에서부터, 최근 들어 더 흔해진 동등하고 참된 우정 비슷한 충성심까지 그 방식은 다양했다. 어떤 형태든 셰르파들이 일관되게 기꺼이 보여준 충성과 연대는 분명 그들에 대한 사히브의 긍정적 견해의 주된 원천이었다.

아마 사히브가 느끼는 셰르파의 좋은 점들을 전체적으로 가장 잘 요약한 이는 위대한 빌 틸먼일 것이다. 다음은 그가 1935년에 쓴 글이다.

우리는 거의 5개월간 함께 지내며 산에 올랐는데, 시간이 흐를수록 셰르파들을 더 좋아하고 존경하게 되었다. 그들이 등반을 하고 짐을 운반할 수 있다는 사실은 이제 당연시되고 있지만, 우리의 소규모 자급자족 집단에 훨씬 귀중한 자산은 그들의 쾌활한 웃음, 사심이라고는 전혀 없는 모습, 캠프에서나 행진 중에 기꺼이 일하며 헌신적으로 우리의 시중을 드는 태도였다. 그들의 동료라서 기뻤고, 그들을 이끌어서 영광이었다.[26]

틸먼의 찬사는 사히브들이 셰르파들에게서 찾아냈다고 여겼던 핵심적인 모든 특성, 즉 체력과 쾌활함, 사심 없음과 충성심을 잘 요약하고 있다.

그렇다면 셰르파들이 실제로 강하고 쾌활하고 사심 없고 충성스러웠을까? 대답은 물론, 그렇기도 하고 아니기도 하다. 우리는 이런 성격 묘사에 들어 있는 본질주의와 인종차별 문제에 민감하다. 하지만 재현이 여러 가지로 문제가 많다는 점을, 흔히 오리엔탈리즘이나 인종차별이며, 때로는 완전히 공상에 불과하고 늘 언제나 편파적이라는 사실을 인정한다고 해서, 실제로 사람들이 죽고 사는 세계와 재현의 관계를 이해하는 일을 그만두자는 뜻은 아니다. 내가 여기에서 그리고 이 책 전체에서 추구하는 바는 사히브들의 재현과 셰르파의 '실재'의 관계가 그렇기도 하고 아니기도 하다는 점이다. 강한 체력 문제부터 시작해보자.

강한 셰르파: 짐은 누가 나르는가

셰르파는 엄청난 체력과 지구력을 갖추고 있다고 생각돼왔다. 그리고 이는 어린 시절부터 짐을 나르는 문화적 관행과 더불어 높은 고도에 생리적으로 적응했을 거라는 생각과 결부되었다.

셰르파족은 네팔 동부의 솔루(낮은 계곡)와 쿰부(높은 계곡)라는 두 인접 지역에 거주한다. 솔루의 마을들은 위쪽에 고지대 목초지가 있는 약 2,400미터에서 3,000미터 사이에 위치해 있는 반면, 초기 등반 시대 셰르파 대다수의 고향인 쿰부의 마을들은 위쪽으로 고지대 목초지가 있는 3,700미터에서 4,300미터 사이에 위치해 있다. 두 지역은 두드코시Dudh Khosi, 즉 우유의 강으로 연결돼 있는데, 이 강의 발원지가 바로 에베레스트이다. 쿰부와 솔루 사이의 강을 따라 형성된 마을들이 파락Pharak 지역을 차지하고 있는데, 파락이란 그냥 중간 혹은 사이라는 뜻이다(지도 3 참고).

기본 경제활동은 농업으로 주로 감자, 밀, 보리를 재배하고, 유제품과 판매를 목적으로 그리고 좀 더 최근에 와서는 원정대에 대여할 목적으로 야크와 소 떼를 기른다. 1959년 중국이 티베트를 침공하기 전에는 북쪽으로는 티베트와, 남쪽과 동쪽으로는 네팔의 다른 지역들과 교역을 했다. 쿰부는 솔루보다 더 높은 고도에 위치해 있어서 쿰부에서는 농작물이 더 천천히 자라기 때문에 저지대보다 목축과 교역에 더 중점을 둔다.

쿰부에는 포장도로가 없으며 산길은 매우 가파르다. 따라서 이 지역에는 바퀴 달린 교통수단이 없다(외바퀴 손수레조차 없다, 있으면 사용할 수 있을 테지만). 교통수단이라고는 걷는 것이 전부이며, 사실상 모든 짐을 사람이 져 나른다.[27] 셰르파들은 어릴 때부터 오랜 시간

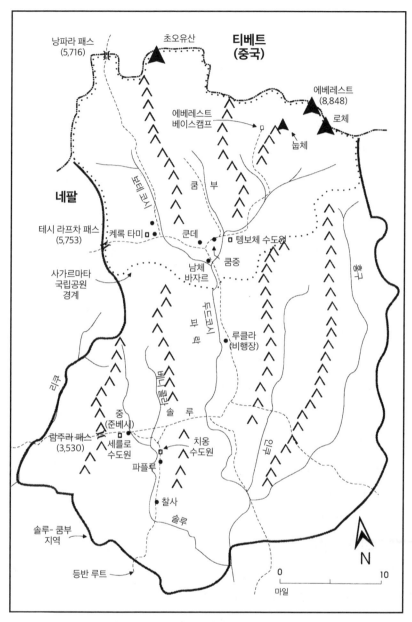

낭파라 패스
(5,716)

초오유산

티베트
(중국)

에베레스트
(8,848)

에베레스트
베이스캠프

눕체

로체

쿰 부

네팔

부테 코시

테시 라프차 패스
(5,753)

케룩 타미

쿤데

텡보체 수도원

쿰중

사가르마타
국립공원
경계

남체
바자르

두드 코시

리쿠

부 리

두드 코시

루클라
(비행장)

아룬

솔 루

중
(준베시)

람주라 패스
(3,530)

세를로
수도원

파플루

치옹
수도원

찰사

이눈

솔루-쿰부
지역

솔루

등반 루트

N

0   10

마일

지도 3. 솔루-쿰부

가파른 산길로 짐을 나른다.

이 모든 조건이 셰르파족에게 육체적으로 등반 작업에 적응력을 키워준 것 같은데, 이것이 일정한 역할을 한 것은 틀림없다. 일찍부터 사히브들은 셰르파가 유전적으로 혹은 후천적으로 높은 고도에 생리적으로 적응돼 있다고 추정했지만, 실제로 분명하게 입증된 바는 없다. 의사인 찰스 휴스턴Charles Houston은 이 문제에 대한 의학 연구를 검토하면서 등반에서 거둔 셰르파의 성공은 아마 투지와 동기의 문제일 것이라고 주장했다.

> 셰르파들은 해수면 높이에 사는 동족들보다 헤모글로빈이 많지 않다⋯ 셰르파들은 해수면 높이에서 태어나서 잘 적응한 현지인들 보다 극한의 고도에서 더 많은 일을 할 수 있는 것처럼 보이지만, 이를 뒷받침할 수 있는 제대로 통제된 연구는 거의 없다. 힘든 상황이 닥치면 조금 더 나은 적응력보다는 의지, 동기, 정신력이 [특히] 에베레스트 정상까지 가는 데 더 강력한 원동력일 것이다.[28]

신체가 무관하지는 않지만, 보다 중요한 문제는 어떤 셰르파들이 무거운 짐을 운반할 만큼 특히 강하거나 적극적인가 하는 점인데, 이는 곧장 셰르파 사회의 차별 문제를 들여다보게 한다. 차별은 사람들의 의도, 즉 그들이 참여하는 진지한 게임, 게임을 하기 위해 가져오는 자원, 그리고 게임을 하는 강도를 이해하는 데 절대적으로 중요하다. 여기서 논하겠지만 초기 셰르파들의 경우 그 게임은 보통 빈곤과 의존으로부터 탈출하는 '해방' 게임이었고, 실제 빈곤하지 않은 경우라면 최소한 전통적인 셰르파 사회의 긴장과 구속으로부터 벗어나는 해방 게임이었다. 이런 필요와 욕망을 창출한 압력을 간략히 살펴볼 필요가 있다.

셰르파 사회에는 그들의 말을 빌리자면, '대인big people', '소인small people' 그리고 그 외에 '부자도 가난한 자도 아닌' 모든 이들이 속하는 중간 범주가 있었다(여전히 존재하지만, 여기서의 논의는 주로 20세기 초반 이야기이다). 대인은 사회의 부유한 이들이다. 이들은 다른 이들보다 땅과 가축이 더 많고 더 잘살았으며 자신의 땅에서 일하는 소작농과 일꾼이 있었고 집안에서 일하는 하인도 있었다. 중간에 속하는 셰르파들이 인구의 가장 많은 부분을 차지했는데, 이들은 대부분 독립적인 자산을 소유했지만 풍족하거나 편안하거나 안정적이지는 않았다. 소수의 정말 '작은' 사람들은 땅이 없고 매우 가난해서 다른 곳으로 이주하지 않을 경우, 대인의 소작농이나 하인이 되었다.[29]

크다는 것은 많은 의미가 있었지만 여기서 중요한 의미는 짐을 나를 필요가 없다는 점이었다. 언급했듯이, 여행 중 물건 운반뿐 아니라 땔감을 모으고 물을 길어오고 들판으로 거름을 나르고 들판에서 건초와 농작물을 가져오는 등 일상의 잡일을 포괄하는 짐 운반은 솔루-쿰부의 어쩔 수 없는 현실이었다. 그 가운데 어떤 일들은 극도로 힘들고 불쾌했다. 수원지가 멀리 떨어져 있을 수도 있었다. 겨울철에는 물이 얼음처럼 차가웠으며, 가정에선 쓸 물을 무거운 나무통이나 매우 차가운 놋쇠 단지로 하루에도 몇 번씩 길어와야 했다. 이런 집안일은 필요한 것으로 여겨지긴 했지만, 사람들은 그런 일을 하지 않아도 되는 상태를 바랐고, 잘산다는 것은 짐을 나르지 않아도 되는 삶으로 정의됐다.

사실 모두가 짐을 나른 건 아니라서, 대인들은 짐을 나르지 않았다. 중간 사람들, 즉 보통의 셰르파들은 자기 짐은 운반했지만 호의를 베풀거나 상호합의한 경우가 아니라면 다른 사람 짐을 운반하지 않았으며, 이는 일종의 자존심이 걸린 문제였다. 반면에 소인들, 그러니까 소작농이나 하인이나 고용 노동자는 자신의 짐뿐 아니라 대인의 짐까지 운반했다.

이런 사실은 다시 뭔가를 말해준다. 30킬로그램 내외의 짐을 등에 지고 몇 시간씩 산길을 걸을 수 있고 산을 오를 수 있었던 체력이 '강한' 셰르파들은 분명히 그 사회의 대인 출신이 아니었다(그렇다고 반드시 '소인' 출신인 것도 아니었지만). 이는 둘 중 하나를 의미했다. 그들은 짐을 많이 운반해봤고 또한 돈이 필요했기 때문에 매우 강했거나, 아니면 매우 강하지는 않았지만 돈이 필요했기 때문에 등골이 휘도록 일했다. 어떤 경우든 돈이나 물질적 복지가 문제의 핵심이었다.

돈에 대해 한마디하자면, 돈이란 항상 해석을 요하는 지극히 복잡한 상징이다. 대부분의 셰르파가 주로 돈 때문에 산을 올랐다고 (지금도 오른다고) 말하는 것은 왜 그들이 산을 오르는가를 이해하는 출발점이지 종착점은 아니다. 왜냐하면 상징으로서의 돈은 셰르파의 욕망, 잘사는 것에 대한 그들의 관념, 돈이 있다면 무엇을 하고 어떻게 살 것인가에 대한 그들의 생각을 나타내기 때문이다. 이는 단순히 재정적 이익을 내는 것일 수도 있고, 친족을 부양하거나 아이를 다르질링에 있는 사립학교에 보내는 것일 수도 있으며, 여행을 하거나 종교의식을 후원하거나 수도원에 기부하는 것일 수도 있다. 요점은 서구의 반근대적 상상 어딘가에서 돈이 차지하는 부정적인 지위에도 불구하고, 돈은 우리가 '진정한' 셰르파 문화 세계라고 생각하는 무엇, 즉 그들이 자신의 욕망을 자기 언어로 분명하게 표현하는 틀을 정확히 가리킨다는 사실이다(거기서부터 벗어나 있는 것처럼 보일 수도 있지만).

셰르파가 돈에 대해 복잡한 감정을 갖고 있지 않다는 뜻이 아니다. 그들은 그런 감정을 갖고 있다. 셰르파들에게도, 사람은 눈앞에 돈이 보이면 하고 싶지 않은 일도 하거나, (네팔의) 사랑의 마력과 비슷하게 다른 사람이 원하는 대로 움직이는 노예가 될 수도 있다는 문화적 통

3장 셰르파

념이 있다. 사람들은 물질적 탐욕과 이기심, 돈 자체에 대한 욕망에 의해서만 움직이는 것 같은 이들에 대해서 확실히 비판적이다. 그렇지만 주로 돈을 벌려고 산에 오른다는 단순한 사실이 셰르파들에게는 도덕적으로 전혀 문제가 되지 않는다. 뭐든 다른 동기가 개입될 수도 있지만 돈이 핵심이다. 더구나 초기 원정대들에서 그들이 거둔 재정적 성공은 셰르파가 쾌활했던 주된 요인이었다.

보편적 문화 스타일, 쾌활함

나는 '쾌활함'이란 말을 사히브들이 호평했던 일련의 특성을 아우르는 말로 사용한다. 셰르파는 '친절하고' '선량하고' '장난기가 많고', 다시 말해 일반적으로 긍정적인 기질을 지니고 있다고 사히브들은 말했다. 그리고 스트레스가 심한 상황에서도, 특히 종일 무거운 짐을 나른 후에도 이런 쾌활함을 잃지 않았다고도 했다. 과연 이것이 셰르파의 현실을 묘사한 것일까? 다시 대답은 그렇기도 하고 아니기도 하다. 복잡한 질문이라서 대답도 여러 가지일 수 있다.

　'그렇지 않다'로 시작해보자. 나는 다른 곳에서 사히브들로부터 얻은 쾌활한 이미지와는 매우 다른 셰르파의 사회생활상을 제시했다.[30] 솔루의 현지조사(1978)에 기초한 첫 저서에서 나는, 사유재산제도에 근거한, 그리고 차차 폭력으로 확대되는 정기적인 논쟁을 초래하는 마을 생활에서의 '이기주의' 경향을 강조했다.[31] (여기서 내가 말하는 폭력이란 대부분 주먹다짐과 몸싸움을 의미하지만, 간혹 돌이나 몽둥이를 사용하기도 한다. 실제 무기를 사용하는 일은 극히 드물었지만 그럼에도 불구하고 싸우는 당사자들은 심하게 두들겨맞을 수 있었다.)

나중에 쿰부에서 현지조사를 했을 때는 사람들이 보다 서로 협력하고 공동의 이익을 위해 일하는 지역 제도가 제대로 발달해 있는 듯 보였다.[32] 그렇지만 쿰부에도 싸움과 폭력이 빈번했다.

이 책에서 나는 사히브에게 그토록 인상 깊었던 쾌활함과 명랑함에 중점을 둔다. 그러나 셰르파의 싸움과 폭력도 '실재'하며, 이를 부인하지는 않겠다. 하지만 나의 요지는 첫째, 사실상 셰르파 마을 생활에서 볼 수 있는 거의 모든 폭력은 (그리고 '이기주의'는) 불평등한 사회 구조와 관련이 있다는 점이고, 둘째, 문화적 가치, 신념, 이상, 선의 개념 모두가 이기심, 싸움, 폭력을 지지하지도 이상화하지도 않는다는 점이다. 이것이 쾌활함을 보편적 문화 스타일이라 부를 때 내가 의미하는 바다. 특히 불교적 관점에서 타인을 해하는 것은 설령 그것이 언어폭력이라 해도 죄악이다. 다른 믿음들은 죄를 강조하기보다는 싸움은 혐오스럽고 불쾌하다는 생각을 강조한다. 싸움에 가담하거나 혹은 목격만 해도 팁thip('오염')이 생겨나는데, 이는 굉장히 불쾌하게 정서적으로 아픈 상태이며 그러다 정말로 병에 걸릴 수 있다.[33] 싸우거나 다른 사람들을 두들겨패거나 하는 일을 '용인'하는 것은 셰르파에게는 남자다움의 중요한 요소가 아니다. 육체적 공격성은 소년들에게 권장되지 않는다.

셰르파들은 싸움과 폭력이 발생한다는 점을 인정하지만, 몇 가지 중요한 구분을 둔다. 가장 단순한 수준에서는 음주의 결과로 치부한다. 자기통제가 무너질 때 일어나지만 장기적인 원인이나 결과가 없어 쉽게 회복되는 것이다. 많은 싸움이 한 단어로 설명된다. 창(맥주). 보다 심각한 갈등은 두 가지 방식으로 본다. 즉 부유한 일반인과 라마 같은 대인들이 지위, 명성, 영향력('이름')을 놓고 경쟁하는 경우와 대인이 아닌, 즉 소인들과 중간층들끼리 특히 재산을 놓고 생존 경쟁을 벌이는 경우. 대인 간의 폭력은 기본적으로 이기적이고 자기중심적이라고 비난받지만, 대인이 아닌 이들 사이에 재산과 유산을 두고 벌어지는 폭력은 안타깝지만 이해할 수 있는 일로 여겨진다.

셰르파 사회에도 사회적 갈등이 상당하긴 하지만, 친절하고 쾌활한 태도를 가치 있게 여기고 장려하며, 가능하면 실천하고자 하는 사회적 상호작용 스타일로 보는 것이 타당하다. 그러므로 여기서 더 나아가 셰르파의 라이프스타일에서 이런 문화적 가치를 생산하고 재생산해온 것이 무엇인지를 물어 마땅하다. 이 문제는 셰르파에 대한 이전 인류학적 연구의 주된 관심사였으며, 몇 가지 답이 제시되었다.

최초의 셰르파 민족지학자인 크리스토프 폰 퓌러-하이멘도르프는 셰르파의 좋은 성격에 대한 의문을 논문의 핵심 질문으로 삼았다. 그리고 셰르파가 개방적이고 친절하며, 그에 따라 너그럽고 협조적인 것은 기본적으로 그들이 믿는 불교 때문이라고 답을 내놓았다. 불교가 신도들에게 이런저런 방식으로 좋은 사람이 되라고 이르는 것도, 셰르파의 종교가 이 책에서 여러 논의의 핵심인 것도 물론 사실이다. 하지만 하이멘도르프가 도출한 연관성은 너무 광범위해서 그다지 유용하지 않다. 모든 종교가 지지자들에게 좋은 사람이 되라고 촉구하지만 개별적으로든 집단적으로든 종교적 가르침을 곧이곧대로 따르는 이들은 거의 없다.

셰르파의 쾌활함을 지배적 문화 스타일로 구성하는 데 또 다른 중요한 설명을 제시한 이는 인류학자이자 산악인인 마이크 톰프슨Mike Thompson이다. 그는 셰르파가 성격이 좋은 것은 본질적으로 교역과 상업주의 문화에서 연유한다고 보았다.[34] 적어도 16세기에 네팔로 들어왔을 때부터 셰르파들은 히말라야 횡단 무역에서 중추적 역할을 맡아, 티베트에서 소금을 갖고 내려오고 네팔의 고도가 낮은 지역에서는 쌀을 가지고 올라왔다. 거의 모든 셰르파 남자가 어느 정도 소규모 교역에 종사했지만 일부 사람들만 대규모 성공을 거둘 수 있었다.[35] 이렇게 성공한 남자들이 셰르파 사회의 정치적 지배자들이 되었으며, 이들의 상호작용 스타일이 문화적으로 우세한 스타일이 되었다. 톰프슨의 말처럼, "그들은 항상 사람은 [감자]만으로 사는 것이 아니라고 생각했으며, 그들의 활기차고 개인주의적이며 위험을 무릅쓰고 보상을 즐기는 교역은, 서구 산악인 세대들이 높이 평가한 쾌활하고 유쾌하고 태평하고 개방적이고 친절한 라이프스타일의 근간을 형성했다."[36]

종교나 교역으로 설명하는 이런 해석은 둘 다 어느 정도 그럴듯하다. 하지만 두 해석 모두 셰르파 사회의 정치적, 경제적 차이를 고려하지 않는다. 마을에서 싸움과 갈등이 횡행한다는 것은 셰르파의 주거지역에서 그들의 우호적인 태도와 명랑한 기분이 정치적, 경제적 불평등과 경쟁에 의해 와해될 잠재성을 늘 가지고 있다는 것을 보여준다. 그렇다면 나는 논의를 더 밀고 나가, 대인이 아닌 이들에게 쾌활함은 보다 적극적이고 실제적으로 구성돼야 했다고, 그리고 이것이 일반적인 문화적 스타일만큼이나 사히브들에게 원정대 셰르파들의 '쾌활함'으로 보였던 것이라고 주장하고 싶다.

쾌활함 1: 돈 그리고 소인으로부터 벗어나기

셰르파 사회에서 '대인'과 다른 이들(비대인 그리고 '소인')의 격차는 사회 내 다른 갈등들의 근원이자 결과였으며, 거의 20세기 내내 점점 더 많은 젊은 셰르파 남자들을 등반으로 내몰았다. 이 패턴의 연속성과 변화는 이후의 장들에서 다루기로 하고, 여기서는 주로 1920년대와

1930년대, 초기 등반시대에 계속 초점을 맞추겠다.

재산과 상속

농경지와 착유 동물을 포함한 셰르파 사회의 생산수단은 가족 단위의 사적인 소유였다. 핵가족이 그 사회의 소유 단위였으며, 각각의 핵가족이 주택을 보유하고 가족을 부양할 충분한 생산수단을 갖는 것이 이상적이었다. 상속은 보통 결혼할 때 젊은 사람에게 전달됐는데, 많은 가정에서 즉각 문제가 발생했다. 셰르파 상속 규칙은 '대인'이든 아니든 모든 셰르파에게 기본적인 문제를 일으켰다. 규칙에 따르면 아버지는 가진 물적 재산을 모든 아들에게 동등하게 분배해야 한다. 그러나 한두 세대만 지나면 그것이 불가능해진다. 재산을 나눈 몫이 한 가족을 부양하기에는 너무 적기 때문이다.

과거에 중대한 재산 문제를 겪은 '소인들'은 다른 모든 선택이 실패했을 경우 돈을 빌려야 했고, 다른 가족을 위한 노동자로 일해야 했으며, 머슴이나 소작농, 혹은 이 모든 것으로 대인들에게 매여야 했다. 과거에 채무, 소작인, 부채 상환을 위해 노예처럼 일하는 머슴이 얼마나 보편적이었는지는 명확치 않지만, 셰르파 중에서 정말 가난한 사람은 많지 않았고 엄청난 부자도 많지 않았다는 것이 나의 생각이다. 하지만 그 차이는 충분히 실재했으며, 재산의 과도한 세분화와 분할 문제는 보편적이었다. 그러므로 일부 젊은이들은 늘 외부로 나가 다른 곳에서 돈을 모아야 했고, 셰르파 경제구조는 항상 '잉여' 아들들과 형제 간 경쟁을 야기했을 것이며, 외부 자원을 찾아야 할 필요가 상존했다.[37]

19세기 중반 이 시스템에 추가 압력이 가해졌다. 전통적으로 네팔

왕가의 세습 재상을 배출했던 라나Rana라는 가문이 1846년 왕의 권력을 찬탈하고 왕을 허수아비로 만들었다. 라나 가문의 집권은 여러 결과를 가져왔다. 적어도 대인들 중 일부는 세금징수원이나 상인으로서, 그리고 카트만두의 라나 정부와 접촉해 맺을 수 있었던 다양한 사업 거래를 통해 전보다 더 커질 수 있었다.[38] 다른 한편 라나 정부는 현물, 노동, 현금 등 세금 부담을 현저히 높이고 보다 효과적으로 세금을 징수하는 수단을 확대했다.[39] 그때부터 소인들에게는 다른 돈벌이의 필요성이 절실해졌다.

따라서 19세기 말부터 오랫동안 다르질링의 등반 노동에 나선 셰르파 대다수는 돈이 필요해서 나온 것이 분명하다. 그들 중 일부는 몹시 가난해서 땅이 거의 없었고 늘 부채의 위협(혹은 현실)에 시달렸다. 초기 셰르파 사다 가운데 최고였던 앙 타르카이의 이야기가 이런 예였다. 앙 타르카이의 자서전에서 인용한 다음의 글은, 서구 기록자들과 통역자들의 도움을 받아 쓰긴 했지만 최소한 여기 논의되는 부분에서만큼은 앙 타르카이의 목소리가 매우 분명히 드러나 있다.

앙 타르카이는 1907년 쿤데Kunde의 매우 가난한 집안에서 태어났다. 할아버지에게는 땅이 좀 있었던 것 같은데 아버지의 남동생인 앙 타르카이의 삼촌이 할아버지 재산의 대부분을 물려받았다.

아버지는 남동생이 있어서 가족의 유산을 기대할 수 없었다. 셰르파는 보통 막내아들이 아버지의 재산을 물려받기 때문이다. 아버지의 남동생이 가족의 재산을 물려받았기 때문에, 아버지는 어떻게 해서든 혼자 힘으로 살아가야 했다. 할아버지가 돌아가시자 삼촌이 할아버지의 밭과 집을 차지하게 되었는데 지금 이 순간에도 삼촌 소유이다.[40]

그런데 가족이 없는 이웃이 수도원에 들어가기로 하면서, 앙 타르카이의 아버지에게 아무런 대가 없이 집과 밭을 줘서 그의 가족을 절대적 빈곤에서 구해주었다. 그럼에도 앙 타르카이가 열세 살이 됐을 무렵에는 집에 빚이 많아 다른 집 일을 해야 했다.

우리는 그렇잖아도 보잘것없던 처지를 악화시킨 큰 빚을 졌다. 나는 미약하나마 집안 살림에 보탬이 되기 위해 소 떼를 지키고 나무를 베고 (일반적인) 날품팔이를 하면서 다른 사람들을 위해 일해야 했다… 나는 그 지역을 돌아다니며 고용살이를 하다가 2년 후에야 집으로 돌아와 전에 하던 일을 할 수 있었다.[41]

초기의 다른 셰르파들이 반드시 가난했던 것은 아니지만, 사실상 시스템이 부과한 일을 하고 있는, 대인이 아닌 가족의 아들들이었다. 적어도 당분간은 아버지 재산을 건드리지 못하고, 한정된 내부 파이를 나눠갖기보다는 외부에서 추가 자원을 끌어와야 했다. 비교적 중간계급 가정의 사례는 가장 유명한 셰르파, 텐징 노르가이를 보면 된다. 텐징 노르가이는 1914년에 열세 명의 자식 중 열한번째로 태어났는데, 아들만 일곱 명이었다. 그의 집안은 꽤 안락한 편이었지만 엄청난 부자는 아니라서 아들들끼리 재산을 나누고 나면 그들 모두 물질적 삶의 조건이 현저히 떨어졌을 것이다. 텐징은 새로 세워진 텡보체Tengboche 수도원으로 보내졌지만 그곳을 좋아하지 않아 집으로 돌아왔다. 나중에 그는 대도시를 보고 싶어 카트만두로 떠났고 결국 원정대 일을 찾아 다르질링으로 갔다.

텐징은 스스로 유산과 재산 문제 때문에 떠나야 했다고 생각하지 않았다. 자신에게는 그저 바깥세상이 보고 싶고 더 큰 일을 성취하고

사진 2. 젊은 시절 앙 타르카이(왼쪽)와 센 텐징Sen Tenzing과 파상 부티아Pasang Bhutia(날짜 미상).

싶은 강한 열망이 있었다고 생각했다. "어린 시절에도, 소년이었을 때에도, 그리고 어른이 돼서도, 나는 항상 여행을 하고 싶었고 떠나고 싶었으며, 가서 보고 싶었고 가서 찾고 싶었다"고 그는 썼다.[42] 요점은 물질적인 필요나 상속 규칙이 개인의 욕구와 계획과 직결되지 않는다는 것이다. 오히려 셰르파 사회의 재산과 상속구조는 떠나는 일이 필수는 아니라도 늘 옵션이 되는 젊은 남성들을 끊임없이 생겨나게 했다. 더욱이 장거리 교역(그리고 순례 여행)의 중심지라는 여건은 더 큰 세계에 대한 감각을 지닌 이들을 정기적으로 배출했다.

사실 앙 타르카이조차 그저 돈을 벌기 위해서만 떠나는 것이라고는 생각하지 않았다. 그의 경우, 극심한 빈곤과 삼촌에 대한 원망, 그리고 다른 사람을 위해 일해야 한다는 굴욕감 등이 모두, 보잘것없고 낙후되었으며 숨통을 조일 듯이 폐쇄적인 솔루-쿰부의 마을 생활로 압축되었다. 어딘가에서 그는 그곳을 "길 잃은 우리 마을"이라고 불렀고,[43]

또 다른 곳에서는 "내가 태어난 마을에 갇혀(유폐돼enfermé) 있었다"고 자신을 묘사했다.[44] 그리고 마침내 파리에 도착해서는 정말 주눅이 들어 후진성과 폐쇄성 이미지를 쌓아올렸다. 그는 자신을 "히말라야 장벽의 그늘에서 길을 잃은 비참한 땅에서 태어난 보잘것없고 불쌍한 셰르파"라고 불렀다.[45]

이 모든 것과 대조적으로 등반 노동에는 특별한 매력이 있었다. 이 매력의 대부분은 우선 최초의 원정대 셰르파들이 등반에서 돌아오면서 가져온 이국적인 의복과 장비 덕에 물질적인 형태를 취했다. 텐징 노르가이는 1920년대 원정대에서 돌아온 남자들의 옷에 매료된 자신을 묘사했다. 실제로 그는 원정대에서 가져온 부츠를 돈을 내고 신어보기도 했다.[46] 앙 타르카이 역시 등반에 강렬하게 끌렸다.

내가 스무 살 갓 넘었을 무렵 브루스 장군의 원정대에서 돌아온 동네 친구 님 타르카이Nim Tharkay가 등반 장비를 다 들고 쿤데에 있는 우리 집으로 날 보러 왔다. 그는 마치 놀라운 위업이라도 이룬 듯 이집 저집 으쓱대며 돌아다녔다. 젊었던 나는, 자기가 겪은 모험을 시적으로 묘사하는 그의 말을 듣고 있자니 상상력에 불이 붙었고, 곧 그 친구처럼 원정대에 들어가고 싶어 미칠 지경이 되었다.[47]

또 촌마을에서는 불가능한 개인적인 출세 가능성도 있었다. 특히 아주 가난한 '소인' 출신인 앙 타르카이와 같은 이들에게는. 초기부터 사히브들은 책임감과 리더십이 있다고 생각되는 셰르파를 '사다', 즉 원정대의 셰르파 책임자 또는 십장으로 임명했다. 똑똑한 젊은이라면 고산 '셰르파'(숙련된 등산 포터) 이상을 꿈꾸고, 사다가 되기를 희망했다. 사다는 일반 셰르파보다 훨씬 많은 돈을 벌 수 있었다. 보수가 더

많은 데다 셰르파들과 현지 포터들로부터 '커미션'도 챙겼기 때문이다
(대부분이 그랬다). 적어도 늘 그런 소문이 돌았다. 사다는 종종 자신
의 고향 마을에서는 모호한 인물이었다. 그들 지역의 위계에 딱 들어
맞지 않기 때문이다. 하지만 다들 유명해졌고 일부는 매우 존경을
받았는데, 돈뿐만 아니라 인정과 존경까지 얻을 가능성이 원정대 일의
잠재적 가치를 한층 높였다. 앙 타르카이와 텐징 노르가이는 둘 다 사
다로 유명해졌다(또 상당한 부자가 됐다). 앙 타르카이의 경우는 등반
가보다는 사다로 더 유명했다.

이렇듯 초기 셰르파들에게 등반 노동은 셰르파 사회의 재산과 상
속 문제에 거의 완벽한 해결책을 제공했다. 아주 부유한 대인을 제외
한 모든 사람들에게 이 일은 생계수단을 제공했으며, 최악의 경우 하인
이 되어야 하고, 또 잘되더라도 가족끼리 재산을 분할해 모두의 생활
수준을 끌어내리는 문제를 야기했을지도 모를 '너무 많은' 아들들에게
양질의 삶을 제공했다. 등반은 (다른 종류의 '쿨리' 일과는 대조적으로)
사히브들의 이국적인 의복과 음식에다 먼 나라와 '현대'의 모습을 엿볼
수 있어 더욱더 매력적이었다. 가족으로부터 그리고 더 큰 경제적 긴
장감으로부터 벗어난 해방감이 등반 노동에 나선 셰르파 남자들의 '쾌
활함'을 만드는 1차 요인이었다.

독립노동과 쾌활함

등반 노동의 해방감 외에 또 다른 요인이 있었는데, 이는 셰르파 경제
의 (사유재산과 교역에 근거한) 자유기업 성격과 관련된다. 셰르파들
은 다르질링의 노동시장과 등반에 사실상 독립노동자로 들어왔다. 그

들은 진정한 자본주의 노동자로 자신의 이익을 위해 자신의 노동력을 팔고 (가족의 요구와는 별도로) 자신의 임금을 가졌다. 이상하게 들릴지 모르지만 역사적 기록을 살펴보면, 셰르파가 독립노동자로 일했다는 사실이 그들이 등반 일을 시작했을 때부터 보여준 긍정적이고 활기찬, 즉 '쾌활한' 모습과 실제로 매우 밀접한 관련이 있음을 알 수 있다.

이를 알아보려면 서부 히말라야 산맥과 카라코람 산맥에 사는 산악 부족들, 즉 발티족Balti과 훈자족Hunza을 비롯한 소수민족을 상대했던 초기 사히브들의 이야기와 셰르파들을 상대했던 사히브들의 이야기를 비교해봐야 한다. 그런 소수민족들은 추위와 짐 운반 및 거친 트레킹에 익숙한 산악 주민들로 육체적으로 셰르파족과 필적하기 때문에 이런 비교는 적절하다. 몇몇 예외(특히 2장에 나온 쾌활한 로르 칸)가 있지만, 많은 원정대의 보고에서 서부 히말라야 소수민족들은 무뚝뚝하고 성질이 나쁘고 대체로 신뢰할 수 없다고 묘사됐다. 그들은 불평하고 훔치고 기회만 오면 파업을 했으며, 원정 중에 종종 집단적으로 가버리는 바람에 극도로 고립된 장소에(낭가파르바트와 K2 같은 카라코람 산맥의 봉우리들은 동쪽에 있는 봉우리들보다 사람이 거주하는 마을에서 훨씬 더 멀리 떨어져 있다[지도 1 참고]) 포터의 지원도 적절한 보급품도 없이 원정대의 발을 묶어버리는 경우가 있었다.[48]

훈자족(그리고 그 지역의 다른 소수민족들)이 셰르파족보다 상대적으로 문화적인 '쾌활함'과 외향적 성향이 부족하다는 것은 일반적일 수 있지만, 이런 스타일이 상황에 기인한다는 사실 또한 확실하다. 그리하여 훈자족의 몹시 안 좋은 행동을 묘사한 기록에도 "고향 마을에서 그들은… 훌륭한 협동심을 보여주고… [또한] 이웃들 사이에서는 구김살 없이 명랑하고 자신감 있고 상냥하다는 평판을 얻고 있다"는 내용이 나온다.[49] 현재 논의 중인 언어로 표현하자면, 훈자족이나 유사한 소수

민족들은 세르파족과는 달리 원정대에서 '쾌활하게' 지내고 싶지 않았거나 쾌활할 수 없었다고 말할 수 있다.

이런 차이가 생겨난 것은 두 소수민족이 등반 노동에 나오게 된 정치적, 경제적 상황의 차이에서 비롯된 것으로 보인다. 훈자족은 '코르베corvée' 노동 즉, 통치자에게 빚(세금)을 갚기 위한 노동, 그래서 거의 보수를 받지 못하는 노동자로 나왔던 것 같다.

> 강인하고 독립적인 산악 부족의 독재자 훈자 미르는 더 높은 캠프로 보급품을 운반하도록 지원자들을 보냈다.[50]

> 탈리치Talichi에는 300명의 포터들이 있었다. 이들은 정부의 명령으로 거기에 모인 산악 농부들이었다.[51]

> 그들은 원정대 리더가 보내주지 않는 한 자리를 지켜야 할 의무가 있었다. 안 그랬다가는 공동체에게 경멸받고 통치자인 훈자 미르에 의해 강제 노역에 처해질 수 있었다.[52]

그들이 그곳에 있게 된 상황을 감안하면 훈자족이 무뚝뚝하고 비협조적이었던 것도, 더 나은 임금과 장비를 약속해도 (대다수 세르파들과는 달리) 더 빨리 움직이지 않았던 것도 놀랄 일이 아니다. 훈자족은 원해서 거기 온 게 아니었다. 원정은 그들에게서 자신의 일과 생활을 빼앗고 미르는 그들의 '임금'에서 큰 몫을 떼갔을 것이다.

반대로 세르파족은 ─임금노동에 대해 이런 말을 할 수 있다면─ 자유 의지로 나왔다. 그들의 임금은 그들의 것이었고, 그 돈 덕분에 전통적인 다양한 경제적 구속으로부터 해방을 경험했다. 또한 그들은 자신의 노력과 원정의 성공이, 참가한 원정에서 (보너스나 사례금으로) 돈을 벌 가능성이나 장차 돈을 벌 가능성과 밀접하게 연결된다는 사실을 알게 되었다. 임금과 관련해 이러한 훈자족과 셰르파족의 상황 차이가 그들이 등반 노동에서 보여준 '쾌활함'의 수준과 거의 직접 관련이 있는 것으로 보인다.[53]

쾌활함 2: 파업과 정체성

등반은 보수가 몹시 후해졌지만 늘 그랬던 것은 아니다. 초기 원정대의 임금은 사실 보잘것없었고 말 그대로 '쿨리 임금'이었다. 앙 타르카이는 1933년 에베레스트 원정대에서 귀환할 때 셰르파들이 거의 굶주려서 자신들의 빈약한 여비를 모으지 않고서는 충분한 음식도 살 수 없었다고 기술하고 있다.[54] 셰르파들이 원정대에 있는 것을 좋아했고 좋아했던 것처럼 보인다 해도, 그 일의 모든 조건이 만족스러웠다는 의미는 아니었다. 그들은 등반 일을 시작했을 때부터 조건을 개선하는 일에, 사실상 '쿨리' 등급에서 벗어나는 일에 착수했다. 그들은 대부분 이 모든 일에서, '쾌활함'의 또 다른 주된 요인이 되는 엄청난 성공을 거뒀다. 정치학자인 제임스 스콧James Scott이 '일상적 형태의 저항'이라는 개념을 분명히 한 이래로 '저항'과 다른 종류의 행동 사이의 경계는 극도로 흐릿해졌다.[55] 이 문제는 행위자의 의도에 따라 달라져 보이기 때문에 복잡했다. 아픈 포터가 일을 계속하기를 거부하는 경우, '저항'을 하는 것일까 아니면 단지 아파서 일을 계속할 수 없는 것일까? 요구하는 바가 있어서 의식적인 의도를 가지고 파업에 돌입하면서 저항하는 이들과, 고의가 아니라 일을 할 수가 없어서 계속하지 않는 이들 사이에는 분명 넓은 회색 지대가 있다. 그러나 여기서 중요한 점은 노사관계란 정확히 상대적이라는 것이다. 즉 '아픈 것'은 포터의 의도와는 무관하게 사히브의 관점에서 자신의 요구를 수행하지 않는다는 이유만으로도 '저항'이 된다. 사실 여기서 논의되는 것은 대부분 상당히 의도적인 저항 사례들이다. 간간이 발생하는 회색 지대의 경우는 그냥 여지를 남겨두기로 한다.

세르파들은 아마 대다수 히말라야 원정대에서 어떤 형태로든 저항을 행사했을 것이다. 이유는 다양했다. 한편으로는, 방금 언급했던 것처럼 단지 일을 계속할 수 없을 것 같아서 계속하기를 거부한 사례들이 있다. 지쳤거나 아파서 그랬을 것이다. 이를테면 1924년 에베레스트 원정대에서는 세르파들이 전반적으로 매우 일을 잘해서 사히브들로부터 아낌없는 칭찬을 받았지만, 산의 높은 곳 여러 지점에서 소규모 세르파 한두 집단이 텐트 밖으로 나올 수 없었거나 나오지 않으려 하는 바람에 출발을 못 해 사히브들이 몇 시간에 걸친 장광설로 그들을 설득해야 했다.[56] 죽음에 충격을 받아서 그랬을 수도 있다. 1931년 독일 칸첸중가 원정대에서 사히브 한 명과 세르파 한 명이 사망하자, 세르파들은 캠프를 옮기는 일에 저항했다. 사히브들에게는 부적절해 보이는 일이었다.[57] 나중에는 도르지라는 포터의 사건도 있었다. 도르지는 겁에 질려 산을 내려가려 했다가 리더인 파울 바우어에 의해 질질 끌려올라갔다.[58] 도르지 사건은 실질적 저항과 '우발적' 형태의 불복종을 확실히 구분하려는 노력이 특별히 유용하지는 않다는 점을 잘 보여주는 예이다. 왜냐하면 도르지의 등반 거부는, 서구의 표준 범주로 보자면 정치적인 이유보다는 심리적인 이유 때문인 것 같지만, 그럼에도 불구하고 정치적 행동으로, 즉 사히브의 요구와 필요에 맞서는 행동으로 **작용해** 폭력적인 반응을 얻었다.

두번째 저항의 이유들은 셰르파 등반 참여의 물질적 조건들, 즉 돈이나 음식, 장비와 관련됐다.[59] 최초의 에베레스트 원정대인 1921년 정찰대에서 배급품 문제로 '쿨리들'(셰르파와 티베트인이 뒤섞여 있었는데, 초기 원정대 사히브들은 이 둘을 제대로 구분하지 않았다)의 '미수에 그친 반란'이 있었다.[60] 사히브들은 그 소요사태의 책임이 궁극적으로 사다에게 있다고 보았다. 그 사다가, 맬러리가 묘사한 것처럼 "교활하고 계산적이고, 사악하며 믿을 수 없는 안색이 창백한 악당이라… 우리 쿨리들의 식량을 탈취"했을 수도 있다(하워드 베리Howard-Bury 공저. 1922, 216). 사다의 불공정하거나 부정직한 대우에 셰르파들이 불평하는 경우들도 있었으니까. 사히브가 제대로 식량 배급을 하지 않았을 수도 있고, 사실상 그 때문에 셰르파들이 원정대의 부당한 조건과 사히브에 저항하는 파업을 했을 수도 있다.[61]

1929년 독일 칸첸중가 원정대에서는 셰르파들이 돈과 관련된 요구를 했다.[62] 실제로 그들은 1930년 칸첸중가 국제 원정대의 지불 담당관 사히브에게 돈을 지불하라는 법적 소송을 제기했다.[63] 1933년 에베레스트 원정대에서는 셰르파들이 불충분한 음식과 화장실 문제로 베이스캠프에서 파업을 일으킬 뻔했지만 등반을 시작하라는 명령이 떨어지는 바람에 넘어갔다.[64]

이러한 파업이 모두 원정대의 이런저런 물질적 조건들 때문이었다고 해도, 대부분의 파업은 다른 이유가 더 있었다. 예를 들어 화장실 문제는 분명 셰르파에게 신체적 불편이나 모욕의 문제일 뿐 아니라 존엄의 문제이기도 했다. 앙 타르카이는 사히브들이 셰르파를 "거의 사람취급하지 않았다"고 했다.[65] 돈 문제로 파업을 한 경우(그리고 나중에는 장비 문제가 좀 더 주된 요인이 된다) 어찌 보면 정말 돈 때문이었을수도 있다. 어쨌거나 셰르파가 원정대에 있는 주된 이유가 돈이었으니까. 그러나 셰르파에게 임금과 장비 문제는 늘 위신과 변별성이라는 이중적 의미에서 '구별 짓기'의 문제이기도 했다. 그러니까 셰르파들은 자신의 일이 일반 포터의 일보다 더 전문적이고 더 위험하므로 더 가치가 있음을 인정받고 싶어했다.

다른 소수민족과 셰르파를 구별 짓는 문제는 아주 초기부터 중요하게 부각되었다. 초기에 다른 소수 민족들, 즉 추위를 감당할 수 없는 평지 출신인 인도인 네팔인과, 음식 금기가 너무 많았던 힌두교도나 이슬람교도와 구분된 이후 셰르파의 주요 경쟁자들로 민족적으로 가까운 사촌인 티베트인과 (티베트 민족에 속하지만 다른 지역에 사는) '보티아족'이 등장했다. 1921년 정찰대에서는 사히브들이 티베트인 포터와 셰르파족 포터를 확실히 구별 짓지 않았지만, 1922년 2차 에베레스트 원정 때 셰르파들은 티베트인들과 애써 경쟁하면서, 높은 고도에서 하는 모든 힘든 일에 자원하고, 티베트인들보다 덜 '미신적'이고 더 자발적이고 더 규율을 잘 따른다고 사히브들에게 어필했다.[66] 이런 노력은 1924년 원정 때 결실을 맺어 사히브들은 사실상 대부분 티베트인인 낮은 고도에 머무는 포터 혹은 '현지' 포터와, 대부분 셰르파인 고산 포터를 구분하게 되었다. 나와 있는 수치를 찾지는 못했지만, 고산 작업이 보수가 더 높았을 것이다. 이어진 칸첸중가 원정(1929년 독일 원정대, 1930년 국제 원정대, 1931년 독일 원정대) 때는 티베트인과 셰르파와의 경쟁에 돈 문제가 관련됐다. 1929년에 셰르파들은 사실상 대부분 티베트인들인 '일반 쿨리들보다' 더 많은 보수를 요구했고,[67] 1930년에는 불공정하게도 자신들보다 티베트인들이 더 많은 보수를 받았다고 여겨 법적 소송을 제기했다. 그리고 1931년에는, 1930년 사건들의 결과로 바우어가 티베트인들을 고용하지 못하게 하려고 "그들을 고용하면 자기네가 오지 않을" 거라고 했다.[68]

사진 3. "제 4캠프를 세운 '호랑이들'(키파Kipa 제외)"이라는 설명이 붙은 사진.
1933년 영국 에베레스트 원정대의 신원 미상인 셰르파들.

마지막으로 물질적 조건과 그들이 보였던 변별성의 문제는 짐을
나르는 문제와 관련해 또 다른 전기를 맞았다. 1924년에 고산 포터와
현지 포터가 구분되면서, 고산 포터는 저고도에서 짐을 나르는 잡일을
줄였다. "높은 고도에서 작업할 때를 대비해 힘을 비축하기" 위해서.[69]
다음(1933년) 에베레스트 원정대에서 무슨 일이 있었는지는 명확하지
않지만, 1935년에는 저고도에서 짐을 나르는 현지 포터와 저고도에서
는 짐을 운반하지 않는 고산 '셰르파'의 구분이 당연시됐다. 셰르파들
은 돌아오는 길에도 짐 나르기를 거절했으며, 사히브들이 강요하려 들
면 파업을 일으켰다.[70] 1938년에도 똑같은 일이 일어났는데, 틸먼은 이

에 대해 달관한 듯한 태도를 취했다.

이 전통은 이제 에베레스트 원정에 국한되지 않고 널리 퍼져서, 다른 수송 수단을 이용할 수 있다면 셰르파를 수송력으로 고려하지 않는 편이 현명하다. 그들은 이미 충분히 짐을 실은 동물에게 자기 짐을 더 얹거나 자기 비용으로 동물을 빌리고 그 대금을 청구한다.[71]

짐 운반이 약간 경감된 것은 '쾌활함'의 또 다른 주요 요인인데, 책의 뒷부분에서 현지 포터 일과 짐 운반을 넘어서는 데 성공한 캠페인이 지닌 급진적인 함의를 다시 살펴볼 것이다. 보다 광범위하게, 사히브의 요구, 셰르파의 저항, 그리고 1920년대와 1930년대를 거치면서 보다 유리한 작업 조건의 점진적 확립이라는 이어지는 사건들 모두 일선에서 구체적인 성공을 거두게 되면서, 분명 초기 등반대에 참여한 셰르파의 기쁨 또는 쾌활함은 계속 커졌을 것이다.

또한 셰르파가 사히브의 애정과 존경을 잃지 않으면서도 지속적으로 자신들의 이익을 강요할 수 있었다는 점도 주목해야 한다. 1935년, 셰르파들이 파업을 일으켜서 돌아오는 길에 짐 운반을 거부했던 그해에 빌 틸먼은 앞에서 인용했듯이 "그들의 동료가 되어 기뻤고 그들을 이끌어 영광이었다"며 열렬한 찬사를 보냈다.[72] 이런 성공의 일부는 사히브들이 셰르파의 성격적 특질이라고 가정해 끊임없이 언급했던 면과 관련 있었다. 틸먼이 "우리를 헌신적으로 섬긴다"고 표현했던 충성심이 그것이다.[73] 체력과 쾌활함과 더불어 이 충성심도 잠정적인 '사실'로 인정하는 동시에 해체해야 한다. 사히브의 오리엔탈리즘을 벗겨내고 셰르파의 의미를 다시 입혀야 한다.

충실성: 친다크 개념

셰르파에게는 친다크Zindak란 개념이 있는데, 이는 아랫사람이 성공하도록 도와주는 후원자 또는 보호자를 말한다. 사람들은 경쟁적인 다툼에 자주 말려들었다. 유산을 놓고 형제들과 다투고, 정치적 입장 차이로 다른 사람들과 싸웠다. 그러나 적당한 친다크를 찾아내어 보호하에 있는 경우 경쟁자를 물리칠 수 있었다. 친다크가 직접 부나 지위 같은 성공을 가져다주는 게 아니라 그걸 얻도록 도와줄 뿐이라는 점에 유의해야 한다. 친다크는 스스로를 돕는 영웅을 도울 뿐이다.[74]

초기 원정대에서 특히 영국인들은 셰르파와의 관계에서 매우 가부장적인 역할을 했다. 그들은 또한 셰르파들의 '정신력'과 기술 향상은 실은 자신들이 가르쳤기 때문이라고 여겼다. 셰르파가 사히브의 친절에 긍정적으로 반응했다는 것은 있을 법한 일이다. 그 친절이 가부장적이었다 하더라도. 셰르파는 대부분 매우 젊었으며 개중에는 몹시 가난한 이들도 있었다. 하지만 그 밖에도 셰르파에게는 친다크라는 자애로운 보호자의 가치에 대한 확고히 정립된 개념이 있었고, 이 개념이 그들 문화의 여러 측면, 즉 전통문화, 종교적 의례, 사회관계에 널리 퍼져 있었다. 하지만 이런 문화적 개념은 일관되게 오해를 받아왔다. 특히 그 관계에서 아랫사람을 정확히 서구의 전통적 가부장주의라는 렌즈를 통해 어린아이나 의존적 존재로 여기는 경향이 있었다. 반면 셰르파의 틀에서는 간혹 부모 자식 간의 언어를 쓰는 것처럼 보일 수 있어도 이 관계는 사실 완전히 평등주의적인 다양한 가정에 뿌리박고 있다.[75]

우선 친다크 개념은 평등주의적인 문화를 가진 세계에서 작동한다. 이것은 셰르파 사회에 부와 권력의 차이가 상당하지만 이 차이는 출생때부터 정해진 것이 아니라 (정직하게든 부정직하게든) 이론적으로 기회가 균등한 시스템에서 얻어진다는 뜻이다. 따라서 친족 관계가 아닌 모든 셰르파인은 실제로는 아니더라도 원칙적으로 평등하게 여겨지며, 이론적으로 모든 사람은 가능한 한 많은 발전을 도모할 가능성이 있다. 친다크는 위계적 관계라는 더 큰 문화 시스템의 일부가 아니다. 그것은 기회 균등이 기본 가정으로 깔려 있는 세계에 구조적으로 연결된 위계적 장치이다.

둘째로 친다크와의 관계는 완전히 상호적이다. 친다크가 더 유력하지만 그 힘은 피보호자가 친다크를 잘 돌보고 부양하고 도우면서 확대되어야 한다. 친다크의 힘은 바로 친다크에게 의지하는 이들로부터 온다. 신과의 관계에서도 같은 메커니즘이 작동한다. 신들은 사람들의 공물로 지탱되므로 인간을 도울 수 있다. 공물이 없으면 신은 힘을 잃게 될 것이다. 한 인터뷰에서 텡보체의 라마가 다음과 같이 말했다.

신들의 힘은 인간의 [영적 에너지]에서 비롯되며, 신에 대한 우리의 헌신에 따라 강해지거나 약해진다. 신들의 운은 가정의 운처럼 세월에 따라 오르락내리락한다. (인간이 믿음이 줄어들거나 다른 이유로) 신들이 약해지면 홍수나 그 밖에도 인간에게 안 좋은 일들이 생기기 쉽다.[76]

이것이 셰르파가 사히브를 섬기는 정신이다. 내가 사히브를 잘 돌보면 사히브도 나를 잘 돌봐줄 것이다.[77]

마지막으로 셰르파 문화에는 친다크 관계 같은 위계 관계가 시간이 지나면서 좀 더 평등한 방향으로 바뀔 수 있다는 생각이 존재한다. 만일 더 어린 쪽이 성공을 거두면 그리고 둘 사이에 나이 차나 공적인 지위 차이가 크지 않다면 결국에는 평등해진다. 이는 위계질서를 인정하고 극복하는 더 큰 문화적, 종교적 패턴의 일부이다. 따라서 동일한 역학관계가 수호신 이담yidam과의 관계에 대한 종교적 관념에도 나타나 있다. 인간의 영역에서 친다크처럼, 이담은 초월적 영역에서 가장 잘 섬겨야 하는 개인의 보호자이다. 그러나 동시에 탄트라 종교 수행의 이상은, 이담과의 비대칭적 관계가 시간이 흐르면서 초월된다는 것이다.

> 잘 알려진 전통에 따르면 [탄트라 종교 수행의] 가장 낮은 단계(크리아 Kriya)에서는 수행자와 탄트라 신과의 관계가 하인과 주인의 관계이고, 그다음 단계(카르야Carya)에서는 친구 관계이지만, 그 이상의 단계로 올라가면 더 이상 이원적인 관계가 아니다. 수행자는 탄트라 신과 동일해진다.[78]

이런 다양한 주장은 친다크 관계가 일종의 평등주의적 토대에 근거하고 있음을 다양한 방식으로 나타낸다. 아랫사람은 어린아이나 사회적으로 열등한 이가 아니라 재능은 있지만 불우한 처지에 있는 존재에 가깝다. 설화에서 아랫사람은 보통 자신의 잘못도 아닌데 쓰러진, 하지만 누군가 조금만 도와주면 힘을 되찾아 자신을 부당하게 쓰러트린 이들을 물리치는 똑똑한 젊은이다.

이를 이해하면 셰르파의 '특성'과 관련된 많은 사히브의 이야기를 관통하는 수수께끼 하나를 이해하게 된다. 셰르파는 다른 사람을 굉장히 잘 돌보고 할 일을 기꺼이, 아니 그 이상으로 잘하면서도 하인이나 종속적인 존재로 보이지 않는 묘한 재주를 갖고 있는 것 같다고 사히브들은 말했다. 스위스 등반가인 르네 디테르는 1952년 원정대에 참여한 (텐징 노르가이를 비롯한) 셰르파들에 대해, 그들을 만나지 않았더라면 "매우 친절하면서도 굽실대지 않을 수 있다는 생각은 못했을 것"
이라고 했다.[79] 에릭 십턴은 1969년 한 인터뷰에서 셰르파들은 "대단히
충성스럽지만 굽실거리는 법이 없다"고 했다.[80] 이렇듯 모순되게 보이
는 현상에 대한 답은, 셰르파들이 친다크 유형 모드로 행동할 때 이들
의 행동은 하인으로서 하는 행동이 아니며 그런 행위를 한다고 해서 자
신을 예속시키는 것도 아니라는 점이다.

앙 타르카이와 텐징 노르가이의 자서전을 보면 이런 복잡한 구조
가 전개되는 것을 볼 수 있다. 둘 다 기꺼이 사히브를 친다크로 그리고
자신은 충성스런 하인처럼 묘사하고 있지만 둘 다 불평등한 처우에 민
감하며 사히브와의 관계가 평등할 때는 굉장히 고마워한다. 먼저 앙
타르카이는 1950년 안나푸르나 원정대가 "사히브가 부모인 대가족 같
았다"고 했다.[81] 또한 자신과 다른 셰르파들이 리더인 에르조그에게 아
랫사람이 윗사람에게 가질 법한 깊은 존경심을 품었다고 묘사했다.

> 우리 셰르파들은 원초적이라서 아름다움과 힘을 평가하는 데, 무엇보다
> 마음의 자질을 직감하는 데 거의 실수가 없다. 우리는 리더에게 즉각적
> 이고 자발적으로 존경과 충성을 바쳤다.[82]

앙 타르카이의 자서전은 물론 여러 번역자들을 통해 걸러졌으며,
번역자들 각각의 어조가 덧씌워진 것은 분명한 사실이다.[83] 그럼에도
불구하고 사실이 담겨 있지 않은 게 아니라 과잉되었다고 가정해보자.
앙 타르카이는 분명 보호자/친다크의 역할을 맡은 에르조그에게 과도
하게 예속된 것으로 자신을 묘사했어도 거기에 열등감이 작용했다고
는 전혀 생각하지 않았다. 따라서 바즐 노턴Basil Norton은 앙 타르카이
의 자서전 서문에, 그의 한 가지 결점이라면 무시당한다는 느낌에 지나

치게 민감한 것이었다고, 그래서 "누군가가 그를 열등하게 취급한다는 인상을 받으면 매우 격한 반응을 보였다"고 썼다.[84] 더욱이 1950년 안나푸르나 원정대에서 앙 타르카이에게 가장 중요했던 것은 바로 그 원정대의 평등주의 스타일이었다.

사히브들은 우리처럼 전력을 기울였고 일에 관한 한 우리와 차별을 두지 않았다. 새롭고도 매우 기분 좋은 경험이었다. 그런 모습에 우리는 열정이 솟았다. 우리가 참가했던 그 어떤 원정대에서도 그처럼 사히브들과 자유롭고 친밀하게 지낸 적이 없었다. 우리는 그들과 단단한 동지애로 묶여 하나가 된 것 같았다.[85]

다음으로 텐징의 자서전을 보면 마찬가지로 종속적인 헌신처럼 보이는 표현과 행동이 동등한 처우에 대한 감사, 나아가 그에 대한 요구와 결합돼 있다. 텐징은 자신을 도와준 윗사람들에게 반복해서 친다크 역할을 맡겼다. 소년 시절에는 친다크가 자신을 멀리 데려가는 꿈을 꾸었다.

부끄럼을 많이 타서 혼자 많이 지냈던 기억이 난다. 다른 남자아이들이 서로 쫓아다니고 진흙과 돌로 게임을 할 때, 나는 혼자 앉아 먼 곳을 그리고 위대한 여정을 꿈꾸었다. 나는 와서 날 데려갈 라사에 있는 중요한 인물에게 편지를 쓰는 척하곤 했다.[86]

1952년 스위스인들과 함께할 때 셰르파들이 리더에게 뭔가를 얻기 위해 친다크 프레임을 사용한 기미가 있다. 이것이 꼭 부정적인 행동은 아니었다. 친다크란 그런 존재였으니까. 디테르는 다음과 같이 썼다.

> [셰르파들은] 자주 마음에 직접 와닿는 말을 찾아낸다. 일전에 셰르파의
> 우두머리 사다인 텐징이 내게 뭔가를 요구하면서, "당신이 셰르파의 아
> 버지이기 때문에 이런 부탁을 하는 것"이라고 했다… 어찌 거절하겠는
> 가![87]

1953년 영국 원정대가 성공한 이후 인도의 네루 수상이 (다르질링
에 살았던) 텐징을 돌봐주었다.

> 거의 처음부터 판디트지Panditji(네루의 브라만 명칭)는 내게 아버지와
> 같았다. 다정하고 친절했으며 다른 사람들과는 달리 날 어디다 써먹을
> 까가 아니라 어떻게 도와주고 행복하게 해줄까만 생각했다.[88]

그러나 텐징도 앙 타르카이처럼 무시당하는 것에 극도로 예민했
다. 에베레스트 등정에 성공한 후 그는 영국 대사관 리셉션 참석을 거
부했다. 전에 거기서 쫓겨난 적이 있었기 때문이다.[89] 그리고 다른 나
라 사람들과 비교해 영국인들은 "동양인들"과 기본적으로 인종주의적
인 선을 그어서 "어려움과 문제"가 있었다고 거리낌없이 말했다.[90] 앙
타르카이처럼 텐징 역시 평등한 대우에는 몹시 고마워했다. 인도 북
부의 1947년 스위스 원정대에 대해서 "나는 스위스인들과 함께하는
이 원정을 즐겼다. 처음으로 원정대에서 고용주와 평등한 관계라고 느
꼈다. 우리는 정말 사히브와 셰르파가 아니라 친구라고 느꼈다"고 했
다.[91] 그리고 1950년 영국 등반가들(분명히 그들의 국민성이란 것을
초월했던)과 함께한 원정에 대해서는 이렇게 말했다. "이것이 이 원정

의 위대한 점이다. 등반가와 포터 사이에 전혀 구분이 없었다. 우리는 똑같이 일을 했고 똑같이 짐을 나눠 졌으며 도움이 필요하면 모두가 모두를 도왔다. 우리는 고용주와 피고용인이 아니라 형제 같았다."[92]

텐징은 독자들에게 종속적으로 혹은 하인처럼 보이는 행동조차도 실제 그런 것이 아니라 평등의 정신으로 행한 일임을 설명하려 했다.

우리는 사히브를 돌보는 것이 우리의 의무라고 생각한다. 우리는 그들에게 요리를 해주고 차를 갖다주며 그들의 장비를 건사하고 그들이 텐트 안에서 편안한지 살핀다. 우리는 이런 일들을 해야만 해서가 아니라 하고 싶기 때문에 한다. **하인이 아니라 좋은 친구의 마음으로**.[93]

요약하자면 셰르파는 사히브를 인생을 살아가는 데 도움이 되는 자애로운 보호자, 즉 친다크로 여길 수 있었으며 자주 그렇게 여겼다. 그래서 그들은 자주 충성과 헌신으로 기꺼이 사히브를 섬겼다. 이런 패턴이 초기에 그리고 현재까지도 셰르파에 대한 사히브들의 대단히 긍정적인 반응에 중요한 역할을 했다. 하지만 이 논의 전반을 통한 나의 요지는 역설적으로 느껴질지라도, 보기에는 종속적인 이런 충성심이 일종의 평등주의에 기초하고 있다는 것이다. 셰르파들은 실제로 위계질서를 싫어하고 종속적인 취급을 받는 것에 민감하다. 셰르파에게 친다크와의 관계는 실제 상호적이며 서로에게 헌신하는 관계이다. 한쪽이 다른 한쪽에 비해 일시적으로는 좋은 위치에 있지만 이런 불평등은 시간이 지나면서 평등해지거나 역전될 수 있다.

셰르파 형성 / 셰르파의 자기 형성

역할과 지위, 정체성이 하나로 융합된 등반 셰르파의 형성과 자기 형성은 20세기 초의 산물로, 이후 1970년대까지 비교적 안정적으로 유지되었다. 먼저 원정대 셰르파들이 초기에 원정대 포터로 함께 일했던 다른 소수민족(주로 티베트인)들보다 자신들이 더 낫다고, 그러므로 보수나 다른 특권을 더 받을 가치가 있다고 밀어붙여 인정을 받아냈음을 보았다. 이는 차츰 '현지 포터'와 '고산 포터'의 구분을 만들어냈고 높은 고도에서의 작업은 거의 셰르파족이 독점하게 됐다. 다시 말해, 이는 '셰르파'라는 범주를 낳았고, 나중에는 산악인들도 심지어 '바깥세상'도 직업과 민족이 하나의 정체성으로 융합된 이 범주를 알게 되었다.

이런 의미에서 '셰르파'가 되면 다양한 혜택이 따랐다. 무엇보다 보수가 더 많았다. 다음으로, 고산 셰르파는 애초에 자기들 일이었던 짐을 나르는 일이 부분적으로 경감되는 특별한 혜택을 누렸다. 앞에서 언급했듯 짐을 나르는 일에 대한 셰르파의 태도를 감안하면, 또 짐을 나르지 않는 것이 엘리트를 연상시킨다는 점(다음 장에서 짐을 운반하지 않는 것은 승려의 정체성과 이미지에도 중요하다는 점을 보게 될 텐데)을 감안하면, 엘리트 셰르파는 일상적인 짐 운반을 하지 않아도 된다는 생각은 상징적으로나 실질적으로 분명히 중요한 승리였다. 그리고 마지막으로 존중의 문제가 있었다. 셰르파는 티베트인과 구분되면서 물질적 이익과 상징적인 기쁨을 얻었으며, 뿐만 아니라 호랑이 메달과 다른 상들도 셰르파에게 긍정적인 의미를 가졌던 것으로 보인다. 이런 것들은 더 많은 돈, 그리고 미래의 일자리에 대한 더 많은 기회를 의미했다. 그러나 그 이상으로 메달은 적어도 한동안은 영국인들이 의도했던 바를 달성한 듯하다. '호랑이들'은 자기들이 받은 상을 자랑스러워했으며 그렇게 인정받음으로써 그 일의 '쿨리'적 성격이 상쇄되고 변형되었다고 여겼다.[94] 이 모든 것은 셰르파가 그 일에서 보람을 느끼게 만들어주는 조건들—더 많은 보수, 더 많은 인정, 더 많은 자율성—과 그들 자신의 지속적인 권한 부여에 기여하는 쾌활함을 지속적으로 형성하고 발전시켰음을 보여준다.

4
승려

———————

20세기 초 서구의 등산가, 탐험가, 조사자 들에게 셰르파들은 겉보기와 동일한 존재, 즉 어떤 종류의 일을 하러 왔고, 알고 보니 그 일을 아주 잘하는 사람들일 뿐이었다. 하지만 등반이란 무대 뒤에는 솔루-쿰부에서 펼쳐진 거대한 드라마가, 사실상 다르질링이라는 무대에서 펼쳐진 것보다 더 큰 드라마가 있었다. 셰르파들은 다르질링에서 크고 작은 돈벌이에 나섰던 바로 그 시기에, 또한 자신들의 종교제도를 바꾸는 과정에 돌입했다. 1916년과 1924년 솔루-쿰부에 최초로 수도원 두 곳이 창건되었다.

수도원 창건은 등반으로 이동을 초래한 것과 본질적으로 동일한 추세에서 비롯되었다. 비록 이 경우에는 이 추세가 비대인들이 아닌 대인들에게 미친 영향에서 비롯되긴 했지만. 즉 네팔에서 라나 가문의 부상은 비대인 셰르파들을 다르질링으로 내몰아 돈벌이에 나서게 했을 뿐만 아니라(다르질링에 영국인들이 있어서 이 일이 가능했다), 셰르파족 대인들에게도 영향을 미쳐 수도원을 창건하게 만들었다. 부유한 창건자 중 몇몇은 라나 가문과의 거래를 통해 부를 쌓았는데, 그중 한 사람은 다르질링에서 꽤 큰 사업을 일으켜 부자가 되었다. 그리고 부유하지 못한 집들이 재산을 세분하지 않고 유지하도록 압박하여 잉여 아들들을 만들어냈던 상속 구조는 대인들에게도 동일한 영향을 미쳤다. 그들 역시 경제적으로나 신분상으로 재산의 세분을 피하고 온전히 유지하는 데 관심이 있었다. 이런 의미에서 정확히 같은 시기에 동일한 힘이 수도원 창건과 등반 참여라는 두 현상을 일으켰다.[1]

수도원이 생겨난 움직임을 등반과 더불어 20세기 초 셰르파 무대에 등장한 새로운 '게임'으로 볼 수 있다. 승려들도 산악인들과 마찬가지로 새로운 의제를 갖게 되었다는 의미에서 그것은 새로운 게임이었다. 승려들과 산악인들은 그 의제를 셰르파에게 내놓고 그들을 압박했다. 승려들의 게임은 그들 자신과 일반적인 셰르파 들을 위한 영적 개선이었다. 심지어 초기 수도원 생활과 등반 사이에는 유사점도 있었다. 사히브들과 승려들 모두 평범한 셰르파에게는 어떤 종류의 규율이, 어떤 종류의 개선이 필요하다고 보았다. 이 장에서는 수도원 운동이 셰르파의 대중 종교에 가져온 새로운 차원과 재구성을, 그리고 초기 등반 셰르파들 일부가 그들 사이에 나타난 이 새로운 현상에 보인 반응을 살펴볼 것이다.

수도원 창건

셰르파들은 항상 대중적 형태의 티베트 불교를 실천했지만, 20세기 이전 솔루-쿰부에는 수도원이 없었다. 다시 말해 자신들이 먹을 것을 직접 기르지 않고 독신생활을 유지하면서 종교 수행에 전념하는 승려 공동체가 없었다. 이전의 셰르파 사찰들은 결혼한 라마(반진banzin이나 응가와ngawa나 초아choa)나 지역사회 일원인 의례 전문가들이 관장했다. 초기 셰르파 종교사(사실상 셰르파 사회사)의 대부분은, 16세기에 시작된 셰르파들이 솔루-쿰부에 정착하는 과정에서 서로 다른 시기에 들어선 이 지역 사찰들의 창립에 초점을 맞추고 있다.[2] 이런 사찰의 건립은 셰르파 정치, 경쟁하는 대인들 간의 대립, 그리고 그같은 대립에서 비대인들이 차지한 역할과 깊게 얽혀 있었다.

결혼한 라마들이 관장한 사찰에서는 일반 신자의 종교적 필요에 응해 인간과 가축의 안녕과 농사의 성공을 보장하는 의식을 라마가 거행했다. 본격적인 불교 이념의 틀에서 보자면 이런 종교 기관은 '열등'했다. 그곳의 라마들은 결혼을 했고 사소한 예외를 제외하면 이들의 종교 업무가 대체로 세속적이고 실질적인 관심사에 맞춰져 있었기 때문이다. 비록 불교계에서는 일반적으로 고등 불교가 이런 낮은 차원의 종교를 용인하긴 해도, 고등한 내세의 종교적 이상을 유지하고 보여주는 데 전념하는 수도원이 존재하지 않을 경우에는 일반 신자들을 뒤처지게 해 불교가 구원하고자 하는 죄와 고통 속으로 더 깊이 밀어넣을 수 있다. 따라서 도처에 불교 수도원을 세우고 유지하는 것은 견고한 불교 사회에 필수불가결한 일이다. 자신들을 불교도로 정의하는 집단이 수도원을 세우고 유지할 수 있다면 그렇게 해야 한다는 입장이다.

그러다가 19세기 후반 셰르파들은 종교개혁에 착수했다. 1860년대부터 오래된 사찰들을 개조하고 새로운 지역 사찰들을 건립하다가, 마침내 독신 승려들을 위한 최초의 수도원인 텡보체와 치웅Chiwong 수도원을 획기적으로 설립했다. 1916년과 1919년 사이에 세워진, 사실상 쿰부의 모든 남녀와 아이들의 자발적 노동이 들어간 텡보체 수도원은 더할 나위 없이 셰르파의 상상력을 사로잡았다. 이 초창기에, 최초의 수도원과 밀접하게 관련된 수도원 두 곳이 뒤이어 창건되었다. 텡보체의 건립자 중 한 명의 남동생이 건립한 솔루의 치옹 수도원은 1924년에 시작돼 1929년에 완공됐다. 건립자인 상계Sangye 라마가 50명의 승려를 지원할 기부금 전액을 제공해, 솔루-쿰부에서 유일하게 그런 지원을 받는 수도원을 만들었다. 마지막으로 최초의 셰르파 수녀원인 데부체Devuche는 1925년에 시작돼 1928년에 완성됐다. 텡보체 수도원의 자매 수도원으로 규정된 데부체의 주요 기부자에는 텡보체와 치옹을 건립했던 가문의 아내들이 일부 포함됐다.

수도원과 셰르파의 정체성

더 큰 지역 내에서 민족 정체성 문제는 이 시기 등반 셰르파들에게 이슈였다. 등반 노동 시장에서 셰르파들은 여러 소수민족과 경쟁하고 있었지만, 특히 티베트인들과의 차별성을 추구했다(그리고 대부분 성공했다). 그러나 '대인' 셰르파에게는 정체성 이슈의 구성이 약간 달랐다. 이들 대부분은 티베트와 교역을 해서 돈을 벌었다. 그들은 티베트에 거래 파트너들이 있었고, 어떤 경우에는 그들이 보통 거래를 했던 티베트 마을인 딩그리D'ingri에 두번째 집도 있었다. 그들은 또한 1902년에 건립된 룸부Rumbu('롱부크Rongbuk') 수도원과 줄곧 종교적 유대관계를 맺고 있었다. 따라서 대인 상인들은 셰르파 정체성의 스펙트럼에서 티베트 쪽에 가장 가까이 있었다.

대인들은 또한 카트만두에 있는 라나(힌두교) 정부와 중요한 정치경제적 관계를 발전시키고 있었다. 19세기 말에 이런 유대관계는 대인 셰르파들에게 정치적 지위와 경제적 기회를 창출한다는 점에서 갈수록 중요해졌다. 그러나 여기서 대인들은 문화적으로 불이익을 겪었다. 힌두교를 믿는 지배자들 관점에서 셰르파는 (네팔 북부 국경 지역의 다른 모든 티베트 관련 소수민족들과 더불어) 카스트 위계질서에서 집단적으로 상당히 낮은 위치였다. 셰르파 대인들의 부와 지위에도 불구하고, 또 어떤 경우에는 라나 정부 관료들과 개인적인 친분이 쌓여감에도 불구하고, 그들로서는 확실히 짜증나는 불균형이 지속적으로 존재했다.

물론 불교는 카스트 모델 상에서 작동하지 않는다. 셰르파 대인들이 순전히 지역 정체성 정치를 이유로 수도원 건립을 후원했다는 건 아니지만, 그럼에도 불구하고 대규모 종교적 지원을 통한 티베트 불교 정체성 강화는 이같은 상황에서 거의 자연스럽게 흘러나왔을 것이다. 수도원 건립은 티베트와 유대관계를 강화시키는 동시에 힌두교 위계질서에 대항해 카스트 없는 불교 정체성을 천명하는 효과가 있었다. 수도원 건립자들이 네팔 사람들에게 자신을 소개할 때 티베트와 관련된 민족성을 애써 강조했음을 보여주는 사례들이 많다. 이를테면 텡보체 수도원의 원로 건립자인 카르마Karma 라마는, 그 후손 중 하나가 언급한 바에 의하면, 세금을 내러 카트만두에 갈 때마다 항상 셰르파 옷을 입었으며(카트만두에서는 그런 옷이 너무 더웠음에도), 항상 보드나트Bodnath에 있는 불당에 머물렀다. 또 치옹 수도원의 설립자인 상계 라마가 카트만두에서 찍은 것으로 보이는 스튜디오 사진을 보면, 그 시대 티베트 귀족들의 영향을 받아 중국식 옷을 입고 포즈를 취하고 있다.[3]

수도원이 설립되고 나니, 더 많은 정체성 이슈가 발생했다. 특히 승려들은 카스트보다는 슬금슬금 그 지역으로 들어오는 네팔/힌두교 종교 관행을 더 문제 삼았다. 따라서 승려들은 그 시대에 다른 모습을 드러내던 셰르파와 네팔인 사이의 경계선에 또 다른 선을 추가했다. 당시 셰르파의 등반 참여 및 수도원의 건립과 결합되면서 현재까지도 지속되는 특이한 형태의 셰르파 민족 정체성이 구성되었다. 티베트 문화에 단단히 뿌리내렸지만 역사적으로 티베트 민족과 구별되고, 네팔 민족국가에 단단히 뿌리내렸지만 문화적으로 네팔의 카스트와는 구분되는 민족 정체성이 구성된 것이다.

수도원 이전의 대중 종교

수도원 창건은 셰르파 불교의 발전을, 여러모로 광범위한 변화를 상징했다. 이를 이해하기 위해, 이러한 종교적 변화와 새롭게 등장한 등반 참여가 가져온 변화 사이의 관계를 이해하기 위해서는 먼저 수도원들이 세워질 당시 셰르파 대중 종교를 잠시 살펴볼 필요가 있다.[4]

티베트 불교 종파 중 닝마파에 속하는 셰르파 종교는 신들의 보호가 있어야 인간사가 잘 풀린다는 생각을 바탕에 두고 있다. 신들은 온갖 형상과 크기로, 모든 수준의 특수성과 보편성을 띤다. 개인, 가정, 가문이 라-체툽hla-chetup('신에게 바치다')이라 불리는 종교 의식으로 그들이 의존하는 지역의 특정한 영들과 신들을 달랜다. 한편으로 공동체 전체는 '살아 있는 모든 존재'를 보호해주는 상위의 불교 신들에게 제물을 바친다(라-초hla-tso, '신에게 모이다', 보통 그냥 초tso라고 부른다).

신들은 사악한 힘으로부터 사람들을 보호하는데, 사악한 힘도 형태와 크기가 여러 가지다. 현지 마녀와 귀신, 주술사와 독살자가 있는

데, 이들은 지역공동체의 살아 있거나 죽은 구성원에서 나온다. 특정 장소에 매여 있지 않고 세상을 배회하며 부상과 질병과 죽음을 가져오는 여러 종류의 '악마'도 있다. 그러니 아주 간단히 말해 셰르파 대중 종교는 신의 보호를 받아 악의 세력을 막기 위해 신들에게 제물을 바치는 의식을 거행하는 일이다. 이 외에도 쿠림kurim('엑소시즘'과 유사)이라는 의식에는 다른 단계가 포함되는데, 이는 신들의 도움을 받아 악의 세력을 주술로 일종의 통 안에 집어넣은 다음 파괴하거나 몰아내는 의식이다.

신들은 평상시에 이익을 가져다주지는 않는다. 사람들은 이익을 얻기 위한 각자의 노력을 와해시킬 수 있는 해로운 힘으로부터 신들의 보호를 구한다. 게다가 신이 과민하고 화를 잘 내면 —지역의 여러 신들과 영들은 대개 그런 경향이 있다— 신 자체가 사람의 노력을 와해시키지 않게 하기 위해서라도 신을 행복하게 하려 애쓴다. 일반적으로 신들은 신을 돌보면서 스스로 돕는 사람을 돕는다.

비교적 간단한 공물 의례는 종교 전문가의 도움 없이 집안사람이 (보통은 남성 가장이, 하지만 반드시 그런 것은 아니다) 집에서 행할 수도 있다. 하지만 대부분의 의식은 라마가 거행해야 한다. 라마는 관련 텍스트를 읽을 능력과 자격이 있어서 적절한 공물을 바칠 수 있으며, 최대한 효과적으로 의식을 치를 수 있는 수련된 공인 종교 전문가이다.

수도원 설립 이전에 라마들은 대부분 마을 공동체의 구성원이었다.[5] 그들은 결혼을 했고 가족이 있었으며 마을의 사회생활에 참여했다. (앞서 언급한 이름들 외에 이 결혼한 라마들은 대대로 라마의 혈통이며 의식을 거행하는 능력이 생물학적 혈통으로 계승됨을 강조하여 규드피Gyudpi 라마, 즉 '혈통 라마'라는 서술적 이름으로 불렸다. 이들은 결혼을 하고, 부분적으로는 라마로서의 능력을 생물학적 혈통을 통해 물려받은 사실을 강조한다는 점에서 승려들과 구분되는데, 이 점은 잠시 뒤에 논할 것이다.) 라마들은 수련의 일환으로 단식과 침묵, 성적 금욕과 오체투지 같은 고행이 따르는 안거에 참가해야 했다. 이런 고행은 승려의 고행과 다르지 않다. 그러나 승려의 금욕주의는 도덕적 정화와 궁극적 구원을 지향하지만, 결혼한 라마의 금욕주의는 의식을 거행하는 힘을 강화하기 위함이었다. 결혼한 라마에게 중요한 문제는 신들을 조정하고 신들의 공동체 보호를 유지하고 악을 몰아내게 하는 의식의 효과였다.

셰르파의 세계에서 중요한 다른 의례 전문가는 라와hlawa, 즉 샤먼이었다.[6] 라마의 일이 문제가 생기지 않게 가족과 공동체를 보호하는 것이었다면, 문제가 생겼을 경우, 주로 병이 났을 경우에는 샤먼을 불렀다. 샤먼은 무아지경 상태로 들어가 그들이 공물을 바치는 수호신들에게 접신해 그 도움을 받아 병의 원인을 진단했다. 보통 무시당하거나 기분이 상한 지역의 특정 마녀나 귀신 혹은 지역 신령이 병의 원인으로 지목되었다. 샤먼은 환자를 낫게 하기 위해 병을 일으킨 대상들을 달래려면 무엇을 해야 하는지 가르쳐주었다.

셰르파의 대중 종교는 수도원의 고등 불교와 전혀 별개는 아니었다.[7] 결혼한 라마와 승려는 동일한 의식을 많이 거행했다. 악의 세력에 대항하려면 신들의 보호가 필요하다는 종교적 전제가 같았다. 수도원이 생기기 전의 마을 불교도 '고등한' 수행을 많이 했다. 마을 라마들은 특정한 금욕적 안거를 준수했고, 몇몇 은둔자들은 수도원의 승려들보다 더 금욕적인 수행을 했다. 일반 신자들도 매달 특정한 날(소중sozhung)이 되면 부분적 금식과 일시적 금욕을 지켰다. 장례식도 매우 '정통 종교적'인 경향을 띠어 죽은 자에게 『티베트 사자의 서』를 읽어주고 정통 불교식 사후 순서에 따라 진행됐다.

　그럼에도 결국 수도원이 설립되자 결혼한 라마들이 관장했던 마을 불교는 '열등하다'고 간주되었고 승려들은 개선 운동에 착수했다. 대중 종교에 뭐가 잘못됐던 것일까?

승려들의 캠페인 1: 대중 종교는 규율이 없다는 비판

승려들이 대중 종교에 대해 일반적이고 체계적인 비판을 분명하게 한 적은 없기 때문에 완곡하게 행한 다양한 비판에서 추론해볼 수밖에 없다. 간략히 말하자면 승려들은 셰르파 대중 종교는 '규율이 없기' 때문에 '열등하다'고 혹은 대체로 저급하다고 보았다 할 수 있는데, 이는 그 종사자들, 즉 결혼한 라마나 샤먼들의 규율이 안 잡힌 삶에 따른 것이었다.[8] 규율이 없다는 것은 여러 형태를 띨 수 있었다. 너무 성적이거나 너무 감정적이거나 너무 물질에 탐닉하거나 너무 폭력적이거나. 여기서는 주로 폭력 문제에 초점을 맞추고 성의 문제는 뒤에서 다루겠다.

　살생은 물론 불교에서 가장 큰 죄악이다. 그러나 싸움이나 다른 형태의 폭력도 몹시 혐오한다. 다른 사람과 싸우거나 다른 사람을 신체적으로 학대하는 것은 단순히 신체에 해를 가하는 일이 아니다. 그것은 당사자들뿐 아니라 목격자나 전해 듣는 사람들까지도 정서적으로 동요시켜 고요와 평정심을 파괴한다. 결혼한 라마나 샤먼 모두 초자연적 폭력에 참여한다고 여겨졌다.

　먼저 샤먼은 (무엇보다도) 사악함과 폭력 덩어리에 불과한 악마와 거래를 한다는 혐의를 받았다. 또 공동체에서 고객을 위해 흑마술과 마법을 써서 사적인 이득을 얻으려고 다른 사람을 해치거나 죽일 수 있다는 혐의를 받았다. 그리고 병의 원인을 진단하면서 공동체 안의 마녀들(펨pem)을 지목했기에 갈등과 불화를 야기했다는 혐의도 받았다.[9] 샤먼이 병에 걸린 사람들을 치유했으며 인정 많고 도움이 되는 존재로 볼 수 있다는 사실은, 샤먼이 폭력을 행사하고 유발하는 말썽꾼으로 그려지게 되면서 뒷전으로 밀려났다.

승려들은 결혼한 라마에 대해서는 훨씬 광범위한 비판을 제기했다. 승려들의 일반적 입장에서 라마는 잘 훈련되거나 숙련되지 않아 의식을 제대로 거행하지 못해서 별로 카무khamu하지도 않고, 의식에서 효과도 없어 그다지 차철무tsachermu하지도 않았다. 결혼한 라마들은 승려들이 보기에 이는 결혼한 라마의 규율이 안 잡힌 여러 생활방식에서 기인한 것이었다.

무엇보다 라마는 물론 결혼을 했다. 결혼에 대한 종교적 비판은 주로 성관계 자체에 대한 비판이 아니라 그 결과로 생겨난 자식과 가족에 대한 비판이라는 점을 처음부터 짚고 넘어가야 한다(기독교 관점과는 달리 '육체의 쾌락'을 비난하는 문제가 아니라 본질적으로 사회적으로 발생하는 요구, 신경 쓸 일들, 도덕적 잘못을 비난하는 문제였다). 결혼은 여러 가지 문제를 발생시킨다. 결혼이란 가족을 갖는 것을 의미하며, 가족을 부양하자면 힘든 노동(농사)을 해야 한다. 이 노동은 결국 땅속에 사는 무수한 벌레와 곤충을 죽이게 되므로 죄악이다. 또 결혼은 한 남자를 집안의 가장이 되게 하는데, 이는 가족 모두를 위한 음식과 필수품이 충분할지 늘 염려해야 한다는 뜻이다. 게다가 마을에 사는 세대주로서 가장은 사회적 관계와 사회적 의무라는 보다 큰 네트워크의 일부이다. 이웃들의 의식과 잔치에 참석해야 하고, 자신도 이웃과 친척들을 위해 의식과 잔치를 열어야 한다. 이 모든 일은 종교적 공부와 수행의 시간을 앗아간다. 또한 걱정과 스트레스가 생겨 정신을 산만하게 하고 집중력을 분산시킨다. 수도승의 관점에서 보면 정상적인 사회생활을 하면서 종교적인 배움과 능력과 공덕을 쌓는 일을 아주 잘하기는 그냥 불가능하다. 그래서 승려가 되는 것이다.[10]

결혼한 라마의 생활 방식에서 '규율이 없는' 것을 보여주는 두번째 측면은 그들이 창(맥주)과 락시(증류주)를 마셨다는 사실이다. 라마의 음주는 사실 그들의 모든 결점을 한마디로 나타내는 것이었다. 음주는 마을의 정상적인 사회생활의 일부이다. 그것은 사실상 모든 환대와 축제와 사회적 상호작용의 중심이다. 그러나 자주 이야기되는 다음 민담이 보여주듯 모든 자제력 상실의 원인이기도 하다.

옛날에 매우 고귀하고 경건한 라마가 있었는데 악마 딘무르dirnmur가 접근했다. 딘무르는 아름다운 여자의 모습을 하고 창이 든 통을 들고 염소를 끌고 나타났다. 그러고는 라마에게 선택을 강요했다. 염소를 죽이든지 창을 마시든지 아니면 자신과 성관계를 맺으라고. 라마는 그나마 가장 약한 악행으로 보여 창을 선택했으나 술에 취하자 염소를 죽이고 여자와 성관계를 가졌다.[11]

달리 말해 술에 취하면 모든 통제력을 상실하게 된다. 성적 유혹에 넘어가고 그 결과 결혼을 하고 자식을 갖게 되며, 거기에서 파생되는 모든 문제에 얽힌다. 또한 폭력(염소 죽이기)으로 이어지는데, 이는 결혼한 라마가 처하는 규율 부족의 또 다른 주된 측면을 보여준다.

샤먼과 마찬가지로 라마도 마법과 흑마술에 깊이 관여하는 것으로 여겨졌고, 몇몇 라마들은 이런 일에 몹시 강력한 능력이 있다고 여겨졌다. 게다가 샤먼처럼 라마도 이런 관련성을 딱히 부인하지 않았다. 다시 말해 그들의 주된 기능은 사람들을 '돕는' 것이고, 공동체를 대표해

신들을 통제하는 능력을 행사하는 것이었다. 그럼에도 이런 일을 할 수 있게 해주는 능력은 해를 끼치는 데도 쓸 수 있었다. 이를테면, 옛날 사찰 건립에 대한 이야기들은 결혼한 라마들 간의 피비린내 나는 정치적 분쟁들로 넘쳐났다.[12] 그리고 마을에는 당대의 라마들이 행한 폭력적인 마법에 관한 소문들이 끊임없이 돌았다. 쿰부에는 이런 일에 특히 강력하다는 라마가 있었다. 그는 사람들을 죽여 그 지방을 향을 사르는 데 쓰고 대퇴골과 피는 의식에 사용한다고들 했다. 내가 현지조사를 하던 중에도 그의 소행이라 여겨진 죽음이 있었다.

어떤 남자가 쿰부의 라마 X와 다퉜다. 일종의 토지 분쟁이었다. 그는 예전에 몹시 아팠었다가 나았는데 라마와 싸우고 나서 갑자기 죽었다. [내게 그 이야기를 들려준 젊은 남자와 중년 여인에게] 그것은 라마가 한 일임이 자명했다. 그들은 라마가 나쁜 신을 모신다고 했다.[13]

라마들이 관련된 또 다른 사례는 펨, 즉 마녀에 대한 것이었다. 그 라마들은 불 엑소시즘(징창zingchang)을 행했는데, 한 정보제공자는 다음과 같이 그것을 설명했다.

그들은 시체에서 어깨살을 조금 잘라뒀다가 버터를 많이 넣고 튀긴다. 그 튀긴 살 냄새에 마녀들이 다 몰려든다. 그러면 그들은 락시를 뿌리고 불을 붙여 모든 마녀를 태운다. [다른 마을]에서 그들은 이런 의식을 거행했는데, 자기 집에서 평화롭게 잠을 자고 있던 알려진 마녀 하나는 다음날 아침 얼굴 절반이 불에 탄 모습으로 나타났다.[14]

초자연적인 폭력은 눈에 보이지 않았다. 아마 '사실'도 아니었을 것이다. 그러나 담론은 실재했고 공동체에 떠돌며 실질적인 영향을 미쳤다. 물론 그런 담론은 라마들이 공동체에 크게 도움이 되고 봉사하는 담론이나 관행 들과 공존했다. 그러나 수도원 운동이 카리스마와 영향력을 얻자 마을 종교의 규율이 안 잡힌 '열등한' 측면들이 전면에 등장했다.

승려의 이상: 내적 수련

결혼한 라마와 샤먼의 '규율이 없는' 생활방식 및 의식 관행과는 대조적으로, 승려는 종교적 목표와 종교적 수행의 이상적 구현을 자처했다. 승려(타와tawa)는 기본적으로 평생 동안 독신을 서약하고 수도원에 들어가는 사람이다. 이상적인 승려라면[15] 최소한 더 나은 환생을 위해, 최대한으로는 삶과 죽음의 순환에서 완전히 벗어나는 것으로 정의되는 초월적 구원을 위해 공부와 수행에 끊임없이 매진한다.[16] 티베트 불교 수도원에는 집단 의례와 공동체 생활이 어느 정도 있긴 하지만 대안적인 사회 형태로 삼지는 않는다. 즉 수도원이 조합이나 공동체, 집단농장이 아니다. 오히려 그들은 승려 개개인과 주지 라마와의 유대를 통해 공동체와 유대를 맺는 승려 집단이다. 따라서 수도원 조직은 승려 개인의 구원 추구에 초점을 맞춘다. 각 승려는 자신의 작은 사적 공간에서 지내며 홀로 식사하고 스스로 공부하고 기도한다.[17]

이상적인 수도원 생활의 중심은 승려의 자기 수련이다. 수련은 독신서약, 평범한 사회관계 벗어나기, 단순한 생활방식 같은 물질적인 삶뿐 아니라 정서적 삶에서도 이루어진다. 이상적으로, 승려가 배우고 단련하고 다른 사람에게 본보기가 되는 가장 중요한 일들은 사랑과 같은 강한 긍정적 감정뿐 아니라, 분노, 공포, 슬픔과 같은 강력한 부정적 감정을 통제하고 다스리는 능력이다. 대체로 환생자, 은둔자, 원로 승려 같은 고위 라마들이 진정으로 이런 능력을 갖추었다고 여겨진다. 이것이 수도원 수행의 주요 목표이며, 사회를 떠나 독신서약을 하는 것은 이 목표를 향한 첫걸음으로 여겨진다. 이것이 승려가 배워서 성취할 가장 중요한 것이다. 수도원 생활은 무엇보다 자기감정 관리의 기술로 생각되고 평가받는다.

먼저 여기서 논의되는 이상은 불교 전반에 일반적인 것이며 관련 문헌이나 2차 자료에서도 찾을 수 있지만, 이 논의를 위한 모든 사례는 셰르파 지역의 현지 승려와 라마와 일반 신자들로부터 이끌어낼 것이다. 고전 문헌에 대한 지식은 특정한 학술적 목적을 위해서 중요하지만, 지금처럼 대중적 지식과 대중적 관행을 연구할 때는 이런 기본적인 불교의 이상들이 셰르파 지역 공동체에서 어떻게 굴절되는지를 보여주는 일이 훨씬 더 중요하다.

기본적인 불교 이상에 따르면, 갈망, 욕망, 애착, 분노, 자만 같은 강한 감정은 모든 악의 근원으로 이해된다. 강한 감정은 죄를 짓게 만든다. 분노는 폭력과 살생으로, 탐욕은 도둑질로, 성적 욕망은 간음으로 이어진다. 강한 감정은 또한 고통과 괴로움을 낳는다. 다른 이에 대한 애착은 그 대상이 죽으면 슬픔으로 이어지고, 사물에 대한 애착은 그것을 잃게 되면 고통으로 이어진다. 이 모든 감정을 다스리는 것, 즉 가라앉히고 잠잠하게 하고 소멸시키는 것이 해방을 향한 첫걸음이다. 어느 셰르파 승려는 요동치는 자신의 내면 상태를 다스리는 것이 얼마나 중요한지에 대해 "생각을 잘하지 못하면 어떤 좋은 일도 잘할 수 없다"고 했다.[18] 또 위대한 환생 라마인 투시 림포체Tushi Rimpoche가 중국의 티베트 침공에서 도망친 것을 주제로 쓴 시에서 말했듯, "자기 마음속의 적을 다스리면… 온 사방에서 악마의 군대들이 쳐들어와도 그들 스스로 무너질 것이다."[19]

셰르파들은 일반적으로 감정의 요동을 싫어한다. 이런 태도는 무엇보다 팁, 즉 오염에 대한 생각에 잘 나타나 있는데, 이는 내면이 휘저어지는 상태로 그려진다. 이런 상태가 되면 사람은 마음이 불편해지며 실제로 여러 신체적 질병에 걸리기 쉽다. 셰르파는 오염이 영구적인 정신질환을 초래할 수 있다고 믿는다. 오염과 접촉이 크레틴병(선천성 갑상선 기능 저하에 의해 발생하는 발육 부진—옮긴이)의 원인이라고 생각하는데, 그 병에 걸리면 정신이 영원히 둔해지고 어리석어져서 명료하게 생각할 수 없다. 많은 것이 오염을 일으킨다. 죽음과 접촉하는 일, 싸움을하거나 목격하는 일, 군중 속에 있는 일 등등. 이 모든 일들은 강력하거나 무질서한 감정과 압도적인 정서적 힘에 사로잡히는 느낌을 유발한다. 오염의 이미지는 어둠, 흙탕물, 휘젓는 동작 등이고 깨끗함의 이미지는 선명함, 밝음, 고요함이다.[20]

종교는 특별히, 강력하고 격렬한 감정을 진정시키는 기술을 제공한다. 진정시키는 일은 사실상 모든 종교 수행의 기초이다. 이는 차후의 모든 의례와 명상에 이르는 첫걸음이다. 세를로Serlo 라마는 기본적인 아침 기도를 내게 이렇게 설명했다.

> 아침에 캄두kyamdu를 할 때는 먼저 코를 세 번 풀어 자신을 몰아내야 한다. 자만이라는 흰 수탉, 분노라는 붉은 뱀, 탐욕이라는 흑돼지를 내보내는 것이다. 그런 다음 자신이 한 잔의 우유처럼 아주 하얗고 내면이 깨끗하다고 상상하고 기도를 시작한다.[21]

이제는 마을 라마로 봉직하고 있는 전직 승려도, 공물을 바치는 의식에서 젝gyek이라는 밀가루 반죽으로 만든 형상을 절 밖으로 내던지는 행위가 갖는 중요성을 다음과 같이 유사하게 설명했다.

> [우리가 하는 일은] 모든 존재를 지옥에서 불러내어 하늘로 보내는 것이다… 실제로 그들은 모두 우리 안에 있다. 우리가 행복하거나 화를 내거나 할 때. 따라서 우리는 젝과 함께 그것들을 던져버리고 깨끗한 존재로 초cho[종교]를 행한다. 이것은 특별히 초아[훈련된 종교 전문가]를 위한 것이 아니라 우리 모두를 위한 것이다. 젝이 밖으로 던져지지 않으면 우리(초아)는 화가 나고 나쁜 감정을 느끼게 된다.[22]

또 다른 예는 한 원로 승려가 타미Thami 수도원에서 해마다 열리는 도르셈Dorsem 의식을 설명할 때 나왔다. 도르셈은 승려들의 정화를 위한 의식으로,[23] 이 의식에 쓰는 용품 가운데 커다란 수정이 있다고 한다. 그 승려는, 수정은 마음을 치유하는 힘이 있으며(그는 그것을 닝 체랍nying chelap, 즉 마음을 치유하는 의식상의 약이라고 했다), "모든 죄를 씻어 유리처럼 맑게 해준다"고 했다. 승려를 정화시키는 이 의식의 효과로 승려들은 체옹tse-wong 즉 생명력이라는 뜻을 가진, 일반 신자들의 장수를 비는 의식을 거행할 권한을 갖게 된다.

종교적으로 내적 수련을 강조하는 것은 종교 의식이 갖는 힘의 문제와 깊이 관련된다. 명상과 기타 다른 수행으로 스스로를 수련하는 능력을 통해 모든 라마(승려만이 아니다)는 신들을 통제할 수 있는 능력을 얻는다. 텡보체 라마가 이를 다음과 같이 말했다.

> 불교 다르마 수행에서는 명상수련을 하면 정신이 깨끗해지는데, 그런 상태에서는 큰 에너지를 쓸 수 있다. 이 힘으로 최초의 라마들은 신들을

통제했다.[24]

이렇듯 내면의 평온과 통제를 이루는 것은 수도원 수행의 핵심이다. 승려들은 공적인 자리에서, 특히 일반 신도들 앞에서는 최소한 어느 정도 감정적으로 초연한 상태에 이르렀음을 보여주려 애쓴다. 최근에 있었던 몇 가지 소소한 예를 들어보겠다. 그런 패턴이 수도원 초창기와 다르다고 생각할 이유는 없으니까. 1979년 해마다 열리는 둠지 Dumji 축제 의식을 거행하던 중 매우 중요한 신의 역할을 맡아 춤을 추기로 되어 있던 결혼한 라마가 술에 몹시 취해서 춤은 고사하고 몸도 가누지 못하는 일이 벌어졌다. 염불을 하던 승려들은 그 모습을 보고 웃음을 가장하며 짜증이 나지 않는 척했다. 한 정보제공자도 비슷한 이야기를 해줬다. 어릴 때 둠지 축제 때 음탕한 텍텍tek-tek 춤을(나중에 논의할 것이다) 추곤 했는데, 그때도 승려들이 그냥 웃기만 했다고 했다. 다른 자리에서는 결혼한 라마의 음주와 텍텍 춤 둘 다를 아주 강력히 비난했더라도, 공적인 자리에서는 동요하지 않은 듯이 행동하는 게 확실히 중요했다. 승려들에게는 동요하지 않는 일이 중요하며, 특히 의식을 거행하는 동안에는 더욱 그렇다. 강한 감정은 신들을 미와 miwa(시각화)할 수 있는 능력을 방해해 의식의 효력을 없애버릴 수 있기 때문이다.

친족과 결혼은 가장 강력한 애착을 만들어낸다고 여겨지는데, 그래서 승려들에게는 친족에게 큰일이 있거나 비극이 생길 경우 정서적으로 초연한 것이, 아니면 적어도 그렇게 보이는 것이 특히 중요하다. 일례로, 어떤 승려의 누이가 여승이었다가 독신서약을 깨고 '파계'를 했다. 내가 그 승려에게 그 일로 마음이 어지러웠느냐고 물었더니, 그는 다소 신랄한 어조로, "아니다, 왜 내가 그래야 하는가?"라고 대꾸했다.

그러나 나중에 일반 신도인 그 승려의 친척 말에 따르면, 당시 그 승려가 "울고 또 울었다"고 했다. 또 다른 경우, 한 승려의 동생이 역시 승려였다가 파계를 해서 내가 형 승려에게 그 일이 고통스러웠느냐고(둑파 dukpa했는지) 물었더니, 그는 새된 목소리로 자신은 그렇지 않았다면서 하지만 동생은 고통스럽다고 했다. 이제 그 동생은 아내와 자식을 부양해야 하니까.[25]

승려의 독신은 이런 내적 수련을 성취한 표시이자 힘이다. 티베트 불교는 육체적 수련을—독신을 지키는 일부터 대중 앞에서 무표정한 얼굴을 유지하는 것에 이르기까지— 더 큰 정신적, 정서적 수련을 향한 첫걸음이라 가정한다.[26] 그리고 이 단순하지만 흔히 효과적인 수행 외에도 승려들은 감정을 다스리고 마음의 평정과 침착함을 유지하는 데 도움이 되는 명상, 만트라(진언眞言이라고 번역되는 산스크리트어로, 진리를 나타내는 참된 말이라는 뜻. 특히 티베트 불교에서는 만트라 암송이 중요한 수행에 속한다. 널리 알려진 '옴마니반메훔oṃ maṇi padme hūṃ'이 그 한 예라 할 수 있다—옮긴이) 암송, 시각화 기법 등 보다 전문적인 다양한 기술을 배운다.

앙 타르카이의 편지

앙 타르카이의 회고록에는 수도원들이 건립되고 난 초창기 수십 년 동안 일반 신도 셰르파가 수도승의 감정 수련에 참여한 것을 엿볼 수 있는 드문 일화가 있다. 앙 타르카이는 1907년에 쿰부의 쿤데라는 마을에서 태어났다. 아홉 살쯤 됐을 때 텡보체 수도원을 짓고 있었다고 그는 회상했다. 그는 공사 현장에서 하루 이상을 보내며 마을 사람들이 돌덩이를 건설현장으로 옮기고 티베트 석공이 그것을 자르는 모습을 지켜보았다.[27] 1927년 무렵 앙 타르카이는 집에서 도망쳐 일을 찾아 다르질링으로 갔다. 그리고 1933년 에베레스트 원정대에서 '셰르파' 대열에 처음으로 합류했다. 원정대는 이전의 모든 원정대와 마찬가지로 룸부 수도원에 머물렀고 '라마'(아마도 승려)들이 원정대를 축복해주었다. 라마들은 우리에게 "정직하게, 성실하게 그리고 즐겁게 할 일을 한다면 어떤 나쁜 일도 생기지 않을 것이라고 말했다"고 앙 타르카이는 썼다.[28]

얼마 후 원정대에서 앙 타르카이는 아내가 바람을 피웠다는 익명의 편지를 받았다(그는 그것을 더러운 편지une lettre ordurière라고 불렀다). 그는 굉장히 화가 나서 원정대 리더인 휴 러틀리지에게 베이스캠프로 내려가 "쉬면서 생각을 정리"했으면 한다고 했다.[29] 하지만 그는 수도원으로 내려가 "내 쪽으로 온 나쁜 운에서 나를 구해주고 내 원수의 사악한 의도를 다른 곳으로 돌려 나를 이런 곤경에서 꺼내줄…라마와 상의하기로" 했다.[30] 그는 승려들을 만난 일을 다음과 같이 묘사했다. "라마들은 나를 축복해주고 위로하면서, 신을 믿고 차분하게 그리고 자신을 가지고 할 일을 계속하라고 했다."[31] 그는 룸부에서 2주쯤 머물다 "안정이 돼서 그리고 다시 한번 나 자신의 주인이 돼서" 원정대로 돌아왔다.[32]

번역이 엉망임을 감안하더라도 그 텍스트는 평신도 셰르파와 몇몇 승려 사이의 초창기 만남에서 작동했던 몇 가지 논리를 잘 압축하고 있다. 앙 타르카이는 분명히 민속/마을 종교 모드로 움직이고 있었다. 그는 적들이 자신을 해칠 마법을 썼다고 여겼고, 라마들에게 그 해를 당하지 않게 해주고 그 방향을 돌려달라고(언급되지는 않았지만 아마 그 적들 쪽으로), 그리고 그런 '곤경'에서 '꺼내달라'고 부탁했던 것이다. 여기에 내적 수련에 관한 것은 없다. 하지만 승려들은 그의 문제에 대해 '고등' 불교 이론에 따른 충고를 한다. 강한 감정을 가라앉히고 내면의 평정을 회복해서 '차분하고 자신 있게' 할 일을 계속하라고. 앙 타르카이가 그 수도원에서 머물며 그런 경험을 한 것은 확실히 긍정적인 영향을 끼쳤다. 그는 "안정이 돼서, 그리고 다시 한번 나 자신의 주인이 돼서" 원정대로 돌아갔다. 여기서 그의 말을 받아들이는 것은 합당해 보인다.

불행히도 앙 타르카이의 아버지가 나타나 그의 불안에 다시 불을 지폈다. 그리하여 그는 원정이 끝난 후 "그의 영혼에 살인을 품고" 다르질링으로 돌아갔다.[33] 사실 아내와 가족 모두 괜찮은 것으로 판명됐지만, 그렇지 않았더라면 감정수련과는 거리가 먼 직접적인 응징이 적들에게 가해졌을 것 같은 인상을 받는다. 그럼에도 사건 당시 승려들은 정신적인 위로와 내적 수련이라는 실용적 가치를 효과적으로 전달했다.

수도원 건립에 이어 승려들은 대부분의 마을 종교 활동이 '열등하다'는 생각에서 적극적으로 셰르파 대중 종교의 변화를 모색했다. 아마 가장 초기의 캠페인이면서 어떤 면에서는 가장 극적인 성공을 거뒀던 것은 셰르파 종교 속으로 파고든 네팔 신 숭배 반대 운동이었을 것이다.

승려들의 캠페인 2: 눕키 곌우 숭배 문제

전해지는 바에 의하면 텡보체 수도원 건립 당시 대다수 셰르파 가정에서는 눕키 곌우Nopki Gyelwu('서쪽 왕'이라는 뜻)라 불리는 신을 섬기는 관행이 널리 퍼져 있었다. 눕키 곌우 의식을 행하면 부자가 된다고 여겨졌는데, 이 이유만으로도 엄청나게 인기가 있었다. 이 의식은 힌두교도인 네팔인들에게서 빌려온 것으로 보이며, 그래서 네팔어로 행해졌다(매우 흥미롭게도 신은 티베트 혈통이었다. 부록 A에 나오는 신화 참고). 또 가축을 방목하는 고산 목초지의 개별 가정들에서 셰르파의 종교 전문가나 다른 어떤 종교 전문가의 도움 없이 가장이 행했던 것으로 보인다.

이 시대에 네팔에서 유래된, 마술처럼 부를 얻기 위한 이 새로운 의식의 인기는 아주 직접적이진 않더라도 어쩌면 앞에서 언급한 라나 가문의 늘어난 세금 요구와 연계될 수 있을 것이다. 셰르파 아이들을 먹는 사악한 네팔 신이라는 개념은 라나 정권의 착취 행태를 표현한 것으로 간주될 수 있지만, 신의 은총을 받기 위해 네팔에서 파생된 의식을 이용하는 것은, 의식 수행은(필요할 경우, 의식 전문가도) 그 신의 성격과 맞아야 한다는 셰르파의 생각과 부합한다. 늡키 겔우가 네팔의 신이라면 그를 다루기 위해서는 네팔 의식이 필요한 것이다.

힌두교의 많은 신들처럼 늡키 겔우도 (20세기 셰르파/티베트 불교의 신들과는 달리) 피의 제물을 요구했다. 솔루와 쿰부의 정보제공자들에 따르면 솔루 셰르파들은 실제로 동물을 죽여 제물로 바쳤지만 쿰부 셰르파들은 신에게 희생 제물을 '보여주기만' 했다고 한다. 그러나 피를 보지 않는 쿰부식에서조차 그 의식은 피 맛을 좋아하는 신에게 동물을 바치는 것으로 생각되었고, 그 의도가 죄를 짓는 일이라서 실제 행하는 것만큼이나 나쁘다는 데는 의심의 여지가 없었다.

정보제공자들에 따르면 늡키 겔우 숭배는 텡보체 설립 당시 사실상 보편적이었다. 하지만 수도원 창건의 정신적 지주 역할을 한 위대한 티베트 환생 라마인 자툴 림포체Zatul Rimpoche가 텡보체를 축성하러 쿰부에 와서, 사람들에게 늡키 겔우에게 제물을 바치는 일을 그만두라고 했다. 늡키 겔우는 나쁜 신, 악마(두du)이며 숭배자는 그 의식을 행할 때마다 죄를 짓는 것이라고 했다.[34] 부자가 될 수도 있지만 수명이

짧아지고 죽어서는 지옥에 가게 될 거라면서. 이 모든 것을 나에게 설명해준 정보제공자는 신들에게 주기적으로 바치는 음식 제물인 "우리 쪽[셰르파/티베트] 종교"의 "하얀 제물(칼체karche)"과 "[동물의] 목을 따고 피를 바치는" 힌두교의 "붉은 제물(말체marche)"을 구분했다. 눕키 겔우는 네팔의 다사인Dasain 축제가 기리는 신의 환생으로 여겨지는데, 다사인 축제 때면 수천 마리의 염소와 물소가 제물로 살육돼 카트만두의 거리는 붉은 피로 물든다.

자툴 림포체의 이같은 선언은 사실 매우 강한 것이었다. 대부분의 셰르파들은 눕키 겔우 숭배를 거의 즉시 그만두었다. 그리고 눕키 겔우 숭배를 반대하는 효과적 캠페인은 어떤 살생도 금하는 불교의 명령을 더 확고하게 지키도록 영향을 미쳤던 것으로 보인다. 그 당시에는 일반적으로 살생을 금지하는 문화적, 종교적 제약이 약화되고 있었던 게 틀림없다. 눕키 겔우 숭배에 기꺼이 살아 있는 동물을 제물로 바친 것이 그 점을 명백히 보여준다. 1915년쯤 살인 사건도 한 건 있었다. 당시 텡보체 수도원의 주 후원자 중 하나인 부유한 상인이자 그 지역 세금징수관 책임자(겜부gembu)가 정치적 라이벌을 살해했다는 의혹을 받았다. 또 앙 타르카이의 회고록을 보면 원정 때 총을 들고 열심히 사냥을 한 이야기도 나온다.[35] 그러나 1938년 무렵 에베레스트 원정대에서 등반가 빌 틸먼은 다음과 같이 썼다.

셰르파는 이상하게도 양을 도살하는 것을 싫어한다. 고기는 좋아하면서… 실제로 동물을 죽이는 것은 꺼린다. 아무도 나서지 않으면 자기들끼리 제비를 뽑는데, 진 사람은 보통 너무 마음이 불편해서 그 일을 엉망으로 처리한다. 쿠크리칼로 한 번 내리치면 될 일을 성의 없이 두 번 세 번 내려쳐 짐승의 머리를 자른다.[36]

이런 패턴은 이후로도 지속되었다. 틸먼이 말한 것과 매우 유사한 설명이 1950년대에도 나왔다.

[양을] 죽이는 것은 가벼운 일이 아니었다. 우리는 어둠 속에서 셰르파들이 작은 제단을 세우고 둘러서서, 제단을 비추는 버터 램프 앞에서 기도문을 읊고 있는 것을 보았다… 셰르파의 양심은 그런 일에 매우 섬세했고 닭 한 마리만 죽여도 혹은 그걸 지켜보기만 해도 정말 불편해했다.[37]

1960년대 중반 내가 현지조사를 할 때 셰르파들은 분명 동물을 죽이는 것을 목격만 해도 상당히 불편해했다. 그들은 피를 보면 역겨워했다. 언젠가 어린 소년 몇이 마을 밖 길에서 뱀 한 마리를 발견하고 돌로 쳐죽였다. 주위에 있던 어른들이 입을 가리고 혐오를 표현하는 문화적 몸짓으로 땅에 침을 뱉었다. 어른 셰르파가 뭘 기꺼이 죽이는 걸 보지 못했는데, 동료인 로버트 폴Robert Paul과 내가 우리 요리사에게 크리스마스 만찬용으로 닭 한 마리를 잡아줄 네팔 사람을 찾아봐달라고 했을 때, 그는 불안해하면서 어찌할 줄 몰라 꾸물거리더니 여섯 시간 만에 그 일이 다 끝난 뒤에야 나타났다. (우리는 몹시 추운 집에서 밤늦게 설익은 닭고기를 먹었기에 다시는 그런 일을 하지 않으리라 다짐하고는 정말로 하지 않았다.)[38]

다시 눕키 젤우 문제로 돌아가면 셰르파족은 근본적으로 어떤 종류든 동물을 죽이는 것을 불편해하는 듯해서 나는 그들이 살생을 금지한 불교의 가르침을 항상 잘 지켰는 줄 알았다. 그래서 1976년에 셰르파족이 살아 있는 동물을 제물로 바치곤 했다는 캐스린 마치Kathryn March의 글을 읽고 깜짝 놀랐다. 나중에 쿰부에 갔을 때 사람들에게 그

4장 승려

게 사실인지 물었고, 앞에서 말한 이야기와 정보가 나왔다. 쿰부에 사는 몇몇 가족이(하지만 솔루에는 없었다) 개별적으로 눕키 겔우를 계속 섬긴 것으로 드러났다. 이에 대한 다른 사람들의 생각이 어땠는지는 그런 집 중 한 가장이 그런 의식을 계속 치른 탓에 미쳐버렸다고들 하더라는 이야기로 판단할 수 있을 것이다. 그 신은 강력하다고 여전히 믿었다. 내가 그 신화를 기록했던 날 밤 쿰중 마을에 심한 서리가 내려 싹이 트던 감자 농사 대부분을 망쳤는데, 눕키 겔우의 이야기를 너무 많이 해서 그런 일이 생겼을지 모른다고 말하는 이들도 있었다.

쿰부의 가정에서는 겨울 초입에 도살업자가 도축해준 야크나 소 한 마리의 고기를 말려 1년 내내 먹는 관습이 있지만 이런 행위조차 죄를 짓는 일이고 나중에 죄를 상쇄할 공덕을 세워야 한다고 여겼다. 네팔의 시장 정육점에서 신선한 고기를 정기적으로 구할 수 있는 솔루에서는 이런 연례 동물 도축조차 용인되지 않았다. 사람을 죽이는 경우는 사실상 들어본 적이 없다. 내가 아는 한 쿰부에서 또 다른 살인 사건은 없었다.[39]

수도원의 엘리트 성격

수도원 창건 초기에는 사실상 모든 셰르파가 (그들의 용어를 빌리자면 대인이든 소인이든) 흥분에 사로잡혀 있었던 것 같지만, 수도원에는 절대로 완전히 사라지지 않는 엘리트 연합체가 있었다. 무엇보다 설립자들이 모두 부유한 상인 또는 사업가였고, 또한 넷 중 셋은 라나 정권과 긴밀한 유대관계를 맺고 있었다. 나는 다른 곳에서 수도원 창건이 이들 대인들 사이의 지위 경쟁에, 그리고 보통 사람들과 관련해서 대인들의 정치적 정당성 문제에 휘말린 방식들을 조금 상세히 논했다.

수도원들 또한 실용적인 이유에서라도 우선적으로 부유한 가문에서 승려들을 끌어들이는 경향이 있었다. 치옹을 제외한 수도원들은 매일 마시는 차와 수도원 전체 의식을 치를 때를 제외하고는 승려들을 지원하지 않았다. 그 외에는 승려의 가족들이 거주지와 먹을 것 그밖의 기타 필수품을 대줘야 했으며, 그러는 동시에 가족의 노동력도 상실했다. 모든 승려가 엘리트 출신은 아니었지만 대다수는 적어도 살 만한 집안 출신이었고, 이는 치옹 수도원도 마찬가지였던 것으로 보인다.[40]

그다음으로, 승려들은 자신들이 보기에도 그렇고 다른 사람들이 보기에도 부자와 비슷하게 안온하고 편안한 삶을 살았다. 그들은 속세의 쾌락들을 포기했으며 공부하고 종교적인 업무에 전념해야 했지만, 그럼에도 불구하고 승려의 가장 두드러진 특징은 누가 봐도 승려는 힘든 노동을 하지 않는다는 사실이었다. 노동하지 않는다는 것은 정식 서약이 아니기 때문에, 승려는 뭐가 다른지 구체적으로 설명해달라고 하면 사람들은 그 점을 언급하지 않는다. 그러나 승려가 결혼한 라마보다 우월한 이유를 물으면 승려는 일할 필요가 없기 때문에 종교에 전념할 수 있다는 대답이 반복적으로 나왔다. 또한 승려들에게 왜 승려가 되기로 했는지 또 승려가 돼서 어떤 점이 좋은지 물으면,[41] 승려는 일하지 않아도 되기 때문에 승려로 사는 것이 행복하다(키르무kirmu)는 대답이 자주 나왔다.[42] 승려인 도르제는 이렇게 말했다.

> 내가 종교 공부를 하면 아버지는 어떤 일도 시키지 않았다. 내가 승려가 되지 않았더라면 "나무를 해라, 올라가라, 내려가라, 쿨리 일을 하러 가라, 사업을 해라" 그랬을 것이다. 너무나 많은 명령을 받고 살았을 것이다. 승려가 되면 아무도 이래라저래라 하지 않는다. 정말 대단하고 정말

좋은 일이다.[43]

　마지막으로 수도승이 되는 것이 이기적인 선택이라는 취지의 말을 하는 이들도 가끔 있었다. 승려는 자신의 구원을 얻기 위해 수도원으로 들어갔다. 사회 공동체의 일원으로서 다른 이들에게 실질적인 도움이 되지 않을 뿐만 아니라 결혼한 라마와는 달리 종교의식을 치르는 데도 도움이 되지 않았는데, 라마들은 자주 이 점을 강조했다.[44] 이후 몇 년 안에 이런 점이 바뀌긴 했지만, 특히 초창기에 승려들은 '고차원' 의식 행사에만 나왔고 지역 주민의 보호와 정화를 위한 의식으로 그들의 손을 더럽히지 않았다.

　나는 셰르파들 사이에 수도원에 대한 저항이나 회의적인 반응을 과장하고 싶지는 않지만, 그에 대한 셰르파의 생각과 감정을 지나치게 통일시키고 싶지도 않다. 승려들은 '이기적 존재'이며 지역사회에 별로 도움이 되지 않는다고 생각한 셰르파들도 분명 있었다. 유명한 텐징 노르가이도 초기의 그런 셰르파 중 하나였다.

텐징 노르가이의 의구심

텐징 노르가이는 1914년에 그의 어머니가 순례차 갔던 성지에서 태어났지만 쿰부 서쪽에 있는 타미 마을에서 자랐다. 그의 어머니는 매우 독실했으며, 텐징의 말에 의하면 그의 외삼촌은 한때 룸부 수도원의 "주지 라마"였다. 텐징의 집은 앙 타르카이의 집보다 훨씬 잘살았지만 자식들이 많아 텐징은 여러 '잉여 아들' 중 한 명이었다. 당연하게도 그는 승려가 되라며 새로 건립된 텡보체 수도원으로 보내졌다. 하지만 잘되지 않았다.

나는 수도원으로 보내져 삭발을 하고 수련승이 입는 수련복을 걸쳤다. 그러나 그곳에 간 지 얼마 안 돼 라마 중 하나가(그들이 반드시 성인인 것은 아니다) 내게 화를 내며 나무판자로 삭발한 내 머리를 때렸다. 나는 집으로 도망쳤고, 돌아가지 않겠다고 했다. 늘 자상했던 나의 부모님은 나를 돌려보내지 않았다.[45]

하지만 그의 누이는 여승이 돼 데부체 수녀원에서 7년을 머물다가 텡보체 승려와 함께 독신서약을 깼다. 텐징은 승려에게 맞은 이후로 기본적으로 수도 생활에 관심이 없어서 누이의 파계를 애석해하지 않았으며, "우리 지역에서는 승려나 여승이 결혼을 하는 것은 수치가 아니"라는 일반적인 생각과 그다지 부합하지 않는 주장을 했다.[46]

자신이 말한 대로라면 텐징은 1927년 열세 살의 나이에 바깥세상을 보고 싶은 열망에 사로잡혀 몇 주 동안 카트만두로 도망쳤으며 1932년에는 귀향한 셰르파들로부터 등반 원정대 이야기를 듣고 다시 다르질링으로 도망쳤다. 그때가 열여덟이었다. 그는 특히 자신의 결정이 라마들의 생각에 반대해 취해진 것이라고 여겼다.

라마들은 눈이 얼마나 무서운지에 대해 많은 이야기를 했다. 예티들['가공할 설인들']보다 훨씬 나쁜 신들과 악마들과 존재들에 대해서도. 그들이 정상을 지키고 있으면서 위험을 무릅쓰고 감히 그곳에 들어오는 인간들에게 파멸을 안긴다면서. 하지만 나는 사람들이, 그리고 그들 가운데 우리 쪽 사람들이 초모룽마[에베레스트]의 다른 쪽에서 높이 올라갔다는 것을, 그리고 일부는 목숨을 잃었지만 살아 돌아온 사람이 더 많다

는 사실을 알고 있었다. 나는 직접 가서 나 스스로 알아보기를 원했다.[47]

텐징은 1933년 에베레스트 원정대에 고용되려고 애썼지만 뽑히지 않았다. 그러나 1935년과 1936년 원정대에는 고용됐다. 두 원정대 모두 룸부 수도원에 들렀다는 사실을 우리는 알고 있다. 앙 타르카이에 의하면 1936년 원정대는 돈을 걷어 주지 라마에게 바쳤고, 주지 라마는 그들 한 사람 한 사람에게 보호 부적을 주었다. 텐징은 그 일에 대해 전혀 언급하지 않았다. 그가 방문자 그룹에 가담하지 않았을 수도 있지만, 주지 라마가 자신의 외삼촌인데 그랬다면 특히나 이상한 일이었을 것이다.[48] 산을 오르지 말라고 라마들이 어떤 이야기들을 했는지에 대한 앞의 언급을 감안하면, 다른 식의 믿음이 상당히 강했던 텐징에게 기본적으로 수도원이란 기관은 거의 불필요했던 것처럼 보인다.

이런 점을 가장 잘 보여주는 일화는 1953년 에베레스트 정복 이후에 있었다. 텐징은 자신의 삶에 일어난 광범위한 변화에 어쩔 줄을 몰라했다.[49] 하지만 그럼에도 그는 다음과 같이 이야기했다.

에베레스트를 등반한 후에 다르질링 인근 어느 수도원에 기부를 해달라는 부탁을 받았다. 나는 생각해본 후에 기부하지 않기로 했다. **오직 자신들을 위해서만 돈을 쓸 승려 집단보다는** 그 마을을 방문하는 모든 가난한 사람들이 이용할 수 있는 호스텔이나 게스트하우스를 짓는 데 기부하고 싶었다.[50]

그러나 종종 승려가 이기적으로 보였지만, 티베트 불교의 또 다른 주요 인물인 환생 라마, 즉 툴구tulku는 그런 면을 크게 상쇄했다. 어떤 의미에서 셰르파에게 수도원의 가치는 대개 자신의 구원을 추구하는 승려들을 산출하는 데 있다기보다는, 세상의 보통 사람들의 행복을 훨씬 더 지향하는 강력한 툴구를 산출하는 데 있었다.

툴구의 이상: 연민

셰르파의 종교인 티베트 불교는 전반적으로 대승불교에 속한다. 대승불교는 소승이라 불리던 불교의 원형에 대한 비판으로 1세기에 일어났다. 대승불교는 소승불교의 '이기심'을 비판했다. 영적 구도자가 세상의 문제에는 관심이 없고 오로지 자신의 구원에만 관심이 있어서, 사실상 세상의 문제를 운명에 내맡겨버렸다고 했다. 대승불교는 구원 추구의 일환으로 다른 존재에 대한 '연민'의 중요성을 강조했고, 구도자는 자신의 깨달음을 추구해야 할 뿐 아니라(이 점은 부처의 원래 생각과 기본적으로 다르지 않다) 다른 이들도 깨달음을 얻을 수 있도록 돕는 본보기가 돼야 한다고 강조했다. 그리하여 자신의 깨달음만을 추구하는 '훌륭한 인물' 혹은 성자를 말하는 아라한arhat이라는 소승불교의 이상을, 대승불교는 본인은 깨달음을 이뤘으나 다른 사람도 깨달음을 얻도록 도와주기 위해 이 세상에 남아 있는 '보살bodhisattva'이란 개념으로 대체했다.

새로 설립된 수도원의 승려들은 셰르파 대중 종교의 전반적인 틀 안에서 연민이라는 종교적 이상의 위치를 높이고자 했다. 한편으로는, 늅키 겔우 숭배와 같은 '저급'하고 죄를 짓는 의식이나 결혼한 라마나 샤먼이 하는 '열등한' 일을 없애고자 했다. 이런 일들을 소극적인 캠페인이라고 한다면, 다른 한편으로는 연민과 같은 긍정적인 종교적 이상을 지향하는 보다 새롭고 '보다 고등'한 관행을 도입하고자 하는 적극적인 캠페인도 벌였다. 이런 적극적인 캠페인의 일환으로 볼 수 있는 최초의 움직임은 늉네Nyungne라 불리는 일반 신자를 위한 의식을 확립한 것이었다. 일반 신자들의 삶에 보다 큰 연민을 끌어들일 목적에서 시작된 늉네는, 원래 새로 설립된 수도원에서 행해져 평신도들이 그 의식을 치르기 위해 수도원으로 갔지만 나중에는 마을 사찰로 옮겨졌다.

늉네는 원하는 사람들이 사찰에 모여 라마나 승려의 지도 하에 이틀간 금식하면서 침묵을 지키는 의식이다. 그 기간 동안 그들은 반복적으로 엎드려 절을 하고 첸레지Chenrezi 신(관세음보살)에 대해 명상하며 그에게 기도를 올리면서 합일을 구한다. 첸레지의 주된 특성은 전적인 연민이다. 첸레지는 고통받는 모든 중생을 지극히 불쌍히 여기며 돌본다. 첸레지와 그리고 첸레지의 위대한 연민과 합일을 이루게 되면 더 나은 환생으로 이어지는 엄청난 공덕을 쌓게 되는데, 이는 대중 종교의 그 어떤 수행이 성취할 수 있는 것보다 더 많은 공덕을 쌓는 일이다.

늉네는 20세기 내내 셰르파 일반 신자들 사이에서 다소 일정치 않게 지켜졌다(9장 참고).[51] 그러나 그것은 연민이라는 이상을 셰르파 종교의 전면으로 끌어올린 여러 맥락 중 하나일 뿐이다. 훨씬 더 눈에 띄고 강렬한 것은 툴구라는 인물, 즉 환생 라마였다.

환생 라마의 영향력

환생 라마는 티베트 불교계 전역에 있었기에 셰르파 고등 종교 발전의 중심이었다. 티베트 인접 지역에 있는 룸부 수도원의 자툴 림포체는 최초의 셰르파 수도원 창건의 영적 지주였으며, 1940년 사망할 때까지 모든 계층의 셰르파—대인, 승려와 라마, 등반 셰르파—에게 지속적인 영감과 축복의 원천이었다.[52] 텡보체 수도원의 초대 주지인 라마 구루Gulu는 중요한 환생임이 추인됐고, 1934년 그가 사망한 후에는 그의 환생을 찾아내서 최초의 셰르파 지역 출신 환생 라마가 등장하게 되었다. 나는 1935년에 그의 환생을 찾아낸 이야기로 이 장을 끝낼 텐데, 왜 이 이야기를 하는지 이해하기 위해서는 환생 라마, 즉 툴구에 대한 일반적인 배경지식이 약간 필요하다.

티베트 불교의 환생 이데올로기 정교화와 일치하는 것은 대승불교에서 보살 개념의 정교화였는데, 특정 개인(부처를 포함)이 깨달음을 얻지만 열반에 들기를 거부하고 다른 이들이 깨달을 수 있도록 도와주기 위해 세상에 머물기로 선택한다는 개념이다. 중국과 일본의 불교에서는 (또한 그 대승 전통 내에서는) 보살은 오로지 영적인 형태로, 즉 신으로만 세상과 만난다. 그러나 티베트 불교에서 보살은 인간의 육체로 환생할 수 있으며, 실제 물리적 세계 내에서 작용할 수도 있다고 여겼다. 그런 존재들을 툴구(티베트 말로는 스프룰 스쿠sprul sku), 즉 '발산체'라고 부른다.[53]

툴구는 셰르파/티베트 종교에서 가장 신성하고 가장 의식의 효력이 강하며 가장 공덕을 많이 만들어내는 최고의 존재이다. 신, 보살, 혹은 이 지상을 돌아다니는 영적으로 몹시 진보한 존재인 그들은 종교적 역장力場이라 할 수 있는 것으로 작용해 강렬한 관심과 애정, 헌신과 존경을 끌어당긴다. 수도원의 지도력은 거의 항상 툴구의 손에 달려 있다. 수도원을 창건한 주지 라마가 툴구로 알려지지 않으면 텡보체의 최초 주지인 라마 구루처럼 환생 계보를 찾아 추인할 수도 있다. 그러나 어쨌든 그가 사망하면 승려들은 분명 그의 환생을 찾을 것이다. 혹은 어떤 이유로 그렇게 못할 경우에는 수도원을 이끌 다른 툴구를 찾을 것이다.

툴구는 티베트 불교가 정의하는 힘과 덕의 정점에 있기에 위대하다. 그들은 영적으로 엄청나게 강력한 존재라서, 그들이 거행하는 의식과 축복은 더욱 효과적이며 그들에게 하는 시주는 급이 낮은 종교적 인물에게 하는 것보다 더 많은 공덕을 낳는다. 그들의 위대한 영적 힘의 징표 중 하나로 그들은 '모든 것을 안다'고들 말한다. 전생에서 이미 다 알았기 때문에 종교적인 일을 쉽게 배우고 그들을 보러 온 사람들의 마음을 읽고 또 툴구라고 주장하는 이가 진짜인지 가짜인지 직관적으로 안다. 그들은 다른 위대한 마법적, 종교적, 정신적인 힘도 갖고 있어서 원하기만 하면 거의 모든 것을 할 수 있다고 여겨진다.[54]

하지만 툴구의 마법적 힘, 의식을 치르는 힘은 그의 영적 완전성이나 완벽함의 작용이며 이는 연민의 문제와 관련된다. 툴구는 정의상 티베트 불교의 이상인 연민의 화신이다. 그들은 가장 순수한 미덕의 사명을 지니고 여기 우리 가운데 있다. 괴롭고 고통스러운 이 세상을 떠날 수 있었지만, 이 세상에 남아 있는 무지하고 고통받는 중생들에게 깨달음의 길을 가르쳐주기 위해 남은 것이다. 그리고 그들의 연민은, 또다시 정의상 보편적이다. 즉 그들은 '중생'을 도와주려고 여기에 있는 것이다. 내가 아는 셰르파들은 실제로 그렇다고 생각했다. 툴구는 '보다 낮은' 라마들과는 달리 '높든 낮든' 모든 사람들에게 친절하며 누구를 위해서나 의식을 치러준다고 했다. 이와 관련해서 보면 툴구는 종교의 높고 낮음을 구분하는 문제에 대해 승려들보다 덜 엄격했으며 다양한 종교적 수준과 형태에 대해서도 보다 관대했다. 자툴 림포체와 그 뒤의 투시 림포체 모두 승려들보다 샤먼에 덜 비판적이었다. 자툴 림포체는 또한 타미 사찰이 결혼한 라마들의 공동체였을 당시 그곳의 의례 생활을 개선하는 데 약간의 시주를 하기도 했다.

내가 직접 경험한 바로는 실제 살아 있는 툴구들의 개인적 스타일은 굉장히 다양했으며, 그들 모두가 외부인에게 굉장히 따뜻하고 연민이 넘치는 사람이라는 인상을 주지는 않았다. 그렇지만 그런 면을 상쇄시키는 여러 가지가 있다. 먼저 개인적 스타일과 상관없이 툴구의 관대함과 연민을 실천하는 규범이 존재한다. 따라서 셰르파 사회에서는 누가 죽으면 유족은 죽은 이의 옷을 그 지역 림포체rimpoche('소중한 스승', 보통 툴구를 부르는 이름)에게 가져가야 하는데, 그럼 그가 그 옷들을 어려운 이들에게 나눠준다. 보다 일반적으로는 사랑받거나 존경받거나 혹은 사랑과 존경을 동시에 받는 툴구는 시주를 많이 받게 되지만 그 일부를 가치 있는 곳에 다시 나눈다. 따라서 최초의 셰르파 수도원인 텡보체는 자툴 림포체의 대규모 기부금으로 시작되었다. 이렇듯 툴구는 눈에 띄게 물질적인 관대함을 때로는 대규모로 행한다.

또한 실제로 많은 툴구들이 놀랍도록 따스하고 관대하며 친절해 보인다. 개인적으로 친절을 베풀려 애쓰고 다른 사람들의 문제와 필요에 관심을 가지며 그들의 어머니인 양 승려들에게 마음을 쓴다. 우리가 읽고 들은 바에 따르면 달라이 라마는 그런 사람이다. 그가 지극한 연민의 신 첸레지의 환생인 것이 신자들에게는 특히 의미가 있을 것이다. 자신의 승려들과 함께 중국인들로부터 도망쳐 셰르파 지역에 정착한 티베트의 툴구, 투시 림포체는 나도 가까이서 보았다. 그는 확실히 선한 기운과 사랑을 발산해 승려든 일반 신자든 그를 아는 모든 이들이 흠모했는데, 민족지학자인 나도 예외는 아니었다. 무엇보다 투시 림포체는 그에게 시주하는 이들의 마음을 읽는다고들 했는데, 실제로 여력이 안 되는 이가 시주를 하면 돌려준다고 했다. 때로는 더 얹어서.

이렇듯 툴구는 일반적으로 이런저런 방식으로 닝제nyingje, 즉 연민의 살아 있는 본보기로 여겨진다. 셰르파의 종교적 지형에서 툴구의 존재와 중요성은, 세기가 바뀔 무렵 국경 너머 자툴 림포체를 시작으로 하여 20세기 내내 셰르파 불교 신앙에 대단히 중요한 세번째 차원을 전면에 등장시켰다. 툴구는 그 사람 속에 (대중의 신앙심의 중심이었고, 여전히 그러한) '힘'의 개념과 (승려들에 의해 추가된) '규율'에 대한 집중을 담고 있지만, 고통받는 동포들에 대한 '연민'을 강조하여 그 두 가지에 생기를 더한다.

라마 구루의 죽음과 환생

라마 구루는 텡보체 수도원을 창건해 여러 해 동안 이끌었다. 텡보체 수도원이 자툴 림포체의 마음속 아이디어에 불과했을 때부터 그는 그 수도원과 관련돼 있었다. 그는 건립 자금을 모았고 공사를 감독했으며 수도원이 건립된 후에는 수도원을 이끌었다. 그는 승려와 일반 신도 모두로부터 큰 사랑을 받았다.

1933년 네팔에서 심각한 지진이 발생했다. 다른 많은 것들과 함께 텡보체의 본당도 대부분 파괴되었다. 당시 85세가량 됐던 라마 구루는 부상을 당하지는 않았지만 며칠 후 사망했다.

사람들은, 특히 승려들은 라마 구루가 환생할 것이며 그의 환생이 텡보체의 다음 주지가 될 거라고 추정했다. 이는 수도원의 다음 주지는 라마 구루의 죽음 직후에 태어난 아이가 될 것이라는 의미였는데, 아이는 말을 시작할 나이인 두 살쯤 됐을 때 자신이 툴구나 환생이라고 밝힐 터였다. 라마 구루의 환생을 찾아낸 제대로 된 이야기를 나는 텡보체 수도원에서 가장 나이 많고 가장 존경받는 승려 중 하나인 아우 촉두Au Chokdu로부터 들었다. 그는 젊은 수련승 시절에 그 일에 관여했다.

문제의 아이는 1935년(착꽉chak pak, 혹은 티베트력으로 철돼지해)에 나우제Nauje(셰르파 무역 중심지)의 한 상인 부부 사이에서 태어났다. 아버지가 사업차 라사에 갔고 나중에 아내가 합류해 그곳에서 아들을 낳았다. 아이는 말을 시작하자 자신이 텡보체 라마라고 주장했고, 라사에 살던 셰르파 상인이 룸부와 텡보체 수도원에 라마 구루의 환생이 나타났다는 전갈을 보냈다.[55]

부모와 아이가 다시 나우제로 돌아가는 동안 텡보체 원로 승려들은 룸부에 머무르고 있었고, 나의 정보제공자를 포함한 많은 일반 승려들은 텡보체에 있었다. 일반 승려들은 그 아이를 보기를 고대하며 굉장히 흥분해 있었다. 그들은 "그가 진짜 환생인지 아닌지 아무도 모른다"고 말하며 벅찬 기쁨을 억누르려 애쓰면서도 벌써 그 아이를 "우리의 림포체"라고 불렀다. 그사이에 룸부에 있는 자툴 림포체와 텡보체의 한 원로 승려, 라마 구루의 조카인 겔룽 움제Gelung Umze로부터 아이가 진짜 환생인지 밝히기 위해 나우제로 가서 아이를 다시 룸부로 데려오라는 편지를 받았다. 부모와 아이가 나우제에 도착하자 아우 촉두와 다른 두 승려는 그 일행을 돌려세워 아이와 그의 어머니를 호위해 다시 룸부로 향했다. 그들은 인증 시험에 꼭 필요할 아이의 전생인 라마 구루가 쓰던 많은 소지품을 지고 갔을 뿐 아니라 거의 가는 길 내내 아이를 업고 갔다. (도보로 6일이 걸렸는데, 룸부와 쿰부 사이에는 해발 5,800미터의 험난한 낭파 패스Nangpa pass가 있다. 그렇게 험한 길을 두 살짜리 아이를 데리고 오갔다니 더욱 인상적이다.)

아이를 데려오던 일행이 도중에 마지막 밤을 보내고 있을 때 룸부에서 기다리던 자툴 림포체는 꿈에서 라마 구루를 아주 생생하게 보았다. 다음 날 아침 그는 겔룽 움제에게 "라마 구루가 오늘 올 테니 차와 다과를 준비해 마중나가라"고 했고, 실제로 아이가 왔다. 아이가 정확히 도착할 날을 예언한 자툴 림포체의 예지는 나중에 어떤 공식적인 테스트 없이도 아이가 진짜 환생임을 아는 능력의 예가 되었다. 자툴 림포체는 테스트를 실시하기도 전에 이미 그 아이를 라마 구루라고 부르고 있었고, 이것이 그런 능력을 나타내었다.

일행이 마침내 룸부 수도원의 계단 꼭대기에 도착하자 자툴 림포체는 그들을 맞으며(덜 중요한 사람이라면 계단까지 나오지 않았을 것이다) "라마 구루가 왔다"고 했다. 우리의 정보제공자인 젊은 수련승이 자툴 림포체에게 존경을 나타나는 전통적인 스카프인 카타를 바쳤다. 그러자 환생인 아이도 자툴 림포체에게 카타를 바쳤다. 또한 그의 어머니가 들고 있던 카타를 움켜잡아 그것도 그 위대한 라마에게 바치더니 또 다른 여인의 카타도 가져가려고 했다. 처음에는 그 여인이 카타를 꽉 쥐고 안 주려 했으나 자툴 림포체가 "주어라, 원하는 건 뭐든 줘라" 하고 말했다. 그래서 여인은 카타를 놓았고 아이는 그것을 가져가 자툴 림포체에게 바쳤다. 세 번을 반복하는 것은 매우 상서로운 일로 여겨졌다.

그런 뒤 자툴 림포체가 아이에게 "날 아느냐?"고 물었다. 그러자 "우리의 라마(아우 촉두가 그렇게 말했다)"가 "예, 압니다. 당신은 나의 차위tsawi 라마, 내 '마음의 라마'입니다, 당신은 자툴 림포체입니다"라고 했다. 자툴 림포체가 "잘못 알았다"고 하자, 아이는 "잘못 안 것이 아닙니다. 당신은 정말로 나의 차위 라마입니다"라고 했다.

그런 다음 환생을 확인하는 공식 테스트가 실시되었다. 텡보체에서 가져온 라마 구루의 모든 소지품을 펼쳐놓고 비슷한 것들을 사이사이에 섞어놓았다. 아이는 그 물건들 중에서 '자기' 물건을 골라냈다. 자툴 림포체는 테스트 없이도 확신했지만 승려들에게 쿰부에서 테스트를 다시 하는 것이 중요하다고 말했다. 그러지 않으면 사람들이 이 아이가 진짜 환생임을 믿지 않을 거라면서. 그리하여 몇 개월 후에, 텡보체 승려들이 룸부 승려들과 여러 차례 의식을 거행하고 (작고한) 라마 구루의 화려한 사리함을 만드느라 몇 달을 보낸 뒤에 아이와 함께 나우제로 돌아왔다.

나우제에서 소년은 다시 한번 자신이 진짜 환생임을 보여주었다. 아이에게 라마 구루가 소지했던 어떤 물건, 답람dablam이라는, 안에 작은 신상이 들어 있는 작은 화분을 보여주었다. 아이는 "아, 저 조각상이 나한테 전에 말을 했어"라고 외쳤다. 나우제에서 출발한 일행이 쿰중 마을로 들어설 때 승려들은(그때도 아우 촉두가 함께 있었다) 멀리서 쿰중의 마을 사찰을 가리키며 저곳이 텡보체 수도원이라고 아이에게 말했다. 그러나 소년은 다시 한번 전생의 앎을 보여주면서 "아니야, 저건 텡보체가 아니야. 저건 내 수도원이 아니야"라고 하며 자신을 오도하려 했다고 승려들을 때렸다. 그들이 쿰중 사찰로 들어갔을 때 그 지역의 결혼한 라마 중 하나와 마주쳤는데, 그는 언젠가 라마 구루에게 책을 한 권 빌려가 돌려주지 않은 이였다. 소년은 그 책을 보더니 "이건 내 책이야. 어디서 났지?"라고 말했고, 그러자 라마는 사과를 하며 소년 앞에 엎드려 절을 했다.

그 어린 소년, 이제는 어른이 된 그는 아직도 텡보체 수도원의 주지 라마이다. (네팔 쪽에서 출발하는 에베레스트 원정대는 모두 텡보체 수도원에 들러 그에게서 축복을 받았다. 초창기에 룸부의 자툴 림포체에게 축복을 받았던 것처럼.) 그리하여 그는 등반 문화에서, 셰르파 종교에서, 그리고 20세기 말 초국가적 불교 정치에서 중요 인물이 되었다. 다음 장들에서도 그의 이야기가 나올 테지만 이 장에서 그는 20세기 초에 수도원이 설립되면서 셰르파를 위해 마련된 종교적 모자이크의 마지막 조각을 대표한다. 그 조각은 셰르파 종교계에 툴구, 즉 연민으로 무장한 힘과 규율을 갖춘 인물의 등장과 발전이다.

5
죽음

1930년대는 셰르파족에게 흥분되는 시기였다. 등반 원정대의 수가 해마다 계속 증가했고 셰르파들은 점점 숙련되고 전문화되어갔다. 그들은 약간의 예외를 제외하면 원정대 일을 훌륭하게 수행했으며 자신의 목숨을 희생하기도 했다. 사히브들은 그들의 업무능력과 전반적인 성격에 극찬을 멈추지 못했다. 1924년 에베레스트 원정 후 영국인들은 일을 잘해준 셰르파들을 비공식적으로 '호랑이'라고 부르기 시작했고, 1938년에는 공식적으로 '호랑이' 메달을 만들어 첫 수상자들에게 수여했다.

네팔에서도 셰르파에게 유리한 변화가 있었다. 네팔 국가의 변경에 있는 영국령 인도에서 노동력을 빨아들이면서 대부분의 네팔 지역에 존재하는 착취적이고 봉건적인 정치경제 구조의 매력적인 대안이되었다. 네팔 정부는 여러 가지 방법으로 이 상황에 대응하려고 시도했고 가능한 곳에서는 전통적인 엘리트 지주의 힘과 권위를 약화시켜서[1] 보통 사람들에게 더 나은 경제 여건을 조성해주기도 했다. 1926년에는 부채 노예가 공식적으로 금지됐다. 1931년에는 정착할 땅을 확보해주어서 임금노동을 하기 위해 네팔을 떠났거나 세금을 피하기 위해 떠난 사람들을 다시 불러들이려는 노력도 있었다.[2] 마찬가지로 사람들을 착취로부터 보호한다는 명목으로 은행들을 세워 저금리로 대부업자들과 경쟁했다.[3] 그리고 1941년에는 조세법이 바뀌어 세금이 사람보다는 토지에 연결돼 봉건적 스타일의 관계는 더 느슨해졌다.[4] 대략이때쯤에, 그러니까 1930년대 말에서 1940년대 초에 셰르파족은 전통적인 펨부pembu(세금징수관—옮긴이)를 감시하던, 특히 남용의 여지가있어 보였던 겜부(세금징수관 책임자) 직을 약화시키는 데 성공했다. 그후 정부가 직접 펨부를 다뤘지만 펨부의 권위 역시 다양한 방식으로 약화되었다.[5]

2차대전의 발발로 등반 셰르파의 사정은 다소 극적으로 급락했으며, 인도 독립 운동 이후 벌어진 전쟁으로 인해 히말라야 등반은 긴 공백기를 맞았다. 대략 1939년부터 1946년 사이에는 사실상 히말라야에 등반대가 없어서, 그 무렵 6,000명이 넘었던[6] 다르질링의 셰르파들은 힘든 시기를 보냈다.[7] 1947년에서 1950년 사이에는 영국이 인도에서 철수하고 독립 이후의 혼란이 계속되면서 관광업이 씨가 말라버리는 등 상황이 더욱 악화되었다. 이 시기에 원정 유형의 일이라고는 소규모인 데다 얼마 되지도 않았다. 1947년에 얼 덴먼이라는 캐나다인이에베레스트 '단독' 등반을 시도했다. 그러니까 텐징 노르가이를 포함해셰르파 둘만 데리고 혼자였다. 하지만 그는 실패했다.[8] 1947년 인도 북부에 스위스 원정대가 하나 더 있었다.[9] 그리고 1948년부터 1949년까지티베트의 역사와 문화를 연구하는 티베트 학자 주세페 투치Giuseppe Tucci가 1년간 티베트를 여행했는데, 다르질링에서 텐징 노르가이를 고용해 동행했다.[10] 그러나 대체로 다르질링의 셰르파들은 다른 종류의 일을 찾아야 했다. 예를 들어, 텐징은 인도 군대에서 영국군 장교의 잡역부로 일했고, 나중에는 그 시기 대부분을 장교식당에서 일했다(결국 그는 거기서 십장이 됐다).[11] 그의 아내도 하녀로 일했다.

다른 한편, 솔루-쿰부에서는 전쟁과 그 후 인도에서 연이어 벌어진 사건들의 여파가 비교적 약했던 것으로 보인다. 수도원과 수녀원들이 계속 세워지고 성장했다. 1934년쯤 솔루 서쪽의 비구Bigu에 마을 촌장이 수녀원을 세웠다.[12] 1930년대 말에는 자툴 림포체가 죽었다. 불행한 일이었지만 곧 일반 대중의 엄청난 관심사인 그의 환생을 찾는 일이 시작되었다(환생이라 주장하는 이들이 여럿 있었다. 부록 B '치웅' 항목 참고). 1940년대 초에 타미 사원이 독신 수도원으로 전환하려는 첫 움직임으로 첫번째 마니 림두Mani Rimdu 축제를 개최했다.[13] 1946년쯤에는 텡보체의 승려가 자신의 고향인 솔루의 탁신도Takshindo에 새로이 수도원을 창건했고,[14] 또 거의 같은 시기에 솔루 서쪽 끝에 있는 토둥Thodung에도 수도원이 건립되었다.[15] 1949년 무렵에는 셰르파 승려 하나가 티베트 중부에 있는 위대한 닝마파 수도원인 타실훈포Tashilhunpo에서 지냈는데, 그곳에 셰르파 승려가 50명가량 있다고 보고했다.[16] 수가 과장되었을 수도 있지만 타실훈포에는 셰르파 승려들이 상당수 있었을 것이다.

전쟁이 끝나고 원정이 재개되었을 때, 셰르파 종교는 계속 셰르파의 등반 노동 참여에서 적극적인 역할을, 아니 다양한 역할을 했다. 이번 5장의 첫 부분에서는 셰르파들이 가장 기본적인 목적, 즉 이토록 위험한 일을 할 때 신들의 보호를 받기 위해 자신들의 종교적 관행을 어떻게 효율적으로 이용하는지 살펴볼 것이다. 그러나 사히브들이 온 사방에 있음을 감안하면 이 의식들은 다른 목적으로도 이용되었다. 그들은 사히브들을 끌어들였고 그렇게 해서 그들에게 어느 정도 도덕적 영향력을 행사했다. 따라서 이 부분의 논의는 원정대에서 셰르파의 종교 활동을 '저항'의 문제에, 즉 사히브들이 정의하고 통제하는 틀 안에서 일종의 작업조건을 통제해보려는 노력에 포함시킨다.

그러나 이 장의 두번째 부분에서는 보호를 받지 못하거나 죽음이 발생할 경우 셰르파 종교가 원정대에서 하게 되는 몇 가지 역할을 고찰할 것이다. 여기에는 고차적인 수도원 불교의 패턴과 연관된 여러 이슈들이 관련된다. 어떤 셰르파들은 죽음이 촉발시킨 강한 감정적 반응을 감추고 어떤 의미에서는 그런 감정을 다스리는 한 방식으로 수도승들이 강조한 감정 수련을 동원하지만, 다른 셰르파들은 그런 특별한 감정적 전략을 거부한다. 따라서 여기서의 문제는 사히브 권력이나 셰르파의 저항보다는 수도원 운동이 셰르파 공동체 내에서 갖고 있던 가변적인 영향력에 의해 규정된다.

이 책의 장 구성은 차례로 대략 20세기를 역사적으로 추적하면서 이어져 있지만 한 장 안에서 고정적인 것과 바뀐 것을 둘 다 포함해 20세기를 전체적으로 조망하며 다뤄야 좋은 주제들도 있다. 위험, 죽음, 그리고 이 둘에 대한 종교적 반응이 그런 주제이다.

신과 산

셰르파의 종교적 믿음이라는 관점에서 등반은 항상 매우 문제가 돼왔다. 산은 신들의 거처이며 인간이 잘되려면 신이 계속 행복해야 한다. 신을 행복하지 않게, 사실상 노하게 하는 일 중 하나가 산을 오염시키거나 모독하는 일이다. 산에 높이 오르거나 정상에 발을 들여놓는 일도 그런 오염에 해당할 수 있다. 또 산에서 동물을 죽이거나 피를 흘리는 일, 산에 인간의 배설물을 남기는 일, 산에서 쓰레기를 태우거나 나쁜 냄새를 피우는 일, 그리고 마지막으로 어떤 이유로든 산에 여자가 오거나 월경 중인 여자가 오는 일, 아니면 산에서 성관계를 갖는 일 등도 오염에 해당된다.

신이 행복하지 않으면 질병, 흉작, 불운 등 온갖 나쁜 일들이 일어날 수 있지만, 등반 원정대에게 주된 위험은 사고와 죽음이다. 등반 초기부터 라마들은 산에 오르지 말라고 경고했다. 1922년 에베레스트 원정대에서 눈사태로 셰르파 일곱 명이 죽자 근처 룸부 수도원의 승려들은 그들의 명복을 기원했다. 그다음 에베레스트 원정대가 1924년 룸부 수도원을 지날 때 존 노엘은 승려들이 그린 프레스코화를 보게 됐다.

> 분노한 산신령 주변을 미친 듯이 춤을 추는 괴상망측한 악마들과 흰 사자들, 짖는 개들과 털북숭이 남자들이 둘러싸고 있고, 그 발치에는 감히 [에베레스트에] 침입한 백인 남자의 나체가 창에 관통된 채 누워 있는 이상한 그림이었다.[17]

다른 라마들도 비슷한 우려나 불만을 표명했다. 텐징 노르가이는 1930년대에 라마들이 했던 경고에 대해 썼다.[18] 1950년대에 안나푸르나를 등정한 후 앙 타르카이가 파리로 초청되자, 그의 친구 몇몇은 안나푸르나 정상 신들의 거처를 더럽히고 나서 '백인'의 땅에 감으로써 "또다시 신들의 분노를 사는 위험을 무릅쓰지" 말라고 충고했다.[19] 토머스 레어드Thomas Laird는 1980년대까지도 산을 침범하면 신들이 도망갈 것이고 그렇게 되면 인간의 모든 노력이 잘못될 것이라고 한 어떤 라마의 이야기를 인용한다.[20]

5장 죽음

모든 셰르파가 라마들의 경고를 마음에 새기지는 않았다. 앞서 보았듯 텐징 노르가이는 사실상 비웃었다. 그와는 정반대였던 일부 셰르파들은 정상에 발을 딛는 것을 거부하거나 사히브가 정상에 발을 딛지 못하게 하려고 했는데, 꼭 초기에만 있었던 일도 아니었다.[21] 그러나 일반적으로 모든 셰르파는 자신의 감정이야 어떻든 이 일을 하기 위해서 신을 노하게 할지도 모른다는 우려를 대부분 이겨내야 했다. 등반에 따르는 완전히 객관적인 위험과 함께 산에 대한 온갖 불경에 관한 계속되는 불안 때문에 셰르파들은 산에 있는 동안 매우 세심하게 종교적 관행을 지키게 되었다.

실제로 여기에는 여러 다른 문제들이 있다. 어떻게 보면 원정 동안 셰르파들이 만트라를 읊거나 다소 사적인 방식으로 제물을 바치는 것은 분명 이런 위험한 활동에서 초자연적인 보호를 받기 위해 해야 하는 일을 행하는 문제였을 뿐이다. 그러나 다르게 보면 셰르파의 종교는 기도를 하고 최선을 바라는 수동적인 것이 아니었다. 앞에서 언급했듯 신들은 적절한 제물도 바치는 **동시에** 현실 세계에서 실제 자기 스스로를 돕는 사람을 돕는다. 따라서 초기부터 셰르파들은 그들에게 1차적 위험 요소인 사히브를 현실적으로 제어하고자 했다. 사히브들이 신들에게 저지르는 죄를 줄이려고 노력했을 뿐 아니라 신들을 즐겁게 하는 일에 사히브들을 동참시키려고 적극적으로 노력했다.

산을 정화시키는 영성

무엇보다 산신들을 노하게 하는 것은 산에서 동물을 죽여 피를 흘리는 일이다. 살생 문제는 일반적으로 수도원의 중점 개혁 대상이었고, 살생에 대한 셰르파의 감정은 최초의 수도원이 설립된 후 수십 년간 갈수록 강해졌다. 셰르파족은 채식주의자는 아니지만 고기를 엄청나게 먹는 대다수 사히브들과 달리 고기를 많이 먹지 않았으며, 그럴 필요가 생길 경우 살생을 하는 도살업자 계급의 티베트인이나 네팔인을 이용했다. 그러나 원정대에서 셰르파들은 자유계약자가 아니었다. 그들은 계층 구조의 최하단을 차지했으며 등반 사히브들은 종종 신선한 고기를 원했기 때문에 셰르파가 이 문제에 대한 불안을 사히브들에게 내세우지 않는 한 살생을 해야 했다. 그들이 하지 않더라도 사히브들이 하거나 셰르파족이 아닌 이가 위임받아 했는데, 그 행위는 신을 노하게 해서 원정대의 모든 이들을 위험에 처하게 했다. 따라서 사히브가 산에서 동물을 죽이지 못하게 하는 일이 20세기 거의 내내 셰르파에게 문젯거리였다.

사히브가 산에서 살생을 못하게 하려 했던 최초의 예는 1922년 에베레스트 원정대에서 있었다. 어쨌거나 사히브들이 거기에 있는 게 그다지 달갑지 않았던 자툴 림포체가 원정대 대원들에게 수도원 30킬로미터 이내나 산에서는 살생을 하지 말아달라고 요청했다. 원정대장인 브루스 장군은 이 요청을 받아들였다.[23] 이 이야기는 유명한데 브루스의 그런 태도도 다음(1924년) 원정대가 등산 허가를 받을 수 있었던 이유였기 때문이다.[24]

그러나 초기 등반 셰르파들에게는 자툴 림포체가 지닌 힘과 권위가 없었으므로, 많은 경우 원정대 사히브들이 계속 동물을 죽이거나 셰르파들에게 동물을 죽이라고 요구해 불행한 사태가 벌어졌다. 딱한 셰르파들이 제대로 동물을 못 죽이고 오히려 신에게 열렬히 제물을 바치게 되었다. 1970년대에 와서야 셰르파들은 이런 문제에서 사히브들을 직접 제어해보려는 용기를 냈다.

소남 기르미Sonam Girmi가 보급품 이동을 지시하려고 제때 프렌치 패스에 도착해 암탉이 저녁식사가 되는 일을 막았다. 감정을 섞지 않았지만 확실한 우려를 표명하며 소남은 이제 오르려는 산에서 뭔가를 죽이는 일은 적절치 않을 거라고 우리에게 말했다. 그의 목소리에는 참을성이 배어 있었다. 자신은 적절한 행동이 무엇인지 분명히 알고 있었지만, 사히브는 흔히 그런 간단한 예방 조치조차 모른다는 사실을 오랜 경험으로 잘 알고 있었던 것이다. 닭은 우편배달부가 툭체Tukche로 데려갔고, 저녁식사로는 쌀과 배추가 제공되었다.[25]

내가 인터뷰에서 수집한 또 다른 예는 셰르파들이 이 문제와 관련해 사히브들을 제어하는 데 일부 성공했으나, 그 뒤에 일이 틀어져 무시무시한 경험을 하게 된 경우다.

밍마 텐징Mingma Tenzing이 마칼루에서 네덜란드 원정대를 안내한 이야기를 했다. 셰르파들은 네덜란드인들에게 아주 깨끗한 원정을 하겠다고 약속하게 했다. 동물을 죽이지 않고 쓰레기를 태우지 않겠다고[나쁜 냄새는 신을 노하게 한다]. 원정은 대체로 성공적이었다. 눈사태도 사고도 없이 성공했으니까. 모두 베이스캠프로 돌아오자 사히브들은 축하 파티를 열기로 하고 근처 마을로 내려가 버펄로 한 마리를 잡았다. 그리고 그날 밤 그들 모두를 죽였을 수도 있는 끔찍한 일이 벌어졌다. 암석과 돌멩이들이 무너져내리는 산사태가 베이스캠프까지 내려왔는데, 막판에 분산돼 베이스캠프 양쪽으로 흩어졌다.[26]

그런 상황에서 사히브를 제어하는 일은 보장될 수 없다. 특히 셰르파 종교가 예측했듯, 자툴 림포체 같은 인물의 지지와 권위가 없이는.

사히브가 셰르파를 통제하는 반면 사히브는 통제 불능이라는 이야기는 바로 사히브들에게 '권력이 있다'는 의미이기도 하다. 그러나 산에서의 살생 문제가 만족스럽게 해결되지 않았던 반면, 셰르파들이 좀 더눈에 보이는 성공을 거둔 관행도 있다.

베이스캠프에서 대규모 푸자의 진화

종교적인 보호를 얻고 유지하는 일은 한편으로는 신을 노하게 하는 일을 피하는 문제이지만, 다른 한편으로는 신들의 도움을 적극적으로 구하고 제물을 바쳐 그들을 기쁘게 하는 문제이기도 하다. 따라서 원정대의 셰르파들은 히말라야 등반 초기부터 지금까지 이런저런 종교적관행을 행하는 것으로 관찰되었다. 가장 소소하게는 거의 항상 —캠프에서나 등반 중에, 큰 위험이 닥칠 때나 일과를 수행 중일 때— 만트라를 읊었다. 수많은 사히브들이 셰르파가 조용히 만트라를 웅얼거리는소리에 대해 말했다. 그 소리는 사실상 히말라야 등반의 배경음악이었다.

마찬가지로 등반 셰르파들은 거의 모두가 심각한 위험에 처할 때신들에게 뿌리려고 라마가 축복한 쌀을 (또는 비상시에 축복을 기원하면서 던질 한 줌의 쌀을) 갖고 다닌다.

다음 날 우리는 제2캠프로 올라갔다. 니마 텐징Nima Tenzing은 신성한쌀이 가득 담긴 비닐봉지 하나를 갖고 다녔는데, 위험해 보이는 크레바스나 비탈이나 세락serac(빙하가 급한 경사를 내려올 때 갈라진 틈과 틈이 교차해서 생기는 탑 모양의 얼음덩이—옮긴이)이 나타나면 기도문을 읊으면서 위로 던졌다… 니마는 캠프에 도착하자 세락 층들을 한 번 보더니 칸첸중가의 북서벽 전체를 향해 남은 쌀을 휙 뿌렸다.[27]

또 다른 예에서는 한 등반가가 떨어지는 얼음덩이에 맞아 쓰러져 신체의 일부가 그 밑에 깔렸다 구출되었다. "그는 가다가 20세가 채 안 돼 보이는 젊은 셰르파를 지나쳤는데, 그 셰르파는 얼음덩이가 떨어져 생긴 구덩이를 내려다보며 만트라를 암송하고 라마가 축복해준 성스러운 쌀을 던졌다."[28]

또 셰르파들이 자기네 텐트 안에서 혹은 베이스캠프에서 소규모로, 다소 사적인 방식으로 제물을 바치며 보호의식을 치르는 것을 봤거나 그 소리를 들었다는 사히브들의 보고가 이어졌다. 앙 타르카이는 1950년 안나푸르나 원정대에서 셰르파들이 자신들의 텐트 안에서 푸자Puja를 올렸다고 언급했다.[29] 1952년 에베레스트 정찰대에서는 일부 셰르파들이 야간에 피운 불에 작은 제물을 바쳤고,[30] 1973년 미국의 다울라기리 원정대에서는 처음으로 빙폭에 들어가기 전날 밤에 셰르파들이 그들의 텐트 안에서 개인적으로 푸자를 올렸다.[31]

그러나 이런 관행 일부에는 보다 공개적인 측면이 있었다. 또한 셰르파들이 원정대에서 치르는 종교 의식을 자신들의 영적인 관심사에 사히브들을 동참시키고 사히브를 도덕적으로 통제하는 하나의 방식으로 이용한 것으로 보인다. 따라서 규모가 작은 사적인 푸자와 더불어 베이스캠프에서나 원정 중에 눈에 더 잘 띄는 푸자가 행해지기도 했다.[32] 이를테면 1934년 독일 낭가파르바트 원정대에서는 "셰르파들이 그들의 기도 깃발들을 펼치고… 행복한 얼굴로 웃으면서 낭가파르바트의 신들에게 제물을 바쳤다."[33] 1956년 네팔 중부에 있는 일부 봉우리로 향하는 여성 원정대에서는 일행이 높은 고개에 이르자 셰르파들이 멤사히브들에게 "이전에 누구도 와본 적이 없는 곳"이니 함께 이정표로 쓰이는 "돌무덤"을 쌓자고 요청했다.[34]

베이스캠프에서 올리는 푸자는 시간이 지나면서 점점 커지고 정교해진 것으로 보이며, 사히브에게 동참을 요청하는 것도 점차 일반화되었다. 이를테면 1975년 에베레스트 북서벽 원정대의 셰르파들은 베이스캠프에서 대규모 푸자를 준비하고 크리스 보닝턴에게 참여를 요청하자 그가 받아들였다.[35] 1978년 안나푸르나 여성 원정대에서는 사다인 롭상이 멤사히브들에게 대규모 푸자를 올리는 데 많은 협조를 요청했고 그들은 그의 요구에 따랐다.

> [사다 롭상은] 우리가 안전하게 산을 오르려면 깃발을 올리고 술과 음식으로 제사를 지내 산신들에게 경의를 표해야 한다고 했다. 티베트력에 의하면 지금은 기도 깃발을 제작하기에 상서롭지 못한 시기라서 카트만두의 기도깃발 공장에서 깃발이 만들어지는 9월까지 기다려야 할 터였다. 그런 뒤 우편배달부가 깃발을 가지고 돌아오는 데 최소한 12일은 걸릴 터였고… 다행히 의식을 치를 시기가 나의 등반을 계획한 시간표와 적당히 잘 맞았다.[36]

사히브들이 셰르파들의 비위를 맞추려는 점도 있었지만, 집단의 구성원을 결속시키는 데 종교의식이 필수적이라고 보는 뒤르켐Durkheim 식으로, 원정대의 모든 대원들의 결속을 진작시키는 차원에서 의식의 유익함을 공유한다는 생각도 있었다.

오후에 셰르파 몇 명이 우리 캠프 가장자리에 1.8미터짜리 돌 제단을 쌓고 중앙에 기도 깃발들을 매달 줄을 받칠 장대를 세웠다.

5장 죽음

우리는 산에 첫발을 내딛기로 예정한 날 며칠 전부터 아침 일찍 잠자리에서 나와 축복을 비는 불교 의식인 푸자를 지내는 제단에 모였다… 우리는 그 의식의 종교적 중요성은 셰르파들처럼 이해하지 못했지만, 우리 모두에게 팀의 노력에 동참하고 있다고 느끼는 기회가 되었다.[37]

시간이 흐르면서 베이스캠프에서 올리는 푸자가 커진 것과 사히브의 참여가 증가한 것은 여러 가지로 해석될 수 있다. 한편으로는 셰르파가 체계적으로 사히브의 존경을 얻는 데 성공한 것으로, 그리고 어쩌면 사히브들에게 어느 정도 도덕적 영향을 미치고 그들을 실제적으로 제어하는 데 성공한 것으로 볼 수 있다. 내가 여기서 그 현상을 보는 방식은 이것이다.

다른 한편, 더욱 공개적인 이런 푸자는 '연출된' 측면이 있다고 주장할 수도 있다. 즉 남의 눈을 의식하지 않는 종교 관행이라기보다는 원정이라는 모험의 일환으로 어떤 이국성을 찾는 사히브들을 위한 공연으로 이해해야 한다는 것이다. 분명 이런 요소도 작용하고 있는데, 이 문제는 이 장의 뒷부분에서 다시 다루겠다.

그러나 셰르파의 종교 관습과 원정의 위험 사이에는 먼저 살펴봐야 하는 다른 측면이 있다. 지금까지 논의한 공물을 바치는 의식에서 셰르파들은 그들의 종교를 가장 기본적인 견지에서 동원하고 있다. 즉 신의 힘으로 인간의 노력을 증폭시키는 보호와 도움의 체계로 이용한다. 하지만 등반에서는 실질적으로든 초자연적으로든 보호는 굉장히 자주 실패하며, 모두가 최선을 다해 노력해도 끔찍하고 대개는 치명적인 사고가 발생한다. 따라서 '고등 종교'의 문제, 즉 감정 훈련과 '연민'의 양식과 다시 연결되는 다른 차원의 셰르파 종교가 작동하게 된다.

죽음의 발생

초기 원정대에서는 일부 셰르파들이 원정 중 발생한 죽음에 충격을 받고 무너지는 일이 좀 더 흔했다(일반적인 것은 아니었지만). 셰르파를 훈련이 안된 아이 같다고 보는 오리엔탈리즘적인 해석을 낳았던 것은 대개 그런 경우들이었다. 그러나 셰르파들은 또 다른 반응 패턴을 보였는데, 거의 죽을 뻔한 상황이나 죽음에 대해 뚜렷한 반응을 거의 보이지 않는 경우였다. 이것은 또 다른 오리엔탈리즘적인 해석을, 어쩌면 동정적이거나 적어도 계몽적이고 문화 상대주의적인 해석을 낳았다. 셰르파는 그들이 믿는 불교 때문에 그리고 그 불교에서 나오는 일종의 숙명론 때문에 죽음에 영향을 덜 받는다는 생각 말이다.

나는 이것이 잘못된 생각이라고 즉각 말할 수밖에 없다. 셰르파가 우발적이거나 폭력적인 혹은 갑작스런 죽음을, 그 사람의 명이 다했다거나 하늘이 정한 일이라거나 아니면 환생할 테니 문제가 안 된다고 생각해서 대수롭지 않게 여긴다는 이야기는 들어본 적이 없다. 셰르파와 함께 지낸 나의 경험에 비춰볼 때 그들은 그런 사건에 크게 동요한다. 본인과 가까운 이의 죽음이기 때문이든 아니면 그런 사고가 늘 뭔가 심각하게 잘못됐다는 징조이기 때문이든. 그런데도 앞서 말한 관점은 등반 문헌에 상당히 널리 퍼져 있다.

셰르파의 태연함과 '동양의 운명론'

우리는 이런 생각의 흔적을, 눈사태로 셰르파 일곱 명이 사망한 1922년 에베레스트 원정대에서 발견할 수 있다. 존 노엘은 사고 직후 셰르파

5장 죽음

들이 "아기처럼 우는" 것을 목격했지만 브루스 장군은 "그 사람들의 시간이 다 됐고, 그러니 그에 대해 더 이상 할 말이 없다고 여기면서 금세 아주 가볍게 괴로움을 떨쳐버렸다"고 했다.[38]

그런 동양의 운명론이라는 해석은 2차대전 이후 훨씬 더 강해졌다. 가장 유명한 사례 하나는 1963년 미국 에베레스트 원정대이다. 제이크 브라이튼바크Jake Breitenbach가 죽었는데 셰르파들은 아무런 느낌도 없는 듯 보였다.

> "그들은 왜 우리가 그렇게 의기소침해 하고 정신이 나가 있는지 이해를 못하는 것처럼 보였다"라고 리더인 노먼 디렌퍼스는 말했다. "그들은 왜 우리가 목숨을 그렇게 진지하게 여기는지 알 수 없어 투덜거렸다. 특히 나이가 많은 이들이. 그들은 '왜 사히브들이 저렇게 법석을 떨지?'라는 식으로 말했다." 대다수는 정상적인 일과를 진행할 준비가 돼 있었다.[39]

심지어 셰르파들은 사히브들에게는 사소해 보이는 불평을 이런 때 제기해 동양의 운명론적 해석을 일으켰다.

> 심지어 한 집단은 하필이면 이런 시기에 옷과 음식이 부족하다고 불평했다… 그래서 곰부와 함께 통역을 맡은 노먼이 결국 그들을 질책했다. 그러면서 동시에 등반대원들의 현재 심정이 어떤지 설명해주려고 했다. "배경과 종교가 다른 우리는 대부분 환생을 믿지 않기 때문에 삶과 죽음이 우리에게는 더 중요하다는 점을 그들에게 이해시키기 위해서"라고 노먼은 말했다.[40]

1970년대에는 이런 태도가 훨씬 보편적이었다. 이를테면 1975년 영국의 남서벽 에베레스트 원정대에서 청각장애인 청년 포터가 물에 빠져 익사했다. 더그 스콧Doug Scott과 크리스 보닝턴은 그 사고로 굉장히 상심했는데(보닝턴의 아들도 몇 년 전에 익사했다), "캠프로 돌아오니 늘 실용적인 믹 버크Mick Burke가 셰르파들은 그의 시간이 다했으며 더 나은 생으로 갔다는 생각으로 그 사건을 털어버릴 수 있어서 지나치게 괴로워하지 않는다"고 지적했다.[41]

마찬가지로 1978년 라인홀트 메스너Reinhold Messner가 에베레스트를 올랐을 때 빙폭에서 눈사태가 발생했다. 다친 사람이 아무도 없었고 셰르파들도 동요한 것 같지 않았다. 오스트리아인들은 셰르파들이 아무런 반응을 보이지 않는 것은 그들이 불교를 믿기 때문이라고 여기고는 자연스럽게 동양의 운명론으로 넘어갔다. "셰르파족에게는 쉬운 일이다. 그들은 그저 모든 게 하늘의 뜻이라고 믿는다. 만일 그들 중 누가 죽는다면 그건 그리 될 운명인 것이다"라고 누군가가 말했다.[42]

다시 말하지만, 많은 셰르파들이 원정 때 누가 죽으면 큰 충격을 받았다. 몇 년간, 혹은 영원히 등산을 그만두는 셰르파들도 많다. 도마이 체링Domai Tsering은 1970년 일본 스키 원정대의 사다였는데 당시 셰르파 여섯 명이 죽었고, 죽은 사람 대부분이 그의 친족이었다. 그는 원정을 끝내고 나서 다시는 산에 오르지 않았다. 타와 곌드젠Tawa Gyeldzen은 텡보체 승려였는데 파계를 하고 아내를 얻었다. 그는 1970년대에 등반 일을 시작했으나 몇 년 만에 그만두었다. 그가 참여한 거의 모든 등반대(일본 스키 원정대 포함)에서 다수의 사망자가 나왔기 때문이다. 1974년 프랑스 에베레스트 등반대에서는 눈사태로 프랑스인 리더와 셰르파 다섯 명이 목숨을 잃었다. 파상 누루Pasang Nuru의 형도 죽은 셰르파 중 하나였다. 파상 누루는 3년간 등반을 하지 않았다. 페르템바Pertemba 셰르파는 1975년 영국의 에베레스트 남서벽 원정대에서 사히브 한 명이 죽은 후 3년간 등반을 중단했다. 그러다 옛 등반 친구들의 강력한 권유로 다시 등반을 시작했으나, 1979년에 가우리산카르Gaurishankar(히말라야에 있는 봉우리 중 하나, 7,181미터—옮긴이)에 있다가 가장 친한 친구, 앙 푸Ang Phu가 에베레스트에서 죽었다는 소식을 들었다. 그는 그 원정과 그 시즌을 마친 후에 다시는 등반을 하지 않았다.

반응을 보이는 경우 또 다른 오리엔탈리즘적인 해석을 불러올 수 있었다. 셰르파들은 어떤 면에서 어린아이들 같다는 식으로. 이런 사히브의 해석을 피하려고 셰르파들이 반응을 보이지 않았을 수도 있다. 그러나 이제 살펴보려 하는 다른 이유들도 있었다. 먼저 위기일발에 두려움을 드러내는 문제를 죽음에 대해 비통함을 드러내는 문제와는 구분해서 보는 것이 유용할 것이다.

위기일발과 셰르파 남성 문화

메스너의 원정에서 벌어진 눈사태 때처럼 아무도 다치지 않으면 셰르파들은 십중팔구 그 사건을 웃어넘기며 별 반응을 보이지 않았다. 심각한 일이 벌어지지 않으면 보통 그러긴 하지만, 사히브들은 위기일발의 상황에서 적어도 순간적으로는 흔들리는 모습을 보였고 셰르파들 역시 그런 반응을 보일 거라고 예상했다. 여기에 1951년 에베레스트 정찰대에 대한 힐러리의 이야기에서 뽑은 한 사례가 있다. 당시 그는 분명 충격을 받았다.

내가 보고 있는데, [앙푸터Angputer가] 미끄러지더니 떨어져 쏜살같이 지나갔다. 나는 있는 힘껏 빌레이belay(로프를 함께 묶어, 등반하는 사람의 추락을 막아주는 로프 조작 기술—옮긴이)에 매달렸다. 로프가 팅 하는 소리를 내며 팽팽해지기까지의 시간이 평생처럼 길었다. 빌레이가 유지됐고 앙푸터는 비탈에 팔다리를 벌리고 있었다. 한순간 우리의 거친 숨소리 말고는 아무 소리도 들리지 않았다. 그러다 웃음소리가 들려왔다. 고개를 들고 보니 절벽에 매달린 다른 셰르파 두 명이 앙푸터의 곤경을 보고 기분 좋게 웃음을 터트리고 있었다.[43]

1960년 에베레스트 원정대에서 나온 또 다른 사례가 있다. 이번에는 등반대원들이 앉아 있던 빙폭의 일부가 무너져내렸다. 빙폭에서 얼음덩어리들이 붕괴되는 것은 에베레스트 등반에서 가장 흔한 사망 원인 중 하나다.

이 모든 일은 단지 몇 초간만 지속되었고 그 뒤에는 모든 게 다시 조용해졌다. 우리는 모두 무척 겁이 났는데 우리의 친구 락파는 미소를 잃지 않았다. 그는 쩔쩔매는 우리 모습을 보면서 매우 흥미롭고 재미있다는 표정을 지었고 아무렇지도 않다는 듯 계속 산등성이에 앉아 있었다![44]

이런 상황에서 셰르파 남성 문화의 한 측면이 작동하는 것처럼 보인다. 셰르파 남자들은 두려움을 보이면 놀린다. 그것은 경쟁 문화 패턴에 속하는데, 다음 장에서 보다 자세히 다룰 것이다. 앙 타르카이는 1936년 난다 데비Nanda Devi에서 또 한 명의 셰르파와 함께한 힘든 등반에 대해 다음과 같이 써놓았다.

앙 다와Ang Dawa는 이 일이 자신에게 너무 힘들다는 걸 알고 포기했다.

5장 죽음

그는 우리를 떠나 가능한 가장 빠른 길로 하산했다. 캠프에서 그를 다시 만났을 때 내가 용기가 없다고 놀리자 그는 몹시 짜증을 냈다.[45]

50년 후 사르케이 체링Sarkey Tshering 세르파는 전부 세르파로만 구성된 최초의 등반대에 대해 "우리는 서로를 놀리며 긴장감을 이겨냈다"고 썼다.[46]

세르파의 무감각: 보다 신중한 고려

최악의 사태가 벌어지고 실제로 죽음이 발생한 상황에서 세르파들이 웃었다고 보고된 적은 없지만, 사히브들이 예상했거나 적절하다고 생각한 것보다 더 태연하게 혹은 덜 감정적으로 반응하는 것처럼 보일 때가 종종 있었다. 세르파가 보인 무반응의 이유는 매우 다양하다. 개인에 따라 경우에 따라 다르며, 또한 어떤 순간에 어떤 한 사람의 반응에는 보통 여러 가지 감정이 섞여 있다. 하지만 이런 개인적인 다양성을 넘어서는 몇 가지 일반적인 패턴이 있다.

세르파, 보통은 사다가 원정 때 발생한 죽음에 대해 그 반응을 은폐하거나 단속하는 이유는 직업의식 때문이다. 그 일을 하겠다고 했으니 어떤 감정을 겪게 되든 일을 완수해야 한다는 의무감을 느끼는 것이다. 도마이 체링은 남동생을 포함해 세르파 여섯 명이 목숨을 잃은 1970년 일본 스키 원정대의 사다였다. 그는 이 원정 후 다시는 산에 오르지 않았지만 일본 등반가들에게 약속을 했기 때문에 원정을 끝내야만 한다고 여겼다. 그래서 그만두고 싶어하는 대다수 세르파들도 설득했다. 마찬가지로 페르템바는 1979년에 가장 친한 친구를 잃고 충격이 심해 그 시즌 이후로 등산을 그만두었지만, 이미 하겠다고 약속했기 때문에 그 시즌을 끝냈다.

1979년에 그는 가우리산카르 원정대에 있었다. 그들이 차우리코트 Chaurikot에서 점심을 먹고 있는데, 라디오에서 앙 푸가 에베레스트에서 죽어가고 있다는 뉴스가 나왔다. 앙 푸는 그의 가장 가까운 친구였다. 그들은 어린 시절부터 많은 시간을 함께했다. 함께 학교에 다녔고 같은 트레킹 회사에서 일했으며 같은 시기에 등반을 시작했다. 페르템바는 1979년에는 등반을 계속했다. 이미 그렇게 하기로 약속했기 때문이다.[47]

어떤 면에서 전문적인 행동에 대한 셰르파의 생각은 사히브와 다르지 않다. 의무를 다하고 맡은 바 일을 완수해야 한다고 생각하는 것이다. 그러나 또 다른 면에서 셰르파는 자신의 감정을 다스리면서 전문직업인으로 일하기 위해 다양한 문화자원을 동원할 수 있다. 두 가지 중요한 종교 역학이 작용할 수 있는데, 이 중 어떤 것도 '운명론'과는 무관하다. 첫째는 죽음에 대해 강한 감정을 드러내지 말라는 문화적/종교적 가르침인데, 거기에는 몇 가지 이유가 있다. 하나는 고인이 아직 완전히 떠나지 않았는데(끔찍한 사고사의 경우 특히) 살아 있는 이의 울음소리를 들으면 애착을 끊고 떠나기가 어렵기 때문이다. 장례식에서 너무 많이 울면 하늘에서 핏빛 빗물이 내리거나 고인의 눈에 피의 막이 덮여 좋은 환생으로 가는 '길'을 찾지 못한다고도 한다. 두려움을 드러내는 문제처럼 이 문제에도 다소 젠더 차가 반영돼 있다. 보통 여자들은 장례식에서 격렬한 슬픔을 드러낸다. 남자들은 그러지 않는다. 그리하여 라마는 종종 장례식에서 여자들에게 그만 울라고 주의를 준다. 그렇게 울면 망자가 이생에 집착해 핏빛 비가 내릴 수 있다면서.

사진 4. 미국 안나푸르나 여성 원정대의 사다인 롭상 체링Lobsang Tsering 셰르파, 1990.

따라서 남자들은 등반 일에 들어서기 오래전부터 죽음에 어떤 감정을 느끼든 그런 감정은 마음속에 간직하는 거라고 배웠다. 여자들도 그리해야 하지만 여자들은 이런 종류의 통제에 남자들보다 약하다고 생각된다.

단순히 감정을 숨기거나 감추는 것과 실제로 그것을 떨쳐버리거나 적어도 휘말리지 않으려고 거리를 두는 것은 약간 다르다. 4장에서 논했듯 승려에게는 첫번째가 두번째의 예비적 단계이다. 승려는 '애착'을 감추는 것뿐 아니라 '놓아버리는' 법도 배운다. 애착이야말로 강한 감정을 일으키고 사람을 압도할 수 있기 때문이다. 원정에서 발생한 죽음과 관련해 어떤 경우에는 강한 감정을 '놓아버리도록' 훈련하는 수도원의 이상도 작용했다.

1978년 안나푸르나 여성 원정대에서 있었던 일이 한 예이다. 여성들 가운데 두 명이 사망한 사고로 모두가 극도로 동요했다. 리더인 알린 블룸Arlene Blum은 처음으로 오리엔탈리즘의 함정을 피하면서 "셰르파들은 환생을 믿고 산에서 죽음도 많이 봤지만 그들 역시 그 비극 앞에 심하게 흔들렸다"며 그 여파를 기술했다.[48] 내 생각에는 그랬기에 그녀는 승려들이 강조하듯 애착을 놓아버리라는 메아리가 실린 사다 롭상의 위로를 좀 더 제대로 들을 수 있었다. "근처에 앉아 있던 롭상 은 쌍안경으로 세락을 바라보며 머리를 흔들었다. 그러더니 내게 다가 와 어깨를 두드리며 '보내주세요. 그들을 보내주셔야 합니다'라고 말했 다."[49]

수도원의 감정 훈련으로 등반 중 발생한 죽음을 앞에 두고도 참아 낸 또 다른 예는 다음 사건에서 볼 수 있다. 1979년 내가 쿰중 마을에 머물 때 그 마을 사람인 앙 푸가 에베레스트에서 방금 죽었다는 소식이 들어왔다. 나는 개인적으로 그를 알지 못했지만 모든 사람 말이 앙 푸 는 정말 좋은 청년이라고 했고, 그 소식에 온 마을이 충격에 휩싸였다. 많은 이들이 눈물을 흘리고 분노했으며, 무슨 일이 일어난 건지 추측하 면서 있는 소식 없는 소식을 다 긁어모았다. 사람들은 며칠간 아무것 도 안 하고 오직 그 이야기만 하고 그 생각만 했다.

그 소식을 들은 다음 날 나는 쿰중에서 도보로 몇 시간 걸리는 텡 보체 수도원으로 올라갔다. 주지 라마인 림포체와 점심을 먹기로 미리 약속을 잡아두었기 때문이었다. 라마의 방에서 셰르파 몇 명과 함께 점심을 먹고 있는데 림포체의 시중꾼 중 하나가 와서 앙 푸의 가족이 왔는데 즉시 만나줘야 한다고 했다. 일행이 들어왔다. (승려와 달리 결 혼한) 마을 라마인 아버지와 (사실상 형제나 다름없는) 남자 사촌과 누 이 둘이었다. 나의 현지조사 노트는 그 사건의 강렬함을, 그리고 몹시 혼란스러웠던 나의 느낌을 보여준다.

앙 푸의 아버지와 사촌, 두 누이가 들어왔는데 아버지는 상당히 히스테 릭한 상태였다. 그는 라마 앞에 엎드려 목메어 울부짖으며 아들이 돌아 오지 못할 거라고 들었다면서 림포체에게 축복(모롬molom)을 간청했

5장 죽음

다. 그러나 림포체는 상당히 냉정했다. 그는 그 남자에게 자신을 추스르라면서 말했다. "자네는 초아(종교인)이네, 이러면 안 되지, 우는 대신 초cho('기도문', 성스러운 책)를 읽고 가족들을 진정시켜야지." 그런 다음 두 눈을 감고 혼자 조용히 2~3분간 염불을 외더니(그렇게 마음을 달랬다) 그의 점서占書(치tsi)를 가져오라고 해서 앙 푸의 아버지가 읽을 몇 구절을 뽑았다.

[사람들은 정말로 마음을 가라앉히면서 정신을 가다듬었다. 그러나 나는 라마가 보여준 닝제(연민)가 결핍된 매정한 태도에 상당히 충격을 받았다. 그는 농담을 하며 웃기까지 했다. 그러나 뒤에 가서 동석했던 남자는 라마가 잘했다는 듯이 높은 라마는 그렇게 한다고 했다. 높은 라마는 **부모가 죽어도 간단히 5분간 명상하고 그것으로 애도는 끝이다.** 너무 많이 울면 핏빛 비가 내리게 된다… 라마가 아무런 닝제도 보이지 않았다는 내 말에 그는 그것이 닝제**였다**고 했다.[50]

이 사건에는 많은 사실이 들어 있는데 나는 이를 다른 부분에서 약간 다른 용어로 논했다.[51] 그렇지만 현재의 목적에 맞는 주목할 만한 점이 몇 가지 있다. 첫째 이 사건은 앙 타르카이가 몹시 괴로워하며 룸부 수도원을 방문한 일을 여러모로 연상시킨다. 두 경우 다 본인들은 좀 더 관습적인 위안을 구하러 갔다가 침착하게 평정심을 되찾으라는 가르침을 받았다. 앙 타르카이의 경우 승려들이 친절했지만, 텡보체 라마는 앙 푸의 가족에게 엄했다. 그러나 내가 라마의 냉정함으로 간주했던 것은 그 가족에게 차분하게 감정을 다스리는 모범을 보여주는 행동으로, 따라서 슬픔과 공포에서 벗어나는 길을 제시하는 것으로도 이해돼야 한다. 이것이 내 친구 니마 초타르Nyima Chotar의 생각이다. 니마 초타르는 라마의 행동을 인정했고 그것을 가장 강력한 개인적인 인

연조차 '놓아버리는' 보다 큰 영적인 능력의 표시이자 라마가 그 가족에게 줄 수 있는 가장 연민 어린 행동이라고 봤다.

앙 푸의 이야기에는 젊은 등반 셰르파의 죽음에 영향을 미치는 '고등한', 보다 수도원적인 종교적 지향의 여러 요소가 있다. 즉 감정을 훈련하거나 감정을 드러내는 법을 훈련하는 문제와 평범한 의미의 슬픔에 공감하지 않는, 오히려 거기서 벗어나는 '길을 보여주는' 고등 불교 특유의 '연민'을 동원하는 문제가 있다. 이런 차원의 종교를 원하고 필요로 하는 사람들도 있겠지만, 이런 종교로는 충분치 않거나, 그것이 맞지 않는 이들도 있다. 따라서 내가 며칠 지나서 알게 된 이 이야기의 결말은 다음과 같았다.

> 앙 푸의 아버지와 함께 림포체를 찾아왔었던 앙 푸의 사촌은 에베레스트 베이스캠프로 올라갔다[그리고 난동을 피웠다]. 그는 식탁을 발로 걷어차 넘어뜨려 음식을 엉망으로 만들고 사히브들을 죽여버리겠다고 울부짖으며 난리를 피웠다. 그런 뒤 팡보체Pangboche 근처 강으로 뛰어들어 사람들이 그를 끌어내야 했다.[52]

복잡한 종교적 그림

나는 지금까지 셰르파 종교가 셰르파의 삶과 원정대에서 한결같은 모습인 양 다뤘다. 셰르파들은 위험을 막고 사히브를 다루고 또 위험과 죽음에 직면해 강한 감정을 다룰 수 있는 비교적 간단한 방법으로 종교를 이용한다는 식으로 묘사했다. 그러나 종교적 계율에 대한 믿음과 헌신은 늘 그렇듯 사람마다 다르며 셰르파들도 예외가 아니다. '전통적인' 혹은 '대중적인' 종교의 맥락에서도, 그러니까 수도원 창건 이전에 작용했을 지역 신앙의 맥락에서도 개인 차가 다양했음을 보여주는 증거가 있다. 이를테면 1938년 에베레스트 원정대에서 파상 셰르파가 높은 고도에 있는 캠프에서 뇌졸중을 일으키자 다른 셰르파들은 그를 두고 가고 싶어했다. 몇몇 사히브의 이야기에 따르면 셰르파들은 신들이 노해서 파상을 희생자로 삼았다고 믿었다. 그러나 앙 타르카이는 어떤 종교적 해석도 들먹이지 않았고, 대신 파상이 대소변을 못 가리고 악취를 피워 동료 셰르파들이 건드리기 싫어했다고 썼다. 앙 타르카이가 노한 신들을 걱정하지도, 사히브와 동료 셰르파에게 화를 내지도 않고 파상을 들쳐업고 산을 내려가기 시작하자 다른 셰르파들이 부끄러워하며 거들었다.[53] 어쩌면 앙 타르카이는 노한 신이나 등반에 대한 일반적인 생각을 지지하지 않았거나 현 상황에는 그런 것이 적용되지 않는다고 여겼을지 모른다. 아니면 그저 그런 믿음 때문에 파상을 구하지 않을 수는 없다고 생각했을 수도 있다. 아무튼 요점은 셰르파족의 전통 신앙에 대한 헌신과 고수에는 항상 개인적, 상황적 차이가 있었다는 점이다.

여기에서 종교 자체가 상당히 유연하다는 점을 알 수 있다. 셰르파는 등반을 포함해 길을 떠나거나 중요한 일을 치를 때면 상서로운지 알아보기 위해 자주 점을 쳤다. 하지만 불길한 점괘가 나와도 하려던 일을 그만두지는 않았다. 조건을 달리해 다시 점을 칠 수도 있었다. 마치 미국에서 아픈 사람이 안 좋은 진단을 받은 후 다른 의사를 찾아가 2차 진단을 받아보는 것과 마찬가지이다. 등반 문헌에는 점괘를 무시하거나 다시 점을 치는 사례들이 여럿 나온다.[54]

수도원 창립은 종교를 대하는 셰르파의 다양한 차이에 새로운 지평을 열어주었다. 수도원들은 대중 종교를 향상시키는 의제를 밀어붙이기 시작해서, 승려와 환생 라마가 이상적인 인물인 '고등' 불교의 방향으로 밀고 나갔다. 이런 변화에 열렬히 동참하는 이들도 있었지만 의구심을 가진 이들도 있었다.

그다음으로 '근대화'가 있었다. 셰르파들은 거의 한 세기 동안 세속주의 가설에 노출되었는데, 그 가설들은 많은 이들에게 회의론과 무신론으로 가는 길을 열어주었을 것이다. 그리하여 셰르파들은 앞의 사례에서처럼 대안적인 윤리적 입장이 아니라 현대의 소비 문화가 장려하는 일종의 개인적 쾌락주의로 입장이 바뀌면서 종교에 의문을 제기하게 되었을 것이다. 이 현상은 분명 아직도 진행 중이다. 이를테면 1965년 인도 에베레스트 원정대의 앙 카미Ang Kami의 경우가 그렇다. 대부분의 셰르파는 정상에 갈 때 기도 깃발이나 다른 종교적 물건을 가져가서 그곳에 놓고는 정상에 오를 수 있도록 해준 신들에게 감사하며 기도문을 읊조리는데, 앙 카미는 전통적인 종교적 충동이 거의 없는 '현대' 젊은이였다.

> 앙 카미는 정상에서 함께 사진을 찍고 싶은 여배우의 핀업(벽에 붙이는—옮긴이) 사진을 가져갔다고 했다. 그러나 C. P.[등반 파트너인 보라Vohra]가 싫다고 해 가벼운 말다툼 끝에 마지못해 파트너의 충고에 따랐다. 뒤에 앙 카미는 정상에 꽂을 기도 깃발을 가져갔으나 까맣게 잊어버리고 도로 가져왔다고 털어놓았다.[55]

사실 대다수 현대 셰르파들은 아직도 종교에 매우 적극적으로 참여하는 것처럼 보이는데, 이는 또 다른 질문을 제기하게 한다. 셰르파는 어떤 의미에서 사히브 때문에 불교를 수행하는 것은 아닐까? 일반적인 근대적 주체로서 세속화되었지만 사히브들이 (티베트) 불교도로서 셰르파가 가진 이국성에 호응하고 그런 모습을 원하기 때문에, 사히브의 욕망을 충족시키는 방법으로 자신들의 종교를 다시 받아들인 것은 아닐까?[56] 나는 분명 사히브들이 자신들의 환상과 욕망과 성향 때문에 셰르파 불교에 관심을 보인 것이 불교에 대한 셰르파의 헌신과 참여를 더욱 강화했다고 생각한다.[57] 사실 더 큰 사회적, 정치적 맥락과 관련해 그런 종교적 참여의 변화는 지극히 정상적이다. 이를테면 20세기 초반 셰르파들이 네팔/힌두 관습 쪽으로 흘러가다가, 수도원이 창건된 후 그 추세가 반전되었음을 앞에서 보았다. 하지만 그렇다고 해서 모든 의미를 사히브의 욕망에 호응하는 데 두는 인위적인 방식으로 불교가 바뀌었다는 말은 아니다(애덤스[1996]는 그런 주장을 하는 것 같지만). 오히려 나는 어떤 '진정성'이 있다고 주장하고 싶다. 주변 세계의 영향으로부터 격리돼 있다는 의미에서가 아니라, 그 믿음과 관행이 아무리 다른 누군가의 욕망과 환상을 만족시킬 수 있다 하더라도 여전히 셰르파 공동체에 기반을 둔 의제와 의미의 일부라는 의미에서. 이 공동체 자체도 물론 바깥세상이나 '근대성'의 영향을 안 받는 것은 아니다. 오히려 그 반대다. 그럼에도 불구하고 그것은 공동체만의 일상생활에서 지역적으로 형성되고 실행되는 관계와 의미가 계속되는 현장으로 작동한다.

그러나 그 일상생활은 획일적인 '셰르파 문화'가 아니라 남성과 여성, 노인과 젊은이, 마을 사람과 도시인, 라마와 일반 신도, 대인과 소인 그리고 모든 사람들 간의 차이들이 갖는 복잡한 상호작용이다. 원정대에서 현대 셰르파 종교는 분명 이 모든 경향의 혼합이다. 즉 특유한 개인차(세속화와 근대화의 차이를 포함해서)와 사히브를 위한 퍼포먼스(그 자체가 여러 형태를 취하는, 그러니까 저항, 정체성 주장, 이국성에 대한 사히브의 욕망 이용 등), 그리고 마지막으로 셰르파 사회에 활기를 가져왔고 지금도 활기를 가져오는 종교적 방향에 대한 실질적 차이의 구현 등이 혼합되어 있다. 이 중 일부를 원정대의 또 다른 종교 현상인 장례식에서 볼 수 있다.

베이스캠프 대규모 장례식의 등장

초기에는 원정대에서 한두 명의 사망자가 나올 경우 사히브들이 보통 사망한 등반가의 추도식을 열었다. 너무 힘들거나 위험하지 않을 경우에는 시신을 거둬 내려왔지만, 그렇지 않은 경우 크레바스 속으로 내려보냈고 접근할 수 없거나 볼 수 없는 곳으로 떨어졌을 경우에는 그대로 두었다. (높은 고도에서는 땅이 꽁꽁 얼어있는 상태인 데다가 화장할 나무도 없기 때문에 시신을 처리하는 일이 자주 문제가 된다.) 어쨌든 추도식은 고인에 대해 개인적으로 몇 마디씩 하거나 기도문을 읽기도 하고, 혹은 누군가 성경의 몇 구절을 읽거나 아니면 간단한 묵념을 했다.

이런 종류의 사적인 추모식은 셰르파의 전통이 아니라서, 셰르파가 원정대에서 죽게 되면 과거에는 사히브들이 베이스캠프에서 마련해준 형식을 그냥 따르고 기다렸다가 집으로 돌아가 제대로 된 장례식을 치렀다. 우리가 알고 있는 바에 따르면 2차대전 이전, 일곱 명의 셰르파가 눈사태로 목숨을 잃은 1922년 에베레스트 원정대에서는 시신을 회수하지 못했지만 브루스 장군이 그들의 장례식 비용을 룸부 수도원에 보냈다(셰르파들의 요구에 따른 것일 테지만 그렇게 말하지는 않는다).[58] 초기에는 죽은 셰르파의 친척들이 베이스캠프로 올라오지도 않았고 장례식을 치르기 위해 라마를 초대하지도 않았다.

2차대전 이후에는 죽은 셰르파의 친척들이 베이스캠프나 그 근처에서 약식으로 치러지는 셰르파의 전통 장례식에 매우 감정적으로 참여하는 일이 좀 더 일반화되었다. 1970년 일본 스키 원정대에서는 장례식을 치르기 위해 시신을 베이스캠프 아래(고지 방목지인 로부체 Lobuche)로 옮겼다. 많은 셰르파 가족이 그곳으로 올라왔고 살아남은 셰르파의 일부 친척들은 그들의 친족을 원정대에서 끌고 나가려고 했는데, 일부는 성공했다.[59]

1974년 원정대에서는 프랑스인 리더와 셰르파 다섯 명이 목숨을 잃었다. 이 원정대에 대해서는 자세한 자료를 찾을 수 없었지만,[60] 사다였던 소남 갈첸Sonam Gyalchen과의 인터뷰에 의하면 베이스캠프 아래, 짐작컨대 로부체에서 장례식이 열렸고 라마 한 명과 죽은 셰르파들의 가족 여럿이 쿰중에서 올라왔다.

또한 1982년 캐나다 에베레스트 원정대에 대한 기록이 두 개 있다. 눈사태로 셰르파 세 명이 죽어 장례식이 열렸는데, 며칠에 걸쳐 대규모 의식이 거행되었고 많은 가족이 참석했다고 되어 있다.

> 유족들이 모여들기 시작했다. 파상 소나Pasang Sona의 미망인과 막내딸이 제일 먼저 도착했는데, 그들의 통곡 소리가 멀리서부터 들렸다. 다음으로 앙 출팀Ang Tsultim의 아버지인 중년의 남자가 지팡이에 몸을 의지한 채 절룩거리며 와서 조용히 흐느꼈다. 다와 도르제Dawa Dorje의 미망인이 천천히 나타났다. 젖먹이가 하나 있는 데다 임신한 상태여서 아무도 그녀에게 소식을 전하고 싶어하지 않았다.[61]

과부 한 명은 몇 시간 동안 주체할 수 없이 흐느끼다 화장용 장작더미에 몸을 던지려고 해서 다른 사람들이 말렸다. "몹시 늙고 주름이

쪼글쪼글한 작은 남자"는 사히브들의 팔을 움켜쥐고는 "더 이상 셰르파들이 죽지 않게 해달라"고 했다.[62]

왜 이런 장례식들이 갈수록 정교해진 걸까? 그 시기에 셰르파들에게 그런 종교의식을 치르는 것이 진짜 중요했기 때문일까? 일반적으로 원정대에서 셰르파들의 종교적 관행의 확장을 가져왔던 그런 '저항'의 일환이었을까? 아니면, 사히브들에게 그들의 '스포츠'가 얼마나 끔찍한 대가를 치르는지 극적으로 보여주기 위해서? 불교를 포함해 자신들의 '정체성'을 사히브들과 자신들에게 극적으로 확인시키기 위해서? 진정한 애도의 표현? 물론 이 모든 것이 그 대답이며 이런 다양한 해석을 분리하거나 이 중 어떤 것을 논의에서 제외하려 든다면 어리석은 일일 것이다. 이런 의식들이 오로지 사히브의 시선을 끌기 위해서였다거나 그들의 시선을 전혀 신경쓰지 않았다고 주장한다면 더욱더 어리석은 일이다. 오히려 등반 경험이 셰르파들에게 어떻게 깊은 흔적을 남기는지, 그러면서도 그들이 어떻게 자신의 의도와 인생 계획을 가지고, 그 계획들을 실천하면서 살아갈 수 있는지를 이해해보려 하는 것이 중요하다.

내가 특별히 베이스캠프 장례식에 주의를 환기시키고자 하는 이유는, 이런 행사들이 사히브들을 얼마나 의식했든 셰르파 공동체 내의 오래된 역사적 차이들과 암묵적인 논쟁들을 서로 부딪치게 하고 구현하고 있기 때문이다. 친척들의 격렬한 슬픔은 암암리에 수도원 공동체가 권장하는 엄격한 감정 훈련에 반대한다는 사실을, (심지어 자살 시도까지 하는) 감정적인 베이스캠프 장례식은 수도원의 입장이 가치가 있을지는 몰라도 충분치 않다는 이야기를 암암리에 전하는 것이다.

사실 한 장례식 안에서도 이런 차이가 드러나는 것을 볼 수 있다. 1982년 캐나다 에베레스트 원정대에서 대규모 셰르파 장례식이 치러지는 동안 슬픔과 분노가 매우 극적으로 표출되는 가운데, 장례식을 주관하기 위해 올라온 라마는 '고등 종교' 관점에서 나온 것으로 보이는 말로 사히브를 놀라게 했다. "스티븐은 얼이 빠져서 라마에게 그 참사를 이야기했다. 그런데 라마는 '이건 그저 그런 일 중 하나일 뿐입니다. 그냥 일어나는 일이지요'라고 말해 그를 몹시 당황하게 만들었다."[63]

6
남자들

1940년대 말 네팔에서는 정치혁명이 일어나고 있었다. 부분적으로는 인도에서 전개된 새로운 사태의 영향이었다. 또 1950년에는 중국의 1차 티베트 침공이 있었고 네팔은 발생 가능한 중국 침략에 국제사회의 지원을 기대했다. 그때 이후 1950년경부터 다양한 정치적 이유로 외국인의 입국이 허용되었다. 바로 그해에 등반가 빌 틸먼과 찰스 휴스턴이 서양인 최초로 셰르파의 고향인 솔루-쿰부에 들어갔는데, 그들은 그곳을 거의 낙원처럼 묘사했다.[1] 또한 같은 해에 엔지니어이자 사업가였던 모리스 에르조그라는 프랑스 산악인과 샤모니Chamonix의 등산 가이드인 루이 라슈날Louis Lachenal이 네팔 중부에 있는 안나푸르나(해발 8,091미터)라 불리는 산 정상에 도달했다. 인간이 8,000미터가 넘는 봉우리의 정상에 도달한 것은 이때가 처음으로, 이 일은 현대 히말라야 등반시대의 진정한 시작을 상징했다. 3년 후에는 영국팀이 뉴질랜드인인 에드먼드 힐러리와 셰르파인 텐징 노르가이로 이뤄진 팀을 세계에서 가장 높은 산인 에베레스트의 정상(8,848미터)에 올려보내는 데 드디어 성공했다.

1950년대와 1960년대 등반에는 몇 가지 상반된 경향이 있었다. 한편으로는 전쟁 이전의 낭만주의가 일부 서클에서, 즉 산과 또 셰르파와 일종의 신비적 교감을 추구하는 일부 사히브들 사이에서 지속됐다. 다른 한편으로는 등반에 대한 군사적 접근 방식이 전쟁 이전보다 훨씬 강해져서 사실상 이 시대의 등반을 지배하게 되었다. 메가 등반의 시대이자 지극히 남성적인 사히브의 시대였다.

남성성은 늘 등반에 대한 근본적인 '사히브의 게임' 중 하나였지만 전후에는 그 성격이 바뀌었다. 변화의 본질과 그런 변화가 사히브와 셰르파 관계에 어떤 영향을 미쳤는지가 이번 장의 주요 주제이다. 셰르파들에게도 당연히 그들의 젠더 패턴이 있었는데, 남성성과 관련해 사히브/셰르파 관계는 사히브들이 셰르파의 젠더 패턴에 미친 '영향' 문제 이상이었다. 이쯤에서 나는 이 책을 이해하는 데 도움이 되는 개념적 틀을 다시 한번 간략히 설명하겠다.

진지한 게임에 대한 추가 설명

나는 앞서 정해진 시기에 그 안에서 사람들이 움직이는 의도의 문화적 틀을 생각하는 한 방식으로 '진지한 게임'이라는 개념을 소개했다. 게임이라는 개념에는 활동 목적, 그 활동을 보는 담론 범주, 참가자들의 조직과 그들의 상대적인 힘 등이 포함된다. 하나의 활동으로서 등반은 겹치고 뒤얽힌 여러 게임들, 즉 반근대성 게임, 실존적 한계를 시험하는 낭만적 게임, 남성성 게임 안에 위치해 있으며, 이것을 알면 등반가들이 말하는 언어의 종류, 그들이 기꺼이 감수하는 위험의 종류, 그들이 자기 자신과 다른 사람에게 가하는 통제의 종류를 이해하게 된다.

그러나 진지한 게임에는 강조해야 하는 또 다른 중요한 차원이 있다. 게임은 일단의 의도나 언어와 담론의 장만은 아니다. 게임은 의도와 담론과 관련해 위치가 다르고 처한 입장이 다른 참가자들을 포함한다. 게임은 사회적이다. 사실 굉장히 사회적이다. 사람들은 서로에게 맞서서, 서로 더불어, 서로를 위해서 게임을 한다. 게임은 차이를 토대로 한다. 차이가 없는 게임은 존재하지 않는다. 등반 내에는, 그리고 이 책의 중심에는, 셰르파/사히브의 차이와 관계 그리고 다양한 순열이 있다.

그러나 이것은 시작일 뿐이다. 각 상대편에게는 그들이 나오고— 이것은 일상 언어적인 의미에서도 게임인데— 그들이 돌아가는 맥락과 관련해 그들을 어떤 위치에 두고 어떻게 구분지을지에 대한 추가적인 문제가 있다. 사히브에 대해서라면, 나는 지금까지 그들을 대체로 교육받은 중간계급 배경에 위치시켰는데, 이런 배경은 그들에게 자신들이 나오게 된 지배적 근대성에 대한 저항을 허용하며 심지어 장려하기까지 한다. 셰르파에 대해서, 나는 여러 차이점들을 살펴보았다. 셰르파 사회에서 대인과 대인이 아닌 이들의 차이, 그리하여 많은 셰르파를 등반으로 몰아넣은 경제적 압력의 종류, 20세기 초반에 시작해 세기 내내 계속 변해온 수도원의 의제와 '대중' 종교의 의제 사이의 차이 등. 그리고 다시 이 장에서는 젠더 차이의 문제와 남성성의 문제를 살펴보겠다.

이 모든 차이가 등반의 중심에 있는 셰르파/사히브 관계와 관련된다. 이 관계는 더 이상 정의가 필요 없는 투명한 '힘'의 차이가 아니다. 오히려 셰르파와 사히브의 다양한 차이에 대한 조정을 수반하는데, 이는 사히브가 갖는 상대적 힘의 틀 안에 들어 있다. 이 책의 주제 중 하나가 셰르파가 등반을 통해 정치적, 경제적 제약에서 벗어나고 나아가 그것을 변형한 방식들이라면, 그리고 또 다른 주제가 20세기 전반에 걸친 종교의 끊임없는 변혁과 재편이라면, 세번째 주제는 등반이 실제로 셰르파들 사이의 젠더 차이와 불평등을 악화시켜 분명한 '성의 변증법'을 가동한 방식이다. 나는 무엇보다 셰르파와 사히브가 어떤 종류의 자칭 평등주의 유대를 수립하기 위해서, 그들이 공유한 남성성을 이용했다고 논할 것이다. 그럼 먼저 20세기 중반 일부 원정대의 평등주의 관계를 개괄적으로 살펴보겠다.

평등 모순

평등이라는 환상

1940년대 말에서 1950년대 초에는 여러 원정대들이 셰르파들과 제법 평등한 관계를 수립하려고 애썼다. 이는 보통 사히브가 셰르파와 강렬한 유대를 맺었다고 느낄 만큼 성공적이었다. 셰르파가 화답한 경우도 있었지만 평등과 결속이 사히브의 환상에 가까운 경우도 있었다. 1947년 얼 덴먼은 자신이 셰르파에게 완전한 평등을 제공한 최초의 산악인이라고 주장했으며, 또한 자신이 동행한 두 셰르파와 특별한 유대를 맺었다고 상상했다.

텐징과 앙 도와Ang Dowa는 포터 역할을 하고 있었지만, 나는 결코 그들을 그런 식으로 생각하지 않았다. 에베레스트에서 등반가 포터들이 노력해주는 만큼만 갈 수 있기 때문이다. 따라서 우리 사이에는 이상적인 유대가 있었다. 우리는 모두 포터였고 모두가 등반가였다.[2]

1950년 안나푸르나에서 프랑스인들은 셰르파들을 완전한 '등반 파트너'로 대하려고 했다. 일부 개인 간 우정이 형성되기도 했지만, 요점은 프랑스인들이 장비나 음식과 관련해 사히브와 셰르파 사이에 차별을 두지 않았던 것 같고(두 가지 모두 매우 품질이 좋았다고 한다),[3] 리더인 에르조그는 앙 타르카이에게 자신과 함께 정상에 갈 기회를 주었다(발이 얼기 시작한 앙 타르카이는 사양했는데, 나중에 그렇게 했던 자기 자신을 부끄럽게 여겼다).[4]

텐징 노르가이에 의하면, 1950년 영국의 낭가파르바트 원정대는 1940년대 말과 1950년대 초의 몇몇 스위스 원정대와 마찬가지로[5] 매우 평등주의적이었다.[6] 스위스 원정대들은 모든 면에서 평등을 실현하려 진정으로 노력했으며, 실제로 이를 인상적인 수준으로 실현했던 것 같다. 1952년에 스위스인들이 에베레스트 정상을 포기하게 된 것은 셰르파들을 동등한 파트너로 대하겠다고 한 약속 때문이었다. 몇몇 셰르파가 바람과 혹한이 견딜 수 없을 정도라며 돌아가겠다고 했을 때, 스위스인들은 그들을 계속 몰아붙일 권리가 자신들에게는 없다고 여겼다.[7] 이는 1930년대에 칸첸중가에서 도르제가 사기가 꺾여 더 이상 가지 않으려고 하자 바우어가 강제로 끌고 갔던 상황과 비교된다.[8]

또한 일부 대원과 일부 셰르파 사이에 진정한 유대가 생긴 경우도 있다. 레이몽 랑베르Raymond Lambert는 텐징과 나눴던 대화에 대해 이렇게 썼다.

"사히브, 오늘밤은 여기서 보내야 합니다." 그러면서 [텐징은] 떠날 때부터 줄곧 갖고 다녔던 텐트를 보여주었다. 나는 우리 둘이 생각하는 방식이 같아서 미소를 지었다. 바로 이런 일이 산에서… 그리고 어쩌면 모든 곳에서 깊은 결속을 만들어낸다.[9]

텐징과 랑베르는 매우 가까워졌고 그 관계는 수년간 지속됐다. 텐징은 랑베르를 "가장 친하고 가장 소중한 내 최고의 친구"라고 불렀다.[10]

마지막으로 1960년대의 인도 원정대들도 셰르파들의 역할을 비교적 평등주의적 시선으로 바라보았던 것 같다. 셰르파들도 완전한 등반대원으로 편성되었으며 모든 정상등반조에 포함되었다. 1965년 인도인들이 마침내 세번째 시도에서 에베레스트 등정에 성공했을 때, 인도인인 알루와리아H.P.S. Ahluwalia 소령과 셰르파인 푸 도르지Phu Dorji가 그 영광을 함께 나눴다.[11] 원정대 리더인 콜리 소령은 셰르파들이 돈으로 동기 부여된다는 생각을 거부하고 그들을 "모험의 완전한 동반자"라고 불렀다.[12]

비교적 평등주의적이었던 이들 전후 원정대들은 어떤 면에서는 변화를, 어떤 면에서는 연속성을 보여주었다. 2차대전 이전에는 켈러스 박사 같은 인물이 '그의' 셰르파들과 친밀한 관계를 맺었는지 몰라도 이런 일은 보다 큰 규모의 원정대에서는 일어날 가능성이 거의 없는 일이었고, 어쨌든 그런 관계들은 모두 어느 정도 생색내기와 가부장주의로 물들어 있었다. 사히브의 낭만주의는 대체로 산을 향해 있었고, 셰르파가 어느 정도 자연의 일부로 보이는 한에서만 그들에게로 향했다. 방금 논했던 2차대전 이후의 원정대들은 등반에 거의 신비적인quasi-mystical 접근 방식을 취한다는 점에서는 여전히 '낭만적'이었지만 가부장적인 톤은 다소 수그러들었다. 셰르파들은 이 신비한 모험의 동반자 성격이 더 강해졌고, 낭만적 환상은 비교적 동등한 사람이자 친구로서 셰르파와 유대를 맺는다는 생각을 포함하는 방식으로 바뀌었다.

이런 패턴은 1970년대에 훨씬 중요해졌는데, 이때는 공인된 문화 운동으로서의 반문화가 형성된 시기였다. 1950년대와 1960년대에는 여전히 소수만의 스타일에 불과했지만, 처음으로 셰르파들이 원정대에서 제대로 된 평등을 맛보았고, 작은 것에 만족해서는 안 된다는 생각을 갖게 되었다는 점에서 이 패턴은 매우 중요했다.

파업과 평등의 위배

셰르파들이 원정대에서 자신의 역할과 권리에 대해 때로는 전투적일 정도로 확실하게 자의식을 갖게 된 시기가 바로 이 1950년대와 1960년대였다. 셰르파들은 1950년대 중반에 다르질링에서 최초로 공식적인 조직을 결성했다. 다르질링의 영국인들은 히말라야 클럽Himalayan Club이라는 것을 운영했는데, 이는 원정대에 셰르파들을 공급하고 임금을 정하는 등의 일을 했던 일종의 대행 조직이었다. 하지만 영국인들이 인도에서 빠르게 사라지면서 셰르파들은 다르질링에 있는 그들의 도시 자조 단체 중 하나를 강화해 히말라야 클럽이 수행해온 기능을 떠맡았다. 그 셰르파 단체는 1920년대에 설립된 것으로, 이름이 셰르파 불교 협회Sherpa Buddhist Association였다. 설립 연대와 단체의 이름이 1916년과 1924년에 솔루-쿰부에 세워진 최초의 수도원들과의 연관성을 시사하는데, 단체의 주된 업무는 '주로 종교 문제'였다. 그러나 텐징 노르가이는 다음과 같이 썼다.

그 단체는 1930년대와 전쟁 기간에는 하는 일이 거의 없었는데, 최근에 활기를 되찾았다. '불교'라는 말을 이름에서 빼고 종교가 아니라 우리 공동체에 영향을 미치는 실질적인 모든 문제에 관여하고 있다… 이제는 일종의 등반 셰르파 직업소개소이자 노동조합으로 활동하면서 히말라야 클럽이 정한 것보다 더 많은 임금을 받아내고 부상당한 사람들과 죽은 사람들의 유족을 위해 더 많은 보상을 받아내려 애쓰고 있다.[13]

1961년쯤 (어쩌면 그보다 조금 더 이른 시기에) 카트만두에서 히말라야 소사이어티Himalayan Society(히말라야 클럽과 혼동하지 말 것)라는 단체가 설립됐다.[14] 1950년대 초 네팔이 공식적으로 외국인에게 문호를 개방하자, 히말라야 등반의 대기기지가 다르질링에서 카트만두로 빠르게 옮겨졌다. 다르질링에 살면서 그곳에서 원정대 사업을 계속 유지하고자 했던 셰르파들과 네팔에 살면서 카트만두에서 일하는 것이 더 편리하다는 것을 안 셰르파들 사이에 일종의 경쟁이 벌어졌던 것으로 보인다. 1960년대 초반 카트만두에 근거지를 둔 히말라야 소사이어티의 개원은 이런 변화를 대변했고 또 촉진했다. 더구나 초기 원정대 셰르파들이 티베트인들을 배제하게끔 사히브를 밀어붙였던 것처럼, 카트만두에 거주했던 일부 셰르파들은 다르질링 셰르파들을 배제하도록 사히브들을 밀어붙였던 것으로 보인다. 히말라야 소사이어티는 "외국 원정대와 함께 오는 경우, 네팔 사람이 아닌 셰르파, 즉 다르질링 셰르파는 두 명 이상 네팔로 들어올 수 없다"는 규칙을 제정했다.[15] 아마도 이런 사태에 대한 대응 차원에서 1963년 다르질링에 또 다른 신생 클럽이 설립되었는데, 이번에도 텐징이 관여한 이 단체의 이름은 셰르파 등반가 협회The Sherpa Climbers' Association였다.[16]

이러한 단체들은 고용 조건과 보상 조건을 개선하기 위해 노력할 수 있었고 그렇게 했다. 그들이 전혀 손을 댈 수 없는 일은 산에서 셰르

사진 5. "전도유망한 세대"라는 제목이 붙은 신원미상의 셰르파들 사진,
스위스 에베레스트 원정대. 1952.

파와 사히브가 맺는 관계의 질이었다. 앞서 언급했듯 셰르파가 원정대
에서 파업을 하거나 협력을 거부한 데는 여러 가지 이유가 있었지만,
특히 한 가지 패턴이 두드러졌다. 셰르파들이 열등한 존재로 취급받는
다고 느낄 때 저항이 생겨났다. 이런 패턴은 1940년대 후반과 1950년
대 초반에 보다 평등주의적인 관계가 등장하면서 강화된 것으로 보이
는데, 1950년대와 1960년대에 와서는 대다수 주요 원정대에서 심각한
파업이 일어났다.

　이를테면 1953년 영국 에베레스트 원정대는 장기간 영국 육군 장
교로 복무한 존 헌트John Hunt가 이끌었는데, 그는 특히 위계적이었던
듯하다. "헌트는 사회적 의식이 있었지만, '장교'와 '기타 계급' 간의 엄

　　　　　　　　　　　　　　　　　　　　　　　　　　6장 남자들

격한 계급 구분에 적응된 군인 정신을 갖고 있었다. 그리고 셰르파는 확실히 '기타 계급'이었다."[17] 그 원정대는 시작부터 몹시 안 좋았다. 헌트가 원정대의 사히브 대원들은 영국 대사관에 머물게 하고 셰르파들은 대사관 차고에 머물게 했던 것이다. 차고에는 화장실이 없었으므로 실질적인 면에서도 문제가 되었지만, 상징적인 면에서도 모욕적이었다. 셰르파들은 격분해 자신들의 감정을 매우 극적인 방식으로 표현했다. 대사관 밖 길에다 소변을 보았던 것이다.[18] 이 사건 이후로도 각종 장비 문제로 셰르파들과 사히브들 사이에 끊임없이 갈등이 있었다.

동등함의 문제로 셰르파와 큰 갈등을 빚었던 또 다른 원정대는 1963년 미국 에베레스트 원정대였다. 주된 언쟁 중 하나는 침낭 문제였다.

> 대원들은 겉침낭과 속침낭을 다 가졌고 셰르파들은 겉침낭만 가졌는데, 겉침낭이 두껍고 따뜻하기도 했고 사히브들도 속침낭을 거의 사용하지 않았지만, 아니나 다를까 셰르파들이 이구동성으로 항의했다. 거의 하루 종일 베이스캠프는 여러 '산 변호사들'이(셰르파들에게는 상당히 훌륭한 변호사가 몇 명 있었다) 자신의 입장을 변론하고 이전 원정대들의 선례를 인용하는 야외 법정이 됐다.[19]

결국 문제는 셰르파에게 만족스럽게 해결되었고, 사히브와 셰르파의 관계는 한동안 진정되었다. 그러나 나중에 매우 높은 고도에서 산소 사용 문제로 다시 갈등이 반복되었다. 산소의 양은 제한돼 있는데 원정대의 내부 분열로 서로 다른 두 개의 루트로 두 개의 조가 정상공략을 하게 된 바람에 자원 배분에 무리가 생긴 것이었다. 사히브들 설명에 따르면 셰르파들은 산소에 관해서 상당히 '이기적'으로 굴었다.

그들은 정상등반조 중 하나에 배정된 셰르파에게 산소조절기를 양보하기를 거부했고, 밤에 할당량 이상으로 산소를 소비했으며, 정상등반조가 올라갈 때 쓸 수 있도록 그들이 내려갈 때 쓸 산소를 양보하기를 거부했다.[20]

일어난 일에 대해서는 해석이 분분했다. 그 원정대의 리더는 셰르파들이 산소 문제에 비협조적이었던 것이 주로 다르질링 셰르파와 쿰부 셰르파들 사이의 불화에서 연유했다고 생각했지만, 다른 이들은 지나친 해석으로 여겼다.[21] 또 다른 해석은 셰르파와 사히브 간의 평등과 위계 문제를 원인으로 보았다. 산을 오르면서 어느 순간부터 셰르파들이 모든 짐을 운반하게 되었고, 사히브들과 '대원'으로 지정된 다르질링 셰르파들은 "곧 있을 정상 공략에 대비해 힘을 아끼면서" 텐트 안에서 빈둥거렸던 것이다.[22] 따라서 전부 셰르파로 구성된 두 팀이 제3캠프와 제4캠프를 오가며 짐을 운반했다. 셰르파가 에스코트 없이 등반을 하게 한 것은 사히브들이 셰르파의 능력을 믿었다는 표시이며, 셰르파가 항상 사히브의 호위를 받아야 했던 이전의 가부장적인 상황에서 한 걸음 나아간 것이라고 주장할 수도 있을 것이다.

> 히말라야 등반 초창기에는 셰르파들이 대원들의 호위 없이 높은 곳으로 짐을 운반하는 일은 거의 허용되지 않았다. 그러나 1963년에는 전반적으로 셰르파의 등반 실력이 좋아져 일단 루트가 개설되면 에스코트 없이 운반하는 것이 일반화됐다. 미국의 에베레스트 원정대에서는 전부 셰르파로 이뤄진 조들의 일 수행 능력이 최고였다.[23]

보다 간단한 해석은 사히브들이 등반대의 힘든 일에 대해 게으르고 이기적으로 굴었으며, 기본적으로 셰르파들을 쿨리로 부리면서 자신들은 정상 공략의 영광을 위해 힘을 아꼈다는 것이다. 그 원정대에서 '셰르파와 수송' 담당관으로 일했던 오랜 히말라야 경험을 지닌 제임스 로버츠James Roberts 대령은 "사히브들이 쿰Cwm[에워싸인 골짜기를 가리키는 웨일스어, 에베레스트에 설립된 캠프장 중 하나]과 베이스캠프에서 빈둥거리는 대신 포터들과 함께 일상적인 짐을 운반했더라면 원정대에서 사히브와 셰르파 간의 문제가 줄었을 것"이라고 지적했다.[24] 몇몇 등반가들도 이 견해를 공유했다.[25]

이 문제는 나중에 미국 원정대에서 다시 등장했다. 1963년 원정대에서 모든 일을 다 해야 했던 셰르파들의 태도가 어땠는지에 대한 기록은 없지만, 나중에 있었던 비슷한 에피소드에서 셰르파들은 그것을 방금 말했던 '쿨리'의 의미로 받아들였다는 인상을 받는다.

셰르파들은 한동안 사히브들이 짐을 운반하는 책임을 분담하지 않는다고 불평을 했는데, 우리가 뻔뻔하게 일전에 그들이 되돌아온 것을 꾸짖자 격분했다. 나는 얼마 전부터 이 문제에 관한 셰르파들의 불만을 의식하고 있었다. 이를테면 자신의 개인 장비를 더 높은 캠프로 운반하지 않는 사히브들도 있었던 것이다.[26]

1963년의 산소 탱크 문제는 솔루-쿰부 셰르파와 다르질링 셰르파 간의 갈등보다는 이런 평등 문제와 관련이 있었다고 가정하는 게 더 합당해 보인다.

열등한 존재로 취급되자 셰르파가 참지 못했던 또 하나의 사례는 1972년 유럽 에베레스트 원정대에서 나온다. 또한 이는 그들의 저항이 얼마나 효과적이었는지 보여주는 사례이기도 하다. 영국의 산악인에게 경고를 받았음에도 불구하고 독일인 리더인 칼 헤를리히코퍼Karl

Herrligkoffer는 셰르파들을 위한 장비를 충분히 가져오지 않았고, 셰르파들은 베이스캠프에서 파업에 들어갔다. 대대적인 논쟁이 벌어졌고, 당사자들이 아닌 등반가들이 여러 차례 갈등을 중재하려 했지만 셰르파들은 끝까지 물러서려 하지 않았다. 그리하여 헤를리히코퍼는 헬리콥터를 빌려 카트만두로 돌아갔고 거기서 다시 독일로 날아가 추가 장비를 가져와야 했는데, 이것은 기록에 남은 사히브의 가장 지독한 패배였을 것이다. 내가 찾아낸 이 사건에 하나의 설명을 제공한 크리스 보닝턴은 총체적인 실패의 원인을 부분적으로는 언어장벽 탓으로 돌렸지만 "독일인들이 셰르파에게 소리를 지르며 괴롭히는 경향이 있어서 독일인과 셰르파의 관계가 이미 좋지 않았던 점"을 특별히 지적했다.[27]

메가 원정대

개인의 성향과는 무관하게 사히브들 사이에 위계적 행동을 낳은 요인 중 하나는 전후 일부 원정대들의 엄청난 규모였다. 앞에서 보았듯 초기부터 등반 원정대의 지배적 모델은 군사 훈련에서 유래했다. 원정대는 군사 작전을 모델로 해서 고도를 높여가며 연속적으로 캠프를 세우고 보급품을 갖춰 등반가들의 최후 정상 '공략'을 지원할 공급망을 형성했다. 산에서의 성공은 늘 '정복'으로 묘사되었다.

이것이 일반적 모델이었지만, 2차대전 이전의 원정대들은 전후의 기준으로 보면 비교적 소규모였고 기술 면에서도 간단했다. 하지만 2차대전이 끝난 후 원정대의 규모와 복잡성은 폭발적으로 커졌다. 이는 부분적으로 프랑스, 영국, 미국 같은 승전국들에게 군사 모델이, '군인다움'이 엄청나게 검증된 결과였다. 종전 직후 군사 조직, 기술, 그리고

6장 남자들

투지의 상징들은 굉장히 긍정적이었다. 자칭 낭만적인 등반가들조차 이런 종류의 언어와 사고에 휩쓸리게 되었다.

군사 배치! 작전! 히말라야 문헌에서 이런 군사 용어를 보게 되면 늘 쓴 웃음을 지었던 내가 이런 말을 사용하고 있다니! 원하든 원치 않든 날이 갈수록 군사 작전, 전쟁 같은 개념으로 생각을 하게 된다.[28]

따라서 1950년대와 1960년대 초로 규정되는 원정대들, 즉 1950년 프랑스 안나푸르나 원정대, 1952년 스위스 에베레스트 원정대, 1953년 영국 에베레스트 원정대, 1963년 미국 에베레스트 원정대는 엄청난 군사 작전이었다. 그들은 2차대전 중 개발된 앞선 기술을 이용했고, 완전 산소 공급을 포함해 (당시로서는) 하이테크 장비를 많이 가져갔다. 이런 장비는 이전보다 훨씬 휴대가 편리해졌다. 또한 그 어느 때보다 군사 작전을 모델 삼아 베이스캠프와 정상 사이 일련의 캠프에 비품을 저장한다는 생각에 빠져 물품도 더 많이 가져갔다. 심지어는 최종 공략을 위한 신예 부대를 확보할 필요가 있다는 이론에 기반해 등반가들도 더 많이 데려갔다. 이 모든 것은 더 많은 포터를 의미한다. 1950년대와 1960년대 전후 등반에서 가장 눈에 띄는 양상은 원정대의 물자를 산으로 운반하는 엄청난 수의 남자들의 행렬이었을 것이다.

프랑스 원정대는 장비가 4톤 반에 식료품이 1톤 반이었고, '쿨리'가 약 200명이었다.[29] 그리고 사히브 9명에 셰르파가 9명이었다. 1952년 가을 스위스 원정대는 규모가 더 컸다.

사히브, 셰르파, 네팔 포터 등 거의 400명의 남자들이 줄을 지어 산을 향해 출발했다. 내가 전에 전쟁으로 나가는 여단 이야기를 한 적이 있다면

이번에는 전군 총출동 같았다.[30]

성공한 1953년 영국 원정대는 최대였을 때, 사히브가 14명, 셰르파가 38명에 달했고, 이들을 위한 장비와 식량이[31] 8톤이었다.[32] 포터가 구체적으로 몇 명이었는지는 확인이 안 되지만 원정대 운반 작업이 다음과 같이 기술돼 있다.

관련된 인원수가 어느 정도였냐면, 3월 10일에 원정대의 일부가 1차로 150명의 포터들과 함께 카트만두를 떠났다. 하루 뒤 나머지 원정대가 200명의 포터들과 떠났다. 그들은 꼭 필요한 물품들만 가져갔다. 본 물품은 한 달 뒤에 다시 반으로 나눠서 떠났다.[33]

리더인 존 헌트 경이 쓴 책(1953)의 부록을 보면 원정대의 군사적 성격을 이해할 수 있다. 부록은 총 10개로, 여기에는 권위와 책임의 흐름도와 상세한 '계획의 근거'들이 포함돼 있었는데, 거기에는 카트만두에서 정상까지 고려되어야 할 모든 요소와 원정의 매 단계가 표시되어 있었다. 또한 장비, 산소(산소 장비의 다양한 구성 요소의 도면 및 사용량 도표와 함께), 식단(메뉴와 양을 포함해), 생리학과 의학 담당자 명단에다 원정대의 공략 단계에 필요한 짐 내용물의 목록까지 포함돼 있었다.

마지막으로 1963년 미국 원정대는 사히브가 19명에 셰르파가 32명이었는데, 놀랍게도 909명의 포터가 운반한 장비가 29톤이 넘었다.[34] 사히브의 수가 많았던 것은 원정대 기금의 일부가 내셔널지오그래픽협회에서 나왔기 때문인데, 덕분에 원정대는 과학적 요소를 갖춰야 했다. 따라서 다수의 일반적인 등반 사히브 외에 생리학자, 심리학자, 사회학자, 지질학자가 가담했다.

1970년대 초에 메가 원정대가 하나 더 있었다. 사히브가 64명에 세르파가 70명이었던 유명한 이탈리아 원정대였다. 포터의 수는 기록이 없으나 짐이 헬리콥터로 수송됐다. 원정대 리더에게는 양탄자가 깔리고 가죽 가구가 딸린 방 다섯 개짜리 텐트가 제공되었다.[35] 대규모 하이테크 원정대의 전성기는 확실히 1950년대와 1960년대였고, 이 패턴과 더불어 이전 시대를 지배했던 스타일과는 매우 다른 남성성 스타일이 유행했다. 초창기 남성들은 등반에 대해 낭만적이고 이상적이며 심지어는 신비적이어서 그들 자신과 등반을 오늘날에는 다시 보기 힘든 굉장히 진지한 태도로 바라보았던 반면, 1950년대와 1960년대의 전후 사히브들은 으스대며 남자다움을 과시한다는 의미에서 달리 더 나은 말이 없어 마초macho라고 부를 수밖에 없는 새로운 종족이었다. 그들은 시끄럽고 활기 넘치고 유머러스하고 지나치게 남성적이었다.

히말라야 등반에서 전후 마초성에는 여러 갈래가 있었다. 산을 정복하는 추진력으로 남성의 경쟁을 강조했으며, 동시에 상호작용 스타일의 선정성과 등반(그리고 남성 등반가들)의 성적 매력을 강조하기도 했다. 이 두 가지 경향은 모두 세르파의 평등성 문제에 영향을 미쳤지만 또한 그 자체로 의도치 않았던 결과를 낳았다.

전후 마초성 1: 경쟁

경쟁은 히말라야 등반의 사히브 남성성 담론에서 가장 일관된 흐름일 것이다. 이는 1920년대부터 1990년대까지 모든 문헌을 관통하는데, 마치 서구 남성성의 기초이자 핵심, 감히 말하자면 그 본질인 듯하다. 내가 그것을 주로 1950년대와 1960년대에 놓고 보는 이유는 그 당시가 경쟁이 철저히 전적으로 인정받았던 유일한 시대여서이다. 뻣뻣한 경쟁력이 등반 참여의 거의 유일한 이유인 양 받아들여졌다. 초기와 그리고 후기에는 다른 것, 즉 다소 대항력 있는 담론들로 상쇄됐지만, 호전적인 전후에 경쟁력은 보다 광범위하게 인정받은 마초성의 일부였다.[36]

2차대전 이후 경쟁술을 설파하고 실행한 인물 중 한 사람은 텐징 노르가이와 함께 최초로 에베레스트산 정상을 밟은 에드먼드 힐러리 경이었다. 힐러리는 1951년 에베레스트 정찰대에서부터 사실상 경쟁의 계보에 가담했다. 힐러리는 정상으로 가는 루트를 찾아낸 일을 묘사하며 이렇게 썼다.

우리[힐러리와 에릭 십턴]는 성공을 기뻐하며 아래로 방향을 틀어 엄청난 속도로 내려갔다. 십턴과 나는 내려가는 내내 서로 시합을 했다. 십턴은 마흔네 살이었지만 아직도 몸이 아주 탄탄하고 강했으며 굉장히 경쟁적이었다.[37]

그리고 다시 대성공을 거둔 1953년 원정에서는 다음과 같이 썼다.

사흘째 되던 날에 돌로갓Dologhat에서부터 길고 가파른 산길을 맹렬하게 올라가 존[리더인 존 헌트]을 따라잡았더니, 그가 갑자기 절대 추월 당할 수 없다는 듯이 쏜살같이 날 앞질렀던 게 생각난다. 당시 난 그런 도전에 저항할 수 없었다. 나도 유쾌한 기분으로 질세라 속도를 확 내서 그를 제쳤다가 존의 얼굴을 보고 깜짝 놀랐다. 온 힘을 다 짜낸 탓에 얼굴이 창백하고 핼쑥했던 것이다.[38]

6장 남자들

10년 뒤 힐러리는 당시 평화봉사단에서 막 나와 아직은 인류학자가 아니었던 짐 피셔Jim Fisher를 상대로 이제 존의 입장에 서게 됐다. 피셔는 다음과 같이 썼다.

다음 날 나는 에드먼드[힐러리]와 함께 다리가 있는 곳까지 다시 올라갔다. 에드먼드는 내가 낼 수 있는 최대 속도만큼은 아니었지만 내 평상시 걸음보다 더 빨리 걸었다. 나는 왜 저렇게 서두르나 궁금했는데, 나중에야 등반이 얼마나 경쟁적일 수 있는지 깨닫게 되었다. 등반은 내가 생각했던 것보다 훨씬 더 경쟁적인 스포츠였다… 그가 나와 시합을 했던 걸까. 말도 안 되는 소리, 뭐가 아쉬워서? 그는 단지 자신을 시험하고 있었을 것이다. 그 나이에 자신이 어디까지 할 수 있나 보려고.[39]

힐러리의 관점에서는 사실 경쟁이야말로 에베레스트를 올라가게 해주는 힘이었다. 그는 십턴이 지나치게 신중한 것에 동의하지 않았다.

십턴은 셰르파들에게 보기와는 달리 위험한 쿰부 빙폭을 지나가도록 하는 것을 전혀 좋아하지 않았다. 그런 일은 책임감과 페어플레이라는 유서 깊은 영국의 전통과 맞지 않는 일이었다. 하지만 나는 이 산을 오르자면 안전과 정당한 위험에 대한 기존의 기준을 수정하는 길밖에 없다고 생각했다… 알파인 등산의 경쟁 기준이 히말라야에 도래하고 있었고, 우리는 경쟁을 하거나, 아니면 철수하는 편이 나았다.[40]

그리고 사실 십턴의 그런 신중함은 그가 1953년 원정대의 리더로 뽑히지 못한 이유였을 것이다. 많은 이들이 이런 결과에 놀랐다.[41] 어쨌든 앞에서 인용한 힐러리의 이야기를 자신의 목숨은 위험에 빠뜨리

201

지 않으면서 셰르파의 목숨을 위험하게 했다는 식으로 해석해서는 안 된다. 그저 힐러리는 성공을 위해서라면 어떤 일이든 기꺼이 하려고 했을 뿐이다.

힐러리와 매우 유사한 인물이자 이런 전후 마초성을 매우 잘 보여 주는 이는 성공을 거뒀던 1963년 미국 에베레스트 원정대의 등반가 윌리 언솔드Willi Unsoeld였다. 언솔드는 자신의 등반 파트너인 톰 혼바인 Tom Hornbein을 비롯해 원정대의 모든 이들을 능가하는 데 열중했던 것 같다. 등반 역사가인 언스워스는 다음과 같이 묘사했다.

> 혼바인과 언솔드는 둘 다 특출한 사내들이었다. 그들은 강단 있고 똑똑하고 튼튼했다. 둘 다 보기 드물게 혹독한 등반을 하는 사람들이라 둘이 함께 산에 가면 눈앞에 있는 모든 이들을 '태워버리려' 할 뿐 아니라 서로에게도 그렇게 하려고 했다.[42]

혼바인은 일기에 다음과 같이 썼다.

> 나는 그 놀라운 언솔드를 제외하고 누구에게도 지지 않을 만큼 가고 있는 듯하다. 그는 아주 미친 것 같은데, 그의 극단적인 활기, 과도한 낙관주의, 절대 망가지지 않을 것 같은 모습에 원정대의 사기가 떨어질까 걱정이다.[43]

언스워스는 계속 썼다.

> 언솔드도 잘 알고 있다시피 그는 혼바인의 사기를 꺾지 못하고 있다. 함께 밧줄로 묶고 등반한 후 언솔드가 로켓처럼 앞서가자 혼바인이 격분

해 외쳤다. "빌어먹을, 윌리, 뭐 하는 거야?" 언솔드는 웃으며 말했다. "그냥 자네를 시험한 거야." "뭣 때문에?" "더 큰 일을 위해서."[44]

결국 혼바인과 언솔드는 힐러리와 텐징의 성공 이후 처음으로, 가장 극적인 에베레스트 등반을 해냈다. 이전에는 오른 적이 없는 서쪽 능선을 통해 정상에 오른 뒤 횡단하여 힐러리와 텐징이 올랐던 남동쪽 능선으로 하산했다.

전후 사히브 경쟁력에서 무엇보다 쟁점은 셰르파를 포함해 산에서 모든 사람과 비교되는 개인의 신체적 우월성이었다. 초기 사히브들은 자신들은 셰르파에게 부족하고다들 하는 규율과 '정신'이 있기에 도덕적으로 셰르파들보다 낫다고 자부했다. 사히브들이 체력과 지구력에 관심이 없던 것은 아니지만, 그렇게 규율과 정신을 강조한 것은 전반적으로 등반에 대한 그들의 보다 낭만적인 접근 방식과 상당히 일치했다. 1950년대와 1960년대에 이르러서는 셰르파의 규율과 정신, 즉 때로는 끔찍한 상황에서도 원정대를 위해 오랫동안 열심히 일하는 의지와 능력은 더 이상 문제로 거론되지 않았다. 동시에 사히브들도, 적어도 영국인과 미국인들은 규율과 정신보다는 힘 그 자체, 지구력, 그리고 사실상 어떤 대가를 치르더라도 산을 오르려는 공격적인 추진력에 더 집착했다.

사히브는 신체능력 자체에 대해서는 거의 말하지 않는다. 그러나 이 시기에 등반에 적합한 남성 육체의 중요성을 분명하게 보여주는 대단히 흥미로운 텍스트가 하나 있다. 물론 어떤 시대든 남자건 여자건 잘 다져진 몸은 등반에 굉장히 중요하다. 그러나 이 텍스트의 요지는 몸이 가장 중요한 것으로 강조되고 그것이 등반의 성공뿐 아니라 다른 남자들과의 경쟁에서 이기는 것과도 연결된다는 점이다.

이 텍스트는 1960년대 초반에 성전환 수술을 한 저널리스트이자 여행 작가인 제임스/잰 모리스James/Jan Morris가 쓴 것이다. 모리스는 1953년 성공한 에베레스트 원정을 취재한 『런던타임스』의 기자였다. 성전환 이전 제임스 모리스였을 때 그는 원정에 대해 비교적 솔직한 책(『대관식 에베레스트Coronation Everest』, 1958)을 한 권 썼지만, 자신의 성 전환에 관한 책(『난제Conundrum』, 1974)에서도 잰 모리스의 관점에서 원정 이야기를 했다. 잰에게 그 문제는 젊은 등반가의 남성적인 신체와 그것이 제공하는 통제력을 통해 부각되었다. 잰은 제안한다.

> 이제 젊은 남자의 상태를 상상해보라. 무엇보다 그는 일정치 않은 배경, 즉 일정치 않은 산의 상태나 날씨와 비교해 일정하다. 그의 몸은 갑작스런 돌풍처럼 작동하는 것이 아니라 안정된 고속 주행을 한다. 그는 마치 어둠 속에 있으면 피부에서 불꽃이라도 일렁일 것처럼 실제로 힘과 에너지가 넘쳐 몸이 근질거린다. 그에게는 늘어진 것이 아무것도 없다. 그의 몸에는 군살이라고는 없고 운동이 만들어준 탄탄한 근육만이 있다.[45]

이런 강하고 믿을 만한 몸 때문에 남성 등반가는 산을 오를 때 확실한 통제력을 갖는다고 모리스는 말을 잇는다.

> 이것은 변동 없는 통제력으로, 내 생각에는 여자들에게는 없으며, 지성이나 성격에서 유래한 것도 아니고, 양육과도 별 상관이 없는데, 확실히 신체에서 나오는 것 같다. 남자의 몸은 가장 심오한 경우에도 인색하고 심지어는 비창조적일 수 있지만, 제대로 작동한다면 머물러 살기에 경이롭다. 돌이켜보면 그때보다 더 그 사실을 인정하게 되는데, 샴페인이나 아침 수영을 기억하듯 최고로 단련된 남자의 몸이었던 그 시절을 되

돌아보게 된다.[46]

　뒤이어 경쟁과 관련해 이 모든 것의 결말이라 할 이야기가 나온다. "아무것도 나를 이길 수 없었다. 나는 확실히 알고 있었다. 어떤 것도 날 이기지 못했다."[47]

　모리스는 매우 흥미롭고 성찰적인 작가라서 그녀의 텍스트로 많은 것을 할 수 있을 것이다. 내 목적에 맞추어 나는 그 텍스트가 1950년대의 정신을 보기 드문 관점에서 표현하고 있다는 점에 관심을 둔다. 당시는 남성성 자체가 정신 같은 것이 아니라, 강한 남성의 몸과 그 몸이 제공하는 다른 남성들에 대한 경쟁적 우위에 기초했다. 하지만 이렇게 신체적 우세에 초점을 맞추다보니 그 자체의 취약성이 생겨났다. 히말라야 등반의 맥락에서 그것은 사히브와 셰르파 간 거의 모든 차이를 지워버릴 잠재력을 갖게 되었던 것이다. 실제로 그것 때문에 셰르파는 경쟁적인 사히브를 조바심 나게 만들었고, 셰르파들은 종종 그것을 이용하곤 했다.

사히브와의 경쟁

셰르파들도 경쟁의 전통이 있다. 문화적으로 경쟁은 어느 정도 인간본성에 내재된 것으로 취급되는데, 그들의 불교는 대부분 그에 역행하도록 고안되었다(대체로 부질없는 노릇이다). 셰르파의 관점에서 볼 때 최초의 설화에 이르기까지 모든 사람, 그러니까 남자든 여자든, 소인이든 대인이든, 고위 라마에 이르기까지 모든 사람은 지위를 차지하고 인정을 받으려고, 이런저런 면에서 경쟁 상대보다 우월하다고 인정받기 위해 경쟁한다. 패배에는 고통과 굴욕감이, 승리에는 엄청난 기쁨이 따른다. 1960년대에 한 셰르파 친구와 이에 대해 이야기를 나눴다.

M이 Z와 U 사이에 있었던 싸움 이야기를 하는 중이었다. U가 심하게 진… 무슨 일로 싸웠는데요? 그는 정확히 알지 못했지만, 어쨌든 그들은 둘 다 사다라서 전반적으로 경쟁 관계에 있었다. 그러니까 한쪽이 잘되는 걸 보면 다른 쪽은 참지 못하는. 경쟁을 지칭하는 말에는 적어도 세 가지가 있다. 발라벤진balabenzin[네팔에]은 춤이나 달리기처럼 별로 심각하지 않고 즐겁고 재미있고 놀이처럼 져도 그만인 경쟁을 말한다. 다음으로 타톡tatok[질투]이 있는데, 이것은 나쁘다. 실제로 싸우지는 않지만 서로가 잘되지 않기를 바라기 때문에 한쪽에 나쁜 일이 생기면 다른 쪽이 행복해하고 상대에게 좋은 일이 생기면 다른 쪽이 우울해하는 것이다. 차나Chana도 아주 비슷하다. 그래서 타톡과 차나는 한 단어로 쓰기도 한다. 타톡차나라고 하는 단어는 항상 상대방만큼 가지려고 하고 상대방이 잘되는 꼴을 못 보는 것을 뜻한다.

또 다른 남자는 다른 맥락에서 경쟁은 언제나 비교적 동등한 사람 사이에 일어난다고 역설했다. 대인은 늘 다른 대인과 경쟁하고, 소인은 늘 다른 소인과 경쟁한다는 것이다. 소인은 절대 대인과 경쟁하려 하지 않는다. 이는 특히 다음에 이어지는 논의와 관련이 있는데, 여기서는 사히브와 셰르파의 경쟁이 동등성을 단언하고 구성하는 하나의 방법으로 등장한다.

사히브들은 크고 강하고 셰르파들은 작고 더 강하다. 남성의 신체에 대한 잰 모리스의 지적을 다시 생각해보면, 바로 거기에 문제가 있다. 어떤 면에서 사히브는 히말라야 등반 초기부터 지금까지 항상 세

6장 남자들

르파의 힘과 지구력을 인정했다. 히말라야 등반을 개관하면서 캐머런 Cameron은 셰르파를 "용기와 강인한 체력으로 명성이 자자한 강하고 물러설 줄 모르는 종족"이라고 묘사하면서 "셰르파는 유럽인이 거의 들어올릴 수도 없는 짐을 지고 몇 시간을 갈 수 있다"고 했다.[48] 원정대들의 논평 몇 가지를 연대순으로 살펴보자.

- 1924년: "전에 자주 그랬듯 하인들과 포터들을 보니 감탄이 절로 나온다. 그들은 혹독한 날씨에 30킬로미터를 걸어 캠프에 도착해서는 (오는 길 대부분을 탈것을 타고 온) 사히브의 의식주를 챙겨주려고 비버처럼 일한다."[49]
- 1933년: 러틀리지는 셰르파에 대해 "직접 보지 않고서는 믿을 수 없는 짐 운반 능력"을 지녔다고 했다.[50]
- 1952년: 로슈Roch는 셰르파의 일솜씨에 "깜짝 놀랐다".[51]
- 1953년: "솔루-쿰부 출신 쿨리 두 사람은 요금을 두 배로 주면 짐을 두 배로 나르겠다고 했다. 그들의 빠른 걸음을 보고 각자 60킬로그램의 짐을 져나르고 있다고 누가 믿을까? 충격적이다."[52]
- 1953년: "탄탄하고 강하고 작은 체격, 산소 없이 높은 고도에서 일하는 [셰르파들의] 솜씨는 특출하다."[53]
- 1978년: "내가 보기에 셰르파는 슈퍼맨이다."[54]

비록 이 인용문들은 하나같이 지극히 감탄조이긴 하지만, 사히브들의 보기 드문 경쟁심을 감안하면 셰르파가 흔히 그들보다 더 강하고 더 지구력이 뛰어나다는 사실은 종종 골칫거리였다. 셰르파들의 인상적인 능력은 특히 등반 훈련과 기술과 경험으로 연마될 경우 산을 등반한 업적을 사실상 뒤엎을 우려가 있었다. 사히브들 사이에는 사실 산을 오른 것은 셰르파들인데, 셰르파들이 사히브들 비위를 맞추려고 그들의 힘으로 올랐다고 생각하게 해주는 게 아닐까 하는 두려움이 계속 있었다. 1963년 미국 에베레스트 원정대에 대해 그 원정대의 기록자인 제임스 램지 울먼James Ramsay Ullman은 다음과 같이 썼다.

> 이 등반 단계에서 실제 작업은 로체 벽까지 셰르파들이 한 것이었다. 사히브들이 웨스턴 쿰에서 뒤처져 기다리는 동안 셰르파들이 산 정상까지 간다는, 현실성은 거의 없지만 음울한 상상이 반복되었다. **13명의 셰르파가 에베레스트 정상을 밟다. 미국인들은 뜨거운 차를 들고 환호하며 하산하는 그들을 맞다.** 카트만두와 전 세계로 내보내기에 괜찮은 메시지가 될 것이다.[55]

따라서 사히브들의 경쟁 성향과 셰르파들에게 실질적으로 의존하는 그들의 상황은, 때때로 셰르파들이 악의적으로 이용하는 약점이 되었다. 우리가 문헌에서 본 셰르파와 사히브 사이에 명백한 경쟁이 벌어진 대부분의 사례에서, 경쟁을 시작한 것은 사실상 셰르파였다. 1921년 에베레스트 정찰대에 대해서 맬러리는 다음과 같이 썼다.

> 나도 모르는 사이 내 옆에서 밀어붙이고 있던 쿨리 중 한 명에 의해 시합 같은 걸 하게 되었다. 그는 마른 체격이긴 했지만 탄탄한 근육에 아주 튼튼하고 활기가 넘쳐 보였다… 나는 그가 얼마나 오랫동안 계속할지 궁금했다.[56]

맬러리의 말을 인용한 저자는 이어서 말한다. "[그는] 자신을 따라잡을 수 있는 사람들이 익숙하지 않았지만, 그 미지의 셰르파는 그를 따라잡았을 것이다. 그가 그 이야기를 다시 하지 않은 것을 보면 그렇다."[57]

1950년대에 전부 여성들로 구성된 최초의 서구 여성 히말라야 원정대의 사다는 자신이 그 멤사히브들보다 빠르고 강하다는 것을 반드시 입증해야 한다고 생각했다.

사다와 나 사이에는 어느 정도 암묵적인 경쟁이 있었다. 그는 나보다 몸이 더 탄탄했으며 그도 그 사실을 잘 알고 있었지만, 노골적인 기쁨을 누리려고 자신이 항상 이기는 시합을 하자며 내게 도전하기를 좋아했다.[58]

1969년 일본 스키 원정대의 미우라 유이치로Miura Yuichiro는, 내가 본 바로는 경주에서 셰르파가 유일하게 진 사례를 분명 자랑삼아 보고했다.

구르카 병사였던 앙 페마Ang Pema라는 셰르파는[59] 반쯤 내려왔을 때 나와 시합을 했지만 내 짐이 더 무거웠는데도 그가 포기했다고 생각한다.[60]

그리고 1970년대에 맬러리가 1920년대에 했던 것과 거의 같은 이야기가 나온다.

앙 밍여Ang Mingyur[부요리사, 아니면 키친보이였는데]가 36킬로그램 짐을 운반하고 있어서 랭바우어Langbauer가 먼저 지나가라고 양보했다. 그러자 앙 밍여가 "먼저 가시죠, 사히브"라고 말하며 짓궂게 웃었다. "저 조그만 자식. 내가 보여주마"라고 랭바우어는 생각했다. 랭바우어는 자신이 붙들렸다는 것을 알았다. 그날 오후 내내 결사적인 시합이 벌어졌다. 앙 밍여가 랭바우어를 거의 1인치의 간격도 안 두고 쫓아다니며 산을 오르내렸다. 앙 밍여는 웃었고 랭바우어는 내가 왜 시합을 하고 있는 건지 자문했다. 랭바우어는 시합하는 게 지긋지긋해서 마지막 산꼭대기에서 쉬어야겠다고 마음을 먹었다. 그들은 앞서거니 뒤서거니 하면서 빠르게 올라갔는데, 마침내 앙 밍여가 정상에서 포복절도했다.[61]

이런 사례들을 보면, 셰르파가 뭘 한 건지 의심의 여지가 없다. 그들 나름의 온순한 방식으로, 그리고 시합에서 이기는 것을 가장 가볍고 가장 즐거운 경쟁으로 규정하는 문화적 틀 내에서, 적어도 부분적으로나마 자신들과 사히브가 동등한 위치임을 확실히 보여준 것이다. 그리고 경주에서 이기거나 짐을 운반하는 경쟁에서 이긴다고 '현실적인' 불평등을 바꾸지는 못하지만, 그럼에도 불구하고 그것은 크고 작은 많은 일들과 더불어 어떤 효과를 얻게 되는 하나의 작은 실천이다.

그 시기에 강화된 사히브 마초성의 한 측면이 강화된 경쟁성을 중심으로 이뤄졌다면, 다른 한 측면은 등반의 강화된 성애화로 나타났다. 사히브들은 산을 대하고, 서로를 대하고, 그리고 셰르파들을 대하는 데 좀 더 외설적인 라커룸 스타일로 이동했다. 그런데 다시 솔루-쿰부 이야기로 돌아가면, 당시는 수도원 운동이 셰르파의 문화생활에서 탈성애 캠페인을 벌이던 시기였다. 이 문제와 관련해 사히브들과 셰르파들을 들여다보기 전에 솔루-쿰부의 상황부터 다시 살펴볼 필요가 있다.

승려들의 캠페인 3: 성

더 많은 수도원들

앞서 언급했듯, 1930년대 말부터 1940년대 내내 등반은 거의 없다시피 했지만 솔루-쿰부에서 수도원은 계속 발전했다. 1950년대와 1960년대에는 수도원 몇 곳이 더 창건됐다. 1952년쯤 결혼한 라마들의 공동체인 타미가 독신 수도원으로 공식 전환됐다.[62] 1959년에는 준베시 Junbesi 위쪽에 세를로 수도원이 들어섰는데, 이는 티베트 북동부에 있는 수도원에서 서원을 하고 수련을 한 솔루 출신인 상계 텐징Sangye Tenzing이 새로운 수도원을 설립할 목적으로 자신의 스승으로부터 받은 은물恩物을 가지고 솔루로 돌아와 세운 것이었다. 수련의 결과, 상계 텐징은 다른 셰르파 수도원들보다 더 '고등한' 형태의 티베트 불교 수행을 도입하려는 야심 찬 계획을 갖고 있었다.

1959년, 중국은 1950년에 시작한 티베트 점령을 완료했다.[63] 다른 많은 난민들 중에서도 룸부 수도원 승려들은 집단으로 국경을 넘어 솔루-쿰부로 피했다. 주지 라마인 자툴 림포체는 1930년대 말에 사망했고 뒤이은 그의 환생 승계는 약간 논란이 있어(부록 B 참고) 수도원은 바로 직전 전생에서 '전신'(쿠콩마kukongma)이 자툴 림포체의 스승이었던 매우 높은 환생, 투시 림포체의 지도 하에 운영되고 있었다. 티베트로 도망친 후 룸부 승려들은 솔루-쿰부 내에서 여러 차례 거처를 옮겼는데, 내가 첫번째 현지조사를 했던 1966년에서 1968년 사이에는 이전에 결혼한 라마들 집단이 살았던 (솔루의 풍모체Phungmoche에 있는) 비어 있는 건물에서 살고 있었다. 그 시기에 셰르파 지역 주민들은 승려들에게 땅과 노동력을 기부해 솔루에 새로운 수도원인 튀프텐 최

사진 6. 쿰비라Khumbila 신을 환영하는 쿰중 마을 원로들, 둠지 의식, 1979.

링Tüpden Chöling을 세워주었다.

이 모든 종교적 활동은 의심할 바 없이 세르파 대중 종교를 정화하려는 수도원 운동, 즉 1910년대와 1920년대에 시작된 운동에 또 다른 활력을 불어넣었다. 대중 종교 관행의 수준을 '높이려는' 이러한 운동을 통해 수도원의 이상은 수도원에서 나와 일반 신도의 삶 속으로 들어갔다. 특히 현재 논의와 관련이 있는 것은 성과 결혼에 대한 대중의 인정에 반하는 움직임이었다. 나는 이미 주로 폭력 문제와 관련해서 결혼한 라마에 반대하는 운동을 간략히 논했다. 결혼한 라마들이 주관하는 주요 의식들을 정화하고 개조하려는 운동은 수도원 개혁 운동에 또 다른 차원을, 이 경우에는 성과 관련된 문제를 이끌어냈다.

둠지 정화

승려들은 결혼한 라마가 치르는 의식은 그리 전문적이지도, 강력하지도 않기 때문에 별로 효과가 없다고 여겼음을 보았다. 이런 생각의 논리적 귀결은 보통 결혼한 라마가 행하던 의식의 일부를 승려들이 넘겨받는 것이었다. 이런 일이 가장 극적으로 이뤄진 것은 둠지 축제, 즉 해마다 큰 마을의 모든 사찰에서 열렸던 퇴마의식이었다.

둠지는 공동체의 복지에 절대 필요한 것으로 간주되었다. 공동체의 보호를 신들에게 탄원하고 신들을 동원해 모든 사악하고 부정한 세력을 마을 밖으로 몰아냈다. 한 정보제공자에 따르면 쿰중 사원 헌장(차익chayik)에는 "둠지를 지내지 않거나 헌장의 규율을 어기면 모든 것이 잘못될 것이며, 사람들은 모든 것을 잃고 피를 토하며 죽을 것"이라고 쓰여 있다고 했다. 또 다른 이는 "네팔인들은 돈이 너무 든다고 둠지를 그만 지내고 싶어하지만, 그건 왕도 말리지 못한다. 셰르파들이 둠지를 지내지 않는다면 농사는 다 망치고 만사를 그르칠 것이다"라고 했다. 세번째 사람은 자신이 어느 네팔인에게 네팔 사람들이 브라만교의 불 희생제인 홈Hom을 중단한다면 셰르파들도 둠지를 중단할 것이라고 말했다면서, 힌두교도들이 엄청난 양의 음식을 태우기 때문에 홈은 낭비가 심하다고 했다. 그러나 그는 셰르파들이 절대 둠지를 중단하지 않듯 네팔인들 역시 홈을 중단하지 않을 것이라고 말했다.[64]

둠지는 일련의 복합적인 퇴마의식으로 진행됐다. 먼저 라마들이 가장 강력하고 위험한 모습으로, 응가와ngawa 혹은 악령을 물리칠 수 있는 강력한 주술(응각ngak, 티베트어로는 스응각스sngags)을 쓰는 탄트라승의 모습으로 등장했다. 라마들은 이런 모습으로 변장하고 링가linga라 불리는 밀가루 반죽으로 만든 사람 모양의 작은 조상을 칼로 찌르며 악령을 없애는 1차전을 치렀다. 2차전에서는 라마들이 신들처럼 분장하고 춤을 추었는데, 그 신들은 사람들 편을 들어 공동체를 도와달라고 그들이 청했던 신들이었다. 신들로 변장한 그들은 또 다른 링가를 없앴다. 그리고 마지막에는 악령들을 용기에 담아 마을 밖으로 쫓아내는 퇴마식을 행했다. 그 용기 중 일부는 일반 신자인 공동체의 대표자들이 박살냈지만, 다른 것들은 악마의 식욕을 만족시켜 가까이 오지 못하도록 제물과 함께 마을 밖으로 내다 놓았다. 이 모든 것이 한 편의 훌륭한 연극으로 치러졌다. 일부 라마가 눈에 확 띄는 가면과 복장을 하고 신으로 분장해, 다른 라마들이 꾸준히 이어서 연주하는 강렬한 음악에 맞춰 춤을 췄다. 나팔이 울부짖고 심벌즈가 부딪치고 둥둥 울리는 북소리가 엄청나게 커지는 가운데, 링가들은 박살이 나거나 내던져졌다. 아주 작은 어린아이부터 노인에 이르기까지 공동체의 모든 구성원이 이 행사의 힘과 흥분에 사로잡혔다.

수도원이 창건된 초창기부터 승려들은 결혼한 라마들보다 자신들이 둠지를 잘 치를 수 있다고 넌지시 내비쳤다. 이는 그들이 여러 마을의 둠지를 넘겨받는 데 성공한 이후 나중에 했던 말들로 재구성해볼 수 있다. 이를테면 다음과 같다.

승려들이 넘겨받은 후 둠지가 바뀌었는지 [텡보체의 고위 승려에게] 내가 물었다. 그는 더 좋아졌다고 했다. 결혼한 라마는 창을 마시기 때문에 둠지가 좀 '부정不淨'[보통 '저급'하다는 의미다] 탔는데, 승려들은 술을 마시지 않기 때문에 둠지가 '더 깨끗하다'고 했다.

마찬가지로 타미의 한 고위 승려도 다음과 같이 말했다.

6장 남자들

그때는[결혼한 라마들이 둠지를 지냈던 시절에는] 춤이 별 의미가 없고 그냥 춤이었는데, 나중에는[승려들이 넘겨받은 후에는] 점점 좋아졌다.

종교 의식이 '별 의미가 없다'고, 그것은 '그냥 춤'일 뿐이라고 말하는 것은 사실상 꽤 심각한 비난이다. 이런 말들은 또한 실제 권한이 없이 의식을 치르는 라마들이나 부정을 타서 힘을 잃은 라마들을 논하는 맥락에서도 사용된다. 그런 경우 그 모든 것은 사기이다. 그런 라마들은 실제로 그 모든 의식을 효과적으로 만드는 신과 접촉할 수 없기 때문이다.[65] 결혼한 라마들을 폄하하는 일반적인 움직임과 둠지를 승려들이 잘 지낼 수 있다는 구체적인 암시는 쿰부의 가장 큰 사찰인 쿰중과 타미 두 곳에서 승려들이 둠지 행사를 넘겨받아 다양한 변화를 일으키는 결과를 낳았다.

내가 다른 데서 논한 바 있는 다소 치열한 정치의 결과,[66] 승려들은 내가 로버트 폴과 함께 처음 현지조사를 했던 솔루 지역에서 몇몇 주요 둠지를 인수하지 않았다(사실상 적극적으로 배제되었다). 따라서 1960년대 중반에 폴과 나는 비교적 바뀌지 않은 둠지를 몇 번 보게 됐다.[67] 이런 둠지를 통해서, 그뿐 아니라 이전에 쿰부의 둠지에 대한 출판물을 통해서도 승려들이 기회가 있을 때마다 어떤 것을 제거했는지 아주 확실히 알 수 있다. 섹스를 공개적으로 재현하거나 그것을 찬양하는 표현은 확실히 다 제외했다. 이런 것들은 전반적인 둠지 의식에서 두 개의 다른 맥락에서, 즉 퇴마의식에 사용된 몇몇 형상들과 익살스런 여러 춤에서 등장했다.

형상을 먼저 보자면 (세 개의 시리즈 중) 마지막 퇴마의식을 위한 중앙 제단 형상은 진흙 반죽으로 만든 것으로, 동물 머리가 셋에 젖가슴이 있고 두 다리 사이에는 길고 모호한 형태가 바닥까지 늘어져 있었다. 토낙 고숨tonak gosum, 즉 '머리가 세 개인 검은 토르마torma'라고 부르는 이 형상은 마지막 퇴마의식의 끝에 약간의 제물과 함께 마을 밖으로 추방됐다(토르마란 의식에서 제물로 사용하는 케이크이다).[68] 주로 결혼한 라마들인 일부 정보제공자에 따르면, 이 상은 악령들을 몰아낼 때 도움을 청하는 신을 표현한 것이었다. 그런데 주로 일반 신도들인 정보제공자에 따르면, 이 형상은 사실 악마가 들어 있는 용기였다.[69] 어쨌거나 그 형상은 복잡하긴 해도 다소 명백한 성적 특징들 덕분에 다른 형상들과 구별되는 강력한 형태였다.

토낙 고숨이 등장하는 퇴마의식에 이어, 제대로 된 둠지에서는 이 부분이 절정인데, 솔루 둠지에서는 퇴마의식이 더 있었다. 이 중 하나는 장례식 후에 보통 치러지는데, 꼬리를 곧추 세우고 커다란 고환 두 개를 가진 진흙 반죽 호랑이 형상을 포함했다.[70] 호랑이는 마법으로 악령들을 집어넣는 용기임이 분명했다. 그것은 결국 페상바peshangba라는 이름의 의식에 쓰이는 두 개의 광대 형상과 함께 마을 밖으로 추방돼 박살이 났으니까.

승려들이 넘겨받은 쿰부 둠지에서는 이 두 형상이 제거되거나 대체되었다. 젖가슴과 바닥까지 끌리는 페니스를 가진 머리가 세 개인 검은 토르마의 퇴마의식 대신, 쿰부 둠지에서는 록파르lokpar 퇴마의식을 치르기 시작했는데, 평범한 3면으로 된 제물용 케이크(록파르 토르마lokpar torma라는 이름)를 마을 밖으로 갖고 나가 태웠다. 동시에 매우 남근적인 형태의 호랑이상을 쓰는 퇴마의식은 더 이상 행해지지 않았다. 달리 말해, 둠지에서 노골적으로 성적인 의례 용품을 사용하는 모든 의식이 변형되거나 제거되었다.

성적 정화가 일어난 다른 주 무대는 익살극이었는데, 이는 탈춤과 의식으로 이뤄지는 주요 단계 사이사이에 등장했다. 대체로 외설적인

이 익살극들은 일반 신자들이 했으며, 주요 의식용 춤과 복잡한 대응관계를 이뤘다.[71] 중Zhung의 둠지에서는 주 촌극이 탈춤이었다. 여기에는 가와Gawa와 가마Gama라고 불리는 노인과 노파가 나왔는데, 그들은 파우Pawu와 파무Pamu라 불리는 조상 전래의 존재들과 관련되었다. 또 그들의 '하인'이라는 세번째 인물도 나왔다. 내가 1960년대에 봤던 버전에서는, 노인이 등을 돌릴 때마다 하인이 노파에게 올라타려고 하는데 노파는 신경 쓰지 않는 것 같았다. 그러나 노인이 등을 돌려 그들을 보고는 그들 둘을 지팡이로 때렸다. 마지막에는 노인과 노파가 함께 성행위를 하는 모습을 무언극으로 표현했다.

이 촌극이 끝나면 가정에서 만든 탈(텍텍)과 골판지로 만든 남근을 착용한 어린 소년들이 음탕한 골반 제스처를 취하며 활보했다. 소년들은 노인과 노파의 자식들이라고도 했고, 의견이 분분했다. 보는 이들은 그 공연 전부를 아주 재미있어했다. 승려들이 넘겨받은 후로 쿰중 둠지에서는 이런 부분들이 중단되었다. 더 이상 노인과 노파의 춤도, 텍텍을 쓰고 엉덩이를 앞뒤로 움직이며 활보하는 어린 소년들도 등장하지 않았다.[72]

동시에 마니 림두라 불리는 새로운 의식이 수도원에서 시작되었다. 많은 면에서 둠지와 아주 비슷했지만, 특히 성과 결혼의 표현과 관련해 수도원다운 중요한 변화들이 있었다. 음탕하고 성적으로 적극적인 노인과 노파, 그리고 엉덩이를 활기차게 움직여대는 그들의 자식들 대신, 해골처럼 차려입고 성적으로 상처를 입은 듯 보이는, 그리고 여러 가지 위협과 학대를 당하는 '아기' 헝겊인형을 데리고 춤을 추는 사람들이 나왔다.[73] 치웅에서 열린 공연에서는 남편과 아내라는 한 인간 부부가 나왔는데, 주로 서로 싸우고 때리다가 어느 시점에 이르러서 그들의 죽은 '아기'를 위한 장례식을 치렀다.[74] 여기에는 중요한 종교적 메시지가 있는데, 대체로 앞에서 논한 집착, 강한 감정, 내적 규율 문제와 관련되는 것이다. 나는 이런 의식들을 폭력적인 캐리커처로 축소할 의도가 없다. 요점은 승려들 입장에서 여러모로 성을 평가절하하고 재평가하며, 즐거움과 웃음과 삶의 연속성 맥락에서 성을 제거해 고통과 상실, 죽음과 관련시키는 매우 극적인 캠페인이 있었다는 것이다.

승려들이 보다 금욕적인 반성애적 방향으로 셰르파들을 밀어붙이고 있는 동안, 사히브들과의 등반 경험은 거의 반대 방향으로 나아가고 있었다. 전후 모드인 마초적인 사히브들은 분명히 더욱 성적으로 왕성한 남성성에 빠져 있었는데, 이는 몇 가지 다른 형태를 띠었다.

전후 마초성 2: 외설성

산의 강간

등반에는 항상 여러 성적 담론들이 있었다. 산을 여성화하고 등반가와 산의 관계를 성애화하는 것이다. 여기서 산의 '정복'이란 분명히 성적인, 심지어 성폭력적인 시나리오 안에 있다. 자연을, 그리고 자연과 (남성이 맺는) 어떤 종류의 관계를 성애화하는 것은 19세기까지 거슬러 올라갈 수 있는 주제이며, 초기 등반대들의 이야기에서도 일부 볼 수 있다. 이를테면 1930년대 독일 등반가 파울 바우어는 넌지시 "우리가 캔버스 아래서 [즉 텐트 안에서] 자연으로부터 그녀가 가장 깊숙이 감취둔 비밀들을 들춰냈던 수많은 밤"에 대해 썼다.[75]

그러나 등반을 섹스, 때로는 강간에 비유한 경우는 2차대전 이후에 훨씬 더 자주 등장한다. 그리하여 역사가인 윌트 언스워스는 1953년 원정대의 성공에 대해 다음과 같이 불평했다. "세상에서 가장 높은 산을 정복하는 데는 좀 더 정정당당한 스포츠 윤리가 있을 수 있었다. 덜 강간스럽고 더 유혹적인."[76] 영국의 등반가인 두걸 해스턴Dougal Haston은 1960년대 스코틀랜드에 있는 벤네비스Ben Nevis산 등반에 대해 다음과 썼다.

벤이 여자라면 그녀는 진정한 창녀다. 노련한 연인만이 그녀를 완벽하게 탐험하도록 허락되었다. 유능하고 열정적인 젊은 탐색자들은 끌려가 귀중한 교훈을 배웠다. 무지하고 머뭇거리는 이들은 완전히 거부되었다. 우리는 좋아하는 오랜 연인들과 함께 가서 경의를 표하고 천천히 받아들여졌으며 연인이 되었다.[77]

이런 담론은 이후로도 계속되었고, 실은 더욱 강력해졌다. 나는 이번 장에 맞춰진 시간을 넘더라도 몇 가지 예를 더 들고 싶다. 다음은 1973년 미국 다울라기리 원정대에 대한 글이다.

산의 여성성에 대해 말하자면, 그런 의인화는 거의 자동이다시피 했는데, 그 뿌리는 남성 심리학과 등산 전통이 뒤엉킨 데서 발원되었다. 어법은 다양하고 그같은 이미지에 대한 등반가의 접근 방식도 개인마다 다르다. [론Ron] 피어Fear에게는 다정한 여인이자 섬세한 연인이지만 [짐Jim] 모리시Morrissey에게는 사이렌이고 창녀이고 잡년이다. 보는 사람마다 다르다.[78]

같은 이야기를 계속하다가 다음에서 절정에 이른다.

로스켈리가 한숨을 쉬면서 "자, 이 돼지를 타보자"며 격려를 시작했을 때, 그가 떠올린 것은 농가의 마당 이미지가 아니라 대학 신입생 환영회의 이미지였다"[79]

1980년대에는 이런 것도 있었다.

처음부터 에베레스트는 고전적인 신화 속 여주인공이었다. 그녀는 멀리서 1852년 인도의 대삼각측량에 의해 세계에서 가장 높은 산으로 발견되었다. 사람들의 눈에 띄게 되자 그녀에게 접근하려는, 그녀를 만지려는, 그런 뒤에는 무슨 수를 써서라도 그녀의 정상에 닿는 길을 찾으려는 인간의 강박에 시달리는 것이 그녀의 운명이었다. 태평한 시기가 이어지고 그동안에는 비교적 쉬운 길들이 탐색되었는데, 그러다가 희미해졌다. 그다음에는 그녀를 더 깊이 탐색하고 비밀을 발견하고, 그녀에게 대항해 스스로를 시험하고 감히 그녀에게 저항하려는 투지가 일어났다. 그녀의 힘을, 그녀의 가장 진실하고 가장 강력한 자질을 찾으려는 투지였다.[80]

사히브와 셰르파 사이의 야한 농담

다음 논의를 시작하기 전에, 늘 이런 질문을 받기 때문에 한 가지 언급하고 지나가겠다. 내가 아는 한 사히브와 셰르파 여자 사이에 혹은 사히브와 셰르파 남자 사이에, 아니면 남성 사히브들 사이나 셰르파 남자들 사이에 실제 성관계는 극히 드물었다.[81] 물론 있었을 수도 있고, 현재도 있을 수 있다. 그 주제를 깊이 조사해보지는 않았지만 실제로 많

6장 남자들

아 **보이지는** 않으며, 그게 어떤 것이든 '담론화'되지는 않는다. 우리 귀에 들린 것은, 그리고 여기에서 중심적으로 다루게 될 것은 (주로 셰르파인) 현지 여자들과 셰르파 남자들이, 그리고 7장에서 논의될 텐데, 셰르파 남자들과 멤사히브들이 가볍게 놀아난 이야기들로, 사히브와 셰르파 양쪽에서 나온 이야기들이다. 사히브와 셰르파는 주로 셰르파와 현지 여자들 간의 성적 접촉(실제 있었거나 혹은 그렇게 주장하거나)을 농담거리로 삼았는데, 여기서 다루는 것도 그런 이야기들이다.

초기부터 분명 일부 셰르파들은 원정대들이 산으로 가는 길에 마을들을 지나칠 때 성적 모험을 추구했던 것 같다. 이를테면 앙 타르카이의 회고록을 보면, 1938년 에베레스트로 가는 길에 세카르Shekar라는 티베트 마을의 '기막히게 예쁜' 아가씨들과 밤을 보내러 나가는 셰르파들 이야기가 나온다.[82] 산으로 가는 도중에 발생하는 셰르파의 성행위 문제는 1950년대와 1960년대에 오면서 훨씬 더 흔해졌는데, 이는 네팔을 통과하는 루트 덕분에 더 많은 여자들이 포터로 합류할 수 있었고, 메가 원정대는 포터가 많이 필요해 성별이나 나이에 까다롭지 않았기 때문이다. 사실 존 헌트는 여성 포터를 확실한 보너스로 여겼다. 그들은 원정대에 "색채와 흥겨움"을 더했고, "그들의 남자 동포들만큼이나 씩씩하게" 짐을 운반했던 것이다.[83]

원정대 셰르파들이 마을 여자들이나 여성 포터들과 실제로 성관계를 가졌는지 어쨌는지 문제는 차치하고, 사히브와 셰르파는 이 문제를 꾸준히 농담거리로 삼았는데, 경우에 따라 어느 한쪽이 시작했다. 다시 말하지만 이는 전쟁 전부터 있었던 일이었다. 이를테면 1938년 에베레스트 등반 때 등반가 중 한 명인 노엘 오델Noel Odell이 잠깐 길을 잃었다.

셰르파들은… 고약하게도 말했다. [오델이] 그날 오후를 인근 수녀원 혹은 그들 말로, 아니 곰파ani-gompa에서 보낸 것 아니냐고. 이후 노엘은 그들에게 '곰파 라 사히브Gompa La Sahib'로 알려졌는데, 그가 길을 잃고 헤맸던 곳이 그쪽 방향이었기 때문이다. 길을 잃는 일은 종종 일어났고, 노엘이 다시 길을 잘못 들면 셰르파들은 그에게 올바른 길을 가르쳐주면서 늘 그쪽에는 수녀원이 없다고 덧붙였다.[84]

1950년대 중반에 노먼 하디Norman Hardie는 셰르파 남녀 포터 몇 명과 함께 칸첸중가에서 솔루-쿰부까지 트레킹을 했다. 하디는 포터들 사이에서 야한 농담을 엿듣게 되었는데, 전통적으로 젊은 셰르파 남녀가 시시덕거리며 주고받는 그런 것이었다.

새로 들어온 우리의 포터가 남자들 무리에서 자주 듣게 되는 '릭파 시르키 도르제Likpa sirki dorje'란 말을 외쳤다. 나는 그 말이 이전 원정대에서 한 사히브의 별명으로 쓰여 '벼락 음경이 달렸다'란 뜻임을 알았기에 여자들이 반격하길 기다렸다. 과연 여자 중 하나가 더 거친 말로 받아치자 다들 웃었다.[85]

또한 1950년대에 안나푸르나 원정대의 사히브들은 앙 타르카이를 여자들의 남자라고 놀렸고,[86] 1970년대에 크리스 보닝턴은 셰르파 남자들과 남근과 관련된 농담을 나눴던 이야기를 썼는데, 1950년대에 하디가 셰르파 남녀들 사이에서 엿들었던 것과 흡사했다.

셰르파 한 무리를 지나칠 때 내가 "릭파델로Likpadello"('나의 성기는 크다'라는 뜻으로 셰르파의 성적 자랑) 하고 외쳤다. 내 말을 듣고

그들은 한바탕 웃으며 "릭파델로"라고 함께 외치더니, 셰르파 말로 된 다른 농담을 외쳤다.[87]

마초 전환

1960년대 여성 현지조사자로서 셰르파 남자들에 대한 나의 전반적인 인상은, 비교적 여성을 존중하며 섹스에 대한 태도가 비약탈적이라는 것이었다. 강간은 내가 아는 한 사실상 알려진 바가 없었으며, 셰르파 여자가 압력을 받거나 강제로 성관계를 갖거나 다른 방식으로 '이용당했다'는 말은 들어보지 못했다.[88] 여성 현지조사가로서 나는 완벽하게 안전하다고 느꼈다. ('조사를 해도 된다고 정부가 공식적인 허가를 내준 강대국 출신'이라는) 나의 지위 때문이기도 하지만, 분명 셰르파 남자들의 비약탈적인 태도 때문이기도 했다.[89]

셰르파 사람들은 사실상 내숭이라는 것을 몰랐다. 앞에서 언급한 것처럼 외설적인 농담도 많이 주고받았고, 적절한 파트너들 사이에 시시덕거리는 일도 많았으며, 결혼으로 이어지는 것을 이상적으로 여기긴 했지만 미혼 남녀 사이의 성관계도 많았다. 그러나 이 모든 것은 상당히 상호적이어야 했으며, 일반적으로 그래왔던 것 같다. 외설적인 농담은 대화로 여겨졌고 섹스는 늘 상호합의 하에 이뤄졌다(이상적으로는, 그리고 내가 아는 한 실제로). 셰르파 남자들은 여성을 벨트에 새긴 너무나 많은 표시 정도로 취급하는 돈 후안 같은 관점을 갖고 있지 않은 듯했다. 그러나 대략 1960년대부터 '마초 전환'이라고 부를 수 있는 경향이 등장했던 것 같다. 여성과 성적 경험을 정복으로, 자랑거리로 보는 경향이었다. 이를 확실하게 입증하기는 어렵지만, 원정대에서 성관계 벌금이 갖는 의미와 역할의 변화를 살펴본다면 대략 알 수 있다.

1950년대와 1960년대 원정대의 셰르파들이 가끔 남녀 혼성일 때가 있었다(사히브의 경우 남녀 혼성 원정대는 1970년대에 와서야 등장한다). 특히 에베레스트 원정대의 경우, 주로 타망족인 모든 현지 포터들은 3,700미터 고도에 있는 남체 바자르라는 셰르파 마을(지금은 도시)에서 원정대를 떠났고, 거기서부터 베이스캠프(5,400미터)까지 모든 짐은 실제로 신체 건강한 셰르파라면 누구나 옮겼는데, 여기에는 여자도 다수 포함됐다. 되돌아가기 전에 베이스캠프에서 밤을 보내는 여자들도 있었다. 또 어떤 원정대에서는 일부 여자들이 먹을거리 등을 팔려고 나중에 베이스캠프로 다시 돌아오는 경우도 있었다. 사히브들은 여자가 남자 텐트에서 자서는 안 된다는 등 몇 가지 규칙을 정하려고 했다. 이를테면 1965년 인도 원정대의 리더는 여자를 텐트 안에 들이는 것은 원정 훈련에 나쁘다고 여겨, 사다들과 협의 하에 정당한 이유 없이 셰르파 남자의 텐트에 들어가는 여자에게 30루피의 벌금을 부과했다.[90]

그런데 원정대에서 섹스에 대한 이런 징계 모델과 함께 약간 톤을 달리하는 또 다른 모델로 성적 모험에 대해 남자들이 집단적 보상을 받는 모델이 있었다. 쿠마르N. Kumar 중령은 그런 모순을 언급하지 않고, 1965년의 인도 원정대에 대해 다음과 같이 말했다.

[사다가] 정한 규칙이 많았는데 가장 웃긴 것은 셰르파가 자신의 아내가 아닌 여자와 어울리다 눈에 띄면 벌금 10루피를 내야 하고, 사다나 부사다가 같은 짓을 하다 눈에 띄면 20루피의 벌금을 내야 한다는 것이었다. 이 규칙은 셰르파들이 그런 행위를 진지하게 하는 엄청난 효력을 발휘했으며, 또한 500루피에 달하는 공동 기금이 마련돼 다양한 축하 행사

에 쓰였다.[91]

사실 이것이 모델이 되었다. 일련의 성적 '정복'을 하고(혹은 자랑을 하고), '벌금'(공표하는 것보다는 처벌이 약한)을 많이 모으고, 그 돈을 '다양한 축하 행사'에 사용하는 것이다. 그리하여 1969년 일본 스키 원정대가 어떤 마을에 들렀는데, 셰르파 '아가씨들'이 그들을 위해, 그리고 그들과 함께 춤을 추었다.

밤 10시까지 캠프로 돌아오지 않으면 원정대원들은 벌금으로… 20루피를 내야 했고… 셰르파들은 10루피를 내야 했다. 그날 밤 벌금이 많이 모였다.[92]

일찍이 리더인 미우라는 원정대가 술을 너무 많이 마시고 기회만 되면 창을 사려고 가던 길을 멈춘다고 통탄했는데, 이제 그들은 더 많은 창과 락시를 사는 데 그 벌금을 썼다.

아침식사 호루라기 소리에 남자들이 텐트에서 기어나왔다. 다들 아침이 너무 눈부신 표정이었다. 벌금으로 모아뒀던 돈을 아꼈다가 모두를 위해 **창과 락시**를 더 많이 샀던 것이다. 악순환이었다.[93]

1970년대 중반쯤에 크리스 보닝턴은 적어도 텐트 안에 여자들이 들어오지 못하게 하는 규칙은 포기해버렸다.

대부분이 13세에서 70세 사이 여자들인 [쿰부에 사는] 우리 포터들은 주변 숲에서 야영을 했는데… 운 좋은 이들은 고산 포터들과 텐트를 함

께 썼다.[94]

보닝턴은 이제는 친숙해진 '벌금' 패턴에 대한 이야기도 했는데, 이번에는 명백히 성적 자랑과 연관돼 있었다.

전날 밤 어른 셰르파들에게 만남의 장소로도 쓰이는 요리사의 텐트에서 큰 소동이 벌어진 소리가 들렸다. 타고난 영원한 리더인 푸르나Purna가 셰르파들의 원정 종료 파티 자금을 조달하고 있었다. 각 셰르파는 산으로 오던 중에 함께 잤던 모든 셰르파 여자마다 일정한 액수의 돈을 공동 적립금에 부어야 했다. 이것은 많은 돈을 모으는 확실한 방법이었는데, 셰르파들이 성적 기량을 자랑하려고 서둘러 돈을 내고 있었기 때문이다.[95]

요약하자면, 1950년대와 1960년대에 셰르파와 사히브의 관계는 특히 복잡하고도 모순적이었다. 평등주의적인 원정대들이 있는가 하면, 그렇지 않은 원정대들도 있었다. 셰르파들은 다양한 수단을 통해 동등함을 추구했고, 같은 인간으로서 제대로 된 대접이나 인정을 바라는 최소한의 요구도 들어주지 않을 경우에는 대규모 파업에 들어가기도 했다.

또한 전후의 사히브들은 매우 마초적인 남성성으로 바뀌었는데, 셰르파와 사히브 모두에게 성적인 놀림이나 농담은 '평등해지는' 또 다른 방식이 되었다. 이것은 젊은 셰르파 남자들을 좀 더 마초적인 방향으로 밀어붙이는 경향이 있었는데, 은연중에 고향의 주된 문화 운동, 즉 수도원 개혁 운동과 상충됐다. 수도원 운동은 정확히 반대 방향으로, 이상적인 탈성애의 삶 쪽으로 급격히 진행되고 있었다. 확실히 중

6장 남자들

명할 수는 없지만, 수도원이라는 견제 세력이 없었더라면 '마초' 모델은 셰르파들에게 실제보다 훨씬 더 많은 영향을 미쳤을 것이라는 생각이 든다. 남자다움을 드러내는 일종의 '정복' 모델이 이전에는 문화적으로 눈에 띄지 않았지만, 이제는 일부 셰르파 남자들에게 하나의 옵션이 되었다는 데는 의문의 여지가 없다. 이후 수도원의 금욕주의와 돈 후안 같은 성생활은 남성성의 양극단이 되었으며, 셰르파 남자들은 그사이에서 타협을 했다. 어느 한쪽 입장을 완전히 받아들이는 사람은 거의 없었지만, 그 가능성만큼은 그 시대에 분명 다시 쓰였다.

7

반문화

이 책의 의도 중 하나는 사히브의 등반 게임이라는 틀 안에서 셰르파의 '저항'을 연대순으로 기록하는 것이다. 내가 저항이라는 단어에 인용부호를 붙인 것은 이 단어가 부정적인 반응에 지나지 않으며, 거절이나 이미 제공된 주로 물질적인 이득에 대한 더 많은 요구를 하는 것처럼 보이기 때문이다. 그리고 사실 어떤 관계에서든 약한 쪽은 상황의 기존 조건 내에서 어찌어찌해보는 것 외에는 그다지 할 수 있는 일이 없다는 점이 권력 관계의 본성이다. 하지만 가장 간단한 저항 행위조차도, 당사자들 간 관계의 조건이 갖는 정당성에 깊은 의문을 제기한다. 따라서 사히브들이 정한 등반 게임의 일반 규칙을 받아들이는 것처럼 보이는 맥락 안에서, 셰르파들은 실제로 자신들의 물질적 조건을 개선(이 부분이 경시돼서는 안 되지만)하는 이상의 많은 것을 성취할 수 있었다. 이 장에서 논하겠지만, 사히브-셰르파 관계의 조건들을 재정의하게 되었다는 의미에서, 그들은 히말라야 등반 게임 자체를 실제로 재

편하는 데 상당한 진전을 이루었다. 이전 버전의 게임에서는 사히브는 정확히 '사히브' 역을, 즉 장교, 리더, 보스의 역할을 맡고, 셰르파는 잡역부, 짐 운반꾼, 지원 부대 같은 이런저런 형태의 아랫사람 역할을 맡았다. 새로운 버전은 사히브와 셰르파에게 파트너, 동등한 사람, 협력자의 역할을 부여했다. 이러한 변화는 셰르파의 저항과 사히브의 자기 성찰이 상호작용하면서 변증법적으로 생겨났다. 사히브부터 살펴보자.

1970년대의 사히브

1970년대 미국과 유럽에서 '반문화'로 알려진 거대한 대중 운동이 탄생했다. 그 일환으로 네팔은 아마 1960년대 말부터 반문화적 생활양식을 끌어당기는, 단일한 곳으로는 세계에서 가장 큰 자석과 같은 곳이 되었다.[1] 사실상 모든 나라의 히피들이 값싼 생활비, '동양 종교', 합법적인 마리화나 때문에 그곳으로 몰려들었는데, 이런 변화는 등반 자체에도 강한 영향을 미쳤다. 1970년대의 일부 산악인은 다른 이들보다 더 반문화 자체에 동질감을 느꼈지만(알 버지스Al Burgess는 후에 히피들이 몰려다닌 카트만두의 '프리크 스트리트Freak Street'에 대해 이야기하면서 자신의 '반문화적 과거'를 언급했고,[2] 더그 스콧은 생활양식의 중요한 변화를 겪었다), 대다수는 약간 영향을 받은 정도였다.[3]

　　1970년대에 일부 사히브는 '동양의 지혜'에 관심을 갖게 되었다. 초기에는 '동양적'인 것에 대단히 매료되었다고 해도,[4] 실제로 진지하게 아시아 종교에 종사하려는 이들은 학자들과 특정 종교인들, 즉 인생의 대부분을 인도에서 보낸 신지학 협회 회장인 애니 베선트Annie

Besant나 티베트의 신비주의에 심취해 1930년대에 티베트를 여행한 알렉산드라 데이비드-닐Alexandra David-Neel 같은 이들에 국한되었다.[5] 1970년대 반문화 운동에서는 아시아 종교를 서구 근대성이라는 질병에 대한 해독제로 널리 받아들였고, 좀 더 반문화적인 일부 사히브는 이런 관점을 히말라야 등반에 가져왔다. 1970년대 반문화 산악인 가운데 가장 영향력 있는 인물은 더그 스콧이었을 텐데, 그는 주요한 히말라야 원정대에 여러 차례 참여했다. 1979년 칸첸중가 원정대의 피터 보드먼Peter Boardman은 스콧이 『중국 황제의 의학책』을 인용했으며, "카를로스 카스타네다Carlos Castaneda가 쓴 『익스탈란으로의 여행 Journey to Ixtalan』을 근본주의자들이 성경을 읽듯 꽉 움켜쥐고서 붉은 색으로 밑줄을 그어가며 읽었다"라고 썼다.[6] 보드먼은 "나이든 히피"처럼 구는 스콧을 장난삼아 놀렸다.[7] 스콧은 후에 여성의 등반 참여에 대해 이야기할 때도 '동양 종교' 언어를 사용해, 원정대가 "남성 원리인 양 陽과의 균형을 맞추기 위해 여성적인 음陰을 허용"하는 새로운 접근 방식을 취해야 한다고 주장했다.[8]

또한 초기의 낭만적 사히브와 1970년대의 히피 사히브 사이에는 몇 가지 놀랄 만한 연속성도 있었다.[9] 육체의 정화 문제에 대한 관심이 그랬다. 1940년대에 모리스 윌슨은 말 그대로 굶어 죽을 정도로 단식을 했고, 1970년대에 더그 스콧은 채식주의자가 되었으며,[10] 미우라 유이치로는 과일과 견과류만 먹는 '원숭이 다이어트'를 너무 엄격히 따르다가 힘이 빠져 그만두어야 했다.[11]

또한 앞서 들었던 것과 유사한 매우 낭만적인 등반 담론의 부활과 심화를 보게 된다. 등반에 대한 신비주의적 해석도 그 일환인데, 미우라 유이치로의 책 『스키를 타고 에베레스트를 내려온 남자The Man Who Skied Down Everest』에서 미우라는 무사시Musashi라는 "17세기의 방랑

검객이자 철학자"가 꿈에 나타나 조언을 해줬다는 이야기를 했다.[12] 미우라는 사실 위대한 1970년대 산악인 가운데 가장 신비주의적이었고 더 나아가 어느 시대에서도 찾아볼 수 없는 방식으로 글을 썼다.

나는 지구의 자식이고 땅 속에 큰 뿌리가 박혀 있음을 느낀다. 나는 당당히 살아가고 있으며, 내 마음은 땅 속 깊이 박힌 나의 뿌리에서부터 은하계 공간으로 확장돼 나의 내면에서 조용한 자기 혁명을 예언한다.[13]

또는 셰리 브리머 캠프Cherie Bremer-Kamp가 예전의 '군국주의적' 스타일로 조직된 1978년 미국의 K2 원정대에 대해 비판적으로 쓴 글을 보면 다음과 같다.

우리는 예전의 영국식 스타일로 에베레스트를 오르려고, 다시 말해 산을 정복하려고 출발했다. 아니 좀 더 간결한 리더의 표현대로 "그 자식을 해치우려고". 나는 그런 태도가 싫었다. 산에 대해 알아보면서 긴밀한 관계를 맺고 우리가 산에서 무엇을 얻어갈 수 있는지에 대한 이야기는 없었다… 그런 것들이 더 편한 이들도 있어서, 산과 '조화를 이루며', 보통 산에 인간이나 신의 지위를 부여하고 싶어한다.[14]

예전의 텍스트들을 연상시키는 또 다른 형태의 낭만적 담론은 산은 인간을 내면적 자아와 교감하게 하거나 내면적 자아와 대면하게 한다고 역설했다. 미우라의 글을 다시 보자.

삶과 죽음의 가장자리에 서 있을 때만 나는 인간의 경험, 인간의 아름다움이 지닌 신비와 내적 자아에서 자연스럽게 우러나는 즐거움을 온전히

느낄 수 있다.[15]

같은 시기에 오스트리아인 라인홀트 메스너도 비슷한 이야기를
한다.

나는 단순히 정상을 정복하려고 산을 오르지 않는다. 그게 무슨 의미가
있겠는가? 나 자신의 두려움과 의심, 나의 가장 내밀한 감정에 직면하는
법을 배우기 위해서 자발적으로 위험한 상황에 빠지는 것이다.[16]

그가 쓴 책의 제사題辭는 다음과 같다. "나는 나 자신을 깊이 들여
다볼 수 있도록 또다시 높이 오르고 싶었다."

반문화적 등반

1970년대의 반문화 혁명에 참여하기 위해서 히피족처럼 살 필요는 없
었다. 이전에도 있었고 계속 진행 중인 지배 문화 양식, 기본적으로 '마
초적인' 문화 양식에 대한 반동이 등반 문화를 광범위하게 휩쓸었다.
무엇보다 대규모 군대식 원정대에서 구체적으로 나타난 산을 강간한
다는 사고방식에 대한 반동이 가장 두드러졌다. 두번째로, 책의 앞에
서 봤던 엄청난 경쟁심을 무시하려는 남자들이 나타났으며, 일부 원정
대 리더들은 보다 집단적인, 혹은 어쨌거나 상의하달 측면이 덜한 리더
십 스타일을 채택하고자 했다. 세번째로, 이 시기에 등반에 참여하는
여자들이 많아지면서, 여성에 대한 자신의 태도에서 성차별적 요소를
의식하는 남자들이 생겨났다. 끝으로 반문화적 사히브들은 셰르파의

관점에 좀 더 마음을 열게 되었고, 셰르파들은 사히브와의 관계에서 몇 가지 중요한 변화를 이룰 수 있었다.

원정대의 소형화

과학기술의 적정 사용과 포터의 적정 이용, 그리고 산소 사용의 정당성에 관한 문제는 히말라야 등반 초기부터 논쟁거리였다.[17] 그러나 재래식 기술을 쓰는 소규모 원정을 선호하는 이들은 소수에 머물렀고, 산소를 포함해 모든 종류의 기술 보조 장치 사용은 1960년대 초반 내내 거부할 수 없는 것으로 판명되었다. 원정대들은 점점 더 많은 장비를 가져갔고, 그 장비를 운반할 포터들도 점점 더 많이 데려갔다. 그리하여 급기야 초대형 원정대들이 등장하기에 이르렀다.

그에 대한 반동은 거의 즉각 나타났는데, 재래식 기술을 선호하는 입장이 늘 등반문화의 한 가닥이었으므로 놀랄 일은 아니다. 스티븐 마커스Steven Marcus는 1953년 에베레스트 등반대에 대한 존 헌트 경의 설명을 살펴보다가 산에 대한 무정하고 비인격적이며 기술화된 접근 방식에 질겁했는데, 그는 이것을 미국 기술 문화의 영향으로 보았다.[18] 같은 시기에 원정대의 일원이었던 에드먼드 힐러리는, 나중에 헬리콥터를 이용하고 방 5개짜리 양탄자가 깔린 텐트를 가져왔던 이탈리아의 메가 원정대를 과학기술 문제와 관련해 훨씬 더 심각한 죄를 저질렀다고 보았다. 그는 그 원정대가 "터무니없음의 극치"라고 했다.[19] 1970년대에 들어서면서 과학기술 문제에 대한 훨씬 광범위한 논의가 이루어졌고, 더 중요하게는 실천이 이루어졌다. 장비를 최소한으로 줄이고, 사실상 그 장비를 모두 산악인이 운반하면서 기본적으로 전력 질주하듯 가능한 한 빨리 산을 오르는 이른바 알파인 스타일의 등반이 등장하기 시작했다. 특히 오스트리아인 라인홀트 메스너가 이런 등반을 옹호했다.[20] 메스너는 1978년에 가벼운 장비만을 갖춘 아주 소규모의 원정대를 에베레스트로 데려가 최초로 무산소 등정에 성공함으로써 등반계를 뒤흔들었으며, 등반의 순수성을 드러내는 다시는 되돌릴 수 없는 일종의 기준을 세웠다.[21]

같은 1970년대에 몇몇 노르웨이 산악인들은 "산에 대해 좀 더 친환경적인 접근 방식을… 요청하는 프리루프트슬리브Frijluftsliv(19세기 중엽 나온 노르웨이 말로, 단순 소박하게 자연 속에 있으면서 자연을 즐기는 삶의 방식을 의미한다—옮긴이)를… 신조"로 삼았다.[22] 그런 노르웨이 사람 중 하나가 피터 보드먼에게 다음과 같이 말했다.

> 우리는 천연 섬유 장비만 갖고 있다. 나일론 의류도 없고 철강이나 알루미늄으로 된 것도 거의 없다. 우리는 기술 문화에서 벗어나고 싶다… 인간과 자연이 점점 멀어지고 있지만, 우리는 재결합을 원한다.[23]

경쟁에 대한 반동

1970년대에는 1950년대와 1960년대 산악인들 사이에 만연했던 마초적 경쟁에 대한 반동도 등장했다. 가령, 프리루프트슬리브 신조를 가진 노르웨이인들은 "등반에 보다 덜 경쟁적인 태도를 요청"했다.[24] 그리고 피터 보드먼은 원정대의 동료 산악인들 간 경쟁을 보면서 분명 속이 상했다. 그는 1979년 칸첸중가 원정대와 관련해 다소 씁쓸한 어조로 다음과 같이 썼다.

아웃워드 바운드Outward Bound(국제 청소년 야외 활동 지원 단체—옮긴이)와 기타 야외 교육의 철학은 산악 등반이 인성과 용기, 지략과 팀워크를 계발한다고 믿게 한다. 그럴 수도 있지만 등반 원정이 이기심과 광신주의, 명예욕, 교활함을 계발할 수 있다는 점 또한 사실이다. 제1캠프에서 우리는 전 원정대가 참여하는, 반은 장난 같고 반은 진지한 게임의 개막전을 치렀다. '고산 기동력'이라는 게임의 개막전이었다. 이 게임의 주된 목적은 개인의 생존과 자기 이미지 유지, 개인적 성공과 개인적 안락이다. 첫번째 규칙은 게임을 하고 있다는 사실을 다른 사람들이 몰라야 한다는 것이다.[25]

보드먼의 반응은 명백히 1970년대식이었다. 그는 원칙적으로 경쟁에 찬성하지 않았다. 따라서 그의 비판은 1960년대에 윌리 언솔드에 대한 혼바인의 불만과는 달랐다. 당시 언솔드의 경쟁심이 문제가 됐던 것은, 그가 늘 이겨서 다른 사람들의 사기를 꺾었기 때문이다.

경쟁에 대한 이런 종류의 반응은 적어도 내가 찾아낼 수 있었던 문헌에서는 보편적이지 않았다.[26] 사실 대규모 원정대들에서 눈에 띄게 경쟁이 감소했던 것 같지는 않은데, 따라서 1970년대 말에서 1980년대 초에는 경쟁에 대해 불평하는 비판들이 거의 없었다. 그렇지만 대규모 원정대의 경쟁적 분위기를 싫어하는 등반가들은, 상호 지원과 협력을 더 많이 기대할 수 있는 친구 집단으로 이뤄진 알파인 스타일의 소규모 등반으로 후퇴하는 선택을 할 수 있었던 것으로 보인다.

보다 집단적인 리더십 스타일

원정대 리더의 개인적 스타일은 언제나 꽤 다양했지만 원정대, 특히 대규모 원정대가 성공의 기회를 조금이라도 가지려면 비교적 명확한 명령 계통과 확고한 리더십이 필요하다는 것이 일반적인 인식이었다. 그러나 권위 관계의 위계적 구조는 문제가 있으며, 가능하다면 모든 결정이 민주적으로, 더 나아가 집단적으로 이뤄져야 한다는 것이 1970년대 반문화적 사고였다. 따라서 1970년대에는 좀 더 집단주의적인 혹은 적어도 '민감한' 유형의 리더십을 보게 되는데, 이런 리더십은 등반의 맥락에서는 상당히 엇갈리는 결과를 낳았다.[27]

이를테면 1973년 미국 다울라기리 원정대는 모리스의 지도력 하에 보편적 참여와 책임이라는 "느슨하고 편안한 관계가 형성되어 있었는데, 계속 그런 식으로 유지되기를 원했다."[28] 이 저자들은 또한 뒤에 가서 셰르파들이 "우리의 장시간 토론에 황당해" 했다고 기술했다. "그들은 집단적 의사결정을 용인한 원정대 리더를 본 적이 없었던 것이다."[29]

1978년 안나푸르나 여성 원정대에서는 집단적 지도력이 제대로 작동하지 않았다. 원정대는 결정을 내리는 데 굉장한 어려움을 겪었으며 끝도 없이 회의를 했는데, 그 시절 정치 운동에서 이와 비슷한 일들을 기억하는 사람들이라면 이런 내용을 읽기가 매우 괴롭다. 리더인 알린 블룸은 덫에 걸린 기분이었다. "여기에는 다시 근본적인 역설이 있었다. 나는 리더로서 어떻게 할지 결정해야 했는데, 다들 민주적으로 결정이 내려지길 원했던 것이다."[30] 동시에 확고한 리더십을 발휘하기 어려움을 깨달았는데, 자신이 여성으로서 사회화된 탓으로 여겼다. "나의 가정교육과 경험은 사람들을 조정하고 진정시키는 법을 가르쳤

7장 반문화

지만, 이런 특성들이 효과적인 리더십과 언제나 양립하지는 않는다는 사실을 어렵사리 깨달았다."[31]

1970년대 가장 유능한 원정대 리더 중 한 명은 크리스 보닝턴이었다. 보닝턴은 그 시대에 중요한 원정대를 많이 이끌었지만, 아마 가장 유명한 원정대는 그때까지 아무도 오르지 않았던 남서벽으로 등반한 1975년 에베레스트 원정대였을 것이다. 어떤 점에서 보면 이 원정대역시 메가 원정대였다. 사히브 대원이 18명, BBC 텔레비전 팀의 사히브가 4명, 그리고 "타망족과 구르카 병사들을 포함한 셰르파 팀이 82명"이었다."[32] 여러모로 두 시대 사이에 위치했던 보닝턴은 옛날식의 권위가 더 이상 효과가 없다는 걸 알았다. "나는 옛날 군대식 리더십이 효과가 있을 거라고 생각하지 않는다."[33] 그는 자신의 리더십 스타일을 확고한 리더십과 집단적 의사결정 사이에서의 아슬아슬한 줄타기로 설명했다. 한편으로는 "위원회가 지도력을 갖는 일은 없을 것 같다"고 했지만, 다른 한편으로는 이렇게 썼다.

> 물론 내 말에 반대하는 강한 합의가 이루어진다면, 이 때문에 나중에 골치 아픈 일이 생길지라도 팀의 감정을 매우 잘 받아들여야 할 것 같다. 내 생각을 효과적으로 납득시켜 그게 바로 자기들의 생각이기도 하다고 믿게 하려면.[34]

마지막으로 그는 "동시에 나는 그들의 결합된 경험에서 아이디어를 이끌어내야 하며, 다른 제안이 더 나아 보이면 내 계획을 바꾸는 것을 주저하지 말아야 한다"고 했다.[35] 대원 중 한 사람의 애석한 죽음을 제외하면 그 원정대는 훌륭한 계획, 조직, 관계의 본보기로 여겨졌으며, 실제로 성공을 거뒀다.

비교적 위계적인 리더십 스타일과 비교적 집단적인 리더십 스타일이 충돌했던 시대의 한 원정대를 잠시 살펴볼 필요가 있다. 1976년 난다 데비 원정대는 그 시대에 두드러졌던 광범위한 문제들을 놓고 분열했다. 존 로스켈리John Roskelley가 이끈 한 쪽은 그 산이 너무 힘들며 원정대 사람들의 재능이 너무 다양하고 복합적이라서 전통적인 군대식 등반을 하지 않을 수 없다고 여겼다(그는 개인적으로는 능력이 동등한 소수의 친구들과 하는 알파인식 등반을 선호하지만 이 원정대는 그렇지 않았다고 했다). 다른 쪽은 당시 50세쯤 됐던 윌리 언솔드가 이끌었는데, 비교적 소규모의 장비로 산에 좀 더 심미적으로 접근하는 알파인 스타일에 가까운 원정을 원했다. 전체 원정대는 결국 그들이 가져간 비품과 장비의 양에 대해 타협을 하게 되었는데, 큰 원정대의 것으로는 충분치 않았지만 알파인 스타일 등반에 필요한 것보다는 많았다. 아무튼 거의 시작부터 상황이(물질적인 면과 대인관계 둘 다) 나빴다.

게다가 그 원정대에는 강하고 경험이 풍부한 등반가 마티 호이Marty Hoey와 상대적으로 경험이 부족한 윌리의 딸 난다 데비 언솔드Nanda Devi Unsoeld(그 산의 이름을 딴)를 비롯해 여러 명의 여성들이 포함돼 있었다. 로스켈리는 두 여성 다 거부했다. 호이는 커플 중 한쪽이었는데 커플들이 원정대를 와해시킨다는 생각을 갖고 있었기 때문에, 그리고 난다 데비 언솔드는 경험이 부족하다는 이유로 반대했다. 로스켈리는 지독한 성차별주의자로 보였는데,[36] 이는 결국 원정대에서 계속 갈등을 일으키는 또 다른 요인이었다.

마지막으로 리더십 문제가 있었다. 그 원정대는 원래 두 명의 공동리더를 두기로 했다. 최초로 그 산을 등정한 당시 62세였던 애드 카터Ad Carter와 윌리 언솔드. 로스켈리의 이야기에서는 분명하게 드러나

지 않는 어떤 이유로 카터는 원정대를 일찍 떠났고, 언솔드가 단독 리더가 되었다. 1963년에는 굉장히 경쟁적 스타일을 보여주었던 언솔드는 결국 모호한 리더로 판명되었다. 그는 분명히 1970년대식의 집단주의자는 아니었지만, 명령을 내리거나 받는 것을 모두 싫어하는 반항적인 인물이었다.[37] 로스켈리는 처음부터 팀이 통합되지 않고 기본적인 조직의 필요성에 맞게 책임을 맡는 사람이 없다고 불평했다. 언솔드는 이렇게 대답했다.

> "나는 이렇게 경험이 많은 사람들의 집단에 반드시 강력한 리더십이 필요하다고는 생각지 않는다. 우리는 엄마가 필요한 두 살짜리 아이가 아니라 스스로 결정을 내릴 수 있는 성인들이다. 나는 우리가 당신 손을 붙잡고 있어야 한다고 생각하지 않는다." 그는 자신이 보기에 너무 고압적인 리더십으로 인해 약간의 갈등이 있었던 1963년 에베레스트 원정대를 떠올렸다.[38]

그렇지만 언솔드가 확고한 리더십을 발휘하지 못해 원정대에 심각한 문제가, 결국에는 사람이 죽는 문제가 생겼다고 로스켈리는 강하게 암시한다. 예를 들어 마티 호이가 심하게 고산병을 앓자 원정대 의사는 즉각 내려가지 않으면 목숨이 위험하다고 했다. 하지만 언솔드는 내려가라고 명령하는 결정을 내리지 않고 그녀 스스로 결정하기를 원했는데, 그녀는 그럴 상태가 아니었다. 마티 호이는 거의 다 죽게 돼서 산 아래로 실려 내려가야 했다. 하지만 결국 살아났다.[39] 다른 한편 언솔드의 딸인 난다 데비는 나중에 더 위쪽 캠프에서 고산병으로 죽었는데, 로스켈리는 암암리에 언솔드의 판단력 부족과 약한 리더십을 탓했다. 결국 로스켈리와 두 명의 등반대원이 정상에 올라 성공한 등반으로 간주됐지만,[40] 로스켈리는 후에 언솔드의 비극에 전적으로 무정한 태도를 취한 것 때문에 등반계에서 배척되었다.[41]

윌리 언솔드는 실제로 집단적 의사결정에 관한 1970년대식 미사여구를 늘어놓지는 않았다. 그럼에도 다양한 신념에서 비롯된 그의 캐주얼한 리더십 스타일은 새롭게 등장한 다양한 등반 추세, 즉 여성의 원정대 참여와 원정에 대한 보다 심미적인 접근 방식과 쉽게 들어맞았다. 사람들은 그가 알파인 스타일 그룹을 지지했다고 생각한다. 그 그룹이 자신의 딸을 받아주었기 때문이기도 하고, 그가 1970년대의 반문화적 이슈에 쉽게 동조할 수 있는 인물이었기 때문이기도 하다. 이에 반해 로스켈리는 1950년대와 1960년대의 마초적인, 즉 자신의 체력과 기술에 주력하고 몹시 경쟁적이며 등반은 남자의 세계라는 반여성적 태도에 젖어 있었다. 그러므로 1970년대 중반 산에서의 충돌은 사실상 불가피했던 것이다.

여성의 등장: 1970년대 성차별주의와 민감성

이전에도 히말라야를 등반한 여성들이 있었지만, 1970년대에 와서야 페미니즘 운동의 등장으로 상당수의 여성들이 등반이라는 스포츠에 발을 들였다. 직전에 언급한 난다 데비 원정대나 1976년 미국 200주년 원정대처럼 남녀 혼성 원정대가 있었는가 하면, 최초로 여성인 다베이 준코Tabei Junko를 에베레스트 정상에 올려놓은 1975년 일본 여성 원정대나 앞에서 간략히 논한 알린 블룸이 이끈 1978년 안나푸르나 여성 원정대처럼 전부 여성들로 구성된 원정대도 있었다(나는 이 모든 것을 전적으로 "여성 문제"를 다루게 될 다음 장에서 훨씬 자세히 다룰 테지만, 그것이 1970년대 사히브의 반문화적 관점과 어떻게 연관되는지 살펴보기 위해 여기에 소개한다).

몇 가지 경우, 여성의 등장에 남성 등반가들의 반응은 반대하고 적의를 품고 위기의식을 느끼는 등 대체로 부정적이었다. 사실 1970년대에는 20세기의 가장 강렬한 성차별적 수사가 만들어졌다. 처음에는 자료를 읽다가 그런 것을 발견하고 놀랐지만 이해가 됐다. 여성들이 여러 면에서 젠더 관계의 모든 사회계약에 도전하고 있는 것처럼 보였는데, 사실 당시로서는 매우 도발적인 일이었다.

동시에 좀 더 '민감한' 담론도 등반 문헌에 등장하기 시작했다. 젠더 영역에서 '민감한' 담론이라고 할 때 내가 의미하는 바는, 자기 자신의 마초성을 감시하는 남자들의 중요성을 인정하고 여성을 경시하지 않으려고 의식적으로 노력하는 담론이다. 그 시대에 여성에 관해 비교적 '민감한' 언어를 썼던 두 명의 등반가는 피터 보드먼과 네드 질렛Ned Gillette이었다. 남성 등반가들 사이의 경쟁에 비판적이었던 피터 보드먼은 아내인 힐러리와 등반을 할 때 자신의 전통적인 젠더 충동과 싸운 이야기를 쓰기도 했다.

> 나는 힐러리와 산, 비와 바람 그리고 나 자신에게 화를 내고 있었다. 나는 좌절감을 합리화해 에너지로 전환시켜보려고 애썼다… "길이 험해지면 왜 그녀는 항상 저렇게 천천히 움직이는 것 같지? 나는 왜 그녀에게 소리를 지르며 나와 똑같기를 바라는 걸까? 다른 등반 파트너에게는 그렇게 안 하면서. 불공평한 일이다. 그렇게 심각한 상황도 아닌데."[42]

네드 질렛과 그의 아내인 잰 레이놀즈Jan Reynolds는 올림픽 크로스컨트리 스키 선수 출신이었다. 그들은 1982년에 트레킹/등반/스키로 에베레스트산을 도는 원정을 시작해 그 이야기를 함께 책으로 냈다.[43] 그들의 책은 심지어 텍스트에서도 명백하게 평등을 추구하려고 해서, 두 사람이 각자 번갈아 쓴 일기와 글 들에서 발췌한 내용으로 구성되었다. 레이놀즈는 원정에서 평등을 기대하는 명백한 페미니스트였으며, 남성이 우월성을 드러내는 데 비판적이었다.[44] 그리고 질렛은 보드먼이 그랬듯 아내를 지배하려는 혹은 아내를 무시하려는 자신의 성향과 씨름했다. 부부는 오랜 등반 친구(남자)를 만나게 되었고, 네드가 그와 함께 앞서가기 시작했다.

> "잠깐." 잰이 소리쳤다. "난 이런 빛 속에서는 그렇게 빨리 가지 못해."
> "그냥 개울만 따라와, 개울을 벗어나면 기다릴게." 내가 소리질러 대답했다. 나는 몇 걸음 더 앞으로 갔다. 크레이그는 빠르게 가고 있었다.
> "알았어, 대장. 크레이그랑 가."
> 나는 잰의 지독히 실망스런 말투에 얼어붙듯 발을 멈췄다. 그녀가 다가왔는데, 창백한 얼굴이 딱딱하게 굳어 있었다. 그 얼굴은 불평의 말보다 더 많은 말을 하고 있었다. 단순한 배려와 동료애를 요구하는 말을. 나는 내 아드레날린 펌프를 달고 그녀와 나란히 걸었다.[45]

이런 종류의 젠더 성찰은 이전의 등반 문헌에서는 등장하지 않았다. 하지만 이런 분위기가 더 많은 걸 말하지는 않는다는 점을 밝혀두어야겠다. 요점은 '마초성'이 사라졌다는 게 아니라, 그 시기에 문제로 대두됐다는 점이다.

등반과 관련해서 1970년대의 반문화를 요약하자면, 사히브들이 다양한 방식으로 1950년대와 1960년대의 순수한 마초성에서 후퇴했다고 말할 수 있다. 일부 사히브는 그 시대의 특징인 진정한 개인적 변

7장 반문화

화를 겪었다. 그리하여 (보통은 상상 버전인) '동양 종교'를 받아들이고, (주로 순한) 약에 손대거나 아니면 채식주의나 그 밖의 신체 정화 요법을 받아들였다.

등산의 실제 관행과 관련해서 가장 두드러진 지속적 변화로, 히말라야에서 대규모 군대식 원정이 감소하고 알파인 스타일 등반이 부상했다. 이런 종류의 등반도 나름대로 마초적인 요소를 내포하고 있긴 했지만, 이전 원정대들의 기술주의와 군국주의에 대한 반발에서 나온 것만은 분명하다. 결국 기술주의와 군국주의는 근대성과 부침을 같이 하는 것으로 보였다.[46]

1970년대의 사히브 문화는 이전 시대보다 비교적 더 '민감'했다고, 또 어떤 면에서는 전쟁 이전 사히브들의 낭만주의와 신비주의에 가까웠다고도 볼 수 있다. 이 모든 것이 사히브-셰르파 관계에도 영향을 미쳤다. 하지만 이 문제를 살펴보기 전에 셰르파들의 상황을 그들의 고향이라는 맥락에서 살펴봐야 한다.

솔루-쿰부의 발전

1960년대 초반부터 시작해 현재까지 셰르파족이 사는 솔루-쿰부 지역은 일련의 변화를 겪었다. 이 변화는 특히 이런저런 식으로 셰르파가 등반에 참여하게 되면서 일어났는데, 이는 셰르파들이 등반에 참여하지 않았더라면 그 지역에 변화가 일어나지 않았을 거라는 의미가 아니라 변화의 형식과 속도가 달랐을 거라는 뜻이다.

솔루-쿰부 지역을 최초로 방문한 서양인들은 1950년 휴스턴-틸먼 Houston-Tilman 원정대였다. 휴스턴은 다음과 같이 썼다.

빌 [틸먼과 황금빛 가을 속을 걸었던 게 생생히 기억난다. 우리가 [쿰부에서] 봤던 것을 떠올리면서, 그리고 우리와 우리 같은 사람들 때문에 순결하고 낙후된 이 아름다운 나라가 손상됐을지도 모른다고 생각하면서. 우리는 몹시 슬펐는데, 자연 그대로의 특별한 뭔가의 종말과 굉장히 위험하면서도 엄청난 변화의 시작을 목도하고 있음을 알았던 것이다.[47]

등반의 역사를 서술한 책에서 이 구절을 인용한 저자인 이언 캐머런Ian Cameron은 휴스턴-틸먼 원정대를 "몰락 직전의 에덴을 둘러보는 것 같았다"라고 묘사했다.[48]

1960년대 초까지 그 지역을 방문한 외국인은 거의 없었다. 그러나 에드먼드 힐러리 경은 1953년 원정 이후 여러 차례 그 지역을 다시 찾았는데, 1960년에는 예티 혹은 '가공할 설인'의 신비를 푸는 데 관심을 가진 사람들과 함께 왔다. 힐러리는 과학계가 연구할 수 있게 쿰중 마을에 있는 '예티 해골'을 빌려 서구로 가져가고 싶어했다. 마을 사람들은 해골을 잃어버릴 위험에 대한 보상을 요구했고, 힐러리는 그들에게 무엇을 원하느냐고 물었다.[49] 거듭 말해지듯이, 우르키엔Urkien이라는 등반 셰르파가 무엇보다 학교가 필요하다고 했다.[50] 힐러리는 고향으로 돌아가 셰르파 재단(나중에는 히말라야 재단)이라는 비영리단체를 설립하고 셰르파 학교를 짓는 기금 모금에 착수했다. 최초의 학교는 쿰중 마을에 세워졌는데, 등반 셰르파 대다수가 그 학교를 나왔다. 그 학교는 1961년에 지어졌다.[51]

힐러리에게 즉각 다른 마을의 청원 공세가 쏟아졌다. 학교 건립뿐 아니라 사원의 새 지붕을 얹어달라는 지역의 요구도 있었다. 1963년에 두번째 '학교 원정대'가 와서 타미와 팡보체에 학교를 지었고 1964년에는 세번째 원정대가 왔다. 평화봉사단에서 차출돼 1964년 원정에 참가한 짐 피서는, 후에 원정과 그 지역에서 전개된 변화에 관한 귀중한 책을 썼다. 변화는 많고도 다양했다. 학교가 들어선 덕분에 문해력이 확산되고, 식단에 요오드가 도입돼 갑상선종과 크레틴병이 사라졌으며, 피임약과 외과적 불임수술의 도입으로 출생률이 낮아졌고, 국가 정치 체제의 다양한 변화로 과거보다 네팔 정부가 솔루-쿰부에 보다 친밀하게 다가서게 되는 등.[52]

현 논의에 특히 중요한 것은 1964년 루크라Lukla로 불리는 지역에 활주로가 건설된 일이었다. 그로 인해 "카트만두에서 쿰부까지 가는 시간이 2주에서 40분으로 줄었다".[53] 기본적으로 처음부터 끝까지 활주로 프로젝트를 준비한 피서에 따르면, 활주로는 원래 힐러리가 쿤데에 지을 병원 자재를 쉽게 운반하기 위해 만들었다. 그러나 피서가 이어 말하듯 "되돌아보니, 우리의 실리적 의도는… 순진했던 것 같다. [힐러리도] 나도 그 활주로가 이내 관광객들의 주요 통로가 되어 쿰부에 완전히 새로운 산업이 급성장하도록 촉발시킬 줄은 꿈에도 몰랐다."[54]

그 지역을 찾은 외국인 수는 활주로가 세워진 1964년에 20명이었는데, 1974년에는 3,500명에 이르렀다.[55] 그리고 이 지점에서 나의 현지조사 경험과 이번 장의 이슈가 연결된다. 1966년에 로버트 폴과 나는 처음으로 솔루의 저지대 셰르파 마을에서 연구를 했는데, 외국인 방문객은 몇 명밖에 보지 못했다.[56] 1976년, 내가 그라나다 텔레비전의 영화를 찍기 위해 직원 한 명과 다시 갔을 당시의 필드노트에는 다음과 같이 쓰여 있다(강조는 원래 돼 있던 것). "우리는 타미에서 루크라까지 이틀 동안 걸어갔다. **너무나 많은** 관광객. 산길과 루크라 자체가 관광객들로 완전히 **오염되어 끔찍**했다."[57]

솔루-쿰부에 끼친 관광업의 영향은 엄청났으며, 연구와 제안을 전문으로 하는 사업을 촉발시켰다.[58] 특히 관광객들이 많은 양의 장작을 태우면서 생긴 삼림 파괴 문제를 포함해 관광 산업이 환경에 미치는 영향에 대한 우려가 컸다.[59] 솔루-쿰부 지역을 국립공원으로 지정하는 결정이 내려져 환경적으로 규제할 수 있게 된 것은, 이러한 문제들에 대한 대응책이었다. 사가르마타(에베레스트) 국립공원은 현지의 루머와 정치가 난무하는 가운데 만들어졌으며, 힐러리와 히말라야 재단이 복잡하게 그리고 치열하게 참여했다. 나도 1976년 그라나다 필름 원정 동안 그 재단의 일에 관계했다. 이후에 관광객의 영향뿐 아니라 국립공원 자체의 영향도 학문적으로 검토되었다.[60]

관광업의 유입이 쿰부에 창출한 엄청난 경제적 호황은 적어도 긍정적인 기조에서는 적게 언급되었다. 피셔는 관광객과 등반 원정대가 그들을 위해 일했던 많은 셰르파들에게 엄청난 수입을 가져다준 방식을 설명한다.[61] 또한 "새로운 '관광 셰르파' 계급이 생겨나기 시작하면서 계급 차이 조짐이 나타나고 있음"도 지적한다. "이 신흥부자 집단은 원하는 대로 쓸 수 있는 새로운 부의 원천과… 그 부로 살 수 있는 확연히 다른 생활방식으로 구분된다."[62] 실제로 이 계급은 더 엄격한 의미에서도 '계급'이다. 생활방식의 차이뿐 아니라 그 지위를 유지하는 데 관련된 실제 착취가 존재하기 때문이다.

> 1974년 봄부터 쿰부 셰르파들은 벌이가 더 좋은 트레킹 일을 하러 나가 있는 동안 농사일을 대신해줄 솔루 셰르파들을 대규모로 고용했다. 1978년 쿰중-쿤데의 대다수 가정에는 일당 6루피에 식사를 제공받고 일하는 하인이 적어도 한 명은 있었는데, 자신들이 트레킹에서 받은 돈으로 하인의 임금을 지불하고 그 차액을 챙겼다.[63] 1988년쯤 됐을 때는 쿰부의 짐꾼 대다수가 솔루 출신이었는데, 이는 쿰부 셰르파들이 일반적으로 한 걸음 더 나아가 더 많은 로지(산장—옮긴이)를 열거나 관리를

하거나 '고객을 접대하는' 트레킹 일을 했기 때문이다.[64]

이 모든 것이 가리키는 사실은 등반과 트레킹에 관여했던 셰르파들 중 적어도 일부에게는 엄청난 경제적 도약이 있었다는 점이다. 그 밖에 쿰부 자체 내에 관광업에 영합하는 산업도 발전했다. 크고 작은 수백 개의 찻집과 로지, 호텔과 휴게소 등이 우후죽순으로 생겨났다. 일부는 외국 투자가들이 시작해서 당연히 이익의 대부분이 그들과 함께 나라 밖으로 빠져나갔지만 대부분은 셰르파가 소유하고 운영했으며, 그중 일부는 꽤 규모가 크고 수익성도 좋았다. 피서는 남체 바자르 마을의 1978년 상황을 보고하면서 "남체의 기업가들"이 약 25개의 상점과 호텔을 열었으며, "더 많은 상점과 호텔들이 쉴 새 없이 우후죽순으로 생겨나고 있다"고 썼다.[65]

또한 로지 산업을 지원하기 위해 특정 유형의 사회기반시설 사업이 발달했다. 특히 환영받은 것은 관광객들을 위해 과일과 야채를 상업적으로 재배하는 상업영농의 출현이었다. 1976년 또 다른 필드 노트에 나는 이렇게 썼다.

어제 오후 우리는 차운리카르카Chaunrikarka의 돌투성이 파락Pharak 지역(두드 코시 강을 따라가다보면 솔루와 쿰부 사이에 있는 중간 지역)을 따라 트레킹했다. 루크라 활주로가 들어선 이후 경제적으로 매우 윤택해진 것 같다. 새로 지은 큰 집들도 많고 창틀에 색칠한 집들은 더 많은데, 디자인이 아주 예쁘다… 그리고 꽃들도… 가장 큰 변화는 콜리플라워, 양배추, 당근, 완두콩, 콩류 같은 현금작물을 키우는 채소밭이다.

1979년에 『고등 종교(1989a)』를 쓰기 위한 현지조사를 하러 돌아왔을 때는 (주로) 쿰부에 살았는데, 파락의 야채 데카teka('업자')가 여러 차례 신선한 채소를 배달해줬다.

요점을 다시 말하자면, 1970년대에 쿰부는 호황을 누리고 있었으며 등반 셰르파들은 돈이 많이 돌고 있음을 확실히 피부로 느꼈다. 특히 전에는 '대인이 아니었던' 이들이 부유해져서 그 지역의 빈부 차가 어느 정도 평준화되었다는 (비록 새로운 격차가 발생하고 있었지만) 느낌이 강했다. 1976년 그라나다 필름 원정 때 우리를 위해 일했던 한 남자는 어느 날 무심코 이런 이야기를 했다.

> 푸 타르카이는 남체가 아주 부유해졌다고 했다. 이제는 누구나 부자가 될 수 있다고 강조했다. 모든 사람이 카무['전문가', 글을 읽고 쓸 줄 알고 교육을 받은 사람]이고, 모든 사람이 학교를 다닌다는 것이다. 그래서 누가 부자고 누가 가난한지 더 이상 모른다고 했다. 예전에는 몇몇 대인이 있었고 다들 그들이 누군지 알아서 그들에게 머리를 조아렸지만 이제는 보다 평등해졌다고 했다.[66]

부의 증가, 교육의 확대, 보다 광범위한 경제적 성장 기회가 1970년대 셰르파가 원정 작업에 참여하고 있던 맥락이다. 반문화의 일부인 사히브의 연성화와 더불어 원정 맥락에서 또 그들의 고향 맥락에서 거둔 셰르파의 실제 성공을 사이에 두고, 셰르파-사히브 관계의 조건 중 적어도 일부는 주요한 변화로 나아가는 길이 놓였다.

담론의 균열

나는 이 책을 셰르파에 대한 사히브들의 '오리엔탈리즘'적 견해로 시작했다. 셰르파는 단순하고 꾸밈없고 아이 같다는. 이런 관점에는 셰르파는 순진무구한 자연인이라 돈 때문에 산을 오르지 않는다는 생각도 포함돼 있다. 1929년 한 원정대의 리더가 쓴 다음과 같은 글에서도 이런 생각이 드러난다. 셰르파들은 "아무리 절망적인 곳에서도 한 사람도 남김없이 우리를 따랐다… 보수에 대한 생각이 전혀 없이… 순수하게 윤리적인 동기에서, 타고난 숭고한 본능에서."[67]

2차대전 이후에도 셰르파들이 산을 오르는 주된 동기가 돈이 아니라는 주장은 여전했다. 비록 초기 사히브들 사이에 만연했던 일종의 가부장주의에 근거하기보다는, 셰르파들도 사히브들과 동일한 동기와 욕망 때문에 산을 오른다는 근거를 들었지만. 이를테면 1963년 미국 에베레스트 원정대 셰르파들에 대해 제임스 램지 울먼은 다음과 같이 썼다.

> 그들이 행군을 한 **주된 이유는 보수 때문이 아니었다.** 그들을 고용한 서구의 등반가들 못지않게 그들 역시 하고 싶은 일, 그 일을 하기 위해 태어난 그런 일을 하고 있었다. 그들은 고용된 일꾼이 아니라 **모험의 동반자**였다.[68]

같은 시대에 1962년 인도 에베레스트 원정대의 리더도 다음과 같이 썼다.

> 당연히 그들은 돈을 벌기 위해 우리와 함께했지만, 대원들과 셰르파들

이 서로를 알고 이해하게 되면서 **돈은 부차적**이 되었다. 연대의식, 애정, 이해가 생겨난 것이다. 어떤 상황에서도 웃고 있는 셰르파 자일 파트너를 돌아보면 **이 사람들에게 돈만큼이나 산이 중요하다**는 생각이 들지 않을 수 없다.[69]

다소 도식적으로 요약하자면, 초기 사히브들은 셰르파들이 주로 자신들에 대한 충성심에서 등반의 위험을 기꺼이 감수한다고 믿었던 반면, 1950년대와 1960년대의 사히브들은 셰르파들도 자신들처럼 낭만적이고 모험적인 등반 욕구를 가져서 등반을 하는 거라고 믿었다. 이들은 모두 돈에 대한 셰르파의 관심을 최소화하거나 셰르파에게 돈이 가질 수 있는 의미를 의문시했다. 그들과는 달리 셰르파에게 돈이 중요한 의미일 수 있다는 가능성은 아무도 고려하지 않은 것 같다. 돈 걱정을 할 필요가 없거나 현대생활의 '물질주의'를 사실상 거부한 중상류계급 사히브들보다는 셰르파들에게 돈이 훨씬 긍정적인 가치가 있다는 점은 고려하지 않았다. 그렇다면 '사실'은 뭘까? 다시 이 문제를 살펴봐야 한다.

셰르파는 돈 때문에 산에 올랐다 1: 민족지적 사실주의

나는 이미 사히브들이 어떻게 생각했든 초기 셰르파들은 주로 돈을 벌기 위해 산에 올랐다는 사실을 지적했다. 그들 모두가 가난했거나 그들이 말하는 '소인'은 아니었지만, 전통적인 경제 체제에서 부자가 되기는 어렵고 가난해지기는 쉬웠다. 게다가 등반 자체는 지역에서 어떤 가치도 없었으며, 종교적으로는 사실 문제가 되는 행동이었다.

나는 이 모든 것을 객관적인 사실처럼 단정적으로 말한다. 그러나 문화인류학자도 산악인이나 다른 관찰자들과 마찬가지로 편향될 수 있음을 인정한다면, 왜 이 '사실'을 그런 식으로 받아들여야 할까? 이쯤에서 나는 '민족지의 권위'를 간략히 옹호하겠다. 인류학의 주장에 비교적 강한 진리값을 인정하는 이유는, 민족지 그 자체의 관행이라는 측면에 있다. 이는 다른 관점을 이해하려고 노력하는 관행, 더 중요하게는 그러한 이해를 얻기 위한 체계화된 관행이다. 물론 어떤 경우든 그러한 이해에 도달할 거라는 보장은 없다. 그러나 실제로 중요한 '사실'을 알아낼 가능성을 현저히 높이는 것은 민족지적 현지조사가 갖는 조건이다. 조사 대상자들과 오랜 기간 함께 살면서 비록 불완전하더라도 그들의 언어로 말하고, 그들의 삶에서 중요한 문제에 동참한다는 조건이 그것이다.

이 책은 민족지적 현지조사를 통해 얻은 지식의 인식론적 토대를 다루는 장황한 논문이 아니다. 인류학자가 쓴 것을 다 믿어야 한다고 주장하려는 것도 아니다. 절대로 그렇지 않다. 그래도 나는 현지조사는 다르다는, 인류학자들은 연구하는 대상에 대해 보통의 관찰자들보다 사실 또는 진실을 말할 가능성이 더 높다고 할 근거가 충분하다는, 다소 강력한 주장을 이어갈 것이다. 중요한 것은 관계의 깊이와 기간만이 아니라 그 관계에 다가가는 상대적으로 개방된 관점이다.

여기에서 구세대 민족지적 연구와 신세대 민족지적 연구 사이에 한 가지 특별한 차이가 있다는 점을 강조해야겠다. 현대의 민족지는 연구대상 공동체의 사회적 차이가 갖는 중요성을 강조한다. 구세대 민족지는 문화적 동질성을 위해 사회적 차이를 일반화하거나 무시하는 경향이 있었다. 그같은 설명에서 셰르파들(혹은 그런 식으로 다뤄진 다른 집단)의 흥미로운 점은, 항상 '우리'(서양인으로 추정되는 독자)와 다른 면들이었다. 이와 반대로 나는 여전히 고전적인 의미에서 현지조사에 전념하며, 현지조사가 고안될 때 염두에 둔 타인의 관점에 대한 풍부한 이해에 도달하기를 바랐다. 나의 현지조사는 공동체 내의 사회적 차이에, 그리고 단일한 '셰르파의 관점'은 실은 존재하지 않는다는 인식에 맞춘 현지조사이다. 따라서 내가 여기서 취하고 있는 입장에서 민족지적 주장의 진리값을 더욱 높이는 것은, 연구 대상의 위치와 그들이 붙들려 있는 역사적 순간과 관련된 그들의 특수성이다. 남자인가, 여자인가? 노인인가, 젊은이인가? 부유한가, 가난한가? 지금인가? 언제인가?

이 모든 것을 유념한 상태로 다시 셰르파와 돈에 대한 일부 민족지적 주장을 살펴보자. 인류학자들은 1950년대와 1960년대에 처음으로 셰르파족에 대한 민족지적 연구를 시작했다. 셰르파들이 등반을 하는 주된 이유는 돈이 아니라고 산악인들이 말하고 있던 상황에서, 인류학자들은 매우 다른 해석을 내놓았다. 셰르파들과 대화를 나누고 셰르파들 삶 속의 불평등 구조를 들여다볼수록, 셰르파가 등반 관련 일에 뛰어든 주된 이유가 그 일이 지불하는 돈과 그 돈이 수반하는 물질적 만족, 의존관계로부터의 자유, 보다 넓고 보다 국제적인 세계에의 참여 때문이라는 점이 금세 분명해졌다. 최초의 셰르파 민족지학자인 크리스토프 폰 퓌러-하이멘도르프는 셰르파 공동체 내의 차이와 어려움을 대체로 경시하는 면이 있었다. 그럼에도 그는 많은 젊은 셰르파가 등반에 뛰어든 이유가 그러지 않으면 빚을 지고 지역의 의존관계에 들어가야 하기 때문임을 명확히 인식했다.[70]

이 주제는 1977년 영화 〈셰르파〉에서 다시 나왔다. 여기에서 사다인 밍마 텐징은 등반 일을 얻을 수 없을 때의 재정적 어려움을, 그리고 (나를 포함한) 인류학자를 위해 일하는 것이 등반 임금의 손실을 상쇄

사진 7. 1979년 그라나다 필름 원정 때 타미 수도원에서 실내 촬영을 하기 위한
태양 반사판을 들고 있는 밍마 텐징 셰르파.

할 만큼 충분한 돈이 되지 않는다는 이야기를 했다.

> 그 뒤 몇 년간 등반을 하지 않았습니다⋯ 트레킹 일과 인류학 일을 많이
> 했어요. 그러다 다시 등반 일을 했습니다. 인류학 일을 하면 옷도 주지
> 않고 보수도 별로 많지 않았기 때문입니다. 제게는 아내와 아이들이 있
> 습니다. 그래서 다시 원정대로 돌아갔어요. 원정 일을 하면 돈을 더 많
> 이 벌기 때문에 다시 등반을 하게 되었습니다.[71]

그의 아내 또한 같은 영화에서 말했다. "원정 일은 아주 힘들지만
셰르파는 달리 돈을 벌 방법이 없습니다. 장사도 못 합니다. 원정 일을
안 하면 돈을 벌지 못해요."[72]

영화가 제작된 직후 짐 피셔가 등반 셰르파들과 좀 더 자세한 인터뷰를 했는데, 다시 같은 이야기를 들었다.

쿰부의 가장 경험 많고 걸출한 사다 8명이 만장일치로 동의했다, 사실상 그들이 산을 오르는 유일한 이유는 달리 얻을 수 없는 고소득이 필요하기 때문이라고⋯ 셰르파들에게는 등반에 어떤 본질적인 의미도 없다. 명성도, 도전도, 모험도. 명성의 경우에는 다음 등반 일을 얻는 데 도움이 되기 때문에 반갑긴 하지만. 그래서 몇 번씩 에베레스트를 오르는 것이다. 아무튼 등반은 보수가 좋은 일일 뿐이다. (Fisher 1990, 129)

마지막으로 1990년에 내가 직접 했던 등반 셰르파들과의 인터뷰도 이런 해석을 거의 바꾸지 못했다. 가끔 스포츠 삼아 산을 오른다는 (대체로 사히브 친구들을 만나러 해외에 갔을 때) 셰르파를 몇 명 보긴 했지만, 일반적으로 셰르파 대다수는 같은 돈을 벌 수 있는 더 좋은 방법이 있다면 짐을 운반하거나 목숨을 걸지 않을 거라고 했다.

물론 이런 주장에는 항상 개별적인 예외가 있다. 텐징 노르가이가 한 예인데, 이런 예외가 셰르파들도 자기들처럼 낭만적 동기에서 산에 오른다는 1950년대 사히브들의 환상에 불을 지폈을지도 모른다. 자서전을 포함한 모든 이야기에서 텐징은 에베레스트 정상에 도달하려는 타오르는 갈망을, 사히브와 실제 똑같지는 않더라도 유사한 갈망을 나타냈다.[73] 최근 들어 일부 셰르파들이 스포츠로서 등반에 열정을 드러내며 이런 방향으로 나아가고 있다. 그러나 그 수는 매우 적고, 이런 셰르파들은 사히브들처럼 등반으로 생계를 유지할 필요가 없는, 비교적 셰르파 사회의 특권층인 경우이다.

내가 시종일관 강조하듯 돈은 다양한 의미를 지닌다. 대부분의 사히브와 셰르파에게 공통되게 돈은 안전, 자유, 평안, 지위, 권력, 너그러움 등을 의미한다. 아마 역사적으로 가장 큰 차이는, 그리고 현 논의와 가장 밀접한 차이는 많은 셰르파에게 돈이 자유라는 근대성을 사는 수단으로서 대체로 긍정적인 의미를 지녔던 반면, 보다 낭만적인 혹은 보다 반근대적인 많은 사히브에게 돈은 양가적이기는 하지만 타락한 근대성의 일부라는 부정적인 의미를 지녔다는 점이다.

하지만 두 가지를 지적할 수 있다. 첫째, 돈이 다양한 의미를 지닌다고 말하는 것이 셰르파의 동기가 단순한 의미에서 '물질주의적'이라는 뜻은 아니다. 돈에 대한 필요는 복잡한 욕구를 상징하며 셰르파들은 단순히 먹고살기 위해서 혹은 부자가 되려고 돈을 추구하지는 않는다. 사실 이것은 모든 시대, 모든 지역의 대다수 사람들에게도 마찬가지다. 동기로서 돈은 결코 단순하지 않다. 사히브-셰르파 관계의 구조와 셰르파가 사히브의 오리엔탈리즘적 투사의 장 역할을 한 정도를 동시에 보면, 돈과 관련한 셰르파의 동기가 특히 애매한 채로 남아 있었다.

그러나 1970년대 중반부터 인류학자들뿐 아니라 사히브들도 셰르파가 돈을 벌러 왔다고 주장하기 시작했다. 이런 주장들은 여러 가지 양상을 띠었다. 어떤 사히브들은 서글퍼했고 어떤 이들은 환멸을 느꼈으며, 아니면 그냥 현실적인 태도를 취하기도 했다. 그러나 이런 생각은 등반과 트레킹 문헌에서 매우 지속적으로 튀어나와, 담론 상의 확연한 변화를 보여주었다.

셰르파는 돈 때문에 산에 올랐다 2: 사히브의 자각

셰르파가 대체로 돈 때문에 산에 올랐다는 생각은 흔히 약간 고뇌하듯 표현됐다. 이를테면 1976년 미국 200주년 에베레스트 원정대의 릭 리지웨이Rick Ridgeway는 소문이 전적으로 사실이 아니기를, 어쨌든 대다수 셰르파는 돈 때문에 등반을 하는 게 아님이 밝혀지길 바라면서 원정대의 셰르파들과 거의 절박한 일련의 대화를 나눴다. 셰르파들은 공손했지만 솔직했다. 리지웨이는 다음과 같이 썼다.

> 나는 앙Ang에게[74] 왜 에베레스트를 등반하고 싶은지 여러 차례 물었는데, 그는 매번 무슨 말인지 잘 모르겠다는 듯 웃기만 했다… 앙에게는 금전적 동기도 없지 않을 테지만, 자아추구의 가능성도 완전히 무시하고 싶지 않았다… 그래도 에베레스트에 대한 사랑을… 앙에게서 발견하지 못한다면 적어도 다른 셰르파들한테라도 찾기를 바랐다… 요즘 셰르파들 중에는 산에 대해 이런 감정을 가진 이들이 없는 걸까?[75]

리지웨이는 자신들이 하는 일을 사랑하는 사람을 찾고 싶어서 다른 셰르파에게도 똑같은 질문을 했지만 다시 실망했다.

> "니마, 셰르파들은 원정대 일을 좋아하나, 아니면 구할 수만 있다면 다른 일을 더 좋아하나?"
> "아, 셰르파가 돈이 있다면 집에서 마누라와 자식들이랑 있겠죠. 원정 일은 매우 위험해요. 하지만 그 덕분에 돈을 많이 받으니까요."

대화는 다음과 같이 이어진다.

"니마, 등반이 그렇게 위험하다면 우리는 왜 하고 싶어할까?"

"저야 모르지요. 아시겠지만 셰르파들도 그 이야기를 많이 합니다. 아마 당신네는 돈이 너무 많아 어찌 써야 할지 모르는 게 아닐까요…"

"하지만 휴가를, 그리고 많은 돈을 써가면서 몹시 힘들고 위험한 일을 하는 게 이상해 보이지 않나?"

니마는 웃었다. "글쎄요, 정 우리 생각을 알고 싶다면야, 우리는 바보 같은 짓이라고 생각합니다. 하지만 당신네들은 좋아하는 것 같더군요."[76]

리지웨이가 '요즘 셰르파들'이란 말로 그의 주장을 표현한 방식은 내가 9장에서 다룰 더 큰 주제, 즉 현대의 셰르파들은 근대성 때문에 망가졌거나 타락했다는 생각을 암암리에 전달한다. 하지만 많은 사히브는 셰르파가 돈을 추구하는 동기를 인정하는 문제에서 훨씬 더 사실적인 톤을 취했다. 한 미국 트레커는 다음과 같이 썼다.

그렇다면 그들은 왜 산을 오르는가? 내가 물어봤던 모든 셰르파가 같은 대답을 했다. "나는 등반을 좋아한다. 목숨을 잃으면 좋지 않지만, 안 그런 경우에는 큰돈을, 다른 데서 벌 수 있는 것보다 더 많은 돈을 번다."[77]

동일한 사실적 톤으로 1970년대의 사히브들은 이전의 등반 문헌에서는 거의 등장하지 않았던 형용사들로 셰르파를 묘사했다. 셰르파는 매우 "실용적"이고,[78] "영악하고 장삿속이 밝으며",[79] "혁신적이고 적응을 잘한다"[80]라고.

이런 담론의 대부분은 크리스 보닝턴에서 시작됐을지 모른다. 탁월한 등반가이자 리더이며 원정 기업가이기도 했던 그는 셰르파에 대한 인류학 자료를 읽기도 하고, 인류학자이자 등반가로 셰르파를 연구했던 친구 마이크 톰프슨과 이야기를 나누며 시간을 보내기도 했다. 셰르파의 무역 참여와 그들의 사교적인 외향적 스타일의 연관성을 이야기했던 바로 그 톰프슨 말이다. 1976년 보닝턴은 다음과 같이 썼다.

> 티베트로 들어가는 고개 근처에 사는 셰르파족은 언제나 농사꾼이자 장사꾼이었다. 그리하여 그들에게는 날카로운 사업 감각과 기업가 정신이 있다… 그들은 돈의 가치를 잘 알고 있다…[81]

책 후반부에서 그는 셰르파가 등반을 하는 주된 동기는 돈을 버는 데 있다고 주장했다.

> 돈에만 관심이 있다는 식으로 들릴지 모르지만, 대가를 지불하는 원정대를 돕는 데 있어서 셰르파들은 일당을 받는 다른 피고용인들과 다르지 않다는 점을 기억해야 한다. 영국의 일반 공장 노동자들과 마찬가지로, 그들의 복종뿐 아니라 열정까지도 이끌어내자면 돈 이상의 것이 필요하긴 하지만.[82]

이런 보닝턴의 견해 가운데 이런저런 부분—셰르파들은 프롤레타리아라기보다는 미미한 사업가라고 하는 부분이나 가부장주의 느낌이 강한 "그들의… 복종을… 받아낸다"는 부분 같은—을 가지고 트집을 잡을 수도 있지만, 그럼에도 그의 견해는 초기 오리엔탈리즘과는 거리가 멀다. 셰르파들이 탈낭만화된 것이다. 보닝턴은 셰르파들이 하는 말을 확실히 듣고, 사실은 자신이 한 이야기가 실제로 시사하는 바를 따랐다. 그는 언제나 셰르파들에게 보수를 두둑하게 지불했다.

여기서 요점을 분명히 하자면, 1970년대 등반 사히브들 사이에서 등장했던 생각, 즉 셰르파는 사히브나 산이 좋아서가 아니라 돈 때문에 산을 오른다는 생각은 이전에는 듣지 못했던 셰르파의 관점을 정확히 인정한 것이었다. 내가 주장하는 바는 이것이다(그것은 셰르파가 등반의 **결과로** 망가졌다거나 물질주의적이 되었다는, 뒤에 가서 논할 견해와는 구분된다). 여기서 이런 의문이 생겨난다. 사히브들이 더 정확히 들을 수 있었던 이유는 무엇인가? 혹은 관점을 달리해 셰르파들은 어떻게 해서 마침내 자신들의 이야기를 듣게 만들었는가? 그 대답은 적어도 부분적으로는 1970년대의 반문화적 변혁과 관련돼 있었다. 이후 이 반문화가 무너지고 1970년대 문화사가 상당히 많이 고쳐 쓰이기도 했지만, 그 시기에 젊고 교육 수준이 높은 중간계급, 사히브들을 배출했던 이 계층의 사람들은 계급과 지배의 문제를 광범위하게 제기했으며, 실제로 자신들보다 힘없는 이들에게 '민감해'지려 애썼다는 점을 상기해야 한다. 많은 등반가들이 분명 그 시대의 문화적 변화에 어떤 식으로든 영향을 받았으며, 적어도 일부 사히브는 진정으로 마음을 열고 '셰르파의 관점'을 듣게 되었다는 생각이 든다.

그렇다고 해서 내가 기록하려고 애써온 파업, 논쟁, 요구, 전략적 사히브 관리 같은, 히말라야 등반에 있어 50년에 걸친 셰르파들의 저항이 끼친 영향을 부정하려는 것은 아니다. 단지 1970년대에 그러한 저항에 특히 수용적인 사람들이 귀를 기울였다는 뜻이다. 원정대 보고서들을 보면 셰르파들과의 관계에서 평등과 위계 문제에 대해 사히브들 쪽에서 훨씬 많은 성찰이 이뤄졌고, 또 사히브와 셰르파 사이에 다양하고 평등한 상호작용이 훨씬 더 빈번해진 점을 알 수 있다. 셰르파들도 이런 바뀐 분위기에 강하게 반응했고 '저항'을 넘어 실제로 평등을 주장하는 데까지 나아갔다. 실제로 젊은 셰르파들은 '사히브'란 말을 아예 쓰지 않게 됐다.

사히브의 종말

1950년대와 1960년대에는 일부 원정대에서 사히브와 셰르파 사이의 평등을 지향하는 경향이 있긴 했지만, 그러한 평등주의 원정대는 소수에 불과했다. 1970년대에는 그 시대의 전반적인 반反위계 정서의 일부로서 셰르파들과 평등하다는 생각이 훨씬 강해졌다. 1970년 안나푸르나 원정에 대한 보고서에서 보닝턴은 "우리는 늘 [셰르파들을] 동료 등반가로 대했으며 셰르파-사히브 관계가 들어서는 것을 허용하지 않았다"라고 했다.[83] 그리고 1973년 미국 다울라기리 원정대, 비교적 집단적 리더십이 상당히 잘 작동했던 그 원정대에 대한 기록은 다음과 같다.

원정대가 산악인들이 서로를 대하는 것과 같은 신뢰와 존경으로 셰르파들을 받아들인 덕분에 소남 기르미와 그가 이끄는 셰르파들이 힘을 얻었다. 모리시Morrissey[리더]는 코니스 캠프Cornice Camp에 마지막으로 도착한 이들 중 하나였다. 그는 잘 곳을 찾으려고 둘러보다 소남 기르미의 텐트에 자리가 있는 것을 보고 들어가도 되느냐고 물었다. 모리시는 자신의 요구가 특별할 게 없다고 생각했다. 텐트는 텐트일 뿐이고 그 원정대에서는 사히브와 셰르파 사이에 어떤 차별도 인정하지 않았으니까. 하지만 소남에게 그것은 전례가 없는 일이었다. 그는 18개의 원정대에 참여했지만 리더인 바라 사히브, 즉 큰 사히브와 함께 텐트를 써본 적이 없었다. 만일 우리 팀이 어쨌거나 원정을 제대로 했다면, 그것은 대부분 셰르파들이 우리를 위해서 일한 게 아니라 우리와 함께 일했기 때문이었다.[84]

배스와 웰스의 '칠대륙 최고봉Seven Summits'(각 대륙에서 가장 높은 산을 말한다. 산악인들의 등산 목표로 많이 언급되며, 1980년대 리처드 배스에 의해 처음 언급되었다—옮긴이) 프로젝트의 일환이었던 1983년 에베레스트 원정대에서도 셰르파들과 얼마나 평등해지느냐에 성공이 달렸다는 인식이 있었다.

> [리더인 어슬러Ershler는] 게리 로치Gerry Roach가 1976년 원정 때 셰르파들이 첫번째 등정 시도 후에 높은 캠프들로 더 많은 산소를 운반하는 일을 거부했던 이야기를 해줄 때 주의 깊게 들었다. 그런 문제가 생긴 것은 셰르파들이 스스로 고용인에 불과하다고 느꼈기 때문이었다고 로치는 생각했다. 소남[셰르파 사다] 또한 셰르파들이 등반에서 실질적인 역할이 전혀 없는 짐을 나르는 짐승일 뿐이라고 느끼게 되면 일찍 그만둘지도 모른다고 어슬러에게 경고했었다.[85]

사실 셰르파들과의 평등 문제는 단순히 자신의 우월성을 드러내지 않는 문제가 아니었다. 사히브들이 셰르파들에게 종종 느꼈던 경쟁적 불안감, 그러니까 셰르파가 신체적으로 더 강하고 대개 사히브들보다 경험이 많다는 느낌이나 두려움을 감안하면, 평등 문제는 때로 셰르파의 우월성과 맞서 싸우는 문제였다. 버지스가 썼듯 "가이드의 도움을 받는 고객이 아니라, 셰르파 동료와 동등하다고 느끼고 싶었다".[86]

버지스와 파머Palmer의 책(1983)을 보면 사히브와 셰르파 사이의 초기 경쟁을 연상시키는 상황도 나온다. 그러나 그 담론은 종국적으로 다른 방향을 취하는데, 셰르파에게 뒤지고 싶지 않다는 의식이 신식민주의적 우월성의 거부로 간주되기 때문이다. 1970년대 중반 피터 보드먼은 이렇게 말했다.

나는 이 원정에 대해 일말의 죄책감을 느낀다. 외세가 다른 나라를 예속 시키는 것이 옳다고 생각하는 사람은 아무도 없다. 그러므로 나는 셰르 파들의 시중을 받고 타망 포터들 여럿이 서방 세계의 그 모든 부속물과 발명품들을 등에 지고 나르게 하는 것에 죄책감을 느낀다…[87]

그리고 유사한 정서의 표현이 역시 반식민주의적 틀에 담겨 1980년 대 초반에 나왔다.

나는 셰르파들이 날마다 그렇게 무거운 짐을 지고도 대다수 산악인들보 다 빨리 갈 수 있다는 사실이 조금 당혹스러웠다. 사실은 그들이 우리를 산으로 데려간다는 기분이 들었다. 최소한 약간의 존경심이라도 되찾기 위해, 또 어쩌면 다른 서구인들에게 보여주고 싶은 마음에서 그랬는지 도 모르는데, 나는 큰 프로판통 중 하나를 운반하기로 했다. 이 고도에 서 한 셰르파가 지는 짐의 4분의 1에 해당되는 무게였다. 그것이 내 배 낭으로 들어가자 셰르파들이 갑자기 박수를 치면서 환호했다. 바나나를 잘 땄다고 원주민에게 박수를 받는 식민지 나리의 모습이 언뜻 머리를 스쳤다.[88]

이 모든 사례는 사히브들의 1970년대 민감성과, 낡은 위계적 관계 를 철회하거나 회피하는 셰르파들의 신중하지만 분명한 커뮤니케이션 사이의 섬세한 상호작용을 보여준다. 내가 1990년대에 인터뷰한 원정 대 셰르파들은 그리 많은 말을 하지는 않았지만, 1970년대에 와서 동 등한 존재로 인정받고 대우받을 자격이 있다고 느꼈고 또 그것을 요구 할 수 있었다고 확실히 말했다. 페마라는 셰르파는 1979년에 가네쉬 3Ganesh III이라는 이름의 봉우리를 오르려다 실패한 일본/네팔 공동

7장 반문화

사진 8. 페마 셰르파, 1990.

원정대 이야기를 들려주었다. 1970년대 초에, 등반 허가증을 발급해주
는 네팔 관광청은 네팔의 모든 봉우리를 처음으로 오를 경우에는 외국
인과 네팔인이 공동으로 올라야 한다는 법을 통과시켰다. 네팔인은 대
체로 셰르파를 의미했다. 이는 외국 산악인과 셰르파 산악인이 동등한
'대원'임을 의미했다. 페마는 다음과 같이 말했다.

> 일본 대원들과 네팔[셰르파] 대원들 사이에 문제가 있었다. 네팔 대원들
> 이 대부분 루트를 개척했는데 일본인들은 별로 돕지 않았다. 일본인들
> 은 계속 자기네 짐을 셰르파 짐에 더했다. 셰르파들은 우리는 모두 같다
> 고, 이것은 공동 원정대라고 말했다. 어느 날 그[페마는 결국 짐을 40킬
> 로그램이나 운반했고 몹시 피곤했다. 그러고 나니 기분이 나쁘고 일본
> 인들과 일하고 싶지 않고 몸도 좋지 않았다. 그는 베이스캠프로 돌아갔
> 다…[그는 말했다] 테세라 라숭tsera lasung했다고. 짜증나고 지긋지긋했
> 다는 뜻이다.[89]

사진 9. 앙 카르마 셰르파, 1990.

많은 셰르파들이 기대했던 평등은 그저 형식적인 동등성이 아니라, 앙 타르카이와 텐징 노르가이의 경우와 비슷한 진정한 우정이었다. 고산 셰르파로 일한 적이 있는 저널리스트 앙 카르마Ang Karma는 외국 산악인들이 국적에 따라 다르다고 했다. 여러 가지 이유에서 특정 국적을 밝히지는 않겠지만 그의 이야기는 인용할 가치가 있다(셰르파족은 이런 종류의 알려지지 않은 이야기가 출판되는 것을 원치 않는다. 특정 민족을 비방하는 것으로 보일 수도 있고, 어쨌든 모든 셰르파가 이런 식의 구분에 동의하는 것도 아니기 때문이다).

[X나라 사람들]과 [Y나라 사람들]은 성질이 못됐다. 그는 그들의 원정대에 가담하는 것을 몇 차례 거부했다. [그들은 왜 그럴까요?] 열등감 때문일지도 모른다. 그들은 네팔에 와서 주인 노릇을 하고 싶어한다. 어쩌면 자기네 나라가 지나치게 위계적이라 그럴 수도 있다. 그러니까 윗사람은 우러러보고 아래 사람은 걷어차는 식이다. 셰르파들은 이런 것을 좋

아하지 않으며 친구처럼 대해주는 유럽인과 미국인과 일한다.[90]

마찬가지로 1990년에 페르템바와도 이야기를 나눴는데, 그는 크리스 보닝턴의 원정대에서 뛰어난 활약을 했고 중요한 등반도 많이 한 셰르파이다. 페르템바는 1970년대 초부터 원정대의 등정 시도에 셰르파가 가담할 기회가 더 많아졌다며 말했다.

1973년 이전에는 셰르파가 정상에 가는 게 사실상 허용되지 않았다. 그 후로는 함께 갈 기회가 많아졌다. [이유는?] 그 전에는 기회가 리더에게 달려 있었지만 이제는 경험이 많은 사람이라면 누구에게나 기회가 있다. 가장 중요한 것은 의사소통이다. 초기 등반가들과는 의사소통 갭이 더 컸다.[91]

나는 좀 더 설명해달라고 했다.

[그렇다면 그게 왜 바뀌었는지? 셰르파들이 정상에 갈 기회를 달라고 요구한 건지?] 셰르파들이 요구하기도 했지만 등반가들도 그게 낫다는 사실을 알게 되었다. 셰르파는 강해서 함께 있는 편이 더 안전하다. 그리고 이제는 더 많은 —그는 잠시 말을 멈췄다— 우정이 등반가들과 셰르파들 사이에 생겨났다.[92]

이런 셰르파의 감정이 1970년대 사히브들의 보다 커진 민감성에 더해져 많은 관찰자들의 눈에 띈 상당히 극적인 변화가 일어났다. 셰르파들이 더 이상 사히브를 '사히브'라고 부르지 않게 된 것이다. 나는 1960년대 중반부터 1990년대까지 현지조사를 했기 때문에 이 사실을 잘 알고 있었다. 초기에는 사히브를 일반적으로 '사히브'라 부르고 호칭도 그렇게 썼지만, 1990년쯤에는 나이든 셰르파들만 그 용어를 썼고, 그나마 늘 쓰는 것도 아니었다. 젊은 셰르파들은 거의 쓰지 않았다. 이는 1970년대 중반부터 등반 문헌에 나타났다.

셰르파들은 전문가답게 자신의 일을 효율적으로 수행했지만 비굴하지 않았고, 우리를 부를 때 전통적 용어인 '사히브'란 말을 거의 쓰지 않고 보다 평등한 '대원member'이란 말을 선호했다.[93]

그 후 이런 관행이 전적으로 확립되었다. 1980년대의 한 트레커는 자신의 사다인 락파에 대해 이렇게 말했다.

락파는 아직 상당히 젊어 보였지만 서구인들과 일한 지 한참 된 듯한 인상을 주었다. 옷차림이 솔루-쿰부 기준으로 볼 때 말쑥했는데, 소개가 끝나자마자 그가 줄리와 나를 이름으로만 부르는 것을 알아차렸다.[94]

셰르파와의 작업 기간이 나와 비슷한 짐 피셔는 그 상황을 약간 농담조로 이렇게 요약했다.

최근에 성공한 많은 [셰르파]가 서구의 고객을 사히브란 호칭을 빼고 이름으로만 부른다. 카트만두에 있는 하인이나 호텔 종업원이나 관광가이드라면 꿈도 못 꿀 일이다. 서구인들은 흔히 이런 동등한 취급에 호의적인 반응을 보인다. 그들의 시중을 드는 사람일지라도. 하지만 주인과 하인이라는 위계 관계에 익숙하거나 그런 관계를 기대하는 이들은, 난 너랑 똑같다는 식의 셰르파 스타일에 깜짝 놀란다.[95]

나는 '저항'이라는 말을 사용하면서도, 저항이라는 개념이 훨씬 더 복잡한 욕구를 담고 있다고 말하려 애써왔다. 저항 행위는 위계 관계의 토대가 되는 우월성 가정에 의문을 제기하며, 뭐든 특정한 이득이 쟁점이 되더라도 늘 그에 더하여 존중을 요구한다. 더 나아가 저항 행위란 특정 종류의 문화적 또는 상징적인 힘에 대한 요구이기도 하다. 즉 문제가 되는 상황과 관계를 정의하거나 정의에 참여하는 힘을 요구한다. 카테고리는 중요하다. 사히브가 더 이상 사히브가 아니라 고용주에 불과하며 가끔은 '친구'라는 점이 왜 그토록 중요한지를 이해하려면, 이런 관점이 필수적이다.

8
여자들

1970년대까지 히말라야 등반은 압도적으로 남성의 스포츠였다. 거의 배타적으로 남자들만, 셰르파들과 '부유한 선진국들' 양쪽 모두 남자들만 참여했다. 그에 따라 다른 남성으로만 이루어진 조직, 특히 군대에서 파생된 남성 스타일의 상호작용에 기초했다. 또한 등반은 자연과 국가, 물질성과 영성, 내적 자아의 도덕적 품성, 삶의 의미 등 많은 것들에 관한 문제였지만, 부분적으로는 늘 남성성과 남자다움의 문제였다.

1970년대부터 여러 나라의 여자들과 셰르파 여자들, 즉 셰르파니 Sherpani가 등반계에 진출했다. 이 스포츠가 지닌 남성적인 성격을 감안할 때 히말라야 등반에 참여한 여자라면 어떤 의미에서는 내가 말하는 '급진적 젠더'라고 할 만했다. 누군가가 급진적 젠더라고 말하는 것은 그들이 젠더 규범에 의문을 제기하거나 그것을 부순다는 뜻이다. 이런 일을 하는 방법에는 여러 가지가 있고 이를 수행할 수 있는 이데올로기의 틀은 물론 다양하다. 1970년대에 주로 유럽과 미국에서 형성된 페미니스트 운동은 젠더 급진주의의 특정한 역사적 사례에 불과했으며, 그 자체가 다양한 스타일과 입장을 망라했다. 동시에 그것은 많은 소수자들과 제3세계 페미니스트들이 논한 것처럼, 지구상의 다른 지역들은 고사하고 서구에서조차 모든 형태의 젠더 급진주의를 아우르지 못했다.

1970년대에 이루어진 여성의 히말라야 등반 진입은 (이 시대에 성장한 트레킹과 관광의 장에는 더 많은 멤사히브들이 들어서게 됐는데) 매우 다양한 수많은 영향을 끼쳤다. 가장 명백한 것은 페미니스트 운동이 추구했던 여성들의 성공을 가져왔다는 점이다. 최초의 여성 에베레스트 등반, 최초의 셰르파니 등정 위업, 그리고 일반적으로 등반가와 고산 셰르파 대열에 여자들이 더 많이 합류하는 등. 그렇지만 이 상황은 이런 종류의 기록이 시사하기 시작한 내용보다, 사회적, 정치적으로 그리고 어떤 경우에는 성적으로 훨씬 더 복잡했다. 우선 1970년대 사회 운동은 젠더와 섹슈얼리티와 관련해 완전히 일관되지 않은 여러 다양한 방향으로 전개됐다. 다른 한편 등반의 맥락에서 다양한 젠더 조합과의 순열이 있었다. 멤사히브 대 사히브와 셰르파 남성, 셰르파니 대 셰르파 남성과 사히브, 그리고 전 세계적 페미니스트 운동 맥락에서 함께하는 멤사히브와 셰르파 여성 등.

나는 이 장에서 앞서 '성의 변증법'이라고 불렀던 그 구불구불한 길, 즉 히말라야 등반에서 펼쳐지는 복잡하게 뒤엉킨 젠더 역학을 계속 따라갈 것이다. 남자들과 마찬가지로 여자들에 대해서도, 이 스포츠에 참가한 것과 관련하여 그들의 '진지한 게임'을 이해해보려는 지점부터 시작해야 한다. 대략 말하면 그것은 멤사히브와 셰르파니 모두에게 '해방' 게임이었지만, 무엇으로부터, 무엇을 위해, 그리고 어떤 방식으로 해방을 추구했는지는 멤사히브와 셰르파니가 상당히 달랐을 뿐 아니라 멤사히브들 사이에서도 상당히 다양했다. 그러나 이 문제를 살펴보기 전에 히말라야 등반사에서 여성의 '선사 시대'를 간략히 살펴보겠다.

1970년대 이전 히말라야 등반에서 젠더 급진주의

2차대전 이전에는 '멤사히브'든 셰르파 여성이든 히말라야를 등반한 사례는 개별적이고 산발적이었다. 이 시기에 활동했던 서양 여성은 확실한 페미니스트인 파니 불럭 워크먼Fanny Bullock Workman이나 보다 분위기가 영적이었던 알렉산드라 데이비드-닐 같은 일부 탐험가들이었다.[1] 1930년대에 헤티 디렌퍼스Hettie Dyhrenfurth라는 스위스 산악인은 칸첸중가 원정대의 일원이었으며,[2] 1934년에는 발토로Baltoro 빙하 지역을 탐사하고 지도를 작성하는 원정대의 일원으로 카라코람 히말라야의 퀸 메리 봉(7,428미터) 정상에 올랐다.[3] 전쟁 이전 셰르파 여성들이 등반한 자취, 그러니까 산기슭까지 짐을 운반하는 '현지 포터' 일을 넘어서는 자취를 발견하기는 더욱 힘들다. 그러나 사히브들이 '에스키모 넬Eskimo Nell'이라고 불렀던 여성이 있었다. 그녀는 적어도 에베레스트 일부를 등반한 게 확실했다.

> 그리고 에스키모 넬이 있었다. 나는 1933년 에베레스트로 가는 포터였던 그녀에 대해 굉장한 이야기를 들었다. 그녀는 셰르파들에게 원동력 같은 존재로, 독설로 박차를 가하면서 다른 포터들이 더욱 높은 곳까지 짐을 운반하도록 했다고 한다.[4]

1950년대와 1970년대 사이에는 일반적으로 히말라야 등반이 늘었고, 여성의 존재도 좀 더 눈에 띄었다. 멤사히브들 중에는 "히말라야 높은 곳을 탐험하고 등반해본 여자들로만 이뤄진 1955년 최초의 여성 원정대"[5] 대원들과 프랑스 산악인 클로드 코강Claude Kogan이 이끈 1959년 초오유 여성 국제원정대의 대원들,[6] 1961년 조지핀 스카 Josephine Scarr가 이끈 쿨루Kulu 지역에서 등반한 여성 원정대 대원들이 있었다.[7] 다시 한번 말하지만 셰르파 여성들의 등반 자취를 찾기는 더욱 힘들다. 하지만 1959년에 클로드 코강과 함께 초오유를 오른 텐징 노르가이의 두 딸과 조카딸에 대한 기록이 남아 있다.[8]

그처럼 수가 적은 데다 정보도 거의 없기 때문에, 이들 여성의 사회적 위치를 일반화하기는 어렵다. 일반적으로 1970년대까지 히말라야를 올랐던 멤사히브들은 사히브들과 매우 유사했다. 최소한 기록을 남긴 이들로 보자면, 그들은 서유럽인이거나 미국인이었다. 출간된 기록에서 볼 수 있는 한 그들은 백인이었고 대부분 중간계급에 속했다. 일부는 결혼했거나 남자와 오래된 관계였고, 일부는 아이들이 있었으며, 다른 일부는 미혼이거나 독신이었다.[9] 대다수가 적어도 어느 정도 고등교육을 받은 것으로 보이며, 대부분은 전형적인 남성의 세계에서 여성에 대한 장벽을 부수는 일에 대해 어떤 형태로든 의식이나 자각을 드러냈다. 사히브들처럼 이들 여성들도, 좀 더 리버럴했고 때로는 보헤미안이나 반문화에 가까웠으며 중간계급 언저리에 속했다고 일반화해도 괜찮을 것이다.[10]

셰르파 여성들에 대해서는 입수할 수 있는 정보가 더 적다. 그들역시 셰르파 사회의 '중간'계급 출신이었을 것이다. 1970년대 이전에급진적 젠더였던 '대인'의 딸들은 등반 원정대에 가담하기보다는 수녀원에 들어갔겠지만, '소인'의 딸들은 현지 포터 이상의 지위를 성취하는

데 필요한 연줄이나 자신감이 없었을 것이다. 가족의 지위와 관련해 '에스키모 넬'은 1933년 원정대 셰르파의 아내로 알려졌으며,[11] 1959년 초오유 원정대의 셰르파 여성들은, 이미 언급했듯이 텐징 노르가이와 관련이 있었다. 이러한 예들은 아주 최근까지도 유효한 하나의 패턴을 보여준다. 즉 셰르파 여성은 친척이든 남편이든 관계된 남성의 후원이나 동반자 관계가 없으면 등반을 할 수 없었다. 일반적으로 사다, 즉 원정대의 셰르파 십장들은 지금도 그렇지만 산에 오를 때 관계가 없는 여자를 데려가려 하지 않았다. 따라서 등반을 하고 싶은 여자들에게는 사다인 친척이나 남편이 유일한 방법이었다.

셰르파와 멤사히브

미국과 유럽의 1970년대 반문화는 무엇보다 성해방 운동을 낳았다. 성해방 운동 역시 여러 다양한 형태를 취했지만, 그중 하나는 일반적으로 성에 대한 규범과 억제의 완화였다. 다시 말해 혼외 성관계를 도덕적으로 받아들일 수 있는 일로, 기본적으로 건강하며 관련자 모두에게 즐거움을 주는 일로 여기게 되었던 것이다. 남자가 성을 추구하고 즐기는 것은 받아들여지지만 여자는 성을 추구해서도 즐겨서도 안 된다는 이중 잣대가, 최소한 지배적인 이데올로기 지위에서는 내려왔다.

성 해방과 여성 해방 운동은 교차했지만 동일하지는 않았다. 대다수 페미니스트들이 성해방주의자였지만 성해방주의자가 반드시 페미니스트는 아니었으며, 어떤 여자들에게는 좀 더 자주 혹은 좀 더 캐주얼하게 섹스를 청하고 즐기는 일이, 보다 전통적인 젠더 지위의 향상에 불과했다.

1960년대 중반 네팔은 최초의 반문화 현장 가운데 하나였다. '동양'에 대한 반문화적 매혹 때문이기도 했고, 당시 그곳에서 마리화나와 대마초가 값싸고 합법적이었기 때문이기도 했다.[12] 분명 그때부터 네팔로 트레킹이나 어느 정도 등반을 하러 온 서구 여성들이 셰르파 남자에게 섹스를 청하고 그들과 성관계를 맺기 시작했다. 물론 누가 누구에게 먼저 청했는가는 알려진 바가 없지만, 서구의 관찰자들과 셰르파들의 일반적인 생각에는 적어도 초기에는 여성 사히브들이 주도했다고 여겨졌다. 이는 여러 가지 근거로 이치에 맞는다. 셰르파들은 전통적으로 성에 대한 태도가 비약탈적이며, 그들의 관점에서 멤사히브들은 보통 그다지 매력적이지 않았다. 또 적어도 초기 몇 년간은 분명 멤사히브들이 셰르파들보다 지위가 높았고, 셰르파들은 지위와 힘을 침범하는 데 매우 신중했다.

물론 이런 종류의 현상에 대한 분명한 자료를 얻기는 힘들지만, 여러 번의 트레킹과 몇몇 등반 원정 중에 이루어진 남성 셰르파와 멤사히브 사이 성관계에 대한 소문은 카트만두 거리에 널리 퍼져 있다.[13] 제임스 피셔는 "주로 트레킹 사다들과 서구 여성 고객들 사이의 많은… 비공식적 정사"뿐 아니라 "서양인과 셰르파, 비교적 거의 교육을 받지 못한 솔루나 쿰부 출신 셰르파 사이에 40여 건에 이르는 결혼 사례"를 보고했다.[14]

셰르파들과 서양 목격자들 모두 특정 원정대에서 일어난 성관계 이야기를 자주 했다. 다음 이야기는 물론 가십으로 분류되어야 한다. 사실일지도 모르지만 나는 이런 이야기들을 실화가 아닌 목격담 사례로 전한다. 1980년대의 어떤 여성 원정대와 관련된 이야기에서는 원정대 여자들 중 하나가 셰르파를 자기 나라로 데려가고 싶어했으나 셰르파가 따라가지 않았다고 한다. 또 그 원정대의 셰르파 대장은 그 여자들 중 하나와 아들을 낳았고, 그 아들이 현재 미국에 살고 있다고 한다. 이런 이야기들을 내게 전해준 서양인은 그런 일을 주도한 것은 그 여자들이라고, 셰르파들은 "너무 수줍다"고 생각했다.[15]

내가 인터뷰한 셰르파 여성 등반가 하나는 다른 여성 원정대 이야기를 해주었다.

> [어떤 남자의] 아들이 리더와 성관계를 갖게 돼 문제가 생겼다. 원정이 성공한 후 큰 파티가 열렸고 셰르파들은 술에 취했다. 그 [셰르파 소년의] 아버지는 [몹시 화가 나서] 모든 천막 기둥을 다 부러뜨렸다. 그는 그 일을 신문에 내서 [그 나라의 등반가들이] 다시는 네팔에 오지 못하게 할 거라고 했다.[16]

그 아버지의 반응을 보면 젊은 셰르파 남자가 멤사히브와 성관계를 갖는 것이 다른 셰르파들에게 문제가 안 되는 게 아니다. 사실 셰르파들은 다양한 입장을 보여준다. 대다수는 모든 일을 비교적 가볍게 넘기며 우호적인 농담으로 넘긴다. 몇몇 셰르파가 어느 작가에게 1978년 안나푸르나 여성 원정대에 대해 한 농담을 보자.

> 외국으로 가는 방법이 하나 더 있다. 올해 미국 여성 원정대가 왔는데 셰르파 몇몇과 그 여자들 몇몇이 결혼했다[실제로는 한 쌍이 결혼하고 한 쌍은 성관계를 가졌다]. 이제 셰르파들은 "여성 원정대에서는 보수를 받지 않아도 된다, 무료로 일한다"고 말한다. 우리는 모두 웃었다.[17]

그러나 덜 우호적인 입장도 나타났으며, 종종 멤사히브들에 대한 비난도 들렸다. 이는 멤사히브와의 성관계에 대한 상당히 계산적인 태도와 결부되었는데, 이런 태도는 앞에서 말한 '마초 전환'과 관련된다. 즉 원정대에서 사히브들과 셰르파들 간에 외설적인 농담 나누기, 성관계 '벌금'을 내고 정복을 했다고 자랑하기에 더해 '모험적 섹스'를 찾는 일부 멤사히브들의 패턴이 이러한 마초 전환에 또 다른 차원을 제공한 것으로 보인다. 보다 약탈적인 '마초적' 태도가 모든 셰르파 남자들의 특성이 아니라는 점은 강조되어야 마땅하다. 그럼에도 많은 목격자들, 셰르파들뿐 아니라 서구인들에게도 그같은 태도는 분명 충격적인 새로운 경향을 상징한다.

한 예를 들자면 1976년 내가 현지조사를 갔을 때 있었던 일인데, 셰르파에 대한 영화를 만드는 그라나다 텔레비전 제작자가 함께 있었다.[18] 어느 마을에서 촬영 중에 트레킹을 하던 스위스 여성과 관계를 맺게 된 젊은 등반 셰르파를 만났다. 그는 그녀를 따라 스위스로 가서 결혼하기로 돼 있었다. 그러나 사귄 지 얼마 되지 않았는데도 그는 그녀에게 별로 관심이 없어 보였고 그녀는 그에게 빠져 있는 것 같았다. 나중에 카트만두에 있는 셰르파 친구들 집을 방문했는데, 바로 그 청년(R)이 집 안으로 들어왔다.

R는 스위스 여자친구와 함께 들어왔다. —(그녀에게) 무례하고 퉁명스러웠다.— 그는 그녀에게 넌더리가 난 듯 보였다. 그녀가 모레 떠날 거라서 내가 그에게 말했다. "슬프겠네요." (물론 나는 그가 무슨 말을 하나 보려고 떠보는 중이었다.) 그는 "글쎄요, 난 여기 친구가 많아요." (내가 방문한 여자, RJ가) "하지만 당신 친구들과 잘 수는 없잖아요"라고 말했다. 그러자 그는 재빨리 —내가 이해하지 못하기를 바라며— 대답했다. "글쎄요, 여기에도 [같이 잘] 여자는 많아요."[19]

1990년에 카트만두에 유행했던, '한 셰르파'가 했다는 또 다른 차원의 천박한 '농담'이 있다.

트레킹 일이 아주 쉽다는 셰르파에 대한 이야기 들었나? 영어는 한 단어만 알면 돼. "예스." 셰르파 높이 올라가? "예스." 짐 운반해? "예스." 요리해? "예스." 멤사히브가 자고 싶다는데? "예스."[20]

만일 이것이 실제로 셰르파 입에서 나온 농담이라면 이는 여러 가지를 보여준다. 첫째, 멤사히브가 섹스를 주도했다는 점, 둘째, 셰르파는 거절할 위치가 아니었다는 점, 셋째, 이런 입장에 놓인 셰르파는 여자, 적어도 멤사히브에게 냉담해지고 대놓고 무례해질 수 있었다는 점. 이런 일은 일부 셰르파 남자들이 페미니스트들 그리고 1970년대의 확실히 반마초적인 원정대들과 충돌을 일으킬 수 있는 상황을 조성했다.

1970년대의 페미니즘

1970년대에 정치, 문화 운동으로서 페미니즘이 등장하기 이전에도 젠더 장벽은 문화적 경계 안팎에서 어떤 의미에서(다른 의미에서는 아니지만) 도전받고 있었다는 점을 분명히 해야 한다. 하지만 페미니스트 운동의 부상은 히말라야 등반에 몇 가지 극적인 영향을 미쳤다.

여기서 잠깐 히말라야 등반의 관점에서 1970년대 페미니스트 운동이 전적으로 초국가적 성격을 지녔다는 사실에 주목할 필요가 있다. 1970년대 당시 아시아의 거의 모든 국가를 포함해 사실상 모든 '선진국' 여성들이 히말라야를 등반했다. 따라서 민족적, 국가적 다양성은 컸지만 계급적 다양성은 크지 않았다. 내가 보기에 그 여성들은 국적에 상관없이 대개 중간계급이었다.

어쨌든 페미니즘은 무엇보다 히말라야 등반에 대규모 여성의 유입을 초래했다. 여성들은 왔을 뿐만 아니라 정복했다. 1975년에는 여성들이 에베레스트산에 두 차례 올랐다. 첫번째는 일본 여성 원정대의 공동 리더인 다베이 준코가 전통적인 서쪽 루트로,[21] 두번째는 중국(사실상 주로 티베트인들로 이뤄진) 혼성 원정대의 일원인 티베트 여성 판톡Phantog이 그 어려운 북사면으로 올랐다.[22]

페미니스트 운동은 여성들에게 이런 종류의 소득을 올리는 일 이상이었다. 많은 여성들에게 이 운동은 남성 우월주의라는 젠더와 젠더 차이의 경계를 문제 삼는 것이기도 했다. 적어도 그것은 '성차별주의 sexism'에 대한 민감한 의식과 감수성의 형태를 띠었는데, 등반에서도 더 익숙하거나 덜 익숙한 다양한 형태로 등장했다. 일부는 더 익숙하고 일부는 덜 익숙했다. 아마 가장 흔한 경우는 동료 남성 등반가들의 일반화된 무례와 묵살이었을 것이다.[23] 그 정도를 넘어서는 더 적극적인 성희롱도 있었다.

> 오늘 아침 제프(프랑스 남자들 중 하나)가 그들의 작은 그룹이 앉아 있는 식당 텐트로 날 불렀다. 그들은 요리사와 함께 '강한 담배(마리화나)'를 피우고 있었던 게 분명했다. 그들은 요란스레 웃고 있었다. 제프가 말했다. "어서 와요, 줄리. 게랄(원정대의 파키스탄인 경찰관이자 경비)이 당신이랑 자고 싶… 어때요?" 우리의 책임감 있는 의사라는 제프가 낄낄거렸다. "참으로 당신네들다운 말이네, 죄다 뇌를 불알 속에 넣고 다니나보군." 나는 그렇게 쏘아붙이고 나와버렸다.[24]

277

'가부장주의' 문제도 있었다. 이는 여자 산악인들 사이에 특히 민감한 사안이었다. 삶의 다른 영역에서와 마찬가지로 등반에서도 남자들은 장악하려는 경향이 있으며, 그렇기 때문에 저항해야 한다는 의식이 있었다. 그리하여 많은 여자들이 혼성 원정대에 반대했고, 등반에서 리더십과 독립성을 가질 수 있는 유일한 방법은 아예 남자와 등반하지 않는 것뿐이라는 입장을 취했다.[25]

이는 모두가 공유한 입장은 아니었다. 다른 면에서 급진적 젠더였던 많은 여자들이 계속 혼성 원정대의 일원으로 혹은 강한 남성 등반 파트너와 함께 산을 올랐다. 위에 인용했던 글에서, 낭가파르바트에서 남성 집단을 향해 호통을 쳤던 영국 등반가 줄리 털리스Julie Tullis조차 여자로만 구성된 원정대를 본인은 관심을 두지 않는 일종의 '페미니즘'과 동일시했다. 그녀는 늘 혼성 원정대에서, 가끔은 원정대의 유일한 여자로 등반을 했으며, 전부 여자였던 폴란드 K2 원정대에 대해서는 다음과 같이 평했다. "그 네 여자애들은 사이가 좋았고 아주 강했으며 또 굉장히 억척스럽게 등반을 했지만, 나 자신이 '페미니스트' 원정대의 일원이 되는 건 생각할 수도 없는 일이었다."[26]

에베레스트 정상에 오른 최초의 두 여성 중 한 명인 다베이 준코는 등반 파트너인 남자 셰르파 앙 체링Ang Tshering에게 크게 의지했다는 사실을 거리낌없이 인정했다. 앙 체링은 최후의 정상 등정까지 내내 기운차게 이끌었다(그런 고도에서도 '기운차게'란 말을 쓸 수 있다면).

앙 체링은 갈수록 등반 속도를 높이면서 자주 내 손을 잡아끌며 계속 전진하라고 재촉했다. 나는 피곤했고 우리는 정상을 향해 천천히 나아갔다. 때로는 기다시피하면서. 매우 힘든 등반이었다.[27]

하지만 많은 여성에게 남성 없는 등반은 매우 신나는 경험이었다. 그들은 '해방'감을, 독립적인 어른으로서 혼자 힘으로 해낸 기분을 표현했다. 미국 등반가이자 리더였던 알린 블룸은 이렇게 썼다.

1970년 맥킨리산을 등정한 여성 원정대에 참여했는데, 지금껏 가장 만족스러운 등반이었다… 우리는 마치 '어른들 없이' 우리의 산을 오르는 기분이었고, 어려운 문제들도 성공적으로 해결했다.[28]

에베레스트 정상에 오른 최초의 미국 여성 스테이시 앨리슨Stacy Allison도 비슷한 감정을 표현했다.

함께라는 것이 이브Ev(그녀의 여성 등반 파트너)와 내게 원하는 것은 무엇이든 할 수 있는 힘을 주었다. 우리에게는 남성 친구, 남성 교사, 남성 등반 동료가 있었다. 우리는 남성들과의 등반을 피하지는 않았지만, 우리가 함께한 등반은 그들에게 의지할 필요가 없다는 점을, 이전에는 남성들만 올랐던 곳을 등반하는 우리의 힘이나 능력을 의심하는 사람들에 대해 염려할 필요가 없다는 사실을 의미했다.[29]

이런 사례들에서,[30] 저항의 대상은 성적 파트너, 연인, 혹은 남편으로서의 남자들이 아니라 매우 구체적으로 '가부장' 스타일의 남자들, '아버지'로서의 남자들, 여자들을 장악하려 하고 어린애처럼 느끼게 만들려 하는 남자들이었다.[31]

여자 등반가가 혼성 등반대와 여성 등반대 중에서 간단히 택할 수 있다면 남자들과 등반할지 여부는 별로 문제가 되지 않을 것이다. 그러나 전통적으로 셰르파의 지원을 받는 히말라야 등반 맥락에서 선택은 그리 간단하지 않았다. 이 점은 1978년 그 유명한 안나푸르나 여성 원정대에서 명백히 드러났다.

페미니즘, 셰르파, 안나푸르나 여성 원정대

문화 간 관계는 절대 젠더 중립적이지 않다. 다베이 준코는 셰르파 앙 체링의 도움을 기꺼이 받아들였지만, 사실 성해방 운동과 결합된 여성 운동의 결과 멤사히브와 셰르파의 관계가 문제로 부각되었다. 두 운동 모두 여태까지는 주로 기능 수행적 관점에서 일반화해보았던 '셰르파' 들이 실은 남자들이라는 점을 새로이 부각시켰다.

전부 남성으로 구성된 원정대에서는 셰르파의 남성성이 셰르파와 (남성) 사히브 모두에게 서로 "평등을 이루는" 역할을 했다.[32] 동시에, 역설적이게도 셰르파는 은유적으로 여성으로 코드화되었다 해도 과언이 아니다. 이같은 차이의 젠더화gendering of difference는 아마 여러 형태로 구현되는 서양의 '타자화othering'에도 해당될 것이다. 즉 문화적 차이를 절대적이고도 열등한 것으로 만들고, 서양적 자아는 남성으로 '동양적' 혹은 '원시적' 타자는 젠더에 상관없이 여성으로 해석하는 것이다. 셰르파의 경우에는 그 연관성이 좀 더 구체적이었다. 셰르파의 일이 기본적으로 사히브를 보살피는 것이었기 때문이다. 요리, 청소, 짐 운반, 때로는 그들을 업어 나르는 것까지. 사실 셰르파들이 체구가 더 작았기 때문이기도 했지만 여성으로 코드화되었기 때문에, 사히브들은 흔히 체력, 속도, 정력 면에서 우월한 셰르파들을 그토록 불편해했을 것이다.

그리하여 셰르파 남성 산악인의 남성성을 진정으로 알아차리기 위

8장 여자들

해서는 여성이 필요했다. 좀 더 정확히 말하자면, 역사적으로 형성된 여성 집단, 즉 성해방과 페미니즘 정치 양쪽의 생산자이자 산물인 이 집단이 셰르파를 '남성'으로 구성하기 위해 필요했던 것이다. 내가 말하는 '구성'이란 셰르파가 신체적으로 남성이라는 뜻일 뿐 아니라, 이 남성성이 광범위한 의미에서 실제적이고 정치적인 함의가 있다는 뜻이다. 이를테면 셰르파 남자들을 성적인 남성으로 구성하고 그들과 성적인 관계를 맺는 패턴이 있었다. 반면 페미니즘적 자각의 확장도 있었는데, 자신들이 여자들보다 우월하다고 여기고, 여자들에게 지시하고 싶어하면서도 여성 리더들로부터 명령을 받는 것을 원치 않는 남자들이라는, 페미니스트들이 벗어나려 하거나 변화시키려고 하는 그 모든 면에서 셰르파 남자들을 정치적인 남성으로 구성하는 것이다. 또한, 분명한 '페미니스트' 원정대가 1970년대에 조직되었을 때, 일부 여자들에게 셰르파들을 어쨌든 데리고 가야 하는지가 실제로 문제가 되기도 했다. 원정대가 성공했는데 셰르파 남자들의 도움을 받았다면, 그럼에도 여성 원정대의 성공인가?

이 두 가지 문제, 즉 셰르파와의 섹스와 등반에서 남자를 배제하는 문제가 1978년 안나푸르나 여성 원정대에서 결합됐다. 지금까지 쓰인 가장 비범한 등반 서적 중 하나인 알린 블룸의 『안나푸르나: 여성의 자리Annapurna: A Woman's Place(1980)』에 묘사된 것처럼. 나는 이 원정대가 방금 논의한 문제들을 드러낸 몇 가지 방식을 추적해보고자 한다.

이 원정대는 등반 경험이 많은, 특히 혼성으로 구성된 미국 200주년 에베레스트 원정대에 참여했던 등반가 블룸이 조직했다. 그녀와 몇몇 친구들이 여성들만의 등반을 생각하기 시작했던 당시에는 아직 8,000미터가 넘는 봉우리를 오른 여성이 없었다.[33] 안나푸르나 여성 원정대는 처음부터 매스컴의 엄청난 주목을 받았는데 '여성의 자리는 꼭

대기A Woman's Place Is on Top'라는 이중적 의미를 갖는 슬로건 때문이기도 했다. 이 슬로건이 인쇄된 티셔츠가 수만 장 팔려 (매우 성공적으로) 원정 기금이 마련됐다.

원정대는 21세부터 50세에 이르는 13명의 여자로 구성되었으며, 전부 미국인이었다. 대다수 히말라야 원정대처럼 학력이 높은 중상류 계급이었다. 블룸은 생화학 박사였고 다른 한 여성은 의사였다. 또한 혼인/관계/성적 상태도 복합적이었다. 결혼한 이들도 있고 남자와 오래된 관계에 있는 이들도 있었으며 아이가 있는 사람도 한 명 있었다. 그 외 다른 이들의 성적/혼인 상태는 언급되지 않았다.

이 원정대는 셰르파 여성들을 데려와 '셰르파'로 훈련시켜 달라고 요청했는데, 이는 이 원정대의 페미니즘적인 한 단면이었다. 당시로서는 전례가 없던 일이었는데, 원정대 여자들이 보기에 셰르파 사다인 롭상은 내켜하지 않았다. 하지만 그는 베이스캠프에서 주방 일을 하라고 자신의 친척 여성 둘을 고용했다. 그러나 이는 미국 여성들이 원했던 바와는 정반대처럼 보였고, 이 불운한 원정대의 다른 모든 일처럼 분열과 갈등을 초래했다. 책에는 무슨 일이 있었는지 분명하게 나와 있지 않지만 나의 셰르파 친구에 따르면, 셰르파 여자 하나가 셰르파 남자 하나와 성관계를 맺었다. 사실이야 어떻든 블룸이 셰르파 여자들을 해고하자 그 여자들은 몹시 화가 났다. 추악한 대치 상황이 벌어졌고, 그 일로 블룸은 몹시 흔들렸다.

게다가 애초부터 셰르파의 지원을 받을지 말지를 놓고 원정대 내에서 분열이 일었다. 앨리슨 채드윅-오니츠키에비치Alison Chadwick-Onyszkiewicz와 몇몇 대원들은 다른 여성 산악인들이 표현한 독립성이라는 주제를 되풀이하며 셰르파들을 쓰지 말자고 했다. 셰르파들은 "끔찍한 골칫거리가 될 수 있다"라고 채드윅-오니츠키에비치는 경고하며 "이것은 결국 여성의 등반이다. 우리는 실제로 셰르파가 필요하지 않다. 우리 스스로 해야 한다"라고 했다.[34]

그러나 그들은 남성 셰르파들을 데려갔고, 모두가 두려워한 모든 일이 일어났다. 원정대에 '등반 중 로맨스 금지'라는 규칙이 있었는데도[35] 대원 하나가 셰르파 키친보이와 사랑에 빠져 잠자리를 같이 하기 시작했다.[36] 이 일이 그 자체로 끔찍한 건 아니었지만, 원정대 전체에 '멤사히브와의 섹스'라는 문제를 제기했다.

셰르파들은 애니Annie와 예시Yeshi의 관계를 잘 알고 있었는데, 우리 중 나머지는 그런 경향이 없다는 사실을 이해하지 못하는 것 같았다. 마리는 셰르파들이 계속 이상하게 쳐다봐서 불편하다고 불평했다.[37]

듣기로는 나중에 또 다른 대원이 카미Kami('불가촉민'인 대장장이)라는 포터와 관계를 갖게 되었는데, 1990년에 내게 그 이야기를 해준 셰르파로서는 도무지 이해할 수 없는 일이었다. 그 원정대에 대한 셰르파 사회의 전반적인 생각은 "원정대 전체가 남편을 찾고 있다"는 것이었다(이는 그들이 섹스 상대를 찾는다는 정중한 셰르파식 표현이다).

이 일의 좋지 못한 결과는 원정대가 여러 가지 방식으로 무너지기 시작한 나중에서야 나타났다. 일부 여성들은 셰르파들에게 확실히 적대감을 품고 있었는데, 일부 셰르파들이—마초 전환의 또 다른 예이다 — 일종의 성희롱에 가담하기 시작했던 것이다.

"게다가 그들은 끔찍하게 불쾌해지고 있어요. 계속 우리를 가리키며 항상 낄낄대요. 음란한 말들을 하고 있다는 거 알아요"라고 리즈가 덧붙였다.
……

"어떻게 알아?" (블룸이) 물었다.

"그러니까 눈 위에다 계속 남근 상징을 그리고 있는걸요. 베라가 그만하라고 하니까 그들은 예티('가공할 눈사람')가 그렸다고 했어요, 셰르파들이 아니라." 리즈가 말했다.[38]

일반적으로 원정대 여성들은 셰르파들이 무례하게 굴고 자기들을 깔본다고 느꼈다.[39] 모든 여성들이 남성인 셰르파들에게 어느 정도 이런 문제를 느꼈지만, 셰르파의 도움을 받아서라도 안나푸르나 정상에 도달한다면 충분히 여성들의 업적이 될 거라고 생각하는 이들과 그렇지 않은 이들 사이에 분열이 있었다. 결국 산 상층부의 날씨가 혹독했던 데다 셰르파들이 고집을 부려서 멤사히브 둘과 셰르파 둘로 이뤄진 정상등반조가 만들어졌다. 그들은 성공적으로 정상에 도달했다.

보통은 한 조가 정상에 도달하면 원정대 전체의 성공으로 간주된다. 그러나 젠더 구성과 상관없이 대부분의 등반대에서 다른 대원들도 정상에 갈 기회를 원하는데, 이 원정대도 예외가 아니었다. 앨리슨 채드윅-오니츠키에비치와 베라 왓슨Vera Watson이 두번째 조로 남았다. 채드윅-오니츠키에비치는 셰르파 지원으로 정상에 가게 되면 여성의 성공으로 생각하지 않을 거라고 가장 과격하게 주장했던 대원이었다. 이 두번째 조와 정상까지 동행할 수 있을 셰르파가 한 명 남아 있긴 했지만 마지막날 고산병에 걸려(블룸은 내내 그를 불신했다) 하산했다. 블룸은 셰르파의 도움 없이 정상에 도전하지 말라고 채드윅-오니츠키에비치와 왓슨을 설득하려고 애썼지만 그들은 끝내 출발했고, 다시는 돌아오지 않았다.

앨리슨 채드윅-오니츠키에비치와 베라 왓슨의 죽음은 여성 운동이 지닌 위험에 대한 우화처럼 보인다. 그러니까 '모성본능을 속일 수는 없다'는 결론을 암시하는 근거 없는 속설로. 한 측면에서 이는 말도 안 되는 해석이다. 산에서의 죽음은 성별도(남자들도 수백 명이 죽었다) 이데올로기도 가리지 않는다. 늘 남자들과 등반했고 자신을 페미니스트로 여기지 않았던 줄리 털리스도 K2에서 고산병으로 죽었다. 하지만 다른 측면에서 남성과 여성 등반가 **모두**의 죽음은 젠더화된 자아라는 명목으로 또는 그 명예를 위해 육체를 위험에 빠뜨린, 이른바 육체적 정치의 결과로 결론지어야 한다.

셰르파 여성: 간략한 개관

1970년대에 등반을 시작한 여성들은 멤사히브들만이 아니었다. 1970년대에 시작된 페미니스트 운동은 곧바로 전 세계적 성격을 띠었다. 셰르파 여성들을 '셰르파'로 모집하려는 1978년 안나푸르나 여성 원정대의 시도는 실패했지만, 사실 그 무렵 소수의 셰르파 여성들이 다른 원정대와 함께 등반을 시작했다. 어떻게 그들이 거기에 이르렀는지 이해하기 위해서는 20세기 전반에 걸쳐 셰르파 사회와 문화에서 '여성의 지위'를 잠깐 살펴보는 편이 좋을 것이다.

셰르파 젠더 문화는 여러모로 여성들에게 불리했다. 남성을 "더 상위에" 두고 선호하는 이데올로기가 있었다. 남자는 더 큰 영성을 발휘할 수 있으며 이기적이고 세속적인 관심에 덜 빠져든다고 여겨졌다. 게다가 월경은 신들을 불쾌하게 만들고 남자의 영성에 해롭다고 했다. 여자로 태어난 것은 나쁜 환생이었다. 그리하여 영적 향상에 매진한 여자는 남자로 다시 태어나길 희망했다.[40]

실제로 여자아이들은 일반적으로 남자아이들보다 교육을 덜 받았다.[41] 편견도 한 이유였지만 그보다는 어머니들이 가정에서 딸의 도움을 필요로 했기 때문이다. 사회의 구조적 규칙도 남자에게 우호적이었다. 전통적인 환경에서는 결혼 후에 남편 가족의 마을에 사는 것이 원칙이었다. 여자는 남편의 마을이나 집으로 이주해야 했고, 남자는 그 사회에서 토지와 가축 등 부동산의 대부분을 물려받아 소유했다. 남자들은 또한 큰 부의 원천인 장사를 했으며, 정말 몇 안 되는 기존의 정치적 자리도 차지했다.

그렇다고 심하게 성차별적인 사회라거나 남성 지배적인 사회라고만 할 수는 없었다. 사실상 남녀차별이 없었으며, 세속의 삶에서 남자들이 단지 남자라서 정기적으로 모이거나 참여하는 영역도 없었다. 사실상 모든 경제생산과 사회생활이 가정에서 이루어졌다. 일반적으로 핵가족과 거의 동일한 가족집단은 매우 유대가 강했다. 남편-아내 관계에서 최종 권위는 남편에게 있는 것으로 돼 있지만, 남편과 아내는 경제생산자로서, 그리고 지역 주민들과의 관계에서는 사회적 행위자로서(특히 공동 주인으로서) 동반자였다.[42]

이러한 문화적, 제도적 맥락에서 셰르파 여성들의 지위는 다소 모순적이었다. 이데올로기의 어떤 면을 놓고 보면 여성은 약하고 제멋대로이고 신뢰할 수 없었다.[43] 반면에 여성을 특별히 보호하는 이데올로기나 관습도 없었다. 셰르파 여성들은 스스로를 돌보고 이 세상에서 어떤 능력이든 발휘하는 외향적이고 독립적인 주체가 되도록 장려되었다. 특히 남편이 장사나 등반일로 멀리 나가 있을 때, 경제기업으로서 가정을 장기간 운영할 수 있는 유능한 가정 관리자로 여겨졌다.

1970년대부터 마을을 떠나 네팔의 수도인 카트만두로 이주해서 영구 정착하는 셰르파 가정들이 늘어났다. 이 이주는 여성에게 여러 가지 영향을 미쳤다. 수도에서는 힌두교 가족 모델이 지배적이었고 농사일이 없었기 때문에, 셰르파 여성들은 마을에서 살 때보다 가정에 더 갇히게 되었다. 따라서 이런 맥락에서 여성의 독립성과 자율성에 관한 모순이 심화되었다.[44]

동시에 딸들은 마을에 살 때보다 도시에서 제대로 된 교육을 받을 가능성이 훨씬 커졌다. 흥미롭게도 내 자료를 보면 딸의 교육에 더 힘을 쏟은 쪽은 흔히 셰르파 아버지들이었는데, 그러는 편이 가족경제에 유익하고 딸들이 인생을 사는 데도 큰 도움이 된다고 여겼기 때문이다. 도시의 셰르파 어머니들도 딸이 학교에 다니는 것을 별로 반대하지 않았는데, 카트만두에서 아내의 일이 농촌 주부의 일보다 훨씬 덜 힘들었기 때문이었다. 1979년 어느 마을 여성은 내게 자신을 도와야 하기 때문에 아주 똑똑하고 활발한 딸을 집에 둬야 한다고 말했다. 등반 셰르파인 남편은 두 딸이 학교에 다니기를 정말로 원했지만. 그리고 영화 〈셰르파〉에서 사다인 밍마 텐징은 자신의 아들뿐 아니라 딸들까지 모두 교육시키는 문제를 언급했다. 그는 나중에 아이들이 무슨 일을 할지 모르지만 어떤 일을 하고 싶어하든 교육이 도움이 될 거라고 했다.[45] 1990년에 내가 마지막으로 방문했을 때, 그의 딸 한 명은 카트만두 병원의 간호사였고, 한 명은 카트만두 프랑스 대사관의 비서로 2개 국어를 했으며,[46] 한 명은 다르질링의 사립학교 학생이었다.

또한 1970년대 중반 네팔에서 성 '평등'이 법제화됐다. 그리하여 지역에 8명의 남성 지도자가 있으면, 그 지역에 반드시 여성 지도자가 한 명 있어야 했다.[47] 내가 처음 현지조사를 했던 마을에서는 그 마을 대인 중 한 명의 딸이 임명되었다. 1976년 내 필드노트에는 다음과 같은 기록이 있다.

C. F.(아버지)는 이 모든 것에 대한 여성 해방적 측면을 강조했다. 그럼

그것이 좋은 일이라고 생각하세요? 그래요. 왜요? 왜냐하면 전에는 아들이 없이 딸만 있으면 누가 재산을 물려받아요? 이제는 딸이 상속받을 수 있어요… 남자가 체che(더 위)였고, 여자는 투아tua(더 아래)였지만 이제는 칙파랑chikparang(동일)합니다.[48]

세르파 남성과 여성 혹은 일반적으로 네팔의 남성 시민과 여성 시민은 사실 '동등'하지 않았고 지금도 그렇긴 하지만, 성평등법은 분명 약간의 영향을 미쳤다.

세르파 여성들에 대한 이러한 많은 발전의 이면에는 세르파들 사이에 퍼져 있는 더 광범위한 경제적, 문화적 실용주의가 있었는데, 이는 세르파 젠더 이데올로기와 연결돼 있었다. 여성에 대한 편견이 있긴 했지만 여성의 이동의 자유나, 가능하기만 하다면 배우고 능력을 발휘하고 돈을 벌 수 있는 여성의 능력에는 거의 영향을 미치지 않았다. 따라서 다양한 종류의 개인적 발전을 위한 환경이 마련됐을 때 그런 환경을 이용할 수 있는 성향이 여성들에게 존재했으며, '그들의 문화'(그것을 장악하고 있는 이가 남편이든 부모든 아니면 그냥 '남성들'이든 간에)에는 여성들을 제지할 경향이 존재하지 않았던 것이다.

셰르파 종교와 여성의 독립

20세기 내내 여성의 독립에 큰 힘이 돼준 세르파 사회의 또 다른 주요 영역이 바로 종교이다. 수도원 개혁 운동의 한 부분은 늉네라고 불리는 의식 제도인데, 이는 일반 신자들이 단식하고 침묵하며 기도하는, 세르파 말로 하자면 일일 승려가 되는 의식이다. 늉네 의식은 수행자에게 특히 높은 공덕을 가져다준다고 여겨졌다.

늉네는 겔룽마 팔마Gelungma Palma라는 여성 보살(일종의 불교 성자)이 세상에 전했다고 한다. 겔룽마 팔마의 이야기는 매년 늉네 의식을 치르는 동안 되풀이되기 때문에, 셰르파들은 대부분 그 줄거리를 알고 있다. 이야기 속의 어린 공주는 아버지의 왕국에서 저질러지는 온갖 죄악이 몹시 싫었다. 공주는 결혼을 하지 않기로 마음을 먹었는데, 중매결혼이 강행되자 도망쳐 독신서약을 한다. 그리고 학식을 갖춘 훌륭한 수행자가 되어 남성 수도원의 주지가 된다. 하지만 그녀가 병에 걸리자 승려들은 아이를 가진 거라고 생각해 수도원에서 내친다. 그녀는 여러 해 동안 방랑하면서 점차 위대한 영성을 얻어 마침내 보살이된다. 그녀는 관세음보살이 있는 극락으로 가는데, 관세음보살은 세상에 남아 있는 무지하고 고통받는 중생들에게 깨달음을 전하기 위해 늉네 의식 텍스트를 주고 그녀를 세상으로 다시 보낸다(좀 더 완전한 이야기는 부록 A 참고).

겔룽마 팔마의 이야기는 수도원 정화 운동으로서 그리고 이를 표현하는 늉네를 매해 지키면서 상당히 유명해졌다. 이 이야기는 1928년 최초의 셰르파 수녀원인 데부체의 창건을 위한 맥락의 일부로 받아들여야 한다. 데부체는 '대인' 혹은 지체 높은 가문의 젊은 여성들이 창건한 것으로, 그들은 부모의 동의 없이 집에서 도망쳐 티베트 국경을 넘어 룸부 수도원에서 서원을 하고 돌아와 공부를 해서 마침내 그들의 고향 셰르파 지역에 수녀원을 세웠다. 그녀들은 집에서 도망치는 것을, 몇몇 경우에는 이미 진행 중이었던 중매결혼을 좌절시키면, 부모가 좋아하지 않으리라는 사실을 알고 있었다. 하지만 그 행위의 정당성과 문화적 가치를 부모들이 기정사실로 인정해주고 결국에는 지지해줄 것이라고 기대했으며, 실제로 그렇게 됐다.[49]

(다른 수도원들처럼) 다른 수녀원들도 뒤이어 건립되었다. 여성 수도원은 셰르파 사회에서 남성의 특권과 여성의 제약에 대해 일부 여성들의 의식을 고취하는 결과를 낳았다. 예를 들어 어느 여승은 남성의 특권적인 종교적 지위에 대해 다음과 같이 논평했다.

여성은 항상 열등하다… 아무리 많이 배운 여성도 라마만큼 존경받지 못한다. 타락한 라마에게도 어느 정도 존경을 갖추어 대하면서. 남성은 죄를 많이 짓고 살아도 라마가 될 수 있으며, 어떤 여성보다도 우월하다고 간주된다.[50]

내가 아는 젊은 여성들은 다들 여승이 될 생각을 적어도 한 번씩은 해봤다. 결혼의 대안이 존재한다는 생각이 선택권이 있다는 느낌을 주었다. 결국 결혼을 할 수도 있겠지만, 결혼이 더는 불가피하고 당연한 일은 아니었다.

거의 같은 시기, 20세기 전반 인도에서 영국 통치의 '개발' 활동이 생겨나면서 다르질링에 임금노동의 기회가 열렸다. 다시 한번 여성들은 이 기회를 잡기 위해 집에서 '도망쳤다'. 남성들보다 수는 적었지만 분명 그랬다. 그 과정은 대체로 여승이 되는 것과 유사했다. 사전에 부모가 알았더라면 그렇게 하도록 내버려두지 않았을 테지만, 일이 벌어진 뒤에는 승인하고 동조했다. 수녀원에 들어가려고 도망치는 이들이 주로 부유한 가문의 여성들이었다면 다르질링에서, 또는 나중에 카트만두에서 일하기 위해 도망친 이들은 더 가난하지만 중간계급에 속하는 여성들인 경우가 훨씬 많았다.

셰르파 여성 산악인들

셰르파 여성들의 원정대 합류를 많은 셰르파 남자들이 반대했고, 지금도 반대하고 있다. 산에서 여성들이 월경을 할까 봐 걱정하기 때문이다. 이는 멤사히브들에게도 마찬가지이다. 아직도 많은 셰르파가 원정이 성공하려면 신의 가호가 있어야 한다고 믿는데, 여성이 산에서 월경을 하면 신의 심기를 건드린다고 생각한다(현대의 셰르파들 사이에 이런 '믿음'의 지위가 변하고는 있지만, 아직도 많은 이들이 그런 믿음을 이어가고 있다). 1990년대 초 한 사다가, 셰르파 한 명이 죽고 프랑스인 리더는 동상으로 두 손 두 발을 모두 잃은 1979년 프랑스 다울라기리 원정대 이야기를 들려주었다. 그의 설명에 따르면 리더의 여자 친구가 "개인적으로 아파서" 리더와 그 여자가 높은 고도에서 너무 오래 머물렀다.[51] 이 사다는 그 여자가 생리 기간에 등반을 하지 말았어야 했는데 등반을 하는 바람에 많은 불행을 가져왔다고 여겼다. 또한 많은 셰르파 사다들은 등반 '셰르파'로서 여성들이 남성 '셰르파들' 사이에 들어오면 남자들 사이에 불화와 갈등을 일으킬 거라고 생각한다. 대다수 사다들이 여전히 여성을 고용하지 않겠다고 말하는데, 고용을 담당하는 이가 바로 사다이다.

이미 1977년에 내 친구인 파상 라무Pasang Lhamu는 〈셰르파〉란 영화에서 남편은 등반 원정에 갈 기회가 많았으니 이제는 자기 차례라고 농담을 했다. "나는 내년에 에베레스트에 갈 것"이라고 그녀는 눈을 반짝이며 말했다.[52] 1990년에 결국 등반을 한 번도 하지 못한 파상 라무에게 나는 셰르파 여성들의 등반을 어떻게 생각하느냐고 물었다.

그녀는 많은 여성들이 가고 싶어하지만 기회를 얻지 못한다고 말했다.

사진 11. 파상 라무 셰르파, 1990

그녀의 둘째 딸은 등반을 하고 싶어하지만 사다들이 일을 주지 않을 거라면서. 사다들은 여자가 약하고 짐을 운반하지 않을 것이고, 여자와 남자가 섞이면 문제가 생길 거라 생각한다고 했다.[53]

그렇지만 이런 주장들에는 늘 예외가 있었고, 예외는 시간이 지나면서 점점 늘어났다. 초기부터 셰르파들은 일반적으로 셰르파 공동체 내에서, 특히 자신의 가족 내에서 등반 일을 계속하고 싶어했기 때문에 실제 등반가는 아니라도 '현지 포터'로 셰르파 여성들을, 심지어는 아이들과 노인들도 쓰는 게 관행이 되었다. 시간이 지나면서 여성들은 요리사나 도우미로서 주방 일자리로 옮겨갔다.

사다 롭상은 여성 친척들을 뽑아 안나푸르나 여성 원정대에서 이런 일들을 맡겼는데, 멤사히브들은 명백히 이를 '전통적인' 여성의 일

8장 여자들

로, 그리고 본질적으로 비해방적인 일로 간주했다. 하지만 과거 원정대에서 요리는 다른 모든 원정대 일과 마찬가지로 남성들의 일이었다. 그것은 현지 포터 일보다 한 단계 위였고 보수도 더 많았다. 또 진정한 등반으로 들어가는 일이기도 해서 많은 남성들에게 전문 등반 '셰르파'로 나아가는 경로였으며 지금도 그렇다. 여성들에게도 같은 기능을 할 수 있었다.

그러다 1970년대부터 일부 셰르파 여성들이 고산 포터일과 원정 지원을 포함해 더 어렵고 위험하지만 보수가 많고 권위 있는 '셰르파' 역할에 실제로 참여하고자 했다. 최근에는 일부 셰르파 남성들뿐 아니라 일부 여성들도, 사히브나 멤사히브 파트너와 함께하든 아니든 스스로 산악인이 되고자 한다.

이 역사를 어떻게 이해할 수 있을까? 셰르파 여성들이 '선진국' 여성들과 동일한 동기로 고산 등반을 시작했다고 생각할 수는 없다.[54] 그러나 또한 그들의 동기가 완전히 다른 것이라고 가정할 수도 없다. 그렇게 되면 '자아/타자' 경계선을 확실하게 다시 긋는 일일 뿐이다. 오히려 차이는 다른 '문화' 못지않게 다른 역사와 정치에서 발생한다는 인식이 필요하다. 이를 이해하기 위해 셰르파 여성 등반가들과 관련해 현재 구할 수 있는 유일한 자료를 살펴보겠다. 1970년대에 등반을 시작한 두 명의 여성과 1990년에 내가 했던 인터뷰, 그리고 세번째 여성에 대해 간접적으로 전해들은 다양한 이야기가 그것이다. 그 여성은 좀 더 젊었고, 1993년 에베레스트를 등정하고 죽은 뒤 네팔에서 치열한 공개토론을 촉발시켰다.

앙 리타

내가 인터뷰한 첫번째 여성은 이름이 앙 리타로, 쿰부의 팡보체 마을 출신이었다. 1976년경 그녀와 다른 셰르파 여성 두 명이 네팔 등반 협회Nepal Mountaineering Association의 훈련 과정을 수료하고 통과했다.[55] 그녀가 초기에 참여했던 등반대 중 하나는 1980년 이탈리아-네팔 에베레스트 공동 원정대였는데, 그녀가 얼마나 높이 올라가도 되는지를 놓고 원정대의 네팔인 공동 리더와 갈등이 있었다.

그녀와 (다른 여성 중 하나는) 정상까지 쭉 가고 싶었지만, 네팔인(리더)은 그녀를 지지해주지 않았다. 그는 네팔 군대의 장교였다. 그녀는 제2캠프까지 갔지만 남자들이 지원해주지 않으려고 했다. 그들은 리더의 명령 없이 제3캠프 바로 아래까지 갔다. 리더는 매우 화가 나서 왜 허락도 없이 갔느냐고 물었다. 그는 그녀에게 기회를 주지 않았다.[56]

1981년에는 일본 원정대와 함께 랑탕리Langtang Ri에 올라 제3캠프까지 갔다. 정상에 갈 기회였지만, 오빠가 안나푸르나에서 목숨을 잃었다는 소식을 그때 들었고, 연락 담당관이 오빠 일로 심란한 상태이니 가지 말라고 말렸다. 그녀는 최소 네 번 더 등반에 참여했는데, 그중 마지막이 1983년 창라 히말Changla Himal 일본 여성 원정대였다. 그녀는 지금도 산에 오르고 싶지만 기회가 없었다고 말하면서 인터뷰를 끝냈다.

앙 리타는 인터뷰 내내 상당히 수줍어했으며, 여성 등반에 대한 일반적인 설명은 하지 않았다. 그러나 몇 가지 유의해야 한다. 첫째, 그녀는 언급한 적이 없지만, 그녀는 어린 나이에 사다와 결혼했으며, 그녀가 한 등반은 모두 남편이 사다로 있던 원정대에서 했다는 사실을 나는 다른 사람들에게 들어서 알고 있었다.[57] 사실 내가 논의할 세 여성 모두 남편과 함께 산을 올랐다. 이는 사다인 남자들이 관련 없는 여자들을 등반에 데려가지 않으려고 하기 때문이기도 하지만, 다른 뭔가가 작용했을 수 있다. 그 점은 곧 살펴보겠다.

둘째, 원정대의 네팔인 공동 리더와 앙 리타의 대립이 독특한 형태였다는 점이다. 그녀는 논쟁을 하거나 말대꾸를 하지 않았다. 그저 자신의 행동으로(허락 없이 제3캠프까지 등반) 그 한계를 밀어붙이고 기정사실이 되기를 바랐다. 수녀원이나 다르질링으로 도망치고 나서 다른 이들의 사후 동의를 바라거나 상정하는 것과 동일한 패턴이 여기에도 작용했다고 볼 수 있다.

앙 니미

내가 인터뷰한 두번째 여성 등반가는 이름이 앙 니미Ang Nyimi(혹은 그냥 니미)로 솔루(더 낮은 셰르파 계곡)의 중 마을 출신이었다. 남편 락파 노르부Lhakpa Norbu는 사다였다. 그들은 그녀가 16세였던 1977년에 만나 바로 결혼했다. 그녀는 남편과 트레킹을 시작했는데, 트레킹을 아주 좋아해서 이후로는 거의 한 팀처럼 다녔다.

실제 그녀가 원정대에 들어간 것은 1979년 아마다블람Ama Dablam(6,812미터) 프랑스 원정대가 처음이었다. 이 원정대는 그녀의 남편 노르부가 사다로 참여한 첫 원정대였다. 앙 니미는 부요리사로 일했는데, 프랑스 대원이 21명이나 되어 약간 주눅들었지만 해냈다. 원정은 성공했고 그녀는 원정대의 프랑스 여성 몇몇과 친구가 됐다.

그녀는 다울라기리 프랑스-네팔 경찰 합동 원정대에도 요리사로 참여했고, 1983년 다시 아마다블람 프랑스 원정대에서 요리사로 일했다. 그사이에 또한 많은 트레킹 여행단을 이끌었는데, 여기서는 그녀가 사다였다.[58]

그녀는 1984년에 프랑스 눕체Nuptse 원정대에 참여했고, 실제로 처음 정상에 올랐다.

처음에 그녀는 '셰르파'가 아니었다. 그러나 프랑스인들이 약간의 훈련을 시킨 뒤에 소년 네 명과 그녀를 선발했다(리더가 그녀에게 관심이 있는지 물었고 그녀는 그렇다고 대답했다). 나흘 정도 훈련을 받은 후 그녀가 리더와 연락관에게 [갈 수 있느냐고] 물었더니, 그들은 당신이 어떻게 하는지 두고 보자고 말했다. 잘만 하면 정상에 갈 수 있다면서. 당시 그녀는 원정대 '셰르파'로 들어간 것이 아니라서 보험이 없었다. 그리고 실제로 '셰르파'가 되지 않았는데도 그들은 그냥 그녀를 보내줬다.[59]

7,000미터까지는 등반이 나쁘지 않았다고 그녀는 말했다(눕체산은 7,865미터이다). 보조 산소 없이 하는 등반이었기 때문에 훨씬 힘들었다. 몹시 가파른 곳을 오를 때는 겁이 나기도 했다. 베이스캠프에서 정상까지는 왕복 12일이 걸렸다.

첫번째 조는 4명으로, 대원 1명에 그녀와 그녀의 남편 락파를 포함해 '셰르파'가 3명이었다. 그녀의 남편은 그녀가 싱글부츠밖에 없다면서 계속 내려가라고 했다. 만일 그녀가 사고를 당하면 장인장모가 그에게 화를 낼 거라면서. 정상 바로 아래에서도 남편이 내려가라고 해서 그녀는 약간 화가 났다. 하지만 그가 내려가라고 할 때마다 그녀는 '그냥 조금만

더'라고 말했다.

그리고 그녀는 정상에 도달했다.

니미는 자신이 한 일의 의미와 이유에 대해 많이 생각한 게 분명했다. 내가 그녀에게 왜 등반을 시작했느냐고 묻자 자신은 교육을 받지 않아서 달리 할 수 있는 일이 별로 없다고, 그런데 인생에서 **뭔가**를 하는 것은 중요하다고 말했다.[60] 그녀는 다른 여성들도 똑같이 강하다고 했다. 그들도 원한다면 할 수 있지만, 시도하지 않거나 가족들이 하게 내버려두지 않는 거라고 했다. 다른 사람들이 못하도록 하기도 하지만 여성들 스스로도 너무 소심하다는 이중 주제를 그녀는 되풀이했다.

셰르파 여성들이 밖에 나가 일하면 사람들이 좋지 않게 생각하는 게 문제다. 사람들이 '너무 보수적'이다. 또 여성들의 마음가짐도 문제다. 너무 내성적이고 소심하다. 그녀는 다른 사람이 어떻게 생각하든 신경 쓰지 않는다. 그녀는 한쪽 귀로 듣고 한쪽 귀로 흘린다(그녀는 제스처로 생생하게 보여주었다). 안 그러면 아무것도 못 할 테니까.

니미의 이야기는 많은 것을 설명한다. 그녀는 앙 리타가 들려주었던 독립성을 보여준다. 일반적으로 셰르파 여성들의 특징적 성향인 할 수 있다는 느낌과 자율성을. 또한 니미의 이야기에서 셰르파 여성들의 문화 대본처럼 인정하게 된 조용하면서도 적극적인 저항을 볼 수 있다. 그녀는 남편이 돌아가라고 했을 때 남편과 논쟁을 벌이지 않았지만 등반을 계속했다.

그러나 여기서 잠깐 니미와 남편과의 파트너십에 초점을 맞춰보자. 등반이 셰르파 젠더 시스템을 다양한 방식으로 뒤흔들고 있었음이 떠오를 것이다. 젊은 남성들에게는 그 문화에서 흔치 않았던 일종의 남자다움이 장려되었다. 멤사히브들은 결혼과 유럽과 미국에서의 장기 거주까지를 포함해 많은 유혹의 손길을 내밀었다. 적어도 남성들은 원정대와 카트만두에서 일하느라 점점 더 오랫동안 떠나 있게 되면서 마을에 남아 있는 가족과의 유대가 매우 느슨해지는 경향이 있었다.

그렇다면 니마가 남편과 맺은 매우 헌신적인 동반자 관계는 셰르파 젠더 관계에서 이런 새로운 사태에 반하는 적극적 움직임으로 읽힐 수 있다. 다음 사례에서도 역시 등반가인 파상 라무와 남편은 말 그대로 파트너로 일했다. 함께 등반했을 뿐 아니라 트레킹 에이전시의 소유권도 몇몇 다른 친척들과 함께 공동 소유했다. 이 모든 것은 독립성을 느끼기 위해서는 남성들 없이 등반해야 한다고 했던 일부 서구 페미니스트들의 주장과는 완전히 상반된다. 셰르파 여성들이 남편과 함께 등반하는 패턴은 서구의 맥락에서는 '전통적인' 것으로 보일 수 있지만, 역사적으로 볼 때 그 당시로서는 급진적 젠더로 읽힐 수 있다. 다시 말해 이는 젊은 세대의 남성들에게 서서히 스며드는 남자다움의 어떤 부분에 맞서서, 보다 상호 존중적인 젠더 관계를 확립하거나 재확립하려는 시도로 해석할 수 있다.

니미는 아마 1970년대와 1980년대의 몇 안 되는 셰르파 여성 산악인 중 가장 유명한 인물이었다. 그녀는 유럽으로 초청돼 몽블랑에 올랐고, 남편과 함께 셰르파와 히말라야 등반에 관한 영화를 프랑스 영화제작자와 같이 만들었다. 그러나 인터뷰에서 내게 말했듯이 그녀는 아직도 에베레스트에 오르기를 원했다. 그렇게 됐다면, 비록 자기 입으로 이렇게 말하지는 않았지만, 그 영예를 차지한 최초의 셰르파 여성이 됐을 것이다. 에베레스트에 오른 최초의 네팔(시민이라는 의미에서) 여성이 됐다면 민족적 관점과 국가적 정치 체제 관점에서 동일한 중요성을 가졌을 것이다. 그러나 그렇게 되지 않았다. 대신 파상 라무라는 여성이(영화에서 내 친구로 나온 파상 라무와는 다른 인물이다) 1993년에 자신이 조직하고 이끈 원정대의 일원으로 정상에 올랐다. 그리고 정상에서 하산하다가 다른 셰르파와 함께 죽음을 맞았다.

파상 라무 이야기

사건들에 대한 이야기는, 즉 무슨 일이 일어났고 사람들의 동기가 무엇인지에 대한 이야기는 굉장히 이론의 여지가 많다. 다음 버전은 대부분의 출간된 설명들과 일치하는데, 셰르파 친구들과 대화를 통해 얻은 내용이다. 친구 부부는 파상 라무의 장례 직후 미시간 주 앤아버에 나와 함께 왔다.

솔루-쿰부의 파락 지역 팡콩마Pankongma 마을 출신인 파상 라무는[61] '셰르파'로 프랑스 원정대와 함께 여러 차례 등반했다. 1991년 프랑스 에베레스트 원정대에서는 사우스콜(정상 직전 가장 높은 캠프 장소 중 하나)까지 갔지만 리더가 정상등반조에 뽑아주지 않아 화가 났다. 이어서 또 다른 에베레스트 원정대에 들어갔으나 악천후로 취소되었다. 그녀는 기필코 정상에 오르겠다고 단단히 마음을 먹었다.

1993년 인도 여성 원정대가 계획되었다. 주최 측이 파상 라무와 접촉했으나 그녀는 인도인 리더와 공동 리더 자리를 원했으며 첫번째 정상등반조 자리를 보장받고자 했다. 인도인들이 동의하지 않자 파상 라무는 참가를 거부했다. 그러자 그들은 니미에게 부탁했고 그녀는 동의했다. 여러 발간된 내용에 수록된 것처럼 이 정보제공자도 파상 라무와 니미는 매우 차나(경쟁적인) 관계였다고 했다.

그리하여 파상 라무는 직접 원정대를 꾸리기로 마음먹고, 스스로 네팔 여성 원정대를 결성해 자신이 리더를 맡고 다른 두 여성, 락푸티 Lhakputi 셰르파와 난다 라이Nanda Rai를 대원으로 삼았다. 그녀는 정부에 (네팔 시민으로서) 등반 요금 면제를 신청했지만 복잡한 이유로 —이는 나중에 논쟁의 대상이 되었다— 정부가 거절했다. 따라서 그녀는 당시 에베레스트 입장료인 5만 달러[62]를 모으기 위해 모금에 나섰다. 네팔의 산 미구엘 맥주회사를 설득해 그 돈의 절반을 모았고 나머지 절반은 티셔츠 판매 등으로 마련했다.

그리하여 그들은 떠났다. 그녀는 노련한 등반 셰르파인 남편을 포함해 남성 셰르파 다섯 명을 데려갔다. 그리고 남편을 제외한 네 명의 남자들과 정상에 올랐다(그녀의 남편도 가고 싶어했지만 어린 세 자녀를 위해서 함께 가지 않는 편이 좋겠다고 의견 일치를 봤다). 날씨가 나빠지자 그들은 모두 남쪽 정상에서 하룻밤 비박을 했다.[63] 그런 뒤 셰르파 둘이 도움을 청하러 내려갔는데 날씨가 악화됐다. 그들은 무전기도 없었고 다시 돌아갈 방법도 없었다. 하루나 이틀 있다가 파상 라무는 도움을 청하기 위해 또 다른 셰르파를 내려 보냈지만 더 이상 연락이 되지 않았다. 그녀는 다른 남성 셰르파인 소남 체링Sonam Tsering과 함께 그 산에서 죽었다. 소남의 시신은 발견되지 않았고 그의 배낭만 발견되었다. 그녀가 죽을 때까지 함께 있다가 하산하려던 중 추락했을 거라고들 생각한다. 그녀의 시신은 21일이 지나서야 발견되었다.

파상 라무는 위대한 영웅이 되었다. 그녀가 실종 상태일 때 상황이 매일 신문의 1면을 차지했으며, 그녀의 안전을 기도하는 호소문들이 나왔다. 사망이 확인되자 정부에서는 그녀에게 네팔 타라 상Nepal Tara Award을 수여했다. 그 상은 이전에 오직 두 사람에게만 수여됐는데, 그 중 한 명이 텐징 노르가이였다. 그녀의 시신은 에베레스트 정상 바로 아래서부터 카트만두까지 운반돼(전례가 없는 엄청나게 어려운 위업), 수만 명이 지켜보는 가운데 국립 경기장에서 관에 국기가 덮인 채 화장됐다.

파상 라무의 의도, 동기, 그리고 자기표현은 적어도 지금까지 나온 종류의 기록들에서는 거의 찾아내지 못했다. 몇몇 기자들은 그녀를 매우 경쟁적이고 자기주도적인 인물로 묘사했지만, 다른 이들은 그런 묘사가 성차별적이며 민족적, 국가적으로 편견에 싸여 있다고 비난했다.[64] 그녀가 인상적인 추진력과 에너지와 설득력을 지녔던 것만큼은 분명하다. 그녀는 그냥 에베레스트에서 죽은 게 아니라, 모금을 했고 원정대를 조직했으며 최초로 정상에 올랐다는 사실을 기억해야 한다.

파상 라무의 이야기에는 여기에서 자세히 살펴볼 수 없는 많은 것이 담겨 있다. 남들이 말하는 니미와의 경쟁 문제가 있었고, 이는 보통은 남성들이 연관된 셰르파 문화의 경쟁 패턴과 연계된다.[65] 또 안나푸르나 여성 원정대를 상기시키기도 한다. 기업가 정신으로 한 티셔츠 판매부터 지나치게 위험한 신체 정치에 이르기까지 모든 게 연관되어 있다. 어린 세 자녀의 엄마인 파상 라무가 그같은 위험을 감수해야 했는지를 놓고 의견과 느낌들이 엇갈린다.[66] 그리고 네팔의 산 미구엘 맥주

회사의 후원을 받았으므로 초국가적 자본이 배후에서 한 역할에 대한 문제도 있다.

다시 한번, 몇 가지 요점만 간략히 살펴보겠다. 첫번째는 다른 여성들보다 파상 라무 이야기에서 더욱 분명하게 제기되는 문제에 관해서이다. 즉 한편으로는 젠더 이슈가, 다른 한편으로는 민족적, 국가적 이슈가 뒤얽혀 있다. 다양한 정치적 이슈 및 정체성과 젠더의 결합은, 다양한 형태의 '제1세계' 페미니즘과 다양한 형태의 소수민족 내지는 '제3세계' 페미니즘 사이의 주요 차이점이다.[67] 파상 라무의 경우 젠더 문제는 맨 처음부터 지배적인 네팔 정부와 관련한 셰르파 민족 정치 문제와, 또한 더 크고 더 강하고 더 '근대적'인 국가들과 관련한 셰르파-네팔 민족주의 결속 문제와 확실히 관계되어 있었다.

어떤 맥락에서 파상 라무는 두 담론을 합쳤다. 이를테면 1991년 프랑스 등반가와 사이가 틀어졌을 때, 그녀는 "여성과 현지 등반가를 차별했다고 (그를) 공개적으로 비난했다."[68] 그러나 인도 여성 원정대와의 갈등에서처럼 젠더 이슈가 평등한 맥락에서는, 문제를 순수하게 국가적인 것으로 만들었다. "그녀는 이 공동 사업이 국가 차원에서 계획되고 양국의 총리가 후원하기 때문에 공동 리더십 문제가 매우 중요하다고 여겼다."[69] 젠더 프레임과 국가 프레임 사이의 대조는 그녀의 죽음 이후 저널리즘에서 계속되었다. 네팔의 기자 하나가 파상 라무의 영웅화가 너무 지나친 것이 아니냐고 하자,[70] 분노에 찬 사람들이 보낸 편지에는 '성차별'[71]과 국가 분열이라는 비난도 포함돼 있었다.[72]

내가 간략히 언급하려는 두번째 요점은 다른 두 여성들과 마찬가지로 파상 라무도 남편과 함께 등반했다는 사실이다. 그들은 함께 등반을 했을 뿐만 아니라 동업자였다. 나는 앞서 셰르파 여성들이 남편과 등반을 하는 이유는 남편이 없으면 등반 일을 얻을 수 없기 때문이기도 했지만, 그렇게 하는 편이 셰르파 남성들과 약간이나마 연대감과 상대적 평등을 재정립하는 적극적이고 의도적인 조치이기 때문이라고 보는 것이 타당하다고 했다. 그렇다면 애초에 셰르파 여성들은 왜 등반을 하고 싶어했는지 물어봐야 하겠는데, 그에 대해서는 이미 몇 가지 답변이 제시되었다. 그들은 자립의 전통에서 자랐으며, 20세기를 거치며 진행된 다양한 종교적 변화가 이를 더욱 증진시켰다. 그들은 카트만두에서 받아들여야만 했던 강화된 가정주부 역할에 짜증이 났다. 등반은 네팔에서 보수가 좋은 데다가 카리스마도 있었다. 네팔 경제에서 관광과 등반의 역할을 감안할 때, 등반은 정규 교육을 받지 못한 젊은이들을 위한(그리고 교육을 받은 일부 젊은이들을 위해서도) 사실상 마을의 유일한 게임이었다.

이런 점들 중 어느 것도 내가 제안하려는 다음 가능성을 배제하지는 않는다. 즉 남편과 함께 등반하는 일은 이런 맥락에서 급진적 젠더 정치 행위이며, 불평등이 심화되는 상황에 개입하고 대응하려는 시도였다. 사실 내가 받은 인상은 ─지금으로서는 그저 인상에 지나지 않지만─ 셰르파 여성들이 벌인 젠더 정치의 다양한 측면들이 성과를 거두고 있는 것 같다. 국가적 그리고 초국가적 '흐름'에 휘말리게 된 도시의 남성들과 여전히 '낙후된' 그리고 '전통적인' 마을에 남아 있는 여성들 사이에서 셰르파 사회가 분열되는 것 같았던 시대에 뒤이어 등장한 현상, 즉 파상 라무 이야기에 등장하는 남편과 아내가 팀이 된 현상은 최소한 어떤 변화를 시사한다.[73]

이런 변화와 더불어 이 문제에 대한 일종의 자기성찰이 나타나고 있는 듯하다. 예를 들어 위에서 언급한 앤아버에서의 대화 말미에 이르러, 논의는 파상 라무의 죽음에서 보다 일반적인 젠더 정치로 옮겨갔다.

나는 물었다. 나와 인터뷰를 했던 대부분의 사다들은 여성을 데려가면 원정대에 말썽이 생기기 때문에 데려가지 않을 거라고 했는데, 더 많은 셰르파 여성들이 등반을 할 거라고 생각하는지. 그러자 린지(남자의 본명이 아니다)는 그렇다, 대부분의 사람들은 남의 아내를 원정대에 데려가는 일이 편치 않다고 대답했다.

그러면서, 알겠지만 우리 셰르파들은 여전히 '남성 지배적'이라고 그는 말했다. 그렇긴 하지만 셰르파들은 (네팔에 사는) 힌두교 소수민족에 비해 비교적 평등주의자들인 것 같다고 내가 말했다. 그는 그렇다, 우리의 아내들은 우리가 다 먹을 때까지 기다리지 않아도 된다고 했다. 그래서 나는 남편의 발을 씻어주지 않아도 된다고도 했다. 그러자 그는 그렇다, 셰르파 아내는 당신 발은 당신이 씻어! 하고 말할 거라고 했다. 우리는 모두 웃음을 터트렸다.

9
재구성

등반이 셰르파들을 정의했다면, 셰르파들 또한 등반을 정의했다. 그리고 그들의 문화적 배경이 그들을 정의했다면, 그들 또한 그 문화를 재정의했다. 셰르파의 등반 참여는 언제나 동시에 그들 자신의 문화에 참여하는 것이었다는 게 내 입장이었다. 다시 진지한 게임이라는 비유를 쓰자면, 셰르파들은 항상 여러 게임을 동시에 해왔다고 할 수 있다. 그들은 사히브의 등반 게임을 잘하고자 했다. 그 게임은 시간이 지나면서 그들 정체성의 일부가 되었고, 그들 자신의 게임이 되었다. 그러나 등반 성공은 그들에게 항상 다른 게임들, 즉 자신들의 역사, 자신들의 정치, 자신들의 문화에서 형성된 욕망이 정의한 게임들에 종사하는 일이었다. 이 장에서 나는 이 논증을 현재에 이르기까지 살펴보겠다. 다시 사히브들의 재현부터 시작한다.

성공이 셰르파들을 망쳤는가[1]

1970년대부터 셰르파들과 그들의 등반 동기에 대한 견해가 바뀌기 시작했고, 셰르파들이 돈을 벌기 위해 등반을 한다고 보는 산악인들이 훨씬 많아졌다. 그런데 이 담론은 여러 방향을 취할 수 있었다. 한편으로는 일종의 탈낭만화, 이상적으로는 셰르파 문화에 대한 탈오리엔탈리즘을 구현했다. 그러나 또한 셰르파들이 한때는 '우리'와 딴판으로 순진무구하고 비물질적이었다는 가정, 따라서 돈에 대한 관심의 '발견'은 타락의 발견이라는 가정, 즉 결국 임금 경제에 편입되면서, 혹은 지나치게 높은 보수를 받아 자신들의 가치를 과장되게 생각하면서 망가졌다는 사실에 대한 발견이라는 가정에서 시작될 수도 있었다.[2]

셰르파가 상대적 명성과 높은 임금(지역적 맥락에서) 때문에 '망가졌다'는 생각이 등반 문헌에 종종 등장했지만,[3] 1970년대 이후로는 좀 더 꾸준히 등장하는 주제가 되었다. 네팔에서 오래 거주했고 반문화적 시각이 강한 토머스 레어드는 1981년 논문에서[4] 자신이 "새로운 셰르파"라 불렀던, 돈의 유혹 또는 돈의 필요성 때문에 자신의 의지에 반해 근대성에 휩쓸려 버린 젊은이들 때문에 무척 슬퍼했다. 레어드는 또한 서구 등반의 "가장 값비싼 대가인, 셰르파들의 의지가 점진적으로 미묘하게 바뀌고 있는 현상, 돈 때문에 의지를 굴복"한 데 대해서 썼다.[5]

1970년대 말에는 인류학 문헌에도 셰르파가 그들이 한 일과 그들이 살고 있는 세상으로 인해 타락해버렸다는 생각이 등장하기 시작했다. 당시(1979년) 마이크 톰프슨은 셰르파에게 일련의 새로운 선택지가 등장했다고 주장했다.[6] 첫번째는 그가 상대적으로 "함께하는" 선택이라고 불렀던 것으로, 이는 관광과 등반이라는 근대 게임을 잘해나가면서도 오래된 가치관을 버리지 않고 친인척이나 옛 친구, 전통적인 관행에 항상 시간을 낼 수 있는 경우였다. 두번째는 그가 '정신없는 사업가' 선택이라고 부른 것으로, 여기에는 두 가지 경우가 있었다. 하나는 크게 성공했지만, 원정을 오가고 유럽과 일본으로 여행을 가고 쿰부와 카트만두에 있는 숙소와 레스토랑을 오가느라 너무 바빠, 친구들과 시간을 보낸다거나 단순히 인생을 즐기지 못했던 경우이다. 다른 하나는 젊은 셰르파 남자가 관광시장에서 일종의 밑바닥 인생이 돼, 하찮은 일이나 연줄이라도 잡아볼 요량으로 관광객과 트레커와 에이전시 주변을 돌며 필사적으로 매달렸던 경우이다. 톰프슨의 요점은 문화적으로 '함께하는' 느긋한 선택을 할 수 있는 셰르파들이 점점 줄고 있다는 것이었다. 대신 경제적으로 성공했지만 문화적으로는 길을 잃은 두번째 유형의 셰르파가 점점 많아지고 있으며, 죽어가는 포터를 버리거나 기회만 있으면 순진한 사히브에게 바가지를 씌우는 세번째 유형의 셰르파도 그 수가 늘고 있다고 했다.[7]

근대화의 맹공에 따른 셰르파 문화의 퇴화는 1984년에 나온 크리스토퍼 폰 퓌러 하이멘도르프의 주요 저서의 주제이기도 했다. 하이멘도르프는 셰르파에 대한 그의 첫번째 민족지(1964)를, "그들의 자립심, 공동선을 위한 원활한 협동심, 공손하고 점잖은 태도, 그리고 이 세상의 목표와 저 세상의 목표 사이에서 놀라운 균형을 만들어내는 그들의 가치관"에 경탄하며 그들의 문화를 굉장히 긍정적으로 기술하면서 시작했다.[8] 그 책에서 그는 주로 다르질링에서 사히브들과 접촉한 결과물로, 전통적 가치를 지키지 않는 특정 사례들을 언급했다.[9] 그러나 1984년 책에서는 셰르파들 사이의 주된 부정적 변화들을 기술하면서 이를 관광업이 성장하고 "돈의 취득을 첫번째 우선사항으로 고려하도록 권장하는 경제 시스템"에 광범위하게 참여한 결과라고 보았다.[10] 따라서 그는 (사소한 입증되지 않은 증거만으로) "예전에는 고용주에 대해 충직하기로 유명했던 셰르파의 태도에 변화"가 생겼다고 단언했다.[11] 또한 "사실상 경쟁이 없던 사회의 오래된 가치관"이 쇠퇴했다고 논평했다.[12]

빈캐니 애덤스의 1996년 책『눈 호랑이와 다른 가상의 셰르파들 *Tigers of the Snow and Other Virtual Sherpas*』에서 이런 입장의 가장 최근 버전을 볼 수 있다. 애덤스는 다양한 현대 이론의 관점에 의존하여 자신의 견해와 다른 저자들의 견해를 여러모로 선명하게 구분하고자 했다. 특히 그녀는 과거에 존재했거나 또는 현재에는 어떤 의미에서 '배후에' 존재하는 참된 셰르파 문화라는 개념을 강하게 반박한다. 그녀가 보기에 '셰르파'는 항상 서구의 욕망과 소통하며 존재했을 뿐이다. 그녀의 책 전반에 걸쳐, 얼마간은 이 논의의 한 갈래지만 얼마간은 이 논의와 모순된 또 다른 논의가 진행되고 있다. 폰 퓌러-하이멘도르프나 다른 이들의 논의와 여러 면에서 매우 유사한, 근대화로 인한 쇠퇴의 서사가 그것이다. 이런 논의 선상에서 애덤스는 많은 셰르파의 전통적 관행(특히 종교적인 관행)에 들어 있는 특정 문화 패턴, 즉 신을 포함한 강한 존재들의 애정이나 도움을 얻으려고 그들의 호감을 사기 위해 노력하는 '모방과 유혹'의 패턴을 확인한다. 셰르파족은 이런 역학을 근대적 관계들, 즉 등반 사히브, 관광객, 트레커, 인류학자들에게 적용했는데, 이런 맥락에서 그것은 엄청난 대가를 거둬들였다. 사히브가 바라는 존재가 되려고 하다가 사실상 근대화의 제단에 몸과 영혼을 바치게 됐던 것이다. 애덤스는 셰르파들 사이의 높은 위궤양 비율을 보고했고, 등반 사망자의 끔찍한 기록도 요약했다. 그에 더해 책의 도처에는, 특히 "셰르파로 존재하기"의 대가를 다룬 장에는 사히브의 마음에 들고자 자신의 문화와 정체성을 모조리 팔아버리고 사히브가 원하는 셰르파다움을 연기하는 이들에 대한 묘사가 나온다.

이와 반대로 나는 이 책에서 '전통적'이든 '근대적'이든 셰르파 사회의 사회적인, 특히 정치적인 복잡성을 강조했다. 앞 부분에서 상속 제도의 문제점, '대인'과 '소인'이라는 개념이 말해주는 경제적 불평등, 라나 정부가 이런 불평등의 일부를 강화한 방식을 강조했다. 수도원의 출현이 셰르파 사회에 굉장히 중요했던 것은 사실이지만, 양가적인 측면 또한 없지 않았음을 보여주고자 했다. 그런 다음 과거 셰르파 사회와 문화의 뛰어난 면, 나아가 부러워할 만한 면을 부정하지 않으면서도 다중적이고 모순적인 면도 인정하고자 했다.

이 장에서는 1980년대와 1990년대를 배경으로 이 문제들을 살펴볼 것이다. 지구상의 대다수 사람들과 마찬가지로 셰르파들도 20세기를 겪으면서 변해왔다. 그것도 엄청나게. 그러나 그러한 변화의 본질에 대해서, 또한 그러한 변화의 주체에 대해서, 보다 구체적으로 설명해야 한다. 타락이란 말보다는 재창조와 재구성이란 말로 이야기하는 편이 더 현명할 것이다. 이 장에서는 변화가 일어난 몇몇 주요 영역을 살펴볼 것이다. 타락 서사가 자라난 뿌리로 보이는 몇 가지 나쁜 이야기부터 시작해보겠다.

나쁜 이야기

셰르파의 나쁜 행동에 대한 이야기들은 초기 원정대들에서도 몇 가지가 나왔다. 이 이야기들은 보통 셰르파들 사이의 혹은 다른 포터들과의 관계에 얽힌 것으로, 정치적 의미에서 사히브들을 향하지 않았다는 점에서 '저항'의 이야기들과는 구분된다(간간이 사히브를 속이거나 강탈하는 이야기도 있기 때문에 '저항' 이슈가 흐려질 수도 있긴 하지만).

보통은 어떤 점에서 자신들보다 약한 사람들을 학대한 셰르파들의 이야기로, 다른 셰르파나 현지 포터들을 속이거나 때린, 혹은 아프거나 부상당한 포터들을 버린 이야기들이다. 이를테면 1922년 에베레스트 원정대의 사다는 다른 셰르파들을 속였다고 여겨졌다. 사히브들은 그 일이 원정대 안에서 끊임없이 반감과 저항을 조장했기 때문에 문제라고 인식하긴 했지만, 한 개인의 일을 셰르파 전체로 일반화하지는 않았다.

그러나 최근에는 그런 경우 일반적으로 셰르파의 도덕성이 전반적으로 퇴보한 지표라고 간주한다. 셰르파들이 돈이나 성공 혹은 근대의 다른 특성들로 인해 망가지거나 타락했기 때문에 생겨난 일이라고. 주요 사례 하나는 1970년대 말 관광 트레킹 중에 타망 포터 여러 명을 버린 사건이었다.

지난 해 몇몇 셰르파가 ('위험한' 등반 원정이 아니라 '안전한' 관광 트레킹 중에) 폭풍에 휘말렸다⋯ 장비를 잘 갖춘 고객과 셰르파 들은 살았지만 면으로 된 옷만 걸치고 무거운 짐을 나르던 (셰르파가 아닌) 현지 포터 몇 명이 사망했다. 몇몇 미국인이 그 고개를 지나다가 자기들이 할 수 있는 일을 다하고서, 셰르파들을 데려가 탈진한 포터들을 돕게 하려 했다. 눈 속에 쓰러져 있던 포터 하나를 막 두고 왔던 참이라 그를 도와주러 돌아가자고 셰르파를 설득하려고 했는데 "그는 우리 쪽 사람이 아니다"라면서 거절당했다."[13]

이 사건은 앞서 말했던 근대화가 셰르파에게 미친 영향에 대해 마이클 톰프슨이 제기한 논의(1979)의 배경이 되었다.

점점 더 많은 셰르파 사다가 타망 포터들에게 사기를 친다는 생각이 점차 널리 퍼졌다. 1970년대 후반 트레킹 에이전시를 소유한 마이크 체니Mike Cheney와의 인터뷰에서 체니는 포터들을 버린 이 사건을 내게 말해주면서, 셰르파들이 "관광객들이 주는 팁을 독식하려고 목적지 도착 하루 전날에 타망 포터들을 해고하는 사기를 친다"는 이야기도 했다.[14] 여러 해 동안 타망족 사이에서 연구를 한 인류학자, 데이비드 홀름버그David Holmberg는 타망 포터들에 대한 셰르파의 사기와 학대와 무시가 광범위한 패턴이 되어버렸다고 최근에 말했다. 특히 등반 원정과는 대조되는 편안한 관광 트레킹에서. 여기에 그의 미출간 논평을 인용한다.

최근 몇 년간 셰르파 사다들은 요령 있고 조직적으로 저항하는 포터들을 피할 목적으로 근거지를 옮겼고, 보다 순진한(따라서 저임금에 장비도 부족하고 먹을 것도 충분치 못하고 과도하게 착취를 당하는) 공동체에서 포터들을 끌어왔다. 그리하여 조직적인 트레킹에서 셰르파들은 다른 소수 민족들과 접촉하게 되는데, 흔히 그들을 지나치게 (자신들 몫을 늘리려 대장들이 포터들을 속이는 책략은 수없이 많았다) 착취하며 위험하고 모욕적인 방식으로 대한다.
......
대체로 고개를 넘어 5,000미터를 훌쩍 넘어서는 베이스캠프까지 가는 원정대 행진이나 트레킹 중에 사망한 포터들 수는 수년간 고산 셰르파 사망자 수보다 많을 것이다. 하지만 편향되고 확인되지 않은 추측일 뿐이다. 포터들은 조용히, 이름 없이, 거의 늘 기록으로 남지 못한 채 죽는다. 셰르파나 사히브들이 가진 장비나 경험 없이 폭풍 속에서 추위에 과다 노출돼 체온 저하로, 급성 고산병으로, 그리고 질병으로.[15]

나는 실제 발생한 모든 학대를 비난하는 데 동참한다. 실로 대다수 셰르파들도 마찬가지일 것이다. 그러나 또한 이 책 전반에 걸쳐서 해왔듯이, '나쁜 행동'이 발생하는 불평등의 구조를 살펴보고 그 이면에 무엇이 있는지 이해해보고 싶다. 홀름버그는 다른 부분의 논평에서 솔루 셰르파 지주들과 타망 소작인들 사이의 장기적인 착취 패턴을 살펴봐야 한다고 했는데, 확실히 검토해볼 중요할 맥락이다. 하지만 현재의 목적을 위해 등반과 관광의 출현이라는 맥락에서, 셰르파 공동체 내에서 그리고 셰르파족과 다른 소수민족들 사이에서 등장한 새로운 형태의 불평등을 간략히(폭넓은 자료를 구할 수가 없으므로) 살펴보기로 한다.

새로운 형태의 불평등

이 책을 시작하면서 나는 초기에 셰르파들을 등반으로 몰고 간 솔루-쿰부의 정치적, 경제적 관계의 구조를 설명했다. 과거에 매우 가난하거나 토지가 없는 셰르파들은 생존을 위해 또 생활 여건을 개선하기 위해 경제 자원을 획득할 수 있는 선택권이 거의 없었다. 가난한 이는 부자에게서 빌렸다. 빌린 것을 갚지 못하면 도망치는 것 말고 유일한 선택은, 빌려준 사람에게 하인이나 소작인으로 매여 일하면서 빚을 다 갚기만 바라는 것이었다. 그리 가난하지 않은 이들도 재산과 상속에 관한 법과 실정 때문에 인생의 성공 전망이 늘 위태로웠다. 어떤 가족은 아들이 너무 많았다. 그런 경우가 아니라도 어떤 아들은 구조적으로 다른 아들보다 지원을 더 받았고, 어떤 아들은 단순히 야심 많은 형제에게 유산을 뺏겼다. 빈곤과 의존성 면에서 '소인'이 될 전망이 언제나 실재했다.

등반에서 얻은 보수가 이 상황을 바로잡기 시작했고, 관광 수입은 평준화를 더욱 부추겼다. 부자들은 여전히 부자지만 가난한 자들은 더 이상 어쩔 수 없이 의존관계에 매이지 않게 돼 오래된 제도의 봉건적 측면이 상당히 약화되었다. 그러나 셰르파들 사이에 새로운 형태의 불평등이 나타나기 시작했다.

무엇보다 예전의 상인이나 지주가 아닌 새로운 계급의 '대인들'이 등장했다. 그들은 위험하고 힘든 등반 일과 사다라는 지위에 따르는 사회적 스트레스에서 일찍 은퇴할 수 있었던 굉장히 성공한 몇몇 사다들이었다. 그들은 다양한 사업에 발을 들였고, 주로 호텔과 레스토랑을 소유했다. 그들은 성공하지 못한 등반 셰르파들, 즉 어떤 이유에서든 사다의 위치에 오르지 못한 이들, 그만둘 여력이 없어 상대적으로 고령에도 (오십 대에 접어들어서도) 고산에서 짐을 운반하는 셰르파들과 대비된다.

관광-등반 경로에 살고 있는 셰르파들과 그렇지 않은 셰르파들 사이에도 상당한 격차가 있다. 전자는 관광업에서 과도한 이익을 얻는다.[16] 관광객들이 지나다니는 경로에서 벗어난 곳에 살고 있는 셰르파들, 대부분의 솔루 셰르파들은 그들 사이에서 일종의 내부 프롤레타리아가 돼, 관광객을 상대하는 숙소에서 일하거나 원정 일을 하느라 너무 바쁜 셰르파나 땅이 너무 많아 혼자 경작할 수 없는 셰르파를 위해서 농사일을 한다.[17]

또한 상당수의 셰르파족이 아닌 셰르파, 주로 타망족과 구룽족이 등반 사다들과 트레킹 사다들을 위해 일하러 갔다. 관찰력이 뛰어난 어느 등반 사히브는 다음과 같이 말했다.

우리의 키친보이 니마Nima는 앙 푸르바Ang Phurba가 쿰중에 있는 자신의 집에 입양한 두 명의 어린 타망족 형제 중 하나였다. 조 태스커Joe Tasker는 그들 사이가 위계적임을 눈치채고 앙 푸르바가 셰르파 슈퍼 종족의 일원으로 니마를 노예처럼 착취한다며 자주 놀렸다. 앙 푸르바는 웃으며 미국의 흑인 노예들에 관한 제임스 레스터의 단편을 몇 편 읽은 탓일 거라고 대꾸했다.[18]

노동자가 솔루 셰르파든 다른 소수 민족이든 그 관계는 일반적인 용어로 착취적이지만, 그 패턴에는 지역적, 셰르파적인 특정 굴곡이 있는 듯하다. 다시 말해 이런 관계는 많은 경우 불우한 집단이 등반과 트레킹 노동 시장으로 들어갈 수 있는 발판을 마련하기 위한 상호 이해에 의해 설정된다. 피고용인은 등반과 트레킹 일의 기회를 보장받는 대가로 거의 보수를 받지 않고 일하는 데 동의한다. 이런 경우, 등반과 관광 셰르파들은 불우한 집단과의 관계에서 친다크 즉 후원자가 된다. 이를 통해 착취가 완화되는지 여부는 별개의 문제이다.

새로운 형태의 불평등은 '전통적인' 셰르파 사회의 여러 재구성 중 하나를 보여준다. 이 사회는 원래 평등한 사회가 아니었고 자체적으로 불평등의 형태들이 존재했다. 새로운 불평등 형태들은 이전에 존재했던 형태들이 그러했듯 저항과 변형을 촉발시킬 것이고, 그리하여 우리가 아직 보지 못한 미래로 인도할 것이다. 그 중요성을 최소화하지 않으면서도, 우리는 이 변화를 셰르파족이 두 가지 주요 영역에서 경험하고 초래한 보다 긍정적인 변화와 나란히 놓아야 한다. 두 가지 긍정적 변화는 셰르파 '정체성'의 재구성과 셰르파 종교의 재구성이다.

정체성 재구성: '셰르파'의 변신

이 책의 앞부분에서 초기 등반 셰르파들이 민족 범주가 사실상 고산 포터의 직업 역할과 동질화되도록 '셰르파'란 범주를 성공적으로 공고화하는 과정을 살펴보았다. 현대 셰르파의 정체성 재구성에 접근하려면, 이 공고화가 어떻게 무너지는지를 검토하면 된다. 말장난 형태로 이문제를 제기해보겠다. 20세기 말에 이르렀을 때 등반 셰르파는 더 이상 셰르파 민족이 아닐 수도 있고, 그 반대도 마찬가지이다. 이 작은 수수께끼를 풀어보겠다.

다른 소수 민족 '셰르파들'

'셰르파'로 불리는 사람이 실제 셰르파가 아닐 수도 있다는 데는 여러 의미가 있다. 먼저 네팔 정부는 '셰르파'의 범주를 네팔 동부에 사는 티베트에서 유래한 북쪽 국경의 여러 소수 민족에게 강요했던 것으로 보인다.[19] 두번째는 관광객들이 '셰르파'를 원하기 때문에 관광업에 종사하는 다른 소수민족들이 때로 자신들을 셰르파라고 부른다.[20] 두 경우모두 셰르파가 아니면서도 생경한 정체성을 받아들이거나 채택하지않을 수 없는 이들에게는 약간 짜증나는 일이다.

다른 한편 고산 등반에서 많은 비셰르파족이 셰르파인 척하지 않고서도 성공을 거두었는데, 이는 해당 집단에게는 민족적 자긍심을 일깨우는 일이었다. 최초로 에베레스트 정상에 오른 셰르파족이 아닌 네팔인은 1973년 이탈리아 원정대의 타망족인 삼부Sambhu 타망이었다. 그는 당시 '최연소 초모룽마 등정자'이기도 했는데,[21] 1985년에 또다시 정상에 올랐다.[22] 그 두번째 등반에서 나라얀 슈레스타Narayan Shrestha 라는 청년은 에베레스트 정상에 오른 최초의 네와르족Newar이 되었 다.[23] 1988년 프랑스 에베레스트 원정대는 구룽족Gurung 한 명과 타망 족 한 명을 고산 셰르파에 포함시켰다.[24]

여기서 다시 셰르파들과 다른 소수 민족들 사이의 관계를 앞서 제 기한 문제들과 연관지어 살펴볼 수 있다. 어떤 맥락에서는 일부 셰르 파가 비셰르파들을 착취하는 (그리고 심지어 학대하는) 증거가 있기도 하지만, 고산 셰르파로 일하는 비셰르파들의 경우 셰르파족이 사실상 이 일을 독점하고 있는 상황을 감안하면, 셰르파족이 비셰르파족에게 이 일을 얻게 해주거나 적어도 허용해주는 게 분명해 보인다. 인기 있 는 현지 잡지『히말Himal』의 최근 기사에는 비셰르파가 고산 일에 들어 오면서 셰르파와 비셰르파 사이에 알력이 있느냐는 질문을 받고 몇몇 셰르파들이 답변한 내용이 나온다. 트레킹 경영자로 묘사된 앙 체링 셰르파는 "이 직업은 항상 수요가 있어 셰르파와 비셰르파 사이에 알력 은 없다"고 대답했다고 인용되었다.[25] 마찬가지로 예전 사다였던 페르 템바 셰르파는 "셰르파가 아닌 사람들이 들어와서 좋다"고 대답했다고 되어 있다.[26]

실제로 페르템바가 셰르파족 아닌 사람들이 원정대에서 일자리를 얻도록 적극 도왔다는 이야기를 여러 사람들로부터 들었다. 1970년대 중반 젊은 사다였던 페르템바는 크리스 보닝턴의 에베레스트 남서벽 원정대에 젊은 타망 남자 넷을 포함시키자고 제안했다. 처음에는 셰르 파족 셰르파들 사이에 약간의 저항이 있었지만 결국 페르템바가 이겨 타망인들이 고용됐으며 그들과 셰르파족은 "완벽한 조화를 이루며" 함 께 일했다.[27]

다른 직업을 가진 셰르파들

타망 고산 포터들과 등반가들이 셰르파족이 아닌 셰르파를 대표한다면, 등반이 아닌 다른 직종에서 일하는 셰르파들은 등반 셰르파가 아닌 셰르파를 대표한다. 이런 의미에서 셰르파는 현대 세계에서 점점 더 광범위한 일과 직업을 차지하고 있으므로, 이 사실을 인식하는 것이 중요하다. 이들 셰르파들은 등반 게임을 잘하거나 이 게임을 변화시켜서가 아니라 등반의 제도적 낙진, 특히 교육을 이용해 완전히 새로운 방향으로 나아간다.

솔루-쿰부에 병원과 학교를 세울 물품을 가져오기 위해 그리고 나중에는 병원에 제공할 물품을 가져오기 위해 1960년대에 건설된 루크라 비행장은 엄청난 관광객의 유입이라는 의도치 않은 결과를 낳았다. 실제로 학교와 병원 들도 세워졌다. 비행장과 학교를 세우는 데 관여한 제임스 피셔는 보다 극적인 관광업의 '영향'과 더불어 학교의 중요성을 다음과 같이 상기시킨다. "관광업이 셰르파 경제를 뒤흔들었다면 학교는 셰르파 사회에 변화를 가져왔을 뿐 아니라 문화적 평형을 유지하는 도구를 제공했다. 관광업 이전에 학교가 등장했기에 셰르파들은 시간을 벌 수 있었다."[28]

교육받은 셰르파들과 사실상 교육을 제대로 받지 못한 많은 이들이 광범위한 일에 종사하면서, 셰르파가 반드시 '셰르파'인 것은 아니게 되었다. 즉 셰르파족이라고 해서 등반가는 아니다. 많은 셰르파가 사업에 뛰어들어 트레킹 에이전시나 다른 사업을 했다.[29] 현재 셰르파들은 카트만두에 있는 트레킹 에이전시의 약 30퍼센트를 소유하고 있으며, 큰 에이전시의 약 50퍼센트가 그들 소유이다.[30] 다른 교육받은 셰르파들은 사가르마타 국립공원과 히말라야 재단을 비롯해 다양한 정

사진 13. 고故 앙 곌젠Ang Gyelzen 셰르파와 펨바 체링Pemba Tsering 셰르파.
그들의 트레킹 에이전시 저니 네팔Journeys Nepal 사무실에서, 1990.

부 및 비정부 기관에서 일한다. 그리고 전문직 종사자들도 소규모 생
겨났다. 나의 친한 친구인 앙 곌젠을 포함한 셰르파 4명은 네팔 왕립
항공사의 파일럿이고,[31] 셰르파인 의사는 최근에 세보니 3명이었다.[32]
전문직 셰르파 증가에 대한 인식은 근대화로 인해 셰르파들이 망가졌
다는 주장과 분명히 대비된다. 작지만 설득력 있는 예를 하나 들자면
언젠가『뉴욕타임스』에서 관광업이 셰르파족을 어떻게 "망쳤는지"에
대한 기사를 읽었는데, 핵심 사례로 관광객들이 셰르파들에게 사탕 맛
을 알게 해 충치가 생겼다고 했다.[33] 나중에 우연히 같은 이야기의 다른
부분을 보여주는 또 다른 기사를 보게 됐는데 "캐나다에서 수련을 한
셰르파 여성이 남체 바자르에 치과 진료소를 열었다"는 소식이었다.[34]
캐나다에서 교육 받은 셰르파 여성 치과의사는 근대화가 가져온 작지
만 달갑지 않은 좋지 못한 결과에 대한 창의적 반응을, 그리고 사실상
어떤 의미로는 '셰르파'가 아닌 셰르파가 조합된 멋진 예를 보여준다.

산악인으로서의 셰르파

등반의 맥락에서 셰르파 정체성 문제는 또 한 번 전환을 맞는다. 여기서 문제는 단지 고산 등반 지원 스태프 **이상**의 존재가 되는 것이다. 이는 등반의 성과 자체를 인정받는 문제이다. 이런 맥락에서 셰르파들은 일종의 고산 정체성 정치에 상당히 적극적으로 참여한다. 초기 등반 맥락에서 셰르파의 범주를 재구성했던 1920년대 셰르파들처럼, 20세기 후반의 셰르파들도 범주를 다시 확장하고 재구성하려 한다.

인정 이슈, 즉 단순히 등반만 하는 셰르파가 아니라는 생각은 최근 수년간 증폭되었다. 등반에서 셰르파 개개인과 그들의 업적이 인정받지 못한다는 불만이 셰르파들 사이에 상당히 널리 퍼져 있다. 사히브들의 등반 이야기에서 셰르파들은 이름이 언급되지 않는 경우가 빈번하고 '셰르파'란 무차별적 집단으로 나열되는 점에 짜증을 드러냈다. 에베레스트를 여러 차례 무산소 등정한 앙 리타 셰르파 같은 영웅도 무시당할 수 있다. 아홉번째 등정을 기록했을 때, 그가 일한 러시아 원정대는 기자회견에서 이 업적을 언급하지 않았다.[35] 셰르파들은 또한 원정대에서 사히브들이 셰르파들의 사진이나 영상물을 무수히 찍으면서도 최종 책이나 영화에는 거의 나오지 않는다는 점도 지적했다. 1970년대부터 현지조사를 하는 동안 이런 불평을 계속 들어왔지만, 최근 수년간 불만은 더욱 공공연히 잘 들리게 되었다. 이 문제는 「명성은 여전히 셰르파를 피해간다Fame Still Eludes Sherpas」라는 제목의 1995년 기사에 좀 더 자세히 실려 있다.[36]

그냥 '셰르파'가 아니라 등반가로 인정받기를 요구하는 가장 분명한 예는 셰르파로만 이루어진 원정대의 부상이었다. 등반이 셰르파 관점에서 더도 덜도 아닌 그저 하나의 직업이었던 등반 초기라면 그런 원

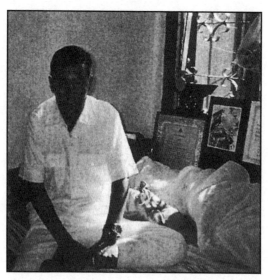

정대는 어리석은 일로 여겨졌을 것이다. 현재에도 대다수 셰르파는 돈을 받지 않는다면 다른 일을 하는 데 더 잘 쓸 수 있는 시간을 써가면서 목숨을 걸고 산에 오르는 일을 무의미하게 본다. 그럼에도 불구하고 1980년대 초에, 내가 아는 한 역사상 최초의 셰르파 원정대가 틸리초 Tilicho(7,132미터)라는 잘 알려지지 않은 산을 최초로 동계 등반했다. 원정대를 조직한 사르케이 체링 셰르파는 "스포츠로 접근했던 등반에 대해 셰르파의 태도를 바꾸는" 것이 원정대의 의의라고 설명했다.[37]

1991년에 셰르파족은 내가 아는 한 유일하게 셰르파들로만 이뤄진 에베레스트 원정대를 최초로 결성했다. 1980년대 중반에 롭상 셰르파가 처음으로 그 원정대를 구상했다. 롭상 셰르파는 성공한 1990년 미국 에베레스트 원정대에서 미국 산악인 피터 애선스Peter Athans를 위해 일했다. 애선스와 몇몇 미국인들이 프로젝트의 자금 모금을 도왔으며, 통상적인 일처리 방식을 멋지게 비틀어서 사실상 아무런 인정도 받지 못하는 지원대로 참여해 원정대를 위해 일했다. 전부 셰르파들로 구성된 에베레스트 원정대가 실패한다는 말도 안 되는 일이 벌어질 뻔한 몇 번의 어려움을 겪고 나서, 원정대는 소남 덴두Sonam Dendu, 앙 템바Ang Temba, 아파 셰르파 그리고 미국인 피터 애선스가 정상에 오르면서 성공을 거두었다. 그리고 적어도 "우리는 개별 주체로서 자부심을 느끼고 싶다"는 리더 롭상의 말은 순수한 정체성 정치였다.[38] 소남 덴부의 말은 다음과 같이 인용되었다. "이번 원정은 **우리의** 원정이다⋯ 또한 모든 셰르파들을 위한 원정이다."[39] 정체성 정치에서 일반적으로 작용하는 분열이 일부 들리기도 한다. 하위집단 내의 하위집단도 인정을 받고자 했기 때문이다. 전통적으로 위쪽 계곡 쿰부 지역보다 산악 셰르파를 훨씬 적게 공급한 낮은 계곡 솔루 출신의 두 셰르파 대원 중 하나는 "솔루 출신의 자부심을 위해서도 등반"했다고 말했다.[40]

요약하자면 20세기 후반의 셰르파들은 "여러 방식으로 '셰르파'의 정체성을 재구성했다. 일부는 '셰르파 일'을 피하거나 거기서 벗어났고, 다른 소수민족 출신 대원의 참여를 허용하고 조장함으로써 20세기 초반에 형성된 민족 정체성과 역할의 연관성을 깨뜨리기 시작했다. 등반에서 벗어나지 않은 셰르파들도 '셰르파' 등급에서 '대원' 등급으로 이동하려 애썼다. 다른 나라 사람들과 함께하는 합동 원정대이든 사실상 모두 셰르파로만 구성된 셰르파 원정대이든.

내적 변신: 종교의 재구성

문화적 재구성의 다른 주요 분야는 종교였다. 어떤 의미에서 종교는 단순히 셰르파 삶에 주어진 조건이었다. 셰르파들은 안전과 정체성이라는 근본적인 문제와 관련해 종교에서 '피난처를 찾았다'. 즉 해로운 일을 당하지 않기 위해, 인생에서 좋은 일들의 기반을 마련하기 위해, 위안과 의미를 얻기 위해, 그리고 자신이 누군지 알기 위해서. 원정대에서도 이런 의미로 종교를 이용했다. 위험과 죽음을 당하지 않기 위해, 두려움과 사고가 났을 때의 슬픔과 충격을 이겨낼 힘을 얻기 위해, 그리고 사히브들의 무모한 생각과 실제로 행사하는 권력을 이겨낼 힘을 얻기 위해서.

동시에 수도원들이 등장하면서 어떤 의미에서는 '셰르파 종교' 자체가 내적 '차이'의 한 형태가 되었다. 그런 까닭에 나는 수도원 운동을 셰르파 사회 내부의 일이긴 하지만 등반만큼 많이 다루었다. 처음에는 셰르파 사회에 새롭거나 다소 생경하기까지 한 게임으로, 평범한 셰르파들이 좋든 싫든 참여해야 했다. 20세기를 거치면서 등반이 셰르파 사회의 경제계를 개조했듯 승려들은 셰르파 사회의 종교계를 개조했다. 사실 등반과 수도원 운동의 유사성은 훨씬 더 많을 수 있다. 수도원 운동과 규율적 태도는 평범한 셰르파들에게 수도원 운동을 등반과 마찬가지로 일종의 억제된 저항과 재구성의 대상으로 만들었다.

다음으로 이 절에서는 먼저 셰르파의 대중 종교를 '고등' 종교화한 수도원 운동의 인상적인 성공 사례 전반을 요약해보겠다. 그리고 현재 셰르파 사회에서 수도원의 상태를 간략히 검토할 텐데, 수도원이 성공을 거두긴 했지만 대단히 복합적이다. 마지막으로는 셰르파들이 수도원 종교 자체를 재구성하여, 자신들의 현대적 관심사와 조화시킨 몇 가지 방식을 살펴보겠다.

열등 종교의 고등화

20세기 말 셰르파 대중 종교가 수도원 불교의 고등 종교 이상을 구현하여 엄청나게 많이 변화했음을 알 수 있다. '열등한' 관행들은 제거되거나 수정되었고 '고등한' 관행들은 제도화되었다. 간략히 요약하자면 다음과 같다.

- 폭력적이고 피에 굶주린 신에게 동물을 제물로 바치고 부를 얻고자 했던 눕키 곌우 의식이 가장 먼저 사라졌다.
- 가족의 안녕을 위해 매년 가정에서 치르는 연례 가족 의식인 라-체툽을 통해 눕키 곌우와 유사한 특성을 지닌 신들을 비슷한 목적에서 숭배했는데, 최근 몇 년 동안 많은 셰르파들이 '열등한' 신들을 다수 제거하면서 라-체툽 의식도 정리했다.
- 음주와 의식 주관의 전문성 부족, 그리고 사적인 고객을 위해 주술을 써서 평판이 떨어진 결혼한 라마들이, 쿰부에서는 한두 명 빼고는 거의 사라졌다.[41] 이제 마을에서 치르는 대부분의 의식은 수도원에서 초빙한 승려나 마을 라마 일을 맡고 있는 파계승이 집전한다(마을 라마와 결혼한 라마의 차이를 분명히 하자면, 원래 '결혼한 라마'[반진, 초아, 응가와 또는 그냥 라마]는 결혼과 영적 수행이 양립불가하다고 생각지 않으며 실제로 대대로 내려오는 결혼한 라마들의 혈통이 종교적 힘을 강화시킨다고 믿었다. '마을 라마'로 활동하는 파계승 또한 '결혼한 라마'가 된 셈이지만, 그들은 수도원의 적극적 대안이라기보다는 실패의 결과로 여겨졌다).
- 솔루-쿰부에는 결혼한 라마와 그의 가족들로 이뤄진 종교 공동

체가 적어도 4개 이상 있었지만, 지금은 하나(케록Kyerok)만 남아 있다. 게다가 이 공동체도 수도원의 고등한 이상과 보조를 더 잘 맞추기 위해 관행을 개선하고 있다.[42]

- 남아 있는 주요 마을 의식들, 특히 해마다 치르는 마을 엑소시즘 의식인 둠지도 변형되었다. 외설스런 요소들은 대부분 정리되었고 폭력성도 누그러졌다.[43]

- 샤먼은 솔루에서 거의 사라졌다.[44] 쿰부에서는 일부 샤먼이 여전히 활동하고 있긴 하지만 그들의 목적을 수도원의 용어로 치환하려는 경향이 있다. 따라서 그들은 병든 사람을 치료하는 대신 이제는 '모든 중생을 돕고' 있다.[45]

- 일반 신자들이 며칠 동안 축약된 형태로 수도원 계율을 실천하는 늉네 의식을 이제는 솔루-쿰부의 거의 모든 마을 사찰에서 행하고 있다. 일반 신자들이 이런 의식에 정기적으로 참여하면 수도원 수행의 경험과 영적인 혜택을 누릴 수 있다고 명확히 알려져 있다.

- 수도원의 '고등한' 이상 쪽으로 진행된 이런 모든 변화는 셰르파 사찰과 사당의 도상학圖像學에도 반영되었다. 사실상 수도원 건립 이전에 제작된 모든 종교적인 예술작품에는, 티베트 불교의 창시자인 (결혼한) 구루 림포체Guru Rimpoche가 중심이 되는 우상이나 이미지로 등장했으며, 보통 그의 양옆에는 두 아내가 있었다. 수도원 창건 이후 제작된 (또는 재제작된) 모든 사찰과 수도원의 예술작품에는 독신인 부처가 중앙에 있고, 오른편에는 관세음보살(연민의 신)이, 왼편에는 구루 림포체가 있다.

셰르파 종교가 승려들이 의도했던 대로 '고등한' 방향으로 '수도원화'되고 정화되고 변화했다고 봐도 될 것이다. 종교계의 외관, 즉 부를 수 있는 전문가나 참여할 수 있는 의식이 상당히 달라졌다. 이같은 종교의 외적 변화는 적어도 일부 평신도 셰르파에게 개인적인 변화도 가져왔다.

그런 면에서 내가 가장 잘 아는 셰르파는 1970년대 후반에 나를 위해 일했던 니마 초타르이다. 내가 아는 셰르파 남자들 중에는 승려가 되고 싶었다고 했던 이들이 많았는데, 그도 그랬다. 하지만 다른 사람들처럼 그도 역시 상황이 여의찮았다. 니마 초타르는 원정대 셰르파가 되었고 몇 차례 등반 원정을 했지만, 식물학이나 의학, 내 경우처럼 인류학 등 학문적 원정 일을 전문으로 하게 되었다. 다음의 짧은 일화 두 편은 '고등 종교'로 이동한 그의 개인사를 보여준다.

니마 초타르는 다르질링에서 오랫동안 살았다. 아버지는 유명한 초기 등반 셰르파인 다와 텐징Dawa Tenzing이었지만, 등반 중에 남동생이 죽었고 어머니는 아들의 죽음을 이겨내지 못하고 자살했다. 첫번째 이야기는 가족 라-체튬 의식을 정리하고, 열등한 신들과 영들을 없앤 그의 결정에 관한 것이다.

어머니가 돌아가시고 그는 아직 인도에 있었는데, 그때 그는 자신의 가족과 다른 모든 가족들이 믿는 모든 루lu와 겔우gyelwu와 갑탁gyabtak(다양한 지역 영들)이 필요 없다고 결정했다. 사람들은 부자가 되게 해준다면서 이런 신들을 믿지만 그는 필요 없다고 생각했다. 그는 아버지에게 편지를 써서 텡보체 라마와 승려들을 불러 그들을 전부 내쫓는 의식을 치르라고 했다… 그리고 나서도 아무 일도 생기지 않았다. 그의 아버지도 같은 생각이었다.[46]

두번째 이야기는 샤머니즘을 거부한 이야기이다.

그는 사실 라와(샤먼)에는 그다지 관심이 없었고, 파인payin(불교의 공덕, 딕파dikpa, 즉 죄의 반대)과 고등 신들에만 관심이 있었다고 말했다… 언젠가 그가 좀 아팠는데 그가 없는 사이 누이가 라보lhabeu(무아지경에 빠진 샤먼이 치료를 하는 의식)를 의뢰했다. 샤먼은 그가 아픈 것은 언젠가 앉았던 어떤 바위의 루(현지 영) 때문이라고 했다. 그는 그 루에게 화가 났고 그곳에 가서 바위를 내리치고 바위 위에다 똥을 쌌다. 그래도 아무 나쁜 일도 생기지 않았으며, 실제로는 이틀 만에 병이 나았다.[47]

니마 초타르는 승려들이 바라는 대로 고등 종교로 전환한 최고의 사례이다. 그는 스스로 일반 신자를 위한 수도원의 의제를 거의 다 받아들여 죄를 짓지 않는 방향으로(항상 성공하지는 못했다, 음주 문제로 씨름했으니까), 그리고 더 나은 환생을 위해 공덕을 쌓는 방향으로 종교 생활을 했다.[48]

그러나 모든 셰르파가 니마 초타르처럼 '고등' 불교를 수행하겠다고 단단히 마음먹지는 않았다. 사실 나는, 셰르파들 사이에 불교의 고등화가 강한 영향을 미친 것은 확실하지만 그 역시 양가적 대상이었다고, 그리하여 시간이 흐르면서 재구성의 대상이 되었다고 말하고 싶다. 이를 보여주는 첫 지표는 오늘날 셰르파들 사이에서 수도원 제도의 상태이다.

파계 라마들과 쇠락하는 수도원들

오늘날 셰르파의 수도원 제도는 매우 엇갈린 상태에 있다.[49] 새로 수도원들이 들어서고 있기도 하지만, 쇠퇴하고 있는 수도원들도 분명 있다. 또 셰르파들이 아니라 외국의 지원으로 번창하는 수도원들도 있다. 수도원 제도의 쇠퇴는 '근대화'의 또 다른 부작용일 수 있으며, 현대 생활의 어떤 면들이 그 과정에 분명 한몫했을 것이다. 나는 이런 변화가 자신들의 종교 형태에 대한 셰르파의 내적 소망에 대한 대응으로 간주돼야 한다고 주장하고 싶다. 먼저 수도원들의 상태를 간략히 살펴보겠다(현지의 스캔들을 비롯해 보다 상세한 이야기는 부록 B를 참고하기 바란다).

- 최초의 셰르파 수도원인 텡보체(1916)는 원활하게 잘 운영되고 있다. 주지 라마인 텡보체 림포체는 서약을 지켜왔으며, 활발한 지도력을 유지하고 있다. 하지만 수도원은 외국의 기부금에 크게 의존하고 있다.
- 두번째 셰르파 수도원인 치웡(1924)은 1950년대 말부터 쇠락해왔다. 제1대 주지 라마는 파계를 하고 여승과 떠났고, 두번째 주지 라마는 제의를 받고 티베트로 떠나 거기에서 죽었다. 그 후 게켄geken, 즉 스승도 떠났다. 새로운 주지 라마는 찾지 못했다. 새 승려들을 임명할 주지 라마도 없고 그들을 양성할 스승도 없으니, 수도원은 더 이상 성장할 수 없다.
- 1928년 건립된 데부체 수녀원은 1970년대 말에 여승이 여섯으로 줄었으며, 오랫동안 새로운 여승을 모집하지 못했다.
- 이전에 텡보체 승려였던 이가 1946년에 세운 탁신도Takshindo

수도원은 지도자의 계보를 이을 수 없었다. 1960년에 주지 라마가 사망하자 환생을 찾았지만, 그 가족은 아이를 수도원에 넘겨주지 않았다.

- 세를로에 있는 수도원은 1959년 셰르파 승려인 상계 텐징이 세웠다. 그는 티베트에서 수련을 했으며 의식을 집전하는 데 있어 다른 셰르파 수도원들보다 '더욱 고등한' 수도원을 세울 생각이었다. 그러나 1980년대 중반에 한 여승과 함께 파계했고 그 뒤 사망했다. 수도원은 완전히 폐쇄되었다.

- 타미Thami에 있는 수도원은 셰르파 수도원 운동의 또 다른 확실한 성공 사례처럼 보였다. 원래 오랫동안 대대로 내려온 강력한 가문의 결혼한 라마가 이끌던 현지의 아주 오래된 사원이 1950년대 초에 독신 수도원으로 전환되었다. 1950년대 말 나이든 주지 라마가 죽은 후 그의 환생이 발견돼 수련을 잘 받고 주지 라마가 되었으나, 1990년대에 파계를 하는 바람에 한동안 수도원이 엉망이 됐다.

셰르파 수도원 제도, 보다 적절하게는 셰르파들 사이의 수도원 제도는 사라지지는 않았지만, 전반적인 셰르파 종교 재구성에서 차지하는 위상은 여러 가지 방식으로 상당히 많이 바뀌었다. 셰르파 수도원들이 쇠퇴하자, 셰르파들은 수도원 서비스가 필요할 때 티베트 난민 수도원들을 이용하게 되었다. 존경받는 투시 림포체가 주지로 있는 솔루의 티베트 난민 수도원인 튀프덴 최링은 여전히 활발하게 운영되고 있으며, 투시 림포체와 그곳 승려들은 인근의 쇠락해가는 치옹 수도원에서 셰르파들을 위한 연례 마니 림두 축제도 주관한다. 최근까지도 셰르파족은 비슷한 방식으로 카트만두에 있는 티베트 수도원들을 이용했다.

동시에 셰르파족은 수도원에 대한 서구의 지원을 기꺼이 받아들였다. 텡보체 수도원은 에드먼드 힐러리 경의 히말라야 재단, 미국의 문화 단체인 문화 생존Cultural Survival, 그리고 미국 히말라야 재단The American Himalayan Foundation을 비롯한 서구의 기부자들로부터 많은 자금을 지원받았다. 또 다른 예로는, 카트만두 외곽에 있는 코판 곰파 Kopan Gompa(곰파는 좁게는 사원을, 더 넓게는 수도원 전체를 지칭한다)와 쿰부에 있는 관련 수도원인 라우도 곰파Laudo Gompa가 있는데, 두 곳 모두 미국 불교도들의 지원을 받는다고 한다.[50] 그리고 최근에 이전 세를로 수도원의 승려였던 이가 솔루 계곡에 새로운 수도원을 짓기 시작했는데, 미국의 후원자가 자금 대부분을 대고 있다고 한다.[51]

셰르파 불교도 셰르파족처럼 서구의 욕망과 서구의 '진지한 게임'의 일부가 되었다. 하지만 수도원이 외국 자금의 지원을 받고 있긴 해도 셰르파들에게 여전히 고유한 가치를 지니고 있다. 수도원의 의식은 강력하고, 그곳의 수련자들은 잘 수련되어 있으며, 가장 중요하게는 여전히 대단히 소중하게 여겨지는 환생 라마를 배출하고 있다. 그러나 보다 넓은 관점에서 보자면 수도원은 셰르파의 종교생활에 고등 불교를 주입하는 일을 했고, 이제는 셰르파 사회의 주변부라 할 수 있는 위치로 옮겨갔다.

1980년대 초 카트만두에 세워진 새로운 셰르파 수도원은 이런 주장의 예외처럼 보일 것이다. 이 수도원의 주된 자금원은 외국인 기부자들이 아니며, 도시 셰르파 공동체 생활에 중심 역할을 하고 있다. 그러나 이 또한 새로운 종류의 수도원이며, 그 변화는 셰르파들이 자신들의 '고등' 불교를 재형성해온 다른 방식을 반영한다. 첫째, 공동체에서 분리된 승려들이 사회와 거리를 두는 문제가 있었다. 표준 불교 측면에서는 승려 개념의 근본이지만, 많은 평신도 셰르파의 관점에서(그리고 다른 많은 불교도의 관점에서) 그런 초연함은 종종 '이기적'인 것으로 해석되었다. 따라서 수도원과 평신도 공동체의 유대를 강화하려는 —비록 모순적이기는 하지만— 경향이 점진적으로 생겨났다. 둘째, 수도원 덕분에 셰르파 종교에 '연민'의 중요성이 더욱 강조되었지만, 현대의 셰르파들은 연민을 수도원보다는 대중 신앙의 중심으로 만든 것 같다. 수도원과 평신도 공동체간의 연계 강화부터 살펴보겠다.

타록(파계승)과 고등 불교의 '세속화'

1960년대 중반 처음으로 셰르파족 사이에서 현지조사를 했을 때 파계한 승려나 여승은(타록talok은 실패한 승려라는 의미의 타와 록파tawa lokpa와, 실패한 여승이라는 의미의 아니 록파ani lokpa에서 나왔다) 큰 죄를 지은 것이고 큰 수치라고 들었다. 그들은 지역 사회를 떠나야 했으며 대개 다르질링으로, 적어도 다른 셰르파 지역으로 떠났다. 내가 첫번째 현지조사를 하던 시기에 (쿰부에는 좀 있긴 했지만) 솔루에는 파계한 승려나 여승이 거의 없었다.

하지만 모두가 떠난 것은 아니었다. 일부는 지역에 남아 사실상 솔루-쿰부 전체에 '고등 종교'를 전파하는 동인이 되었다. 1920년대에 치옹 수도원의 건립을 단독 후원했던 상계 라마에게는 티베트 수도원의 승려인 다와 텐징이라는 아들이 있었다. 상계는 나중에는 아들이 결혼하기를 원했고, 수도원에서 불러들여 중매결혼을 시키기로 했다고 한다. 아들은 순순히 돌아와 결혼을 했지만 수도원 이상에 여전히 헌신적이어서, 아버지가 치옹 수도원을 건립하도록 했을 뿐 아니라 대단히

9장 재구성

적극적으로 자금을 모금했다. 마찬가지로 1940년대에 탁신도 수도원을 건립하기 위해서 텡보체에서 톨덴 출팀Tolden Tsultim을 초청한 이도 파계한 텡보체 승려였다고 한다.

세월이 흐르면서 파계한 승려들과 여승들의 수가 늘었고, 그 지역에 그대로 머무는 이들도 많아졌다. 많은 이들이 마을 라마가 돼서, 대대로 이어지는 혈통에서 권력을 얻었던 결혼한 라마(반진)의 수가 줄어들면서 생긴 빈자리를 채웠다. 대부분의 파계승들은 파계한 일을 몹시 후회했으며, 수도원의 '고등 종교'에 여전히 충실했다. 대중적인 마을 종교 관행의 개혁 대부분이, 특히 둠지 축제의 정화가 그들 손으로 이뤄졌다. 그들은 또한 아들을 수도원으로 보내는 경향이 있어서 새로운 승려 충원에도 중요한 역할을 했다. 파계승들은 차츰 수도원과 마을 사이의 보이지 않는 가교 역할을 하면서 그들이 한 수련을 마을에 소개했고, 자기 아들들을 수도원으로 돌려보냈다.

더욱 놀라운 일은, 파계한 승려들 일부가 제한적인 방식으로 원래 수도원에 다시 받아들여졌다는 것이다. 1960년대 후반 아내가 죽은 어느 텡보체 타록은 다시 수도원 생활에 참여하고 있었다. 승려였을 당시 게켄 즉 스승으로서 텡보체의 중심인물이었던 그는 마니 림두Mani Rimdu 춤에서 핵심 역할 중 하나인 미 체링Mi Tsering 춤을 추기도 했다. 1967년에 결혼한 라마 공동체인 케록의 주지인 라마 텐징과 다음과 같은 대화를 나누었다.

라마 텐징이 (우리가 방금 나온) 텡보체에 대해 물었다. 밍마는 그에게 그 타록, 즉 돔수르domshur(돔바 소룹domba shorup, 파계한 자)가 매우 카무(전문가)라 수도원에서 계속 일하도록 (그의 아내는 죽었다) 해주는 거라고 말했다.[52]

1970년대 후반 쿰중에도 유사한 사례가 있었다. 텡보체에 갔을 때 수도원 주변에서 (실제로 거기 살지는 않았지만) 계속 시간을 보내는 이전에 승려였던 이를 만났다. 그의 이야기는 차츰 알려졌다.

수도원이 실은 그 타록을 다시 받아들이는 중이다. 그의 아내는 죽었다. 그는 술을 심하게 마셨는데 이제는 완전히 끊었다고 한다… 림포체가 그를 다시 받아들이고 싶어하고, 그 타록에게 일반 신자들을 위한 의식을 많이 맡긴다고 한다. 예전에는 고위 겔룽gelung, 즉 고위 승려였지만 이제는 당연히 (승려들의 줄에서) 말석에 앉는다. 니마 초타르는 다른 승려들은 잠이 들기도 하고 자리를 뜨기도 하지만 그는 정성을 다해 독경을 하고 제스처를 취한다고 하면서 (의식을 치르는 동안) 그가 얼마나 **열심히** 하는지 언급했다.[53]

가장 최근 사례는 타미 수도원의 파계한 툴구(환생 주지 라마)이다. 그 라마는 1990년에 술에 취해 잠깐 판단력을 잃어 파계했다. 내가 아는 한 파계한 주지 라마를 그 수도원에서 다시 받아들인 전례는 없었다. 앞에 언급한 사례들도 아내가 죽은 후에야 다시 받아들여졌다. 그런데 1990년 카트만두에서 돌았던 소문에 따르면, 타미의 승려들이 그 타미 툴구를 수도원의 원장으로 계속 모실 수 있는지 논의하고 있었다. 나는 승려들이 "실수한 것을 용서해서" 그가 수도원에 머물게 됐다는 사실을 훨씬 나중에야 알게 되었다.[54]

이렇듯 파계한 승려들이 다양하게 수도원을 들고나는 현상은 단순한 수도원의 '영향'보다는 수도원과 평신도 셰르파들 사이의 복잡한 쌍방향 조정 과정을 시사한다. 한편으로 이런 과정을 통해 고등 종교가 마을에 들어오게 되었고, 이는 수도원 운동의 성공에 매우 중요했다.

그러나 다른 한편으로는 수도원 생활과 일반 신자의 생활 사이에 놓인 경계를 전반적으로 재구성하도록 이끌었다. 1970년대 말에는 쿰부에 머무는 파계승들이 너무 많았고, 나는 한 친구에게 예전에 내가 파계를 매우 수치스럽게 여긴다고 전했는데 맞냐고 물었다. 그는 맞긴 하지만 수가 많아지다보니 그런 일이 일상적으로 돼버려 더 이상 옹고차ngotza(수치심)를 못 느낀다고 했다. 내 생각에는 이런 과정이 계속되고 있으며 더더욱 일상화되어가는 것 같다. 그리하여 '파계'란 개념 자체가 연성화되었으며, 태국이나 미얀마에서처럼 많은 젊은 셰르파들에게 수도원 생활은 영구적인 서원이 아닌 일시적인 삶의 단계가 되어가고 있다. 또 동시에 수도원도 지역사회와 대립하기보다는 지역사회의 일부가 되어간다.

이 논의에 비춰 카트만두에 새로 생긴 셰르파 수도원을 생각해볼 수 있다. 1980년대 초 세와 켄드라Sewa Kendra라고 하는 카트만두의 셰르파 지역 활동 조직이 텡보체 라마의 지도 하에 새 수도원 건립을 준비했다.[55] 학승이 몇 명 있다고들 하지만, 그 곰파는 (다시 말하지만 이 용어는 좁게는 사찰을, 넓게는 수도원 전체를 가리킨다) 주로 전통적인 마을 사찰과 주민자치센터를 섞어놓은 것 같다. 셰르파들이 전통적인 종교의식과(새해 축하 의식, 로사르Losar 같은) 보다 종교색이 있는 지역사회의 새로운 행사를 모두 개최하는 장소로 운영되고 있는 듯하다.

예를 들어 카트만두에 있는 내 친구 한 명은 사원이 장례식장으로 이용되는 이야기를 해줬다. 장례식은 셰르파들과 네팔인 이웃이나 집주인들 사이에 마찰을 일으키는 문제였다. 셰르파 장례식은 보통 고인의 집에서 치러졌으며 대개 필요한 의식을 치르는 동안 시신을 집에서 장기간 보관했다. 카트만두의 셰르파들에 따르면, 힌두교도들은 자기

집에 시신을 장기간 보관하는 것은 물론이고 사람이 집에서 죽는 것조
차 원치 않기 때문에, 이제 장례식은 곰파에서 열린다.

또한 사원은 축제의 장소로, 셰르파들의 대규모 모임인 팡닌
Phangnin 축제가 그곳에서 열린다. 내가 아는 한 솔루-쿰부에서는 전
통적으로 팡닌을 기념하지 않았는데, 셰르파들이 새로운 도시 축제(티
베트에서 유래한 것 같다)로 시작한 것 같다. 팡닌은 약간 난잡한 재미
를 추구하는 것 같은 야유회 행사이다. 빈캐니 애덤스가 기록한 바에
의하면 1987년 축제 때는 남녀가 옷을 바꿔 입고 모의 결혼식을 올리
고 모의 부부에게 콘돔을 던졌다.[56] 이는 사실 수도원 불교가 '세속화'한
한 예이다. 예전에 승려들이 마을 둠지에서 일소한 모든 유쾌한 혹은
재미있는 성적 표현을 도시 셰르파들이 다시 카트만두 곰파로 들여온
것으로 보이는데, 이는 수도원과 일반 신자들의 생활 간에 관계와 경계
를 재구성한 또 다른 사례이다.

더 많은 연민

연민, 이타심, 너그러움 문제는 티베트 불교 이론의 가장 중심에 있다.
대승 전통에 속하는 티베트 불교를 다양한 소승 불교와 구별하는 것이
바로 이런 관심사들의 중요성이다. 서구의 관점에서 보자면 특이한 연
민이다. 그것은 수도원 계율에 초월적 구원을 성취하는 가장 효과적인
방법, 즉 특권을 부여하는 관점에서 정의된다. 그것은 다른 사람들이
고통에 처해 있음을 인정하고, 그런 이들에게 해결책으로 승려 모델을
제안한다. 이는 고통의 원인인 사회적 유대관계로부터 벗어난 잘 수련
된 인간의 모델이다.

이런 '고등한' 연민 모델은 셰르파들 사이에 확실히 이어지고 있다. 이는 강력한 그리고 더욱 강력해질 가능성이 있는 감정들을 다스리는 불교 이론의 기본이며, 그런 이유로 많은 사람들이 가치를 인정한다. 이런 종류의 연민은 일찍이 여러 등반 사망자들의 사례에서 나타났다. 수도원에서 영감을 얻은, 크나큰 연민을 의식을 통해 실현하게 되는 능네가 금욕적 수행과 밀접하게 연결되면서 갈수록 인기가 높아지는 것은, 셰르파들에게 '고등한' 연민이 계속 소중하게 여겨진다는 또 하나의 지표이다. 1950년대 중반에는 폰 퓌러-하이멘도르프가, 1960년대 말에는 내가 능네는 별로 인기가 없고 대부분 나이든 이들이나 지킨다고 발표했지만,[57] 1980년대 중반에 이르러서는 나이든 이들이나 독실한 이들만의 행사가 아닌, 그 어느 때보다 열정적으로 참여하는 행사가 되었다.[58]

동시에, 보다 일상적인 연민 모델도 중요하다. 이것은 보답을 바라지 않고 다른 이들에게 너그럽게 대하고 베푸는 것을 강조한다. 이는 이상적으로 신들에게 제물을 바치는 정신이며 승려들에게 보시하는 정신이다. 내가 보기에는 일상생활과 더 관련 있고 일반적인 사회관계에 더 긍정적인 이같은 연민이 셰르파 대중 불교에 갈수록 중요해지고 있다.

일상의 연민이라고 부를 수도 있는 이런 연민으로의 전환을 가장 잘 보여주는 지표는 환생 라마, 즉 툴구의 인기가 여전히 갈수록 높아지고 있다는 사실이다. 툴구는 여러 의미에서 특히 '연민'과 관련이 깊다. 어떤 툴구는 고통받는 인간을 돕기 위해 인간의 형상을 취한 신이라고들 한다. 또 어떤 툴구는 깨달음을 얻었기에 열반에 들 수 있는데도 다른 이들에게 깨달음에 이르는 길을 보여주기 위해 세상에 머물기로 한 인간, 즉 보살이라고 한다. 두 경우 모두 그들이 물질계에 머무는 자체가 살아 있는 연민의 행위이자 연민을 지속하는 행위이다.

많은 툴구가 개인적 스타일도 매우 친절하고 따뜻하지만, 그와 상관없이 그들은 늘 어떤 의미에서 승려들보다 더 베풀고 더 너그러운 것처럼 보인다. 개인들에게 사적인 친절을 베푸는 행위, 다른 수도원에 '보조금'을 주는 것처럼 제도적으로도 너그러운 행위, 또 승려들과 달리 경계와 구분을 만들기보다는 포괄적이고 통합적인 태도(이를테면 나의 자료에 의하면 끊임없이 샤먼들을 폄하했던 승려들과 달리, 툴구는 수도원 설립 이후 셰르파의 종교적 삶에서 차지하는 샤먼의 위치를 인정해주었다) 등에서 툴구의 너그러움을 엿볼 수 있다.

사람들이 승려들에 대해 가질 수 있는 양가감정은 툴구에게는 해당되지 않는다. 툴구의 인기는 오늘날까지, 심지어 '근대화된' 도시에서도 이어지고 있으며, 오히려 더 높아지고 있다. 제임스 피셔는 대학 졸업자나 관광 안내인 셰르파 할지라도 "환생을 믿지 않는 경우나 축복을 받기 위해 림포체에게 엎드려 절하지 않는 경우는 본 적이 없다"고 했다.[59] 아마 지금도 텡보체 주지 라마나 다른 림포체의 축복 없이 카트만두를 떠나는 원정대 셰르파는 없을 것이다.[60]

툴구의 인기 외에도 일상적인 친절과 너그러움이라는 의미에서 연민에 대한 강조가 현대 셰르파 불교에서 더욱 두드러져 보이는 방식들이 있다. 특히 초 의식의 인기가 갈수록 높아지고 있다. 초는 불교의 높은 신들을 위한 '잔치'로 정의되는데, 사람들이 보답을 바라지 않고 순수하게 베푸는 선행으로서 신들에게 제물을 바치는 것이다. 더 낮은 신들에게 제물을 바치는 것은 호혜주의(신들을 기쁘게 해주면 그 보답으로 신들의 보호를 받는다는) 가정에서 행해지는 반면, 불교의 최고 신들에게 제물을 바치는 일은 이런 호혜적 성격을 띠지 않으며 승려들에게 보시를 하는 일과 마찬가지로 단순히 이타심을 양성해 공덕을 쌓는 일이다.

초는 모든 목적의 집단적 공덕을 쌓는 의식이다. 누구라도 자기 자신을 위해 공덕을 쌓을 수 있지만 집단적인 공덕은 흔히 초를 통해 쌓는다. 즉 모든 이들이 함께 제물을 바치고 그 혜택을 모두가 공유한다. 아무 때나 초를 의뢰할 수 있지만, 정기적인 의식에 덧붙여지기도 한다. 예를 들어 셰르파족은 피에 굶주린 눕키 겔우 숭배를 중단한 후 네팔의 다사인 행사에 초를 추가했다. 다사인은 수많은 동물이 희생되는 축제인데, 초로 동물 희생이 이 세상에 가져오는 모든 죄를 상쇄하려는 것이다. 다시 말해 초는 대가를 바라지 않고 순수하게 베푸는 행위이기 때문에 공덕이 있다.

최근에 빈캐니 애덤스는 카트만두의 도시 셰르파들이 '붐초 Bumtsho'라는 의식을 '재창조'했다는, 현 논의와 일치하는 이야기를 전했다. 애덤스에 따르면 '1만 초'를 의미하는 붐초는 1980년대 초반 카트만두에서 처음 행해졌는데, 그 후로 쿰부의 많은 사찰에서 행해지고 있다. 1990년대 초반 언젠가 셰르파 몇 명이 쿰부로 날아와 유명한 툴구인 켄체 림포체Khentse Rimpoche에게 붐초를 집전해 달라고 돈을 지불했고 림포체는 그렇게 했다. 그는 또 장시간에 걸쳐 설법도 했는데 (설법은 간간이 하기도 하지만 셰르파들 사이에 전통적인 것은 아니다), 너그러움, 베풂, 그리고 연민의 중요성을 역설했다. 무엇보다 그는 다음과 같이 말했다.

여러분은 (여러분의 재산을) 가지고 가지 못합니다. 돈이 손에 있을 때, 살아 있는 동안 다른 이들과 나누세요. 자선을 베푸세요. 가난한 이들을 도우세요. 한번 베풀면 더 많은 연민이 생겨 더 많이 베풀 수 있습니다. 연민이 강해지면 거리낌없이 재산을 나눠주게 됩니다. 재산을 낭비하지

도 말고 모으지도 마세요. 무엇이 옳고 그른지 깨달아야 합니다.[61]

환생 라마의 중요성, 이런 특별한 의식에 대한 종교적 강조, 그리고 라마의 설법은 모두 더욱 '자비로운' 불교로의 전환을 구현한다. 이와 같이 현대의 셰르파들은 적극적으로 '고등 종교'를 추구하고 있지만, 또한 어떤 형태의 고등 종교를 지지할 것인지 선택하고 있으며, 그런 선택으로 종교를 변화시키고 있다. 그들은 수도원을 계속 지지하면서도 기꺼이 승려와 여승의 '파계'에 둔감해짐으로써, 초연한 수도원과 바쁜 세상이 보다 활발히 소통하도록 만들었다. 그리고 상당히 많은 '열등' 종교, 즉 결혼한 라마, 샤먼, 라-체튭 의식의 '열등한' 신들을 기꺼이 버리는 한편, 원래 수도원이 제공했던 것보다 더 따스하고 더 너그러운 고등 종교를, 툴구라는 인물과 너그러움을 이상적 연민으로 중심에 두는 고등 종교를 지지하고 있다.

여전히 친절한 셰르파족

셰르파 문화의 쇠퇴에 대한 폰 퓌러-하이멘도르프와 다른 이들의 언어는 매우 강경하다. 하이멘도르프는 개인주의, 경쟁, 경쟁의식이 부상하고, 충직함과 정직함이 쇠퇴한다고 보았다. 톰프슨은 '미친 듯이' 사업과 이익을 추구하는 셰르파들이 늘고 관광과 등반 게임에서 '돈을 벌려고' 무슨 짓이든 하는 비열한 셰르파들이 점점 많아진다고 보았다. 마지막으로 애덤스는 현대 셰르파들의 '가상적'인 여러 면들을 논했다. 그것은 진정한 셰르파에 대한 사히브들의 욕망을 반영한 것에 불과하다. 셰르파족은 여러모로 전통적인 그들의 훌륭한 자질 대부분을 잃어

버린 것 같다.

그렇지만 사히브들이 쓴 등반과 트레킹 문헌을 다시 살펴보면 이는 사실이 아닌 듯하다. 사히브들은 돈과 근대성이 셰르파들을 '망쳤다'고 한탄해왔고 지금도 한탄하고 있지만, 그들의 원정대 활동에 대한 실화나 트레킹 여행객들의 묘사를 보면, 간간이 드러나는 명백히 영웅적인 행동은 물론이고 셰르파의 친절함, 너그러움, 좋은 품성은 예나 지금이나 거의 다를 바 없음을 알게 된다. 1970년대 말부터 보자.

트레킹에서 막 돌아온 독일 여교사에게 말을 걸었다. 그녀는 셰르파를 격찬했다. 그녀는 놀랍다는 투로 셰르파는 너무나 **다정하고**, 너무나 **친절하고**, 너무나 **순했다**고 (그러나 여자 같지는 않았다고 얼른 덧붙였다) 계속 말했다. 정말 반했던 것이다.[62]

1980년대 초에는,

우리는 셰르파 운이 정말 좋았다. 명랑하고, 이타적이고, 하는 일에 긍지를 갖고…(요리사인 푸타시Phutashi는)…굉장히 섬세하고 인정 많은 사람이었고… 셰르파들은 우리를 왕족처럼 대했다. 침낭을 둘둘 말고 누워 있는 우리를 매일 아침 부드러운 목소리로 깨우며 달콤하고 따뜻한 차를 건네주었다… 우리를 그토록 잘 보살피는 일을 기쁨으로 여기는 셰르파들을 보면서 정말 놀랐다.[63]

그리고 1990년대에 접어들면, 다음과 같은 기록이 있다.

트레킹을 하면서 가장 좋았던 점은… 우리 팀과 우정을 쌓은 일이었다.

셰르파들은 항상 명랑하고 쾌활했으며 늘 공손한 태도로 주의 깊게 우리를 돌보았고 하루의 절반을 노래하거나 휘파람을 불었다. 그들은 우리에게 네팔 노래를 가르쳐주고 우리는 그들에게 〈맥도널드 노인에게는 농장이 있었네Old MacDonald Had a Farm〉라는 노래를 가르쳐주었는데, 그 노래를 듣고 그들은 배꼽을 잡고 웃었다.[64]

1980년대에 와서는 대부분의 사히브들이 많은 셰르파가 매우 근대화되었거나 일할 때 돈에만 관심이 있다는 이야기를 읽거나 들었다. 그래서 사히브들은 겉보기에는 번드르르하고 근대화된 셰르파가 옛날의 전설적 셰르파들처럼 친절하면 몇 배로 감동받았다. 일레인 브룩Elaine Brook은 1980년대 중반 맹인 친구인 줄리와 함께 솔루-쿰부 트레킹을 갔다. 그들의 사다는 락파라는 셰르파 청년이었는데, 브룩은 처음에 그를 좀 미심쩍어했다. "락파의 서구식 행동거지와 옷차림을 보고 그가 기회주의자가 아닐까 하는 생각이 들었다"고 그녀는 말했다.[65] 그때쯤에는 다들 셰르파들이 실용적이라는 생각을 하고 있어서 셰르파들이 미적 감수성을 내보이자 브룩은 놀랐다. "낮게 드리운 하얀 뭉게구름 위로 산 그림자가 떨어지고 차가운 빛 속에 서리가 반짝이면서 서서히 보름달이 떠올랐다. **보통은 실용적인 셰르파들조차** 경이로워하며 그 광경을 바라보았다"고 했다.[66] 락파가 브룩이 우려했던 것처럼 무심하고 냉정한 '현대 셰르파'가 아니라는 사실이 차차 분명해졌다. 요리사인 장부Jangbu와 키친보이인 다와Dawa뿐 아니라 락파도 그 여성들을 위해 트레킹 일을 잘하려고 무척 애썼다. 줄리가 일부 구간에서 따라가는 데 몹시 힘들어 했기에 그들은 줄리를 태우고 갈 야크를 빌릴 궁리를 했다. 하지만 락파는 그들이 돈이 별로 없다는 것을 알았고, 그래서 자신이 그녀를 업고 먼 길을 갔다.

처음부터 미리 나는 받은 장비가 그들이 받게 될 보너스의 전부라고 말했다… 그랬는데도 그들은 여행 내내 우리를 어떻게든 더 도와주려고 애썼다. 타고 갈 야크를 빌릴 여유가 없었던 우리가 돈을 쓰게 하는 대신 줄리를 업고 갈 정도였다.[67]

앞에서 말한 최근 사례 몇 가지는 등반 원정대가 아니라 관광 트레킹 사례들로, 조금 더 배려하는 온화한 부모와도 같은 셰르파의 친절함은 이처럼 규모가 작고 친밀한 원정대에 좀 더 흔히 남아 있는 것 같다.[68] 그렇지만 친절함을 비롯한 셰르파의 좋은 성품은 대규모 등반 원정에서도 계속 드러난다. 1988년 영국/미국 에베레스트 북사면 원정대에서 파상Pasang이라는 사다는 베이스캠프에서 대원들을 '애지중지'하면서 소중히 보살펴 일부 대원들에게 '아버지 같은 존재'가 됐다.[69] 1989년에 이 이야기를 쓴 등반가는 셰르파에 대한 견해를 1930년대에나 쓸 수 있었을 법한 언어로 다음과 같이 요약했다.

셰르파 사람들에 대해 놀라운 일은 비할 데 없이 엄청난 부자인 외국 관광객들을 계속 상대하면서도, 대다수가 용케도 전설적인 위엄과 유머, 효율성과 너그러움을 잃지 않았다는 점이다.[70]

파상은 당시 49세로 초기 등반 시대의 베테랑 등반가였다. 따라서 그를 그저 시대착오적인 인물이라고, 갈수록 보기 드문 '구식' 셰르파라고 생각할 수도 있다. 그런데 매우 현대적인 신세대 젊은 셰르파 등반가들에 대해서도 '좋은 셰르파' 이야기가 들린다. 이를테면 1985년 노르웨이 에베레스트 원정대의 크리스 보닝턴은 순다레Sundhare 셰르파를 확실히 근대성이 망쳐놓은 인물로 묘사했다.

(순다레는) 매우 서구화된 것처럼 보였고 팝 음악과 디스코 춤을 좋아했으며, 카트만두에서 볼 수 있는 스마트한 청년의 패션 스타일로 트렌디한 어깨 길이의 헤어스타일에 꽉 조이는 청바지를 입었다(보닝턴은 비판적인 시선으로 그를 앙 리타와 비교했다). 앙 리타는⋯ 순다레와 매우 다른 인물이다. 투박하고 흡사 농부 같은 그를 보면 자신의 유산과 배경을 확고하게 붙들고 있다는 느낌을 받는다.[71]

그러나 1978년 독일 스바비아Swabia 에베레스트 원정대에서 초창기 가이라이나 파상 키쿨리처럼 영웅적인 행동을 보여줬던 이는 바로 순다레였다. 그는 정상 근처에서 탈진한 하넬로레 슈마츠와 함께 하룻밤을 비박했다. 그리고 다음날 그녀를 위해 보조 산소를 가지러 아래 캠프로 내려갔다가 다시 돌아왔다. 그러다 그녀가 다시 쓰러지자 곁에 머물렀다. 그는 그녀가 죽을 때까지 발이 얼어붙도록 내려오지 않았다.[72]

1980년대 중반부터 돈을 낸 고객이 돈을 받은 가이드의 안내를 받는 상업 등반 원정대가 히말라야 등반계에 등장했다. 이러한 원정대들은 상당히 문제가 많았다(10장에서 자세히 살펴보겠다). 이런 원정대에서조차 사히브들이 자신을 돌보느라 급급할 때 돕겠다고 나서는 이들은 대개 셰르파들이었다. 부분적으로 상업 등반대였던 1988년 미국 에베레스트 원정대에서 제프 태빈Geoff Tabin이라는 산악인과 셰르파 몇 명이 정상으로 향하면서 경험이 많지 않은 페기Peggy라는 여성 산악인을 두고 갔다. 그녀는 정상 직전에 기술적으로 어려운 마지막 등반 구간인 힐러리 스텝에서 혼자 쉬고 있었다. 돌아오는 길에—날씨도 완벽하게 좋았다— 그들은 고군분투하며 혼자 정상을 향해 오르고 있는 그녀를 다시 만났다.

9장 재구성

제프가 셰르파들을 쳐다보며 "난 내려간다"며 "따라오든 폐기를 기다리든 마음대로 하라"고 말했다. 셰르파들은 서로를 쳐다보고 자신들을 돌아봤다. 마침내 한 사람이 말했다. 제2캠프에서부터 줄곧 폐기와 함께 올랐던 젊은 셰르파 두 명 중 하나인 다와 체링이었다.

그는 "내가 폐기를 기다리겠다"고 했다. 제프는 고개를 끄덕였다. **자네는 좋은 사람이야!**[73]

또한 엄청난 사망자를 냈던 악명 높은 1996년 상업 원정대도 있다. 그런 상업 원정대들 중 하나의 사다가 롭상 장부 셰르파였다. 그는 자신의 '우상'인 원정대의 리더, 스콧 피셔처럼 말총머리를 하고 "매우 건방지고" "현란한 매너"를 지녔다고, 앞서 말한 락파나 순다레처럼 매우 현대화된 것처럼 묘사됐다.[74] 그런데 크라카우어Krakauer는 롭상 장부를 "지나칠 만큼 친절하다"고 묘사했으며, 재난을 묘사한 다른 글에서는 순다레가 하넬로레 슈마츠에게 했듯이 롭상도 죽어가는 피셔 곁을 지키려 했다면서, 내려가지 않으면 산 아래로 몸을 던지겠다고 피셔가 위협하자 그제서야 산을 내려왔다고 했다.[75] 피셔가 죽은 후 크라카우어는 우연히 롭상을 만났는데, 그는 "슬픔과 탈진으로 반쯤 정신이 나가서" 그 일은 자기 잘못이라는 이야기를 하고 또 했다고 한다.[76]

나는 셰르파의 아주 다정하거나 굉장히 영웅적인 면을 부각하는 이야기가 아니라, 그냥 일반적인 품위를 보여주는 이야기로 논의를 마무리하겠다. 크라카우어의 원정대가 머물던 시기에 엄청난 내부 갈등으로 어려움을 겪고 있던 남아프리카 원정대도 에베레스트에 있었다. 그 원정대의 리더가 주요 후원사인 요하네스버그 『선데이타임스』 기자와 사진기자를 베이스캠프에서 쫓아냈는데, 신문사와 편집장이 그들에게 다시 돌아가라고 했다. 그들이 돌아가자 리더는 다시 그들에게 떠나라고 했다. 후에 그 기자는 자신이 겪은 일에 대해 썼다.

미즈 오다우드Ms. O'Dowd(원정대원 중 하나)는 팀의 셰르파 리더인 앙 도르제Ang Dorje에게 다가가 모두에게 들리도록 말했다. "이 사람이 우리가 말했던 켄 버넌Ken Vernon이에요. 그에게 어떤 지원도 해줘서는 안 됩니다." 앙 도르제는 땅딸막하고 단단한 체격을 지닌 남자로, 나와는 이미 독한 현지 맥주 창을 여러 잔 나눈 사이였다. 나는 그를 쳐다보며 말했다. "차 한 잔도 안 될까요?" 앙 도르제는 훌륭하게도 셰르파의 위대한 환대 전통에 따라 미즈 오다우드를 쳐다보며 말했다, "무슨 헛소리요!" 그는 내 팔을 잡아끌고 식당 텐트로 들어가 김이 무럭무럭 나는 차 한 잔과 비스킷 접시를 내주었다.[77]

이런 '좋은 셰르파' 이야기는 앞에서 말한 '나쁜 셰르파' 이야기를 상쇄하려는 것이 아니다. 셰르파 종교의 보다 긍정적인 변화에 대한 이야기도, 앞에서 말한 문제가 많은 새로운 불평등 관계에 대한 이야기를 상쇄하려는 것이 아니다. 20세기 말 셰르파들의 삶이 다른 인간들의 삶만큼이나 모순이라는 점, 이것이 바로 근대화-쇠퇴 견해와는 구분되는 9장의 요지이다.

10
에필로그

―――――

앞서 7장에서 '반문화'라 부르는 광범위한 사회 문화 운동의 일부였던 사히브들의 변화와 등반의 변화들을 논했다. 반문화 운동은 특히 1970년대의 현상으로, 동시대의 정치 운동들, 즉 시민권 운동, 반전 운동, 페미니즘 운동과 차례로 복잡하게 관련돼 있었다. '무한 경쟁'에서 중도하차한, 존경받고 돈도 버는 중간계급의 표준 커리어로의 성공 궤도에서 이탈한 중간계급 젊은이들이 거기에 참여했다. 이는 일시적일 수도 영구적일 수도 있었으며, 문자 그대로일 수도 그냥 상징적일 수도 있었지만, 어쨌든 그들은 '근대성'(관료주의, 기술, 고도의 합리성)과 중간계급(돈, 안락, 안전, 예의범절)의 지배적 문화 가치를 거부했다.

근대 자본주의가 등장한 이래로 어떤 형태로든 반문화가 존재했고, 규격화된 현대의 삶과 자본주의 중간계급의 물질주의는 거의 필연적으로 반대를 낳는다는 주장도 가능하다. 부분적으로는 단순히 개인들의 취향과 스타일이 다양하기 때문이기도 하지만, 모든 사람이 자본주의 인생 게임에서 성공할 수 없기 때문이기도 하다. 중간계급의 모든 아이들이 '정상의 자리'를 차지할 수는 없기 때문에 항상 '잉여' 아이들이 생기는 것이다.[1]

이는 덜 성공한, 좀 더 주변적인, 아니면 단지 좀 더 비판적인 중간계급 아이들을 기다리는 반문화 게임이 늘 있었고, 등반은 그 일부라는 이야기이다. 이 게임의 스타일과 이슈는 '근대성'과 '중간계급'의 정의가 변화함에 따라 다양하지만, 지배적인 문화가 어떤 면에서 숨이 막힌다는 일반적인 생각이 늘 핵심에 있다. 모든 등반가를 '반문화적'이라고 볼 수 있었다거나, 등반이 현대인과 부르주아와는 공명하지 못했다는 뜻이 아니다. 반대로 1970년대라는 역사적으로 특정한 시대의 반문화처럼, 유럽 또는 미국 문화의 보다 영속적인 이 반문화 게임은 근대 제도와 중간계급의 가치관과 매우 정교한 공생 관계 속에서 작동했다. 하지만 공식적인 입장은 말하자면 대체로 저항적이고 비판적이었다.

원래는 이 책에서 반문화 논증을 끝까지 밀고 나갈 생각이었다. 나는 1920년대와 1930년대의 낭만적인 등산 문화와 1970년대의 히피 등산 문화가, 세계관과 가치관의 많은 측면을 공유했음을 이미 제시했다. 양자 모두 반근대적이고 반부르주아적이었다. 이런 주장을 하는 데 문제가 되는 시대가 1950년대와 1960년대였는데, 그 당시 사히브들의 지배적 스타일은 지나치게 마초적이었으며 원정의 지배적 스타일은 고도로 기술적이고 합리적이었다. 그러나 근대성이 기술적 조직적 차원에서는 승리를 거뒀을지라도, 사히브의 마초성은 다소 확장적인 의미에서 반문화적이었다고 주장할 수도 있다. 사히브들은 스스로 당대의 인습에 맞서고 있다고 보았다. 이런 인습은 '조직 인간'이라는 인물상에, 그리고 평범한 일상의 부르주아적인 무미건조함에 구현되어 있다. 그러나 이런 주장은 지금도 대개 추측으로 남아 있다.

10장 에필로그

1980년대와 1990년대에는 이런 문제점들에 대해 다른 질문들이 제기되었다. 1998년 7월 26일자 일요판 『뉴욕타임스 매거진』의 표지는 '익스플로노그래피Explornography'란 한 단어만 거대한 글꼴로 실었다. 등반을 비롯해 극도로 힘들고 위험한 모험 원정을 나가는 부유하고 성공한 사람들에 대한 기사의 티저였다. 이런 사람들이 어떤 식으로든 '반문화적'이었을까? 1970년대의 반문화든 또는 내가 말하고 있는 근대성과 자본주의에 대해 다소 영구적으로 기저에 흐르는 보다 롱런하는 반대 게임이든, 아직 남아 있는 것이 있는가? 나는 다시 쇠퇴와 몰락이라는 견해에 반대하고, 보다 복잡하고 낙관적인 변형과 재구성이라는 생각을 옹호하고 싶다. 이 점을 염두에 두고 20세기 말의 사히브를 마지막으로 살펴보자.

여피 등반

1980년대 중반부터 먼 곳에서 진행되는 힘들고 굉장히 위험한 활동에 돈을 지불하고 참여하는 '모험 여행'이 폭발적으로 증가하면서, 히말라야 등반은 새로운 전환을 맞았다. 이 시기 모험 여행 산업의 엄청난 성장은 1970년대부터 새롭게 등장한 부유한 전문직 중간계급, 이른바 '여피족yuppies' 출현의 부산물이었다. 모험 여행의 한 형태가 결국 고산 등반이었다. 돈이 많고 모험이나 위험 감수에 대한 욕구가 있는 사람은 엄청난 금액을 내고 보다 숙련되고 경험 많은 등반가들과 함께 산을 오를 수 있었으며, 이런 등반가들은 상업 '가이드'로 진화했다. 이전에는 히말라야 원정대들이 주로 친구들이거나 입소문으로 서로 아는 등반가들로 이뤄졌던 반면, 상업 원정대들을 서로 이어주는 유일한 끈이라고는 자신들의 부유함과 산을 오르고자 하는 욕망뿐이었다. 이런 사람들이 산에 모여들었다.

등반의 상업화에는 많은 결과가 뒤따랐다. 한 가지 아주 명백한 변화는 새로운 고객의 취향과 생활방식과 관련이 있다. 초창기 상업 등반을 했던 이들로 칠대륙 최고봉 프로젝트를 추진한 딕 베이스Dick Bass와 프랭크 웰스Frank Wells는 둘 다 기업 임원이자 백만장자였다. 베이스는 텍사스의 석유 업체와 유타의 스키 리조트인 스노우버드 및 알래스카의 광산 지분을 갖고 있었다. 웰스는 워너브라더스 스튜디오 사장으로, 나중에 디즈니 스튜디오 사장이 되었다. 칠대륙 최고봉 프로젝트의 비용은 원정마다 25만 달러였고, 그중 에베레스트에는 두 번 가서 총 비용은 약 2백만 달러였는데, 그 비용 대부분을 그들의 개인 자금으로 충당했다. 이들과 이 시대의 비슷한 등반가들에게 일반화된 문화 스타일은 앞선 1970년대의 등반가들 대다수가 취한 반문화 입장과는 확연히 달랐다. 오히려 그들은 온 우주의 주인처럼 굴었다. 돈은 전혀 목적이 아니며, 강력한 의지와 추진력으로 전력투구한다면 뭐든 가능하다는 입장이었다. 프랭크 웰스를 보자.

> 프랭크는 또 단독으로 DC-3(맥도넬더글러스사가 제작한 쌍발 프로펠러기―옮긴이)를 타고 남극 대륙에 가는 방법을 궁리하고 있었는데, 딕은 자신이 비록 칠대륙 최고봉에 더 많은 시간을 쏟고 있긴 하지만 남극 대륙에 도전하는 프랭크에게 필적할 수 없음을 깨달았다. 그런 도전에는 프랭크가 가진 기업 경영자라는 배경이 필수였다. 프랭크는 백전불굴이었다. 새로운 장애물을 만날 때마다 해결책을 찾아냈고, 무엇이 불가능하다는 의견은 누구에게서도 받아들이지 않았다.[2]

상업 원정대의 물질적 생활방식은 또한 그러한 개인들이 익숙해져 있는 생활방식을 반영하게 되었다. 상업 등반 회사 중에 뉴질랜드인 롭 홀이 설립하고 소유한 어드벤처 컨설턴츠Adventure Consultants가 있었다. 롭 홀이 이끈 1996년 어드벤처 컨설턴츠의 에베레스트 상업 원정대에는 변호사, 출판업자, 기업 관리자 그리고 4명의 의사가 포함돼 있었다. 이들은 또다시 전문직 중간계급이었고,[3] 원정대의 과시적 물품들은 그들의 기대에 부합했다.

> 혹독한 주변 환경과는 현저히 대조되는 어드벤처 컨설턴츠 캠프의 수많은 안락한 시설들… 동굴 모양의 천막구조물인 식당 텐트에는 거대한 석조 식탁, 스테레오 시스템, 도서관, 태양열 전등이 갖춰져 있었다. 바로 옆 통신 텐트에는 위성전화와 팩스가 구비돼 있었다.[4]

다른 상업 원정대에 참여했던 등반가 샌디 힐 핏먼Sandy Hill Pittman은 카푸치노 메이커를 베이스캠프에 가져갔다고 해서 널리 언론의 조롱을 받았지만, 그것은 원정대의 물질적인 생활에 완벽히 들어맞았다.

또한 1970년대 반식민주의 가치관도 반전되었다. "옛날 원정대들이 세운 영국의 인도 통치 시대 전통을 이어받아 아침마다 총바 Chhongba와 그의 조수인 텐디Tendi가 고객의 텐트를 일일이 찾아다니며 침낭 속에 있는 우리에게 셰르파 차가 든 김이 무럭무럭 나는 찻잔을 건넸다."[5]

원정대의 상업적 성격은 실제 등반과 관련해서도 여러 결과를 낳았다. 1996년 에베레스트 대참사를 기록한 존 크라카우어(1997)는 가이드가 절대적 리더이자 권위로 정의되는 등반대의 상의하달식 구조가 고객의 수동성을 조장했다고 불평했다. 고객들에게 시키는 대로 해야 성공가능성이 가장 높다고 했다는 것이다.[6] 더 중요하게는, 고객들 사이에 기존 사회관계가 없는 탓에 원정대가 그저 자기 일에만 관심 있는 서로 무관한 개인들의 집단에 불과했다고 크라카우어는 거듭 강조했다. 크라카우어는 이전의 반문화적 언어로 말했다. 그에게 "등반은 공동체 의식을 갖게 했다… 등반가가 된다는 것은 자급자족적인 지극히 이상적인 사회에 합류하는 일이었다. 세상의 눈에 띄지 않고 놀라울 정도로 세상의 때가 묻지 않은 그런 사회."[7] 그리하여 그는 상업 원정대에 유대감과 사람들 사이의 결속력이 빠져 있다는 사실을 몹시 슬퍼했다.

> (사우스콜에서) 이 황량한 곳에서 나는 주변에 다른 등반가들이 있는데도, 정신적으로 육체적으로 정서적으로 완전히 혼자인 것만 같았다. 이런 절연감은 이전 원정에서는 한 번도 경험해보지 못했다. 슬프게도 나는 우리가 이름만 한 팀이라는 사실을 깨달았다. 몇 시간 후면 한 팀으로 캠프를 떠나겠지만, 로프나 그 어떤 믿음으로도 묶이지 않은 채 개개인으로 산에 오를 것이다. 거기서는 고객들 각자가 거의 홀로였다.[8]

적어도 문헌 기록에 따르면 등반가들 사이의 사회적 결속력 부재는 사히브들의 이기적 행동을 현저히 증가시켰다. 등반의 구조 윤리는 매우 불명확해서, 어느 때 소브 키 푀sauve qui peut(살아남을 수 있는 자는 죽을 힘을 다해 살아남으라는 뜻—옮긴이) 규칙이 작용하고 어느 때 다른 등반가를 도울 의무가 있는 건지 구분하기 어렵다. 특히 극한의 상황에서 등반가들은 자기 목숨을 구하고 다른 등반가를 돕지 못했다고 서로 비난하지 않는다. 대다수 등반가들은 비슷한 상황에 처하면 자신도 영웅처럼 행동하지 못하리라는 걸 잘 알기 때문이다. 그럼에도 1980년대와 1990년대에는 원정대의 사히브들 사이에서 이전 문헌에는 등장하지 않았던 몹시 이기적인 행동 사례들이 나타났다. 팀과 자비 부담 고객들이 뒤섞여 있었던 1987년 미국 에베레스트 북사면 원정대의 경우, 뭔가 잘못됐음을 알려주는 첫번째 징후는 대원들 중 단 두 명만이 북사면으로 가는 도중 호기심을 갖고 룸부 수도원에 올라간 일이었다.[9] 원정 내내 작은 집단들이 떨어져나가 끼리끼리 움직였다. 끝날 무렵 스테이시 앨리슨은 다음과 같이 썼다.

한때 우리가 지녔던 원정대의 이익을 위한 헌신적 태도를 우리는 모두 내팽개쳤다. 우리는 여정을 시작했을 때는 함께 뭉친 친구였을지 몰라도, 정상을 향했을 때는 돈으로 모인 집단에 불과했다.[10]

그 원정대는 실패했지만, 앨리슨은 1988년에 반은 팀이고 반은 상업적인 다른 원정대와 함께 다시 원정에 나섰다.[11] 이 원정대 또한 출발부터 좋지 않았다. 원정대 리더가 다른 집단에게 쿰부 빙폭을 지나는 루트 사용료 2,000달러를 청구하려 했던 것이다. 그 루트를 열면서 앨리슨의 원정대는 이미 장비와 포터, 셰르파 비용을 지불했다. 여러모로 공정해 보이긴 했지만 에베레스트산에서 루트 사용료를 청구한 것은 그때가 처음이었고(지금은 표준이 됐다), 이는 또 다른 차원에서 등반의 상업화를 드러냈다. 두 원정대 리더들은 이 문제로 험한 말싸움을 했다.[12] 그 원정대에서는 리더의 자질을 의심하게 한 여러 사건들이 있었다. 리더 자신을 첫번째 공략조에 올려놓은 사실(매우 좋지 않은 경우)부터 해서, 앨리슨에 따르면 언론에 그녀가(앨리슨) 첫번째로 정상에 오르려 얼마나 노력했는지 거짓말을 늘어놓았다. 결국 원정대의 분열이 심각해지자 개개인이 부족한 운송자원을 놓고 사적인 협상에 나섰는데, 원정대가 실제로 산을 떠나기도 전에 리더가 짐을 꾸려 훌쩍 떠나버렸다. 이는 등반 사상 거의 유례 없는 일이었다.[13]

산에서 시체를 마주쳐도 흔한 일로, 심지어 아무렇지도 않게 취급한 것도 이때부터였다. 시신을 정중하게 묻어주기 위해 등반가들이 목숨을 걸어야 한다고 생각하는 사람은 아무도 없다. 또 산이 끊임없이 움직이기 때문에, 시신을 묻거나 다른 식으로 제대로 처리를 하더라도 나중에 표면 위로 드러날 수도 있다. 그래도 얼어붙은 시신을 우연히 마주칠 때 대하는 태도가 어느 정도 둔감해졌다. 1978년 하넬로레 슈마츠가 정상에서 내려오다 죽었는데, 그녀의 시신은 죽은 장소에 10년 이상 그대로 있었다(나중에 그녀의 남편이 시신을 회수하려고 돈을 지불했는데, 시신을 산 아래로 운반하려다 네팔인 한 명과 셰르파 등반가 한 명이 사망했다).[14] 앨리슨은 1988년 원정대 이야기를 쓰면서 "봄철에 (슈마츠를 덮고 있던) 눈이 서서히 벗겨지면 하산하는 등반가들이 행운을 기원하는 의미로 (슈마츠 주변에) 빈 산소 탱크를 두거나 그녀의 머리를 톡톡 두드린다"라고 했다.[15] 같은 시기에 프랑스 원정대가 산에 있었는데, 셰르파 두 명이 죽자 프랑스인들이 시신들을 산 아래로 굴렸다. 시신을 그냥 두고 오는 것보다는 그 편이 더 나을 것 같아서긴 했지만. 그 시신 중 한 구가 앨리슨 원정대의 미국인과 셰르파 등반가들 옆을 지나쳐 쏜살같이 굴러내려갔다.

(셰르파들은) 그게 시신이라는 걸 알고서 시신이 흡사 혜성처럼 자신들 옆을 지나 떨어져내려 베르크슈룬트bergschrund(거대한 크레바스) 속으로 들어가 쿰의 평평한 바닥에서 튕겨 구르다가 멈추는 광경을 입을 딱 벌린 채 지켜보았다.

시신을 내려다보고 스티브는 그 셰르파가 적어도 12시간 전에 죽었다는 것을 알았다. 시신은 꽁꽁 얼어 있었다. 분명 누군가가 일부러 내던진 것 같았다… 옆에 있던 셰르파들은 팔짱을 끼었다 풀었다 했는데, 무표정한 얼굴이 어두웠다. 백인 등반가였다면 로체 벽 아래로 시신을 내던지는 일이 없었을 거라는 걸 그들은 알고 있었다.[16]

존 크라카우어는 1996년 어드벤처 컨설턴츠 원정 때 여러 차례 버려진 시신을 목격했고, 감정적으로 금세 둔감해졌다고 이야기했다.

해발 6,400미터 지점에서 열기로 머리가 어질어질한 상태에서 길가에 있는 파란색 비닐 시트에 싸인 커다란 물체를 보게 됐다. 높은 고도 때문에 나의 뇌가 그것이 인간의 몸이라는 사실을 이해하는 데는 1, 2분이 걸렸다…
토요일에는 상태가 좀 좋아진 것 같아서 운동도 하고 적응을 앞당기려고 캠프에서 300미터쯤 올라갔는데, 쿰의 맨 위 지점 길에서 50미터쯤 떨어진 곳에 눈 속에 파묻혀 있는 또 다른 시신을, 아니 정확히 말하자면 하반신을 보게 됐다…
첫번째 시신을 봤을 때는 충격이 몇 시간을 갔는데, 두번째에는 금세 충격이 가셨다. 곁을 지나가던 등반가들도 대부분 지나치면서 흘깃 쳐다볼 뿐이었다.[17]

여피 등반이라는 개념 자체가, 등반이 더 이상 서구 부르주아 '근대' 문화 내의 반문화적 흐름의 일부가 아니라 지배 문화의 일부가 되었음을 시사한다. 에베레스트에 카푸치노 메이커를 가져오는 산악인들, '통신 별관'에 팩스기계와 전화기를 갖춘 베이스캠프의 텐트들, 이

중 어느 것도 반문화적이라고 생각할 수 없다. 상황이 실제로는 더 복잡해서 20세기 지난 몇십 년간의 복잡하고 혼란스러운 문화 정치를 반영한다. 문화 정치의 또 다른 차원은 정체성의 정치로, 이는 현대 생활의 대다수 다른 영역에서도 그러하듯 히말라야 등반에서도 나타난다.

고산 정체성 정치

사람들이 어떻게 정의하느냐에 따라, 정체성 정치는 언제나 히말라야 등반의 특징이었다. 민족주의는 히말라야 등반의 강력한 특징이 아니긴 했지만, 어떤 경우에는 문제가 됐다. 그러나 보다 현대적 의미에서의 정체성 정치, 즉 '인종', 젠더, 나이, 민족성, 성적 정체성 같은 하위 범주들로 이뤄진 정체성 정치는 1970년대에 페미니즘 운동과 더불어 시작됐을 것이다. 실제로 젠더는 아마도 이 스포츠에서 여전히 가장 크게 구분되는 정체성일 것이다. 에베레스트 정상에 오른 최초의 미국인 여성 스테이시 앨리슨은 조지 리 맬러리가 말한 산을 오른 이유, 즉 "산이 거기 있으니까"를 "내가 여기 있으니까"라는 정체성 선언으로 바꾸었다.[18]

등반에서 정체성은 1980년대와 1990년대에 계속해서 크게 늘어났다. 다시 이야기는 모든 대륙의 최고봉인 '칠대륙 최고봉' 등반에 착수해 1985년 에베레스트 정상에 오름으로써 기획을 완수한 텍사스의 백만장자 딕 베이스와 함께 시작된다. '칠대륙 최고봉' 등반에 대한 대대적인 축하와 더불어 에베레스트 등반에서 정체성 이슈가 전면에 등장했다. 당시 베이스는 55세였기 때문에 나이 정체성이 이슈가 되었다. 베이스는 잠시 동안 에베레스트 정상에 선 가장 나이 많은 남자가 되었다(이 기록은 곧 대체되었다).

다음으로 1992년 미국 에베레스트 원정대의 일원이었던 제프 태빈이 있었다. 태빈이 모두에게 말하고 다닌 "일생일대의 야망은 에베레스트 정상에 선 최초의 유대인이 되는 일이었다. 그는 농담처럼 말했지만 전적으로 진심이었음을 (저자는) 알 수 있었다."[19] 태빈은 그 일을 해냈다.

하나 더 예를 들자면 불운했던 1996년 시즌 에베레스트 원정대 중에 남아프리카 원정대가 있었는데, 흑인 남성 한 명과 흑인 여성 한 명이 포함돼 있었다. 남자는 "말씨가 부드러운 고고학자이자 국제적으로 유명한 등반가"인 에드먼드 페브루어리Edmund February로, 그의 부모가 에드먼드 힐러리 경의 이름을 따서 이름을 지었다.[20] 페브루어리는 자신의 '인종'을 대표하는 말이 아니라(그럴 수도 있었다. 만일 그가 성공했다면 에베레스트에 오른 최초의 흑인이었을 테니까) 새로 통합된 남아프리카공화국에 대한 진술로 열망을 표현했다. 흑인 여성인 데선 데이즐Deshun Deysel은 "등반 경험이 없는 흑인 체육 교사"였다.[21] 원정대에서 자신의 존재에 대한 데이즐 본인의 생각은 인용되지 않았다. 리더인 이언 우돌Ian Woodall─그는 백인이었다─이 그녀를 등반 허가서에 기재하지 않은 사실이 나중에 드러났는데, 리더가 단지 기금을 모으기 위해 흑인 여성이라는 그녀의 존재를 이용했던 게 아닌가 의심하는 이들도 있었다.[22]

정체성 정치는 광범위한 의미를 지닐 수 있다. 비교적 무해한 『기네스북』의 구분에서부터 '인종 청소'라는 명목의 대량학살에 이르기까지 무엇이라도 될 수 있다. 지난 20년간의, 그리고 미래의 정치 행동 형태에 대한 장기적 함의를 다룬 책은 아직 나오지 않았다. 그러나 등반을 비롯하여 기타 다른 곳에서 정체성 정치의 함의는 우리가 '지배 문화'라고 생각하는 것과 관련해 소수 집단의 변화하는 역할을 암시하는데, 이는 다시 반문화의 문제를 살펴보게 한다.

새로운 형태의 반문화?

고전적인 형태에 속하는 반문화, 즉 반근대, 반부르주아는 여전히 등반계에 존재하지만 전처럼 눈에 띄지는 않는다. 이런 의미에서 반문화적 등반가들은 요즘에는 언론의 주목을 끌지 않고, 아주 소규모로 혹은 단독으로, 힘들지만 거의 알려지지 않은 봉우리를 등반하는 경향이 있다. 그들은 거의 책을 쓰지 않거나 쓰더라도 데이비드 로버츠David Roberts의 『의심의 순간Moments of Doubt(1986)』과 그레그 차일드Greg Child의 『복잡한 감정Mixed Emotions(1993)』처럼 굉장히 양가적 제목을 쓴다. 이런 책들은 여러모로 등반에 굉장히 성찰적이고 비판적이다(비록 애정 어린 비판이지만).

이전에는 미미했던 집단들underrepresented groups(현재의 특수용어로), 즉 여성이나 인종적, 민족적 소수집단, 그리고 작거나 빈곤한 국가 혹은 탈공산주의 국가들로부터 온 등반가들이 등반계에 더 많이 모습을 드러내는 것은 오늘날 또 다른 형태의 반문화 게임을 보여준다고 주장할 수 있다. 고전적 의미의 반문화, 즉 반근대, 반부르주아적으로 보이지는 않겠지만, 이러한 추세는 암묵적이거나 명시적인 등반의 지배적 모델, 남성, 백인, 서구, 개인주의 모델에 이의를 제기한다.

이런 새로운 반문화 추세가 지닌 함의는 폴란드 등반가들을 다룬 그레그 차일드의 매혹적인 글이 잘 설명하고 있다. 폴란드는 지난 10여 년 동안 위대한 히말라야 산악인들을 배출했다. 차일드는 세 명을 지목한다. "아마도 세계 최고의 여성 고산 등반가"[23]이자 여성의 독립성과 의사결정을 발전시키는 방식으로 채택된 여성 원정대의 강력한 챔피언 반다 루트키에비치Wanda Rutkiewicz,[24] 비교적 '순수한' 등반가로 시작했으나 굉장히 눈에 잘 띄는 방향으로 빠져든 예지 쿠쿠치카Jerzy Kukuczka,[25] 고전적인 반문화적 태도를 고수하고 있는 보이치에흐Wojciech(보통 영어로는 보이테크라 부른다) 쿠르티카Kurtyka가 그들이다. 보이치에흐는 "산이 지닌 기하학적 아름다움과 모험에 대한 약속 때문에" 산을 오르는 "낭만적 등반 혈통을 잇는 최후의 인물"이다.[26]

이 세 사람은 현대 등반의 스펙트럼 대부분을 대표한다. 즉 여성이면서 페미니스트, 슈퍼스타, 낭만적인 옛날식 등반. 덧붙여서 세 사람 모두에게 '폴란드'라는 요인이 작용하는데, 이는 역사적으로 구축된 등반이라는 스포츠와 관련해 그들 모두를 어느 정도 반대편에 위치시킨다. 많은 폴란드 원정대가 심각한 자금 부족을 겪지만, 이 문제에 대한 폴란드인들의 해결책은 기금을 모금하거나 후원자를 찾는 서유럽인이나 미국인의 해결책과는 확실히 다르다. 그들은 종종 폴란드와 네팔 사이의 육로로 교역을 하거나 물물교환을 한다. 그들은 이 일을 매우 성공적으로 해내서 필요한 것보다 많은 돈과 장비를 모았고, 남은 것은 다시 폴란드로 가져가서 달리 가능하지 않았을 높은 수준의 생활 방식을 유지하는 재원으로 사용한다.[27] 보이테크 쿠르티카는 폴란드인이 겪은 압제의 역사가 그들을 더 나은 등반가로 만들었다고 생각했다.

우리는 독일인과 러시아인들 치하에서 치열하게 살았다. 폴란드에서 조국의 자유를 위해 싸웠기 때문에 대다수 폴란드인들은 강인함을 느낀다. 산에서 실패했을 때의 느낌은 폴란드인에게 더 크기 때문에, 폴란드인들은 원정에 실패하는 것을 절대 원치 않는다. 결과적으로 우리는 고난의 기술에 더 뛰어나다. 고산에서는 이것이 가장 중요하다.[28]

끝으로 현대 반문화의 세번째 장면은 굉장히 역설적으로 '여피 반문화'로 규명되고 분류될 수 있다. 이는 일련의 부유하고 힘 있는 사람들에 대한 것으로, 이들은 훨씬 더 명확하게 반근대적이지도 반부르주아적이지도 않지만 1970년대의 고전적인 반문화 가치를 지니고 있다. 환경보호, 페미니즘, 다른 형태의 사회 평등주의, 다양성을 인정하는 상대주의 양식에서 다른 문화에 대한 매혹 등. 오늘날 이런 스타일로 가장 눈에 띄는 사람은 테드 터너Ted Turner일 것이다. 그는 과거 정치 활동가였던 제인 폰다의 남편이자 환경 운동가들의 후원자로, 10억 달러를 유엔에 기부하기도 했다. 히말라야와 관련해서 가장 유명한 인물은 부유한 투자 은행가 리처드 C. 블룸Richard C. Blum이다. 그는 캘리포니아 출신 상원의원 다이앤 파인스타인Dianne Feinstein의 남편이며, 미국 히말라야 재단의 창립자이자 이사회 회장이다. 1980년대에 설립된 미국 히말라야 재단은 히말라야 전역의 환경과 문화보전, 보건 및 사회복지 프로젝트 기금을 조성한다. 무엇보다 이 재단은 텡보체 수도원의 주요 후원자이다.[29]

재단 이사회는 에드먼드 힐러리, 모리스 에르조그, 짐 휘태커Jim Whittaker 같은 유명 등반가들과, 부유하고 사회적으로 유명한 후원자들을 함께 모은다(적어도 재단의 뉴스레터 발행인 난을 보면 그렇다). 재단은 특히 유명 등반가와 환생 라마 같은 스타급 인사들이 총출연하는 기금 모금 행사를 개최한다. 딕 블룸 회장의 60번째 생일 축하 파티에는 "클린턴 대통령, (스타 산악인인) 라인홀트 메스너, 샤론 스톤이 생일 축하 인사말을 했다… 450명의 저명한 손님들 중에는 에드먼드

힐러리 경과 텡보체 수도원의 림포체도 있었다".[30]

미국 히말라야 재단 같은 단체에 냉소적인 태도를 취할 수도 있겠지만, 분명 그들은 같은 돈으로 더 나쁜 일을 할 수도 있다. 또한 이 단체를 기존 국민국가 구조 바깥에서 활동하는 초국가적 비정부기구라는 신흥 세계의 일부로 유용하게 볼 수도 있다. 다시 말하자면 20세기 말 정치 행동의 변화 형태에 대한, 그리고 이 같은 조직들이 주요한 정치 변혁의 일부가 될 수 있는 ―물론 아닐 수도 있다― 방식에 대한 책은 아직 나오지 않았다.

그런데 이 모든 것 가운데 인류학은 어디에 자리하는가? 이 책은 특정한 만남에 대한 전반적인 기록이지만, 이 질문에 답하려는 시도이기도 했다. 여태까지 단편적으로 했던 답변들을 요약하자면 다음과 같다.[31] 1960년대와 1970년대에 인류학 혁명이 있었다. 클리포드 기어츠란 이름과 가장 두드러지게 연결된 이 혁명은 인류학 분야를 '의미'와 관련된 기획으로 재정의했다. 말하자면 다른 시대와 다른 공간에 사는 사람들이 삶에서 원하는 것이 무엇인지에 대한, 그리고 그들이 살고 있는 세상이 그같은 욕망들을 어떻게 반영하고 구성하는지에 대한 학문이다. 바로 뒤이어 또 다른 지적 혁명이 있었는데, 이는 1970년대의 정치적, 문화적 비판 운동과 밀접히 관련됐으며 특히 에드워드 사이드와 미셸 푸코라는 이름과 연관됐다. 이 혁명은 권력의 문제를 전면에 내세웠다. 즉 사람들이 살고 있는 세계가 정치적, 경제적 지배뿐 아니라, 사람들을 본질적으로 다르고 열등하고 그들 자신의 지배를 받을 만한 대상으로 그리는 문화적 범주와 이미지에 의해서도 어떻게 왜곡되는지 문제를 표면화시켰다. 많은 학자들에게 두번째 혁명은 첫번째 혁명을 대체했다. 하지만 나는 두번째 혁명을 기꺼이 받아들이면서도 첫번째 혁명을 포기할 수 없었다. 나는 권력, 폭력, 온전한 차이가 세계를 아무리 극심하게 구성하고 변형시킬 수 있다 하더라도, 사람들은 어디에 있든지 무엇을 하든지 자신의 관점에서 의미있는 세계를 건설하려고 한다는 생각을 버릴 수 없었다. 내 생각에 오늘날 가장 유력한 인류학은 이 두 관점 사이에서 줄타기를 계속 해나가는 인류학이다. 어느 한 쪽으로 떨어지는 순간 게임은 끝이다.

『미국 히말라야 재단 뉴스레터』 최근호에는 캘리포니아 빅 서Big Sur 근처의 태평양으로 "한 묶음의 성물sacred objects"을 던지는 텡보체 림포체의 사진이 실려 있다. 그 사진을 보니 미소가 지어졌다. 나는 그 림포체를 안다. 또한 나도 그처럼 길게 펼쳐진 아름다운 캘리포니아 해변에 서 있었던 적이 있었다. 내가 림포체의 공간에 들어갔던 것처럼 림포체가 '나의' 공간 속으로 들어와 있으니 좋아 보였다. 그렇지만 이런 이미지를 조심해야 한다. 그것은 '세계화'—이제 클리셰가 되어가고 있는—의 표지로 충분히 사실적인 현상이기도 하지만, 일련의 특정한 의미를 전달하고 있다. 이 이미지는 자본주의와 서구 문화가 세계의 다른 지역으로 확산되고 있으며, 다른 지역 사람들이 서구로 이동해 돌아다니고 있음을 강조한다. 어느 쪽이든 서양이 여전히 판단의 기준점이다.[32] 이런 의미에서 세계화 이미지는, 여전히 많은 사람들에게 중요한 의미를 가지면서도, 다른 사람들과 관계를 맺을 때 지역 사람들의 정체성을 뒷받침해주는 지역 세계와 지역의 역사를 체계적으로 무시한다. 이 사진에서 그 이미지는 셰르파들이 오랫동안 사히브의 이야기 속에 갇혀 있었듯 림포체를 가두며, 어쨌든 그가 자신만의 세계와 역사를 가진 인물이라는 사실을 어느 정도 보이지 않게 가리는 효과가 있다.

부록 A

―――――

이야기

이 이야기들은 모두 텡보체의 고위 승려 아우 촉두에게서 들은 내용이다.

눕키 겔우 이야기

오래전 라사에서 티셴 데첸Tisen Detsen 왕의 왕비인 사이 마르켄Sai Markyen이 아들을 낳았다. 아이는 염소 뿔을 머리에 달고 개의 입을 가지고 인간의 몸으로 태어났다. 아버지는 너무 창피해서 저주를 퍼부었다. 그리고 아이를 아무도 없는 곳, 네팔 동부의 켐바룽으로 보냈다. 그런데 실은 그곳에 키란티 라이족Kiranti Rai 사람들이 살고 있었다. 아이는 그들의 왕, 키카 라사Ki-kha Ra-sa(개의 입 염소의 뿔) 왕이 되었다.

(다른 사람이 해준 이야기에 따르면, 키카 라사가 켐바룽의 왕이었을 때, 그는 매일 어린 처녀를 죽였다.)

후에 티센 데첸 왕은 위대한 탄트라승인 구루 림포체를 티베트로 초청해 불교를 세우고 최초의 티베트 수도원인 삼예Samye를 설립했다. 구루 림포체는 켐바룽 계곡을 경전을 숨겨둘 비밀 장소인 베율beyul로 쓰려고 했다. [혹은—내 노트가 명확하지 않은데— 그곳이 베율임을 알고 거기에 있는 경전을 보고 싶어했다.] 그리하여 그는 키카 라사 왕을 켐바룽 밖으로 나오게 할 묘책을 마련했다. 먼저 그는 망자의 혼(네르파)을 보내 왕을 병들게 했다. 그런 뒤에 동냥중으로 변장하고 티베트에서 켐바룽으로 갔다. 병든 왕은 동냥중에게 점을 칠 줄 아는지, 병의 원인을 알아내고 치료할 수 있는지 물었다. 구루 림포체는 점을 쳐 신들에게 제물을 바쳐야 한다고, 안 그러면 죽게 될 것이라고 왕에게 알렸다.

제물을 바치는 의식(라-체툽, 신들을 대접하는 주기적인 의식)을 거행할 때가 되자 구루 림포체는 사람들에게 의식을 치르려면 모든 유아를 마을 밖으로 데리고 나가야 한다고 했다. 그런 다음 마을을 폐쇄하고 구름으로 감춰버려서 왕은 돌아갈 길을 찾지 못했다. 그리하여 왕은 이곳저곳을 떠돌며 왕궁을 세울 새로운 장소를 물색했다. 그는 추쿵Chukung, 딩보체Dingboche, 종로Zonglo, 마운조Maundzo, 창마Changma를 떠돌다 마침내 도라카Dolakha로 갔고 그곳에서 죽었다.

그 후 키카 라사 왕은 눕키 겔우, 즉 서쪽 왕으로 환생했다. 그는 사람들이 자신에게 희생 제물을 바치지 않으면 네르파, 즉 병을 일으키는 귀신이 들 것이라고 선언했다. 매달(매년이었나?) 미혼의 젊은이를 죽여 그 피를 그 신/왕에게 바쳐야 했다.

이런 사정이 구루 림포체에게 알려지게 되었다. 구루 림포체는 도라카로 왔다. 다시 동냥중으로 변장한 그는 다음날 살해될 예정인 소년의 집으로 다가갔다. 오랫동안 밖에 서 있었지만 아무도 나와서 적선을 베풀지 않았다. 그는 안으로 들어가 왜 아무도 나와보지 않느냐고 물었다. 아버지는 "아들이 내일 신에게 제물로 바쳐질 거라서 아들 때문에 정신이 없어 적선을 못 베푼다"고 했다. 구루 림포체는 "그 신은 어디에 있는가? 내게 보여주게"라고 했다. 아버지가 림포체를 데려가 보여주자, 림포체는 왕궁에 주문을 걸어 박살냈다. 그러고 나서 그 아버지에게 "이제 아들을 제물로 바치지 않아도 된다"고 했다.

나중에 한 림부Limbu 상인이 돼지털을 사러 가는 길에 그 지역을 지나게 되었다. 그와 친구들은 야외에서 함께 점심을 먹었다. 그런데 그들이 앉아 있던 바위가 계속 흔들려 두세 차례 상인의 음식을 뒤집어버렸다. 그러더니 바위에서 물이 나왔다. 상인이 그의 쿠쿠리칼을 가져와 바위를 가르자 피가 솟았다. 상인은 바위에게 무슨 일이냐고 물었다.

바위가 말했다. "나는 빔싱Bimshing 왕이다. 마을에 있는데 어떤 요가수행자가 와서 내 마을을 막아버렸다. 그러고는 나를 쫓아 여기 도라카까지 왔다. 나는 많은 아이들을 먹고살았는데, 이제는 아무것도 없다. 이제 더 이상 먹을 아이를 구하지 못해 그냥 여기 바위로 있다." 그런 다음 그는 상인에게 말했다. "만일 고르카Gorkha(즉, 네팔의) 왕이 내게 그리고 파슈파티Pashupati 여신에게 제물을 바친다면 우리가 그를 도울 것이다. 사람을 희생할 필요는 없고 그저 암컷 버펄로 새끼와 작은 염소, 비둘기를 제물로 바친다면 만족할 것이다." 상인은 모두에게 말했고, 고르카 왕과 네와르Newar 왕과 모든 네와르족이 그 이야기를 듣고 빔싱을 숭배하기 시작했다. 이것이 다사인(네팔 전역에서 수천 마리의 동물들이 도살되는 축제)의 기원이다.

겔룽마 팔마 이야기

(나는 1967년에 이 이야기의 간략한 줄거리를 들었다.[1] 여기 실린 내용
은 훨씬 더 상세한 버전이며 강조점이 약간 달라졌다.)

인도에 왕과 왕비가 있었다. 그들의 왕국은 세계의 절반에 이르
고 많은 재산과 많은 신하가 있었다. (왕과 왕비는 먼저 왕자를, 그 뒤
에 공주를 낳았다. 공주가 태어난 날 밤) 왕비는 많은 꽃들이 피어나는,
각 꽃마다 캉도마kangdoma(여신)가 앉아 있는 꿈을 꾸었다. 공주는 세
살 때 궁의 계단에 올라가 마을을 둘러보았다. 공주는 삼데마Samdema
라는 시녀와 함께 있었다. 도살업자 두 명이 양을 여러 마리 데려와 한
마리씩 죽였다. 공주는 말했다, "이 양들은 우리 것인데 왜 저들이 양을
죽이지?" 시녀가 말했다. "모레 모든 신하와 족장이 잔치를 엽니다. 이
양들은 모두 우리 것입니다." 공주는 말했다. "이렇게 살생을 해서 먹
다니(견딜 수가 없구나). 나는 일반 신자가 되지 않을 것이다. 초cho(종
교)에 귀의하겠다."

공주는 일곱 살이 되자 부모에게 그녀가 초에 귀의해도 되는지 물
었다. 부모는 말했다. "안 된다, 마른 산사태 아래 물이 흐를 수 없듯이
여자아이는 초를 닦을 수 없다. 우리는 초를 닦도록 널 보내지 않을 것
이다." 공주가 열한 살이 되자 네 명의 왕이 청혼을 하러 왔다. 왕은 공
주를 결혼시킬 생각이었지만, 어느 왕에게 공주를 줄지 결정할 수 없었
다. 그래서 공주에게 어느 왕을 원하는지 물었다. 그녀는 말했다. "저

는 누구의 아내도 되지 않을 겁니다. 저는 초를 닦을 것입니다. 만일 아버님께 네 명의 딸이 있다면 한 명씩 주시면 될 것입니다. 그런데 저 혼자뿐이니 만일 아버님께서 저를 어떤 한 왕에게 주시면 다른 세 왕이 아버님께 원한을 품을 겁니다. 그러니 제가 초를 닦도록 보내주셔야 합니다." (왕은 점을 쳐서 공주를 불교도가 아닌 왕 중 하나에게 주기로 결정했다.) 공주는 머리가 11개인(신의 모습) 파와 첸레지Pawa Chenrezi에게 가서 말했다. "저의 부모님은 제가 초를 닦도록 보내주지 않을 겁니다. 저를 왕과 결혼시키려고 합니다. 저는 너무 예쁩니다. 문둥병에 걸리게 해주세요(라고 말하며 저주를 빌었다)."

　나중에, 공주는 왕비에게 가서 다시 초를 닦도록 보내달라고 했다. 왕비는 "나는 너를 보낼 수 없다, 네 아버지에게 부탁해야 한다"고 말했다. 그러자 공주는 왕에게 부탁했지만, 왕은 "나는 결정할 수 없으니, (이미 왕위에 오른) 현재 왕인 네 오라비에게 가보라"고 했다. 공주는 오빠에게로 갔다. 그녀는 말없이 그의 앞에 앉았다. 왕이 말했다. "말할 게 있구나, 무엇이냐? 말하라!" (공주는 말했다) "저는 초를 닦으러 갈 것입니다. 아버님께서 '가도' (된다고) 하셨고 어머니께서도 '가라'고 하셨으니 이제 전하의 허락이 필요합니다." 그가 말했다. "너는 일곱 살 때부터 초를 닦고 싶다고 말했다. 일곱 살에서 열한 살까지 매일 초 이야기를 했다. 그러니 가서 초를 잘 닦도록 해라." 그리고 왕은 공주에게 코끼리 한 마리와 금덩어리 두 개를 주었다. 공주의 시녀인 삼데마가 코끼리의 고삐를 잡고 공주는 그 뒤를 따라 초를 닦으러 떠났다.

　그들은 먼 길을 걷고 또 걸었다. 그들은 겔룽(제대로 서품 받은 승려)이 쟁기질하는 모습을 보았다. 겔룽은 어깨걸이옷을 나무에 걸어두었고 창(맥주)이 든 가죽 가방이 있었으며, 곁에는 어린아이도 몇 명 있었다. 공주는 속으로 생각했다. "이것은 겔룽에게 맞지 않다, 이 사람은 절대 겔룽이 아니다." 겔룽은 (공주의 마음을 읽고 말하기를) "그런 생각 말고 내 이야기를 들어야 한다"고 했다. 그러자 공주는 겔룽 앞에 절을 하며(그가 그녀의 마음을 읽었으므로) 말했다. "부디 제게 초를(여기서는 종교적 가르침) 베풀어주세요." "난 못 한다. 하지만 저 위에 매우 강력한 라마가 사는 아주 큰 곤다gonda(수도원)가 있다." 그는 공주에게 수도원으로 가는 길을 일러주었다.

그들은 해가 저물 무렵 곤다에 도착했다. 시녀가 말했다. "이제 곧해가 집니다. 여기는 수도원 곤다이고 우리는 여자라서 거기서 잘 수없습니다. 오늘 밤은 여기서 보내고 내일 아침에 가시지요." 공주는 동의했다… 그리고 그날 밤 그들은 밖에서, 춤을 추는 단 위에서 잠을 잤다. 해가 뜨자 라마의 하인이 물을 뜨러 주전자를 들고 나왔다. 그는 그들에게 어디서 왔느냐고 물었고… 공주가 어느 왕의 딸인지 물었다. (공주는 이 질문들에 대답하고 나서 말했다) "여기는 내 시녀이고 나는초를 구하러 왔다. 가서 라마에게 (나 대신) 여쭈어다오." (그녀의 오빠인) 왕은 그녀에게 팔뚝만한 황금 멘델mendel(의식에 쓰이는 물건, 우주의 상징)과 편지를 들려보냈다. 삼데마가 말했다. "그 멘델과 편지를 이 아이 편에 라마에게 보내는 게 좋겠습니다." 그러나 공주는 말했다. "라마를 만나면 직접 줄 것이다." 라마의 하인은 라마에게 가서 "누가 뵈러 왔다"고 했다. 라마가 말했다. "왜 이렇게 일찍 날 보러 왔나?" (라마의 하인이 대답하기를) "다르마파라Dharmapala 왕과 도모 흘라젠Domo Hlazen 왕비의 공주가 (인도 왕국에서) 초를 구하러 왔습니다. 우리의 곤다는 명성이 높습니다. 그 두 여자에게 초를 베푸시는 게 좋겠습니다." 라마가 말하기를, "그 공주는 네 명의 왕과 약혼을 했다. 그들이 우리 곤다를 공격할 것이다. 넌 그들이 온 게 좋은 일이라고 생각하지만, 난 그리 생각하지 않는다. 나가라!"

하인은 그들에게 찻주전자를 가져가 대접하며 말했다. "이른 시간입니다, 차 좀 드세요. 라마께서는 초를 베풀지 않으실 겁니다. 제게 소리를 질렀답니다. 떠나셔야 합니다." 삼데마가 공주에게 말했다. "황금 멘델과 편지를 보내야 한다고 했지요. 라마가 초를 내리든 안 내리든 그걸 하인 편에 보내야 합니다." 그들은 그것을 보냈다. 그러자 라마는 들어와도 된다고 허락했다. 공주는 라마 밑에서 초를 많이 닦았다. 많은 경전을 배웠고 아주 박식해졌다.

공주의 오빠인 왕이 이 소식을 듣고 곤다에 왔다. 그는 자신의 보좌에 앉은 라마와 약간 더 낮은 곳에 있는 그의 누이 겔룽마 팔마(라고 이제 불리는, 서품 받은 여승, 걸출한 여성)와 라마의 다른 쪽에 있는 게세geshe(고위 승려)의 자리를 보았다. 그녀는 게세와 토론을 하고 있었다. 라마는 지켜보고 있었다. 겔룽마 팔마가 논쟁에서 이겼다. 강력한 톨덴tolden(탄트라 수도승)이 있었는데, 그녀는 그와의 논쟁에서도 이겼다. 또한 곰젬바gomjemba(명상의 대가)가 있었는데 매우 강력했지만 또 다시 그녀가 이겼다. 그러자 왕은 (그녀가 숙련된 종교 전문가라는 사실을) 믿고 고향으로 갔다. 그녀는 곤다에 머물렀다.

초를 많이 닦은 후 라마는 그녀에게 창(맥주)이 가득 담긴 인간의 두개골로 만든 그릇 하나를 주었다. 그러면서 말했다. "내가 거기에 모룜molom(마법, 축복)을 넣었으니 아무에게도 주지 말고 너만 마셔라." 그녀는 집으로 가져가 반이 조금 넘게 마셨다. 그리고는 생각했다, "닝제(가여워라), 시녀에게 체랍chelap(종교적 약)으로 약간 줘야겠다." 그래서 시녀가 반이 조금 안 되는 나머지를 마셨다. 라마가 (나중에) 겔룽마 팔마에게 창을 혼자 다 마셨는지 물었다. 그녀는 말하기를, "제가 절반 이상 마시고 삼데마가 절반 조금 못 되게 마셨습니다." 라마가 말했다. "네가 삼데마에게 조금 줬다면 넌 더 이상 나와 함께 머물 수가 없다. 우리에게 좋지 않을 것이다. 너는 아래 마을로 내려가고 나는 여기에 머물며 네게 초를 내릴 것이다. 하지만 너와 난 더 이상 함께 있을 수 없다." 그녀는 라마에게 물었다. "당신이 죽는 게 아니라면, 또는 내가 죽는 게 아니라면 왜 함께 있을 수 없습니까?" 그가 말했다. "네가 창의 반을 다른 이에게 줬기 때문이다." 그녀가 말했다. "만일 내가 저 아래에서 머물면 어떻게 당신의 초를 들을 수 있겠습니까?" 그가 말했다. "넌 신의 귀를 가졌고 나는 신의 목소리를 가졌다. 들을 수 있을 것이다." 그녀는 삼데마와 함께 산을 내려가 그곳에서 초를 닦았다.

어느 날 큰 수도원의 켐부khembu(주지 라마)가 죽었다. 한 승려가 말했다. "나는 부자다. 내가 켐부가 되겠다." 또 다른 승려가 말했다. "나는 박식(카무)하고 똑똑(옌덴 쳄부yenden chemu)하니 내가 켐부가 되겠다." 또 다른 이가 말했다. "내가 나이가 많으니 내가 켐부가 되겠다." 그들 사이에 갈등이 심했다. 그러자 영리한 승려 하나가 다른 모든 이들에게 차를 대접하며 말했다. "우리 중에는 진정한 켐부가 없다. 겔룽마 팔마는 매우 강력하고 매우 카무하다. 그녀를 불러 우리의 켐부로 삼자." 다른 이들도 말했다. "좋다. 가서 그녀의 라마에게 부탁드리자." 존경의 표시로 목도리(카타)를 가져갈지 말지 논의하다가 한 승려가 말했다. "아니, 그냥 그녀를 데려오자." 승려 10명이 라마에게로 가서 말했다. "우리의 켐부가 돌아가셔서 켐부가 필요합니다." 라마는 처음에는 "안 된다. 그녀는 내 마음의 라마(차와이 라마, 말 그대로 '뿌리 라마')다"라고 말했다. 그러고는 몇 분간 눈을 감고 앉아 있었다. 그 곰파 뒤에서는 많은 승려들이 싸움을 기다리고 있었다. 라마는 생각했다. "이는 좋지 않다." 그리하여 그가 말했다. "좋다. 그녀를 보내겠다." 그는 그녀를 곤다로 불러올려 말했다. "가서 그들의 켐부가 되어라." 그녀는 울며 말했다. "가고 싶지 않습니다." 그는 말했다. "만일 네가 내

명에 순종하지 않는다면, 그것은 내 말을 찢거나 반만 쓰는 것과 같아 쓸모가 없어진다. 그럼 넌 지옥에 갈 것이다." 그는 그녀에게 여러 번 그곳으로 가라고 했다. 마침내 그녀가 동의했다.

많은 사람들이 그녀를 태우고 갔다. 가기 전에 라마는 말했다. "거기로 내려가려면 너는 휴식을 취하고 내게 기도를 하고 멘델을 바쳐야 한다." 그러나 그들은 그녀를 데려가는 게 몹시 기뻐 너무 빨리 달리느라 라마가 말했던 장소에 멈추지 않았다. 그녀는 말했다. "나는 라마의 명을 받았다. 너희들은 휴식을 취해야 한다. 라마가 저 위에서 생각하신다, '내가 너희들을 위해 저 아래서 쉬라고 했는데 따르지 않는구나. (나에게) 절 한 번 안 하다니. 여자는 쓸모가 없구나. 주의를 기울이지도 않고 신경도 안 쓰는구나'라고." 뒤에 가서 그들은 휴식을 취했고, 그녀는 라마에게 절을 올렸다.

그런 다음 그녀는 수도원으로 가서 그곳의 켐부가 되었다. 그녀는 작은 승려들을 위해서 (특별한 하나의) 초를 내렸고, 주지 승려를 위해서 (또 다른) 초를 내렸고, 나이든 승려들을 위해서 (또 다른) 초를 내렸다. 그러자 겔룽마 팔마가 켐부로 있는 곤다는 매우 번창했고 모든 승려들도 기량이 몹시 높아졌다.

세월이 흐른 뒤 겔룽마 팔마는 병에 걸렸다. 그녀는 승려들에게 말했다. "나는 3년간 명상에 들어갈 겁니다. 잘 가르치고 초를 잘 닦으세요." 승려들이 말했다. "3년은 너무 길어요. 1년만 하세요." 그녀는 동의했다. 그녀는 1년을 사원의 위층 방에서 머물렀다. 앞서 그녀는 첸레지에게 자신을 저주하고 추하게 만들어달라고 했었다. 이제 그녀는 나병에 걸렸다. 위층에서 핏방울이 떨어졌다. 어린 승려들이 말했다. "우리의 라마는 명상을 하는 줄 알았더니 아이를 낳고 있다." 어린 승려들이 모두 그녀를 들여다보러 갔다. 그녀는 아직 자고 있었고 그들은 아무엇도 볼 수 없었다. 어린 승려 하나가 큰 소리로 부르자 그녀가 깨어났다. 그는 그녀의 얼굴이 온통 흉하게 일그러진 것을 보았다. 그는 다른 이들에게 말했다. "우리의 켐부는 몹쓸 병에 걸렸다." 그들은 몹시 나쁜 말을 하면서 막대기를 집어들었다. 늙은 승려가 말했다. "겔룽마 팔마, 여기 머물러서는 안 됩니다. 어린 승려들이 폭력을 쓰려 합니다. 현관에 머무세요." 그러자 하인들이 그녀를 현관으로 데려다 놓고 누울 매트를 주었다. 그녀는 거기에 머물렀다. 그러나 나중에 그들은 그녀가 현관에도 머물 수 없다고, 더 멀찍이, 장작을 쌓아두는 작은 헛간으로 옮겨야 한다고 했다. "그녀가 현관에 머물면 후원자들이 우리 곤다를 찾지 않을 것이다."

시녀는 그녀를 장작 헛간이 아니라 더 멀리 높은 곳에 있는 여름 목초지로 데려갔다. 겔룽마 팔마는 전생에 그 장소를 봤던 기억이 떠올라 목자에게 그곳의 이름이 무엇인지 물어보라고 시녀에게 시켰다. 목자는 시녀에게 이름을 가르쳐주었고 겔룽마 팔마는 "이곳이 좋은 장소"라는 것이 기억난다면서 말했다. "저 아래 물방앗간이 세 군데 있다. 가서 밀가루를 좀 얻어오너라, 난 여기 머물 테니." 시녀는 말했다. "여기에 계시면 승려들이 와서 때릴 겁니다." 겔룽마 팔마는 말했다. "그들은 아무 짓도 하지 않을 것이다. 가서 밀가루를 얻어오너라." 시녀는 가장 높은 곳에 있는 물방앗간 사람들에게 밀가루를 조금 얻었다. 그다음 중간에 있는 물방앗간으로 가서 밀가루를 조금 얻었다. 그리고 가장 낮은 곳에 있는 물방앗간으로 갔다. 어린 소년이 있었는데, "아버지 어머니가 안 계십니다. 내게는 밀가루가 없습니다. 하지만 이 순무를 가져가세요"라고 했다. 시녀는 생각했다. "이것을 가지고 올라가서 불에 태우면 그 냄새가 겔룽마 팔마의 상한 기분을 진정시킬 것이다."

시녀는 톨덴을 보았다. 그의 염불 소리가 (그녀가 듣기에) 매우 좋았다. 그녀는 그의 앞으로 갔다. 그들은 서로에게 물었다. "어디서 오는 길입니까?" 그녀는 그에게 무슨 일이 있었는지 말했고, 그가 예전에 왕의 시종이었다는 사실을 알게 됐다. 그녀는 톨덴에게 말했다. "당신은 왕의 시종이었습니다. 우리는 오래전에 떠나왔습니다. 저의 어머니와 아버지는 어떠신가요?" 또 그녀는 말했다. "저의 라마가 몹시 아픕니다. 그녀는 저 위 동굴에 있습니다." 톨덴은 말했다. "너희 부모님은 집이 무너져 돌아가셨다. 왕도 죽었고 왕비도 죽었다. 겔룽마 팔마의 오빠(왕)는 인도 서부로 초를 닦으러 갔고, 거기에는(왕궁에는) 이제 아무도 없다." 그녀가 겔룽마 팔마에게 돌아가니 겔룽마 팔마가 물었다. "개가 널 물었느냐?" 그녀는 "개에게 물리지는 않았지만 저의 아버지와 어머니는 더 이상 이 세상 사람이 아닙니다"라고 대답하고 조금 울었다. 겔룽마 팔마가 말했다. "말할 게 (더) 있지 않느냐, 말해라." 시녀는 말했다. "왕도 돌아가셨고 왕비도 돌아가셨습니다. 저의 부모님도 죽은 사람이고 라마님의 오라버니도 오래전에 초를 닦으러 인도 서부로 갔습니다." 겔룽마 팔마는 말했다. "음, 오라버니가 초를 닦으러 그곳으로 갔다면 잘된 일이다. 여기 머물지 않고 어디 다른 곳으로 가서 초를 닦아야겠다."

그들은 다른 곳으로 갔다. 시녀가 겔룽마 팔마를 등에 업었다. 그들은 먼 길을 갔다. 겔룽마 팔마는 말했다. "전에 우리는 금과 코끼리를 부유한 남자의 집에 두고 갔다. 가지러 가자." 시녀는 금과 코끼리를 가져왔고, 그들은 길을 떠나 아주 큰 강으로 갔다. 시녀가 말했다. "강을 건널 수가 없습니다. 되돌아갈까요, 어쩔까요?" 겔룽마 팔마는 말했다. "내가 기도하마. 걱정할 것 없다. 눈을 꼭 감고 코끼리의 고삐를 잡고 강으로 내려가라." 라마는 기도했고 시녀가 코끼리를 잡고 강으로 내려가니 강이 갈라지고 길이 열렸다. 겔룽마 팔마가 물었다. "이제 강을 건널 수 있겠느냐?" 그녀는 나병 때문에 눈이 보이지 않았다. "강을 건넜느냐?" 그러자 하인이 말했다. "예!" 겔룽마 팔마는 물었다, "강 상태가 어떠하냐?" (시녀가 대답했다) "강이 흐르고 있었는데 우리가 들어서자 길이 열렸습니다. 이제는 다시 흐르고 있습니다." 겔룽마 팔마가 말했다. "흐르는 물은 우리에게 좋은 징조다. 그리고 초에도 좋다. 우리는 내려갈 것이다. 거기에 좋은 동굴이 있다. 날 그곳으로 데려가다오." 다시 한번 겔룽마 팔마는 그 장소가 기억났고, 시녀는 그곳이 그녀의 설명과 일치하는 것을 확인했다.

겔룽마 팔마는 시녀에게 말했다. "이제 우리는 함께 머물지 않을 것이다. 너는 금 한 덩이와 코끼리를 가져가 초를 닦아야 한다. 상관 없으니 너는 가서 초를 닦아라." 그녀는 시녀에게 금과 코끼리를 주었다. 시녀는 말했다. "당신이 죽을 때까지 가지 않겠습니다." 겔룽마 팔마는 말했다. "라마의 명에 순종하지 않는다면 그것은 말을 찢는 것과 같으므로 너는 지옥에 가게 될 것이다. 가야 한다."

그래서 시녀는 금 두 무더기를 되찾으러 갔다. 집주인의 아내가 말했다. "우리는 땅과 양과 소와 말과 많은 재산을 가졌다. 넌 많은 금을 가졌다. 여기 머물면서 결혼을 해라." 시녀는 말했다. "나는 라마의 명을 받아서 초를 닦으러 간다. 금을 돌려달라. 당신이 금을 주지 않는다 해도 어쨌든 나는 초를 닦으러 갈 것이다. 나는 결혼하지 않을 것이다." 집주인 여자는 말했다. "너의 라마는 문둥병에 걸린 겔룽마 팔마이다." 시녀는 주인 여자의 얼굴에 흙을 던지고 금을 챙겨서 길을 떠났다. 시녀는 이 마을 저 마을을 다니다 마침내 조용한 오두막으로 가서 1년 동안 머물며 명상을 했다.

어느 날 동굴에 있던 겔룽마 팔마는 너무 고통이 심했다. 그녀는 몸을 구부리고 앉았다. 몸이 온통 상처투성이라 등을 펴고 잘 수가 없었다. 그녀는 몸을 구부리고 앉아 울다가 잠이 들었다. 눈 속에 있는 작은 상처들이 다 젖어 그녀는 눈을 조금밖에 뜰 수 없었다. 그녀는 살짝 뜬 눈으로 머리가 11개인 파와 첸레지가 그녀 앞에 있는 것을 보았다. 그녀는 다가가 그를 껴안았다. "나는 온종일, 밤새도록 너무나 오랜 세월을 기도했습니다. 왜 저를 보러 오지 않았습니까?" 그가 말했다. "나는 밤낮으로 항상 너와 함께 있는데, 너의 레le(업보)가 구름에 뒤덮여 나를 보지 못한 것이다. 나는 항상 너와 함께 있다. 이제 너의 죄는 끝났고 나쁜 업보도 끝났다." 그리고는 그가 말했다. "파와 젬비 양Pawa Zhembi Yang(또 다른 신)이 너에게 릴우rilwu(장수를 비는 의식에서 사용하는 알갱이)를 체랍(종교적인 약)으로 보냈고, 상계 멜라Sangye Mela(또 다른 신)도 약을 보냈다." 그녀는 그 두 개를 받아먹었고 파와 첸레지는 사라졌다. 사흘 후 문둥병은 완전히 사라졌다. 그녀의 얼굴은 다시 한번 아름다워졌으며, 모든 것이 좋았다.

어느 날 파와 첸레지가 다시 찾아왔다. "여기 머무르지 말고 탁비 싱캄Takbi Shingkam(천당 중 하나)으로 가자." 그래서 그들은 (탁비) 싱캄으로 갔다. 그녀는 죽지 않았고 산 채로 (탁비) 싱캄으로 갔다. 캉도마(여신)들이 있었는데 자기들끼리 이야기를 했다. "여기는 죽은 사람들만 있는데, 저 여자는 죽은 게 아니라 살아 있다." 다른 이들이 말했다. "어떤 이들은 그것을 믿겠지만 어떤 이들은 믿지 않을 것이다." 겔롱마 팔마가 듣고 말했다. "캉도마 여러분, 내일 구경 오세요." 다음날 그들이 모두 왔다. 그녀는 칼로 자신의 머리를 잘라 칼끝에 올려놓았는데 몸은 한쪽에 그대로 있었다. 그녀의 머리는 노래를 하고 그녀의 몸은 춤을 추었다. 그러자 모든 캉도마가 믿었다. 그들은 말했다. "너는 산 채로 탁비 싱캄에 왔다. 이제 우리는 믿는다." 그녀가 손으로 어찌어찌하니 그녀의 머리가 몸에 다시 붙었고 그녀는 전과 똑같아졌다.

어느 날 파와 첸레지가 그녀에게 말했다. "내일 시녀가 동굴로 올 것이다. 너는 다시 거기로 내려가야 한다." 겔룽마 팔마는 말했다. "그녀에게는 음식이 충분합니다. 저는 돌아가지 않겠습니다." 파와 첸레지가 말했다. "그녀는 네게 충실하기 때문에 돌아오는 것이다. 그녀는 (종교적으로) 너를 흠모한다. 그녀는 네가 어떤지 보고 싶어한다. 너는 거기로 가야 한다." 그런 다음 파와 첸레지는 겔룽마 팔마에게 탁비 천당의 늉네 의식을 위한 기도를 주고, 그의 말/목소리(성, 염불)를 내려주면서 말했다. "속세로 가서 이것을 모든 이들에게 전하라. 이것은 매우 강력하다. 이것은 첸레지의 말/목소리이다. 일반 신자들에게 전하라." 티베트 불교의 모든 종파—닝마와Nyingmawa, 겔룩파Gelugpa, 카두파Kadyupa—는 그것을 겔룽마 팔마의 계율이라고 말하며 그녀가 천당에서 가져왔다고 한다. 그때부터 우리에게 늉네가 있다. 파와 첸레지는 그녀에게 늉네 텍스트를 모두 주었으며, 그녀는 동굴로 돌아가 명상을 했다.

시녀가 도착했다. 시녀는 생각했다. "나의 라마는 죽었을 거야. 그렇다면 내가 그분의 뼈를 모아 차와르tsawar(진흙과 망자의 뼈를 갈아 만든 거룩함을 풍기는 성형품으로 고인을 위해 공덕을 쌓는 하나의 방식)를 만들 것이다. 그렇지만 살아 있다면 나는 다시 시녀가 돼서 그분을 도와드릴 것이다." 라마는 명상 중이었다. 시녀가 보니 그녀는 정말 아름답고 좋아 보였다. 그들은 서로 얼싸안고 무릎을 맞대고 서로 마주보며 머리를 어루만졌다. 시녀가 물었다. "누가 약을 줬습니까?" 겔룽마 팔마는 말했다. "파와 첸레지를 만났고, 파와 젬비 양과 상계 멜라가 체람을 주었다. 3일이 지나자 말끔히 나았다. 탁비 천국에 갔었고, 파와 첸레지가 여기로 가라고 해서 오늘 속세로 돌아왔다. 그분이 늉네 초를, 늉네 의식을 주었다. 우리 둘이 그것을 속세 사람들에게 전하러 갈 것이다."

시녀가 말했다. "예전에 당신이 매우 아팠을 때, 그들은 곤다에서 당신을 내쫓았습니다. 이제 거기로 돌아가 보여줍시다." 겔룽마 팔마는 말했다. "그곳으로는 가지 않을 것이다. 거기에는 너무 많은 갈등이 있다. 나는 그곳에 소변을 보러도 안 갈 것이다." 시녀가 졸랐다. "당신은 이제 부처입니다. 수도원으로 갑시다. 하늘로 올라가서 초를 세 마디만 하세요. 그것만 하면 됩니다." 겔룽마 팔마는 동의했다.

(곤다에서) 라마가 공중에 떠 초를 내리는 동안 시녀는 땅에 있었다. 라마는 곤다 위 하늘에서 말했다. "나이든 이들에게는 그들의 초를, 젊은이들에게는 그들의 초를, 그리고 어린 승려들에게는 그들의 초를 주겠다. 이제는 더 이상 갈등이 없어야 한다. 앞으로 좋은 초를 닦아야 한다." 모든 승려가 라마 앞에 엎드려 절을 했다. 그러나 어린 승려 몇몇은 그녀를 믿지 않고 의사가 그녀에게 약을 준 것이라고 했다. 그들 모두는 아직도 지옥에 있다. 모든 승려가 절을 했고, 라마는 곤다로 돌아와 그들에게 늉네 초를 내려주었다. 인도에서 그녀는 그것을 모든 사람들에게 내려주었고 그것은 매우 잘 되었다. 그런 다음 그녀는 티베트로 갔고 거기서도 매우 잘되었다… 늉네는… 첸레지가 겔룽마 팔마에게 천당에서 세상으로 가져가라고 준… 것이다… 늉네는 매우 강력하다. 그녀는 그것을 천당에서 가져왔다.

뒤 어머니 이야기

(뒤dü 어머니 이야기는 폰 퓌러 하이멘도르프가 쿰중 늉네의 주된 전

레로 인용했다.[2] 그러나 아우 촉두에 따르면 그것은 원래 소중 늉네에 포함돼 있기도 하고 그 자체로 지켜지기도 하는 고행의 날과도 관련이 있다. 이 이야기는 눕키 겔우 이야기와 겔룽마 팔마 이야기 둘 다와 매우 흡사하다.)

　　옛날에 와라나사Waranasa(베나레스Benares)에 아주 아주 가난한 여승이 혼자 살고 있었다. 그녀는 탁발을 하며 다녔다. 모든 이들이 남은 음식을 그녀에게 주었다. 몇몇 어린 승려들이 —어린 소년들이 장난을 치면서— 그녀의 발우에 더러운 것들을 넣었다. 여승은 저주를 하면서 "다음 생에 나는 500명의 아들을 낳아 먹을 것이 많을 것이다"라고 했다. 그리고 다음 생에 (그녀는 악귀가 돼) 500명의 아들을 낳았는데, 그들이 모두 사람을 잡아먹고 다녔다.

　　부처가 이 소식을 듣고 그녀의 막내아들을 훔쳐갔다. 뒤 어머니는 정신이 나갔고 부처가 아들을 데려간 걸 모르는 채로 부처에게 가 도움을 청했다. 부처는 그녀에게 사실상 이런 취지의 말을 했다. "아들 하나를 잃고 그렇게 슬프다면, 너의 아들들이 먹어치운 아이들의 부모는 어떤 심정이겠는지 생각해봐라." 부처는 그녀와 아들들이 사람을 먹는 짓을 그만둔다면 아들을 돌려주고 그녀와 아들 모두가 충분히 먹을 것을 갖게 해주겠다고 약속했다. 이제 소중에서 사람들은 그녀를 위해 남은 음식을 조금 놔둔다. 겔룽(정식 승려)은 매일 그렇게 한다. 나중에 뒤 어머니와 그녀의 아들들은 신이 되었다.

부록 B

―――――――

수도원들

여기에 내가 가장 잘 아는 셰르파 수도원 5곳의 간략한 역사를 덧붙인다. 텡보체에 관한 자료는 이전에 많이 출판되었지만 완결성을 위해 간략히 포함시킨다. 특별한 언급이 없는 한 나머지는 대부분 이전에 발표된 적이 없다. 이 자료들은 1960년대 중반 로버트 폴의 필드노트(고맙게도 그의 허락을 받아)와 1979년 수도원의 역사에 대한 나의 프로젝트, 그리고 이후 셰르파 친구들과의 대화를 조합한 것이다.

이 이야기들의 요지는 현재에 이르기까지 수도원의 운명을 전하려는 것인데, 대부분은(텡보체는 주된 예외이다) 특히 지도력 면에서 심각한 문제를 안고 있다. 또한 이 이야기들은 주지 라마들 사이의 다양한 계보와 환생의 복잡한 상호관계를 보여준다. 부록 말미에는 자툴 림포체 승계의 역사와 내가 파악한 모든 상호관계에 대한 도표를 실었다.

텡보체

텡보체의 초기 역사는 1916년 수도원의 건립 과정과, 현재 주지 라마인 라마 구루의 환생을 발견한 이야기를 포함해 다른 부분—이 책의 4장에서—에서 상세히 다루었다.[1] 이 수도원은 오랫동안 번창했으나 1960년대 말에는 승려들이 줄어들고 쇠락의 길로 접어들었다. 이런 추세는 1970년대 말에 역전되었고, 폰 퓌러-하이멘도르프가 1983년에 텡보체를 다시 방문했을 때는 새로운 승려들과 일반 신도 학생들로 북적이고 있었다.[2] 그사이 수도원은 미국의 문화단체인 문화 생존으로부터 '문화센터'와 승려들의 기숙시설 건립 자금을 지원받았으며, 네팔 정부의 공원과 야생부로부터 도서관과 박물관 건립 자금을, 히말라야 재단으로부터 승려-스승들의 봉급을 후원받았다.[3] 또 관광객들과 등반 원정대들로부터도 상당한 기부금을 받고 있었다.

1980년대 말 주지 라마 혹은 림포체(일반적으로 이렇게 부른다)의 요청으로 샌프란시스코에 있는 미국 히말라야 재단은 미니 댐을 건설해 곰파에 전기를 공급하는 프로젝트 자금을 지원했다. 1988년 4월에 이 프로젝트가 시작되었고, 『내셔널지오그래픽』 잡지에는 전기가 수도원에 있는 50명 승려들의 소박한 생활을 편리하게 해줄 것이라는 낙관적인 펼침 기사가 실렸다.[4] 그 페이지 하단에는 빨간 스웨터를 입은 한 남자(셰르파 사회에서는 승려나 과거에 승려였던 이들만 빨간색을 입는다. 그 남자가 누군지는 분명하지 않다)가 불빛이 이글거리는 실내 난방기를 들고 응시하는 모습이 실려 있었다.

1년도 채 안 된 1989년 1월 19일 텡보체 수도원의 큰 본당과 안뜰을 둘러싸고 있는 전시관들이 불에 타 무너졌다. 가장 의심스런 범인은 방치된 실내 난방기였다.[5] 다친 사람은 아무도 없었고[6] 수도원의 가장 신성한 유물도 일부 구해냈지만 그 밖의 손실은 컸다. 내벽(그리고 일부 외벽)을 뒤덮고 있던 대형 프레스코 작품 말고도 텡보체의 경전과 예술품 대부분이 화재로 사라졌다. 마니 림두 의상과 가면도 소실되었는데, 그중 일부는 원래 룸부 수도원에서 가져온 것이었다. 티베트 불교의 경전인 켄구르Kengyur와 텐구루Tengyur 108권 전질과 "현 주지가 여러 해 동안 티베트에서 수입한 희귀 경전 몇 권도" 소실되었다.[7]

화재가 나고 1년 조금 지난 1990년 4월 27일 림포체는, 에드먼드 힐러리 경이 네 귀퉁이에 주춧돌을 놓고 텡보체의 재건립 공사를 선언하는 기념식을 주재하고 축복했다. 재건축 비용은 프레스코화, 조각상, 서적, 그밖의 인테리어 비품을 제외하고도 약 16만 달러로 추정됐는데,[8] 그중 절반 이상이 이미 들어와 있었다. 역시나 미국 히말라야 재단으로부터.

부탄에 있는 한 곰파의 디자인에 기초해 림포체가 설계한 건물은 이제 완공됐고 이전보다 더욱 웅장한 모습이다.

치웅

두번째 셰르파 수도원인 치웅은 1924년 텡보체 창립자의 동생인 상계 Sangye가 세웠다. 상계는 타미Thami 곰파의 (결혼한) 주지 라마의 동생인 쿠소 툴구Kusho Tulku라는 승려를 새로 창건된 수도원의 주지로 맞아들였다. 쿠소 툴구는 찰사Chalsa라는 솔루에 있는 셰르파 마을에서 강한 힘을 가졌던 결혼한 라마의 환생이었다. 상계의 초청으로 쿠소 툴구는 정식 승려인 그의 동생 쿠소 망덴Kusho Mangden과 함께 타미 사원에 살고 있던 여러 명의 고위 승려들을 데리고 치웅으로 왔다. 타미 사원은 아직, 결혼한 라마 공동체였던 때이다.

하지만 약 5년간 치웅을 잘 이끈 쿠소 툴구는 한 여승과 성관계를 갖게 되었는데, 일설에 의하면 그 여승은 수도원 창립자 일가인 라마 일족의 딸이었다.[9] 창립자인 상계와 다른 라마 일족 일원들은 이에 격분했고, 쿠소 툴구와 여승 아니 갈덴Ani Galden은 그곳을 떠나 카트만두로 갔다. 하지만 그것으로 끝난 게 아니었다. 그 라마 가문의 일원, 아마도 여자의 아버지가 쿠소 툴구를 구타했다. (일설에 따르면) 카트만두로 가는 길에 있는 람주라 패스Lamjura pass 근처에서 또는 (또 다른 설에 따르면) 카트만두 길거리에서. 치웅의 주지로서 쿠소 툴구의 시절은 끝났다.[10]

치웅은 이제 주지 라마가 없다. 쿰부의 승려들 다수가 점차 타미로 돌아갔다. 한 정보제공자의 말처럼 "어머니가 자리를 뜨면 아이들도 따라가는 법이다". 엄청난 후원을 받았음에도 치웅은 내리막길을 걷기 시작했다. 이는 독신서약을 깨뜨린 쿠소 툴구의 죄뿐만 아니라 쿠소 툴구를 때린 거의 똑같이 심각한 죄의 결과라고 많은 이들이 생각했다.[11]

쿠소 툴구가 살아 있는 동안 치웅의 책임자 자리에 그를 대체하려는 시도는 없었던 것 같다. 수도원은 타미에서 온 존경받는 게켄, 즉 스승인 로언 오저Lowen Woser가 운영했지만 이는 완전한 권한을 지닌(그리고 환생한) 주지 라마가 있는 것과는 달랐다. 치웅은 1939년 창립자인 상계가 죽은 후 결속력을 더욱 상실했을 것이다. 그렇지만 같은 시기에, 어떤 의미에서는 이 모든 역사를 시작한 라마인 자툴 림포체가 죽었는데 몇 년 후 환생했다. 실제로, 환생(이라 주장하는 이)은 두 명이었다. 한 명은 라사에서 태어난 티베트 아이, 또 한 명은 솔루 부모에게서 태어난 셰르파 아이였다. 셰르파 아이는 파계한 데부체 여승의 사생아였는데, 그 여승은 쿠소 툴구로 환생한 찰사Chalsa 라마의 딸이었다.[12] 라사의 주장자가 '공식적인' 환생으로 인정받고 룸부 수도원의 주지가 된 후,[13] 셰르파 주장자—쿰둘Kumdul(쿰부 툴구Khumbu Tulku의 축약어) 림포체라 불렸다—는 치옹 승려들로부터 치옹 수도원의 비어 있는 주지 자리를 채워달라는 부탁을 받고 그렇게 했다.[14]

치옹은 높은 영적 지위를 가진 새로운 지도자를 맞아 얼마간 잠시 되살아났는데, 1955년 티베트 학자인 데이비드 스넬그로브David Snellgrove가 수도원을 방문했을 때는, 당시 17세였던 그 환생 라마가 거주하면서 중 가문 출신의 활기차고 재능 있는 승려와 함께 계속 공부하고 있었다. 스넬그로브는 당시 "종교적 관례가 탁월한 수도원"의 예로 그곳을 인용했다.[15] 그러나 1, 2년 만에 자툴 림포체 툴구는 티베트로 유학을 갔고, 티베트에 있는 동안 더 크고 더 권위 있는 수도원의 주지로 초빙되었다. 그는 제안을 받아들였고, 솔루로는 한 번도 돌아오지 못하고 1958년에 갑자기 죽었다.[16] 그의 훌륭한 교사인 응가왕 옌덴Ngawang Yenden도 거의 같은 시기에 치옹을 떠났다.[17]

1950년대 말부터 치옹 수도원에는 공식적인 주지 라마가 없다. 그곳은 아직도 라마 가문의 후한 지원을 받고 있으며, 소수의 승려들이 수도원에 거주하고 있다. 한동안 그들은 가장 큰 연례행사인, 가면 춤을 추고 귀신을 몰아내는 의식과 참석한 평신도의 장수를 비는 의식을 치르는 마니 림두 축제를 중단했다. 이후 마니 림두는 난민인 티베트 환생 라마 투시 림포체가 재개했다. 그는 일단의 티베트 승려들과 함께 근방에 있는 그의 수도원에서 치옹 수도원으로 내려와 의식을 집전한다.[18] 수도원의 집단 의식은 많이 줄어들었으며, 여러 해 동안 새 승려도 거의 들어오지 않았다.

탁신도

탁신도 수도원은 황소의 해(1949년 경)에 치옹의 공백을 채운다는 취지에서 기울어가는 치옹 곰파가 있는 장소에서 멀지 않은 솔루 지역에 건립되었다. 그곳을 창건한 이는 텡보체 승려인 톨덴 출팀이었다. 그곳이 텡보체 수도원의 지부 내지는 '자매'로 규정되긴 했지만, 톨덴 출팀은 개성이 강한 인물이었던 것으로 보이며, 일반적인 견해로는 그가 자신의 출생 지역인 솔루 동부에 새로운 수도원을 창립하기를 (그리고 주지가 되기를) 원했다고 했다. 이 수도원은 초창기에 번성했고 새로운 젊은 승려들뿐 아니라 톨덴 출팀처럼 원래 솔루 출신이었던 정식 승려들 몇 명도 텡보체에서 끌어모았다.[19]

게다가 그 지역의 어느 마을에서 결혼한 지역 라마의 환생인 소년이 발견됐는데, 그 소년도 탁신도로 데려와 수련시켰다. 이 툴구(환생)는 현지에서 탁신도 라마로 알려지게 되었지만, 실제로는 이름이 시사하는 바와는 다르게 탁신도 수도원의 주지는 아니었다. 그리고 마지막으로 티베트 북동쪽에 있는 캄스Khams에서 15년간 공부하고 대략 박사학위에 해당하는 게세 학위를 받은 굉장히 학식 높고 훌륭한 셰르파인 스승도 있었다.

톨덴 출팀은 1950년대 말에 죽었고, 수도원은 어린 환생 라마(수도원에서 그는 공식적인 지위가 없었다)와 게세가 애매하게 이끌었다. 하지만 약 3년 후 탁신도 승려들은 톨덴 출팀이 파프루Phaphlu의 어느 라마 일족의 아이로 환생했다는 것을 알게 되었다. 승려들은 그 가족에게 접근했지만 그들은 아이를 수도원에 넘겨주는 데 확실히 관심이 없었고, 탁신도 수도원은 여전히 어정쩡한 상태로 남아 있다.[20]

타미

타미 수도원은 원래 솔루-쿰부의 가장 오래된 3개의 사원 공동체 중 하나로 결혼한 라마들의 공동체였다.[21] 20세기의 10년대와 20년대에 최초의 셰르파 수도원들이 세워질 무렵, 타미의 주지 라마(그 사원의 강력한 창건 혈통인 결혼한 라마)에게는 아들이 셋 있었는데, 그중 둘은 룸부에서 독신서원을 했고 한 명은 결혼한 라마로 수련을 쌓았다. 가운데 아들이 다름 아닌 치옹 수도원 이야기에 이미 등장한 쿠소 툴구였다. 많은 셰르파 독신 승려들이 결혼한 라마 공동체인 타미에 살고 있었는데, 이즈음 승려인 쿠소 툴구가 주지 라마가 되면서(승려가 아닌 형을 승계에서 제외시키며) 타미를 독신 수도원으로 전환하려는 움직임이 있었다. 듣기로는 쿠소 툴구가 주지 라마 직을 이어받은 건 짧은 기간이었는데, 수도원의 중심이 되는 마니 림두 의식을 올리려고 안뜰이 더 넓은 본당을 새로운 곳에 재건하는 일을 감독했다. 이때가 1920년대 초반으로, 텡보체는 창건된 이후였으나 치옹은 아직 설립 전이었다.[22]

만일 일이 계획대로 펼쳐졌다면, 당시 타미 사원이 독신 수도원으로 전환돼 솔루-쿰부의 두번째 수도원이 됐을 것이다. 하지만 계획대로 진행되지 않았다. 한편으로 쿠소 툴구는 타미 후원자들 몇몇과 문제가 있었다고 한다. 다른 한편으로 그는 상계 라마의 꾐에 넘어가 솔루에 새로 지은 치옹 수도원의 주지 직을 맡았다. 쿠소 툴구가 타미를 떠날 때 승려 대부분이 그와 함께 치옹으로 갔는데, 마니 림두 의상도 가져갔다. 이때가 1923년 무렵이었다. 타미를 독신 수도원으로 전환하려는 애초의 시도는 무너졌다. 타미의 지도자 자리는 쿠소 툴구의 형인 결혼한 라마 툰둡Tundup이 차지했다.

쿠소 툴구는 치웅에서 1920년대 말 아니면 1930년대 말에 파계했고, 승려들은 타미, 즉 그들이 한때 수도원으로 승격시키려고 했던 사원으로 되돌아가기 시작했다. 그들은 의상이 없긴 했지만 1940년대에 마니 림두 축제를 재개했는데, 처음에는 많이 축약한 양식으로 거행했다.[23] 그러나 그 공동체에서 생활하는 독신 승려의 수가 계속 늘어났고, 마침내 1950년 무렵에 타미는 독신 수도원으로 전환됐다.

많은 사랑을 받은 결혼한 라마 툰둡은 1958년 사망할 때까지 계속 이 공동체를 이끌었다(결혼한 라마가 독신 수도원을 이끄는 변칙은 일련의 의식을 준비하는 것으로 해결되었다). 몇 년 만에 그의 환생으로 타미 북서쪽의 로왈링Rolwaling이라는 외진 셰르파 지역에서 태어난 어린 소년이 발견되었다. 그 소년을 수도원으로 데려와 특히 그의 섭정이자 가정교사인 (라마 툰둡의 생물학적 손자인) 응가왕 삼덴 Ngawang Samden을 비롯한 승려들이 신중하게 기르며 수련을 시켰다.[24] 그는 똑똑한 청년이자 성실한 라마로 자랐고, 타미 수도원은 1980년대 내내 계속 번창했다. 타미는 텡보체와 더불어 셰르파 수도원 운동의 주요 성공 사례 중 하나였고, 텡보체 림포체와 함께 타미 림포체는 중요한 셰르파 툴구였다.

그런데 재난이 닥쳤다. 1990년 2월 림포체는 로왈링으로 돌아가서 친지를 방문하고 몇몇 의식을 집전했다. 보통은 그의 가정교사인 응가왕 삼덴이 함께 다니며 항상 그를 가까이에서 지켜봤다. 하지만 이때는 응가왕 삼덴이 동행하지 않았는데, 라마가 술을 너무 많이 마시고 묵고 있던 집안의 여자와 잠자리를 가졌다. 그 일이 있은 직후 이 사실을 알게 된 나를 포함한 모든 이들이 망연자실했다.[25] 그 뒤 승려들은 라마가 서약을 어긴 것을 '용서했고', 그는 오늘날까지 계속 그 수도원의 주지로 있다.

세를로

솔루-쿰부에 설립된 토착 수도원 중 마지막은 세를로 곰파로 1959년 무렵 솔루의 중(준베시) 마을 위쪽 언덕에 세워졌다. 라마 상계 텐징은 솔루 출신 청년으로, 수련과 서품을 받기 위해 티베트 북동부에 있는 캄스로 가 수년 동안 머물렀다. 그는 중국이 티베트를 침공하자 솔루로 돌아왔는데, 그의 스승은 그에게 새로운 수도원을 창건하는 데 쓸 많은 돈과 종교적 물품을 하사했다. 상계 텐징은 탁신도 게세와 더불어 아마 솔루-쿰부에서 가장 많은 교육을 받은 승려였을 것이다. 그는 티베트 불교 관행과 셰르파 종교 역사의 현지 권위자 같은 존재가 되었다. 그는 티베트학자인 알렉산더 W. 맥도널드Alexander W. MacDonald,[26] 신학생인 쿠르트 슈발베Kurt Schwalbe와[27] 공동 연구로 직접 셰르파 종교사를 출간했다.[28] 그는 세를로 곰파를 학문과 종교적 가르침 면에서 다른 셰르파 수도원들보다 더 '고등한' 수도원으로 만들려는 야망을 갖고 있었다. 내가 첫번째 현지조사를 할 당시(1966~1968) 본당이 부분적으로 완성되었는데, 라마는 어린이들에게 기초적인 가르침을 베풀었을 뿐 아니라 소규모이지만 헌신적인 젊은 승려 집단도 끌어들였다.

1970년대에 몇몇 핵심 승려들이 파계를 했고, 이는 전적으로 정상적인 일이었지만, 처음에는 수도원이 작아서 수도원의 도덕률에 큰 타격을 주었다. 특히 내 생각에는 주지 라마의 도덕률에 타격을 입혔다.[29] 그러다 1980년대 언젠가 주지 라마 자신이 여승과 성관계를 맺게 되었고, 이 사건이 수도원에 결정타를 안겼다. 라마는 계속해서 수도원에 거주했으나 지역 주민들과 사이가 좋지 않았고, 주민들과 일련의 재산권 분쟁에 휘말렸다. 그는 파계 이후 아이를 빠르게 연달아 다섯을 두

더니, 1990년에 돌연 사망했다. 수도원은 완전히 폐쇄되었다.[30]

룸부 수도원의 운명과 자툴 림포체 승계

자툴 림포체는 1940년쯤 사망했다. 그가 죽은 후 그의 환생이라고 주장하는 아이가 두 명 나타났는데, 하나는 티베트 아이이고 다른 하나는 솔루 부모를 둔 셰르파 아이였다. 한 사람의 환생이 세 명까지 있는 것이 문화적으로 가능했다. 그 경우 각자 그 사람의 세 요소를 하나씩 갖는다. 몸, 말, 그리고 정신. 룸부 승려들은 셰르파 후보자를 더 좋아했다고 전해지지만, 티베트 아이가 티베트 중앙 정부에 의해 공식 환생으로 인정받고 룸부 수도원 주지로 취임했다. 셰르파 주장자(쿰둘[쿰부와 툴구의 축약형] 림포체라 불린)는 솔루-쿰부에 남았는데, 몇 사람의 이야기에 따르면 그는 잠시 나우제 마을 사원의 주지로 있었다고 한다. 결국에는 앞서 보았듯 몇 년 동안 치웅 수도원을 이끌다가 공부를 하러 티베트로 갔으며, 거기서 티베트의 한 수도원 주지를 맡아달라는 제의를 받아들였고 20세에 돌연 사망했다.

한편 티베트 환생(라사 정부가 자툴 림포체의 공식 환생으로 인정했다)은 룸부에서 취임했다. 그러나 일부 승려들은 다른 지도자에게 끌리기 시작했다. 수도원에 이전 자툴 림포체의 스승의 환생인 투시 림포체라는 툴구가 살고 있었던 것이다.[31] 미혼에 과거 여승이었던 그의 어머니는 1926년에 당시 5세였던 그를 고향인 티베트 중부에서 룸부 수도원으로 데려왔다. 1930년대 말에 자툴 림포체가 사망했을 당시 그는 10대였다. 많은 승려들이 룸부 툴구 곁을 떠나 그의 밑으로 들어가기 시작했다. 그리고 1950년, 최초의 중국 침략 후에 중국으로부터 일시적인 망명길에 올라 많은 룸부 승려들을 이끌고 국경을 넘어 솔루-쿰부로 넘어온 이는 룸부 툴구가 아니라 투시 림포체였다. 그들은 약 1년간 타미 곰파 부근에 머물렀는데, 분명 그때 타미 승려들이 타미 사원을 독신 수도원으로 전환시키는 문제에 대해 투시 림포체의 충고를 받았을 것이다.

투시 림포체와 승려들은 위협이 사라지자 티베트로 돌아갔고, 투시 림포체는 룸부에서 멀지 않은 곳에 자신의 사원을 세우기 시작했으나(그리고 아마도 룸부 승려들로 일부를 채웠을 것이다), 1959년 중국의 침략으로 최종 중단되었다. 다시 투시 림포체는 승려들을 이끌고 티베트를 나와 솔루-쿰부 지역으로 들어갔는데, 이번에는 영구적이었다. 처음에 승려들은 쿰부에 있는 타미 지역으로 돌아갔으나, 다시 솔루로 내려갔다. 그 집단은 갈라져서 여러 다른 지역에서 살았고 상당히 많이 떠돌아다녔다. 투시 림포체는 센게 푹Senghe Puk에 수도원을 세웠고 많은 승려들이 거기에서 지냈지만, 일부는 또한 추룽 카르카 Churung Kharka에서 지냈다. 어느 때인가 투시 림포체와 일부 승려들이 치옹으로 옮겼는데, 모든 이들에게 이상적인 일이었다. 그 수도원은 지도자가 없었고 림포체와 승려들은 수도원이 없었으니까. 하지만 무슨 이유에선지 일이 잘 풀리지 않았다(알아낸 것이라고는 림포체가 그곳 물이 좋지 않다고 생각했다는 것뿐이었다). 1966년 내가 처음으로 솔루에 도착했을 때 그 집단은 더 이상 운영되지 않았지만, 이전에 결혼 라마 공동체가 지냈던 풍모체Phungmoche에 살고 있었다.

내가 현지조사를 했던 기간에 솔루에 사는 티베트 난민 가족의 아들이 자툴 림포체의 또 다른 환생 표지를 보인다고 주장하고 나섰다(전형적으로 아이는 이런 말들을 한다. "여기는(태어난 집) 내 집이 아니다. 내 집은 이러저러한 수도원이다" 등등). 진위 여부를 알아보기

사진 30. 네 명의 툴구.
왼쪽에서 오른쪽으로: 응가왕 삼덴(타미 툴구의 가정교사이자 보호자), 타미 툴구, 투시 림포체,
치옹 툴구, 아버지 품에 안긴 자툴 림포체 툴구('납타 툴구Napta Tulku'라고 불렸다),
그리고 투시 림포체의 개인 수행원, 1967년.

위해 아이를 풍모체로 데려왔다. 테스트는 보통 아이가 일련의 유사한 물건들 가운데서 (전생의) '자기' 물건들을 고르는 일에 초점이 맞춰진다. 나는 그 의식에 참석했는데, 테스트는 시행되지 않았다. 셰르파 정보제공자들에 따르면, 이는 투시 림포체가 초자연적인 정신 능력으로 아이가 진짜임을 확인할 수 있었기 때문이다.

내가 그때 찍은 사진에서 아버지의 팔에 안긴 작은 아이가 바로 '납타 툴구'라 불린 자툴 림포체의 바로 그 환생이다. 투시 림포체는 중앙에 있다. 그의 오른쪽에는 8세인 타미 툴구가 있는데, 이 일이 있었던 시기에 마침 사진 왼쪽 끝에 있는 그의 가정교사이자 보호자인 응가왕 삼덴과 함께 그 수도원을 방문 중이었다. 투시 림포체의 왼쪽에 있는 어린 승려는 '치옹 툴구'로 확인된 인물인데, 내 필드노트로는 그의 '전신'이 누구였는지 분명치 않다. 사진 맨 오른쪽에 있는 승려는 투시 림

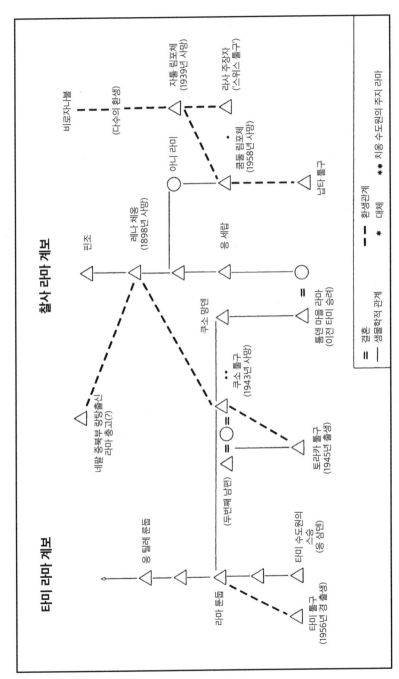

칼사 라마 계보

비로자나불

(다수의 환생)

차룽 림포체
(1939년 사망)

라사 주창자
('스위스 출구')

쿰붐 림포체
(1958년 사망)

남타 출구

아니 라미

핀조

레나 처옹
(1898년 사망)

응 세랍

쿠소 망옌

틈덴 마을 라미
(이전 라미 승려)

쿠소 출구
(1943년 사망)

네팔 중북부 랑탕출신
라마 총고(?)

토라카 출구
(1945년 출생)

타미 라마 계보

응틸레 룬둡

타미 수도원의
승승
(응삼데)

(두번째 남편)

타미 룬둡

타미 출구
(1956년 경 출생)

결혼
환생관계
생물학적 관계
대체
차웅 수도원의 주지 라미
차웅 수도원실하므로, 수정을 환영한다).

도표 1. 솔루-쿰부 지역의 선택된 개보(라미 규드파, 혹은 라드카와 환생 라마 계보 간의 상관관계(주: 이 도표는 매우 불확실하므로, 수정을 환영한다).

포체를 오랫동안 수행한 개인 수행원 승려이다. 이 사진은 한 장에 네 명의 툴구가 찍혀 있기 때문에, 많은 셰르파가 매우 신성하고 강력한 것으로 여긴다.

1967년 티베트 난민뿐 아니라 솔루 셰르파에게서 나온 돈과 노동력으로 투시 림포체는 자신과 승려들을 위한 수도원을 중 마을에서 멀지 않은 곳에 세웠다. 그리하여 대략 20세기 중반 이후로 실제 자툴 림포체의 자리를 채운 것은 투시 림포체였다. 그는 자툴 림포체가 20세기 초반 셰르파 종교 발전에서 했던 것과 같은 강력한 역할을 맡았다.

들자 하니 그 티베트인 자툴 림포체 환생은 중국 침략 당시 다람살라로 탈출했다고 한다. 그런 뒤 티베트 난민 집단을 이끌고 스위스에 정착했다가, 최근에는 호주 시드니에 다시 정착했다고 한다.[32]

감사의 말

대부분의 책처럼, 특히 대부분의 내 책들처럼, 이 책 역시 역사가 길며 많은 빚이 쌓였다. 이 프로젝트와 책이 가능하도록 많은 도움을 준 다음 기관들과 사람들에게 깊이 감사드린다.

(필요불가결한 요소인) 자금과 관련해 존 앤 캐서린 맥아더 재단 John D. and Catherine T. MacArthur Foundation, 국가인문학기금National Endowment for the Humanities, 국립과학재단National Science Foundation, 그리고 미시간 대학교(교수 지원기금과 교수 국제여행기금)에 감사드린다.

이 책을 쓰는 데 비판적인 충고와 도움을 베푼 이들과 이 책을 정독하고 세세하게 논평을 해준 아준 아파두라이Arjun Appadurai, 제임스 피셔, 하카 구룽Harka Gurung, 피터 H. 핸슨Peter H. Hansen, 데이비드 흘름버그, 메리 머렐Mary Murrell, 윌리엄 H. 슈얼 주니어William H. Sewell Jr., 티모시 D. 테일러Timothy D. Taylor, 그리고 익명의 언론 독자에게 감사드린다.

네팔에서(1990) 인터뷰에 응해주고 도움을 베풀어준 미스터 반스코타Mr. Banskota(관광부), 엘리자베스 홀리, 앙 니미 셰르파, 락파 온주Lhakpa Ongju 라마, 펨바 라마, 제임스 로버츠 대령, 앙 카미 셰르파, 앙 카르마 셰르파, 앙 카르마 셰르파(탁토Takto), 앙 니마 셰르파, 앙 니마 셰르파(나우제), 앙 파상 셰르파, 앙 파상 셰르파(착Tsak), 앙 푸르와Ang Purwa 셰르파, 앙 리타 셰르파(여성), 앙 리타 셰르파(남성), 앙 체링 셰르파, 아파 셰르파, 아우 노르부Au Norbu 셰르파, 락파 겔젠Lhankpa Gyelzea 셰르파, 락파 노르부 셰르파, 롭상 체링 셰르파, 파상 셰르파, 파상 누루 셰르파, 파상 템바Pasang Temba 셰르파, 페마 셰르파, 페르템바 셰르파, 푸 도르제Phu Dorje 셰르파, 상계 셰르파, 소남 갈첸 셰르파, 출팀Tsultim 셰르파, 그리고 우르켄Urkyen 셰르파에게 감사드린다.

소중한 시간을 할애해 이 책의 여러 장들과 여러 부분들을 읽어 준 릴라 아부 러그호드Lila Abu-Lughod, 빈캐니 애덤스, 로라 아헌Laura Ahearn 그리고『네팔 역사와 사회 연구Studies in Nepal History and Society』의 익명의 검토자들과 에버하드 버그Eberhard Berg, 에밀리 차오Emily Chao, 낸시 초도로Nancy Chodorow, 일레인 콤스-실링Elaine Combs-Schilling, 코럴린 데이비스Coralynn Davis, 클리포드 기어츠, 스티븐 그린블랫Stephen Greenblatt, 리사 맬키Liisa Malkki 그리고 애비게일 스튜어트Abigail Stewart에게 감사드린다.

작지만 없어서는 안 될 다양한 기여를 한 알린 블룸, 팻 커힐Pat Cahill, 브롯 코번Brot Coburn, 톰 커디Tom Cuddy, 마이클 파이Michael Fahy, 마이클 펠터Michael Falter, 린지 프렌치Lindsay French, 바버라 캐플런Barbara Kaplan, 그웬돌린 아이다 오트너 켈리Gwendolyn Ida Ortner Kelly, 소벡 히말라야 산악여행 도서관Mountain Travel Sobek/Himalayan Library, 라스 로드세스Lars Rodseth, 제시카 슈얼Jessica Sewell, 루스 샴라지Ruth Shamraj, 로버트 예일 셔피로Robert Yale Shapiro와 해리슨 화이트Harrison White, 히말라야 트러스트Himalayan Trust의 앙 리타 셰르파, 펨바 체링 셰르파, 타라 서스먼Tara Susman, 티모시 D. 테일러, 조앤

Joan과 윌 웨버Will Weber에게 감사드린다.

오랜 우정과 1990년 네팔에서 개인적 도움을 베푼 밍마 텐징 셰르파, 파상 라무 셰르파니, 도르제 셰르파(타와), 그리고 앙 겔젠 셰르파에게 감사드린다. (나는 앙 겔젠 셰르파를 그의 나이 열 살 때부터 알았는데, 그가 날 좋은 친구로 대해줘서 행복했다. 그는 이 책이 제작되는 중에 비행기 사고로 죽었다. 똑똑하고 친절하고 너그럽고 근면한 놀라운 성품을 지닌 청년이었던 그가 마흔둘의 나이로 죽은 것은 끔찍한 비극이다.)

사랑과 지원을 아끼지 않았을 뿐 아니라 집중을 방해하기도 한 우리 식구들 그웬돌린 아이다 오트너 켈리와 티모시 D. 테일러, 그리고 고양이 패디에게도 고마움을 전한다.

모두 정말 감사드린다.

사진, 도표, 지도 목록

사진

1. 1922년 에베레스트 원정대의 사히브들. 왕립지리학회 제공.
2. 앙 타르카이의 초기 사진. Mason, *Abode of Snow* (London: Hodder & Stoughton, 1987), 174에서 복사.
3. 1933년 에베레스트 원정대의 셰르파들. Ruttledge, *Everest 1933* (London: Hodder & Stoughton, 1933), 119에서 복사.
4. 롭상 체링 셰르파. 저자가 찍은 사진.
5. 1952년 스위스 에베레스트 원정대의 셰르파들. *Everest* (Zurich: Swiss Foundation for Alpine Research, 1953), 141에서 복사.
6. 쿰중 마을 둠지 의식Dumje rites. 저자가 찍은 사진.
7. 밍마 텐징 셰르파. 레슬리 우드헤드Leslie Woodhead 사진 제공.
8. 페마 셰르파. 저자가 찍은 사진.
9. 앙 카르마 셰르파. 저자가 찍은 사진.
10. 페르템바 셰르파. 저자가 찍은 사진.
11. 파상 라무 셰르파. 저자가 찍은 사진.
12. 앙 니미 셰르파. 저자가 찍은 사진.
13. 고故 앙 겔젠 셰르파와 펨바 체링 셰르파. 저자가 찍은 사진.
14. 에베레스트를 여러 차례 올랐던 앙 리타 셰르파. 저자가 찍은 사진.

도표

1. 선택된 라마들의 가계 및 환생 계보.

지도

(토머스 커디Thomas W. Cuddy가 만든 지도.)
1. 히말라야, 카라코람 산맥의 8,000미터 이상의 봉우리들.
2. 동부 네팔, 셰르파의 고향과 지역 여행 포인트.
3. 솔루-쿰부.

1장

1. 그 원정대에서 셰르파 한 명이 일찍이 고산병으로 사망했다.

2. 더그 스콧은 히말라야 등반 사고에 대한 충분한 정보가 없다고 불평했다. "잡지 편집인들은 성공뿐 아니라 사고의 통계와 세부 정보를 게재할 책임이 있다. 그래야만 우리 모두 무엇을 기대해야 할지 알 것이다." (1985, 32.)

3. Blum 1980, 20.

4. Fleming and Faux 1977, 40.

5. Allison 1993, 206.

6. Morrow 1986, 63.

7. Dowling 1996, 42.

8. Fisher 1990, 146.

9. Carrier 1992, 82.

10. Bonington 1987, 246.

11. '위험'에 대해 논해보려고 앉아 있을 때마다 국제 뉴스에 히말라야에서 치명적인 등반 사고가 발생했다는 소식이 나오는 것 같은 때가 종종 있었다. 내가 1995년 초고를 쓸 당시에는 여성 최초로 에베레스트를 무산소 등정한 앨리슨 하그리브스Alison Hargreaves가 K2에서 목숨을 잃었다는 소식이 라디오에서 흘러나왔고, 1996년에 두 번째 원고를 쓸 때는 1장을 시작한 에베레스트 참사 소식을 들었다.

12. Tilman 1983, 487에서 인용.

13. Blum 1980, 91.

14. '셰르파'란 말은 서구의 어휘에서 다양한 방식으로 은유되었다. '셰르파'라 불리는 영국 밴이 있는데, 아마도 크고 무거운 짐을 장거리 운반하는 데 쓰이기 때문인 듯하다. 또 어떤 종류의 푹신한 코트 안감을 '셰르파'라고 하는데, 이는 아마 셰르파가 추운 곳에 살고 따뜻하게 지내는 법을 알기 때문인 듯하다. 그리고 기업이나 정치 협상을 지원하는 이들을 '셰르파'라고 하기도 하는데, 이는 힘들게 노력해서 더 높은 지위에 있는 이들의 협상을 돕는다는 생각에서 그런 것 같다. 이 비유적 표현은 특히 고차원적인 정치 모임에 딱 들어맞는데, 그런 모임을 '정상' 회담이라고 부르면 등반이 떠오르기 때문이다. 애덤스(1996)는 은유적 셰르파와 서구의 은유가 셰르파에게 미치는 영향을 논하고 있다.

15. Ortner 1989a.

16. Hansen (n.d. a).

17. Thapa 1997.

18. Barcott 1996, 65.

19. Ang Tharkay 1954; Tenzing Norgay 1955. 텐징 노르가이는 1977년에 출간된 또 다른 자서전을 썼다. 그의 젊은 시절에 관한 자료 대부분은 1955년에 출간된 자서전에서 나온 것이고, 새로운 자료는 대부분 등반을 그만둔 이후의 삶과 관련된다. 나는 종종 그 자료를 참고했지만, 현 논의와는 초기 자서전보다 연관성이 떨어진다.

20. 나는 네팔어를 배우지는 않았다. 많은 셰르파들이 셰르파어와 네팔어, 둘 다 하거나 영어까지 3개 국어를 한다. 내가 솔루-쿰부의 마을들에서 연구를 진행했을 때는 네팔어를 못해도 그다지 문제가 되지 않았는데, 가끔 오는 정부 관료들을 상대할 때 말고는 사람들이 네팔어를 거의 쓰지 않았기 때문이다. 카트만두에서는 좀 더 골치가 아팠는데 그곳에서는 셰르파들이 평범한 대화도, 심지어는 자기네들끼리 대화에서도 네팔어를 쓸 가능성이 많았기 때문이다.

21. E.g., Greenblatt 1993; Sahlins 1981.

22. E.g., Said 1978; Guha and Spivak, eds., 1988.

23. E.g., Appadurai 1990; Clifford 1997.

24. Spivak 1988.

25. 밀접하게 관련된 문제와 연관된 비슷한 주장에 대해서는 Hansen 1997 참고.

26. Clifford and Marcus 1986.

27. Said 1978.

28. Ortner 1995b 참고. 거기에서 이 문제들을 좀 더 상세히 논했다.

29. Geertz 1973; Ortner 1997 참고.

30. Sahlins 1981.

31. Ortner 1996d.

2장

1. Cameron 1984, 110.

2. Ibid., 111-12.

3. Mason 1955, 76.

4. 번역, 하르카 구룽Harka Gurung.

5. Cameron 1984, 111; Mason 1955, 75.

6. 영국인들은 자신들이 못 가면 인도 탐험가들을 보냈다. 솔루-쿰부 셰르파 지역은 1885년부터 1886년까지 인도 측량국 소속의 하리 람Hari Ram이라는 인도인이 최초로 (영

국인의 관점에서) 탐험했다(Survey of India 1915).

7. 특히 Hansen 1996a와 1996b 참고.

8. 구르카 연대는 인도에 있는 영국인들에게 '대여'되거나 고용되었다. 구르카족에 대한 영국인의 관점을 다룬 최근 논의는 다음을 참고. Caplan 1991, 1995. Des Chene 1991. 초기 등반에서 구르카족의 존재에 대해서는 Gurung 1985, 1991 참고.

9. Herrligkoffer 1954, 11.

10. Ibid., 7.

11. Collie, Herrligkoffer 1954, 14에서 인용.

12. Ibid., 15.

13. 나는 여기서 그 말을 '오리엔트(동양)'에 매료돼 서구인들의 영적 개선을 위해 동양을 연구하는 전문 또는 아마추어 학자들의 의미로 쓴다. 비록 남아시아는 어느 정도 기독교 선교의 대상이긴 했지만 초기부터 많은 서구인들은 특히 불교를 우월한 종교로 여겼으며 서구문명의 점증하는 물질주의에 대항하는 가능한 대응책으로 봤다.

14. Mason 1955 참고.

15. Hooker 1854 참고.

16. E.g., White 1909.

17. Waddell 1888.

18. Freshfield 1979 [1903].

19. Cameron 1984, 144-52.

20. Hansen 1996a, 1996b; Unsworth 1981, 16.

21. 다르질링에서 상계 라마와 그의 아내의 성공담에 대해서는 Ortner 1989a, ch.7 참고.

22. Dash 1947, 72; Ortner 1989a,160.

23. Rubenson 1908a, 67.

24. C. G. Bruce 1910, 28.

25. Quoted in Cameron 1984 161에서 인용. 또한 Kellas 1913, 144-46 참고.

26. Cameron 1984, 161-12; Noel 1927, 60.

27. 피터 핸슨은 내게 셰르파족에 대한 루벤슨/몬라드-오스와 켈러스의 견해가 나중에야 널리 퍼진 것 같다고 했다. 그러나 우리가 봤듯 브루스는 1910년에 루벤슨의 보고를 되풀이했으며, 1921년에 켈러스와 함께 에베레스트를 여행했다.

28. Unsworth 1981, 163; Hansen 1995도 참고.

29. Unsworth 1981, 24. 50년 후에도 이 역시 엘리트가 분명한 또 다른 산악인과 관련해 비슷한 감정이 실린 말을 들을 수 있다. "우리는 처음에는 그를 별로 좋게 생각하지 않았다… 나는 그가 너무 명문 사립학교 출신 티가 난다고 생각했는데, 알고 보니 좋은 친구였다." Bonington 1976, 37에서 인용.

30. Unsworth 1981, 163.

31. Bauer 1937, 6.

32. Tilman 1983 [1948], 465.

33. 중간계급 등반의 기원에 대해서는 Hansen 1995 참고. 핸슨과 나는 '반문화적' 등반과 관련해서는 의견을 달리하지만, 계급의 결정적인 역할에 대해서는 생각이 같다.

34. Simmel 1959, 243. 데이비드 코에스터David Koester 덕분에 짐멜을 참고함.

35. Unsworth 1981, 23; 또한 French 1995도 참고.

36. Unsworth 1981,100; Morrow 1986, 63.

37. In Chevalley et al. 1953, 48.

38. Tilman 1983 [1948], 502.

39. Denman, 1954, 230.

40. Tilman 1983 [1948], 502.

41. Desio 1956, 3; Miura 1978, 40도 참고.

42. Singh 1961, 140.

43. Ullman 1964, xvii에서 인용.

44. Ridgeway 1979, 149. 에드먼드 힐러리 경이 자신의 책 가운데 하나에 『지루함으로부터의 탈출Escape from Boredom』이라고 제목을 붙일까 생각했었다고, 피터 핸슨이 말해주었다.

45. Younghusband 1926, 17.

46. Bauer 1937, xiv.

47. Unsworth 1981, 237-46.

48. Denman 1954. 2차대전의 혼란과 그 뒤 인도 독립 운동으로 인해 1930년대 중반부터 1950년대 초반까지 대규모 원정대는 사실상 없었다. 거의 20년간 원정대가 없었기 때문에 이런 일에서 얻는 수입에 의존하게 됐던 셰르파들은 큰 경제적 어려움을 겪게 되었다. Tenzing Norgay's autobiography (1955, ch. 6) 참고.

49. Unsworth 1981, 237.

50. Tilman 1983 [1948], 505.

51. Ibid.

52. Ibid., 508.

53. Ibid., 509.

54. Younghusband 1926, 196-97; Norton et al. 1925, 39.

55. Beetham 1925, 189-90.

56. Younghusband 1925, 5.

57. C. G. Bruce et al. 1923, 23.

58. Norton et al. 1925, 39.

59. Northey and Morris 1976 [1927].

60. Ibid., 253.

61. Finch 1923, 238.

62. J. G. Bruce 1925, 229.

63. Herrligkoffer 1954, 47.

64. Morris 1958, 60.

65. Dias 1965, 16. 이 지역에 대한 서구의 상상력은 '샹그릴라의 신화'로 요약된다. Peter Bishop (1989) 참고.

66. Kohli 1969, 7.

67. Miura 1978, 77.

68. Bauer 1937, 83.

69. Smythe 1931, 93.

70. Ruttledge 1935, 85.

71. Eiselin 1961, 140.

72. Ullman 1964, 67.

73. 사망자들이 나온 1920년 이전의 원정대도 언급돼야 한다. 1895년 영국은 서부 히말라야에 있는 매우 오르기 어려운 낭가파르바트를 등반하려고 했다. 원정대의 리더인 머머리A. F. Mummery와 구르카 병사 둘(라구비르 타파Ragubhir Thapa와 가먼 싱Gaman Singh)이 사라졌다. "아마 루트를 쓸고 간 눈사태에 휩쓸렸을 것이다"(Gurung 1985, 2; C. G. Bruce 1910). 1905년에는 스위스인들이 칸첸중가를 오르려고 했다. 사히브 한 명과 포터 세 명이 눈사태에 묻혔다(Mason 1987 [1955], 126). 1914년에서 1920년 사이에는 1차대전으로 등반이 중단되었다.

74. Unsworth 1981, 489; Mason 1955, 157ff.

75. Macdonald 1973, 231; C. G. Bruce et al. 1923, 280ff; Unsworth 1981, 490.

76. Unsworth 1981, 490.

77. Noel 1927, 157ff; Norton et al. 1925, 88ff.

78. G. O. Dyhrenfurth 1931, 84.

79. Bauer 1937, 146; Bauer 1955, 137; Mason 1955, 199.

80. Tenzing Norgay 1955, 32, 137; Bechtold 1935, 27ff. (obituary); Mason 1987 [1955], 159, 229ff; Herrligkoffer 1954, 56-57.

81. Unsworth 1981, 237-46. 텐징 노르가이는 윌슨의 티베트인 포터들을 몹시 비판했다. 그는 그들이 그를 좀 더 도와줬어야 했다고 생각했다. 또한 윌슨이 돌아오지 않자 그들이 그의 돈을 가져갔다고 생각했다(Tenzing Norgay 1955, 40).

82. Ang Tharkay 1954, 75; 텐징 노르가이는 이 이야기의 다른 버전을 전한다(1955, 45).

83. Brown 1936, 312; Mason 1987 [1955], 210.

84. Pfeffer 1937, 210.

85. Bauer 1939, 103.

86. Tilman 1948, 95ff.; Ang Tharkay1954, 82ff.

87. Hunt 1978, 58; Tenzing Norgay1955, 122; Desio 1956, 40. 이 원정대는 심한 비판
을 받았다(Mason 1955, 263; 그리고 최근의 재평가는[D. Roberts 1986a, 161ff.] 참
고).

88. Roch 1947, 150ff.

89. Tilman 1946, 37.

90. E.g., Somervell and Mallory, Unsworth 1981, 97-98에서 인용.

91. Noel 1927, 157. 그러나 이때는 사히브들도 냉정을 잃었다.

92. Bauer 1955, 137, 155; Mason 1955, 199.

93. Bauer 1955, 157. 그러나 프랭크 스마이드는 "셰르파들은 미신적인 두려움에 사로잡
힐 수도 있지만 그것을 극복할 수 있을 정도의 사내들이었다"라고 했다(1931, 84).

94. Bauer 1939, 103.

95. Quoted in Unsworth 1981, 253.

96. Bauer 1955, 156. 텐징 노르가이는 다른 셰르파를 움직이게 하려고 두들겨 팼고
(Tenzing Norgay 1955, 179), 라인홀트 메스너는 1978년 보조 산소 없이 에베레스
트를 처음 등정했을 때 셰르파를 때리고 발로 차 악천후에도 움직이게 했다(Messner
1979). 그 원정대 셰르파들은 메스너의 행동에 대해 집단적으로 불평했지만, 메스너
는 자신이 그 셰르파의 목숨을 구했다고 생각했다(Faux 1982, 24).

97. 훈육 중 일부는 물리적이었다. 문헌을 보면 포터를 지팡이로 때리거나 얼굴에 종주먹
을 들이대며 위협을 가하거나 짐을 더 지게 한 사례들이 나온다(Sewell n.d., 여러 곳
에 나옴). 이런 사례들은 사소하지는 않았지만, 아주 가끔씩 의지하는 수단이었고 동
의를 구하려고 노력한 권위가 더 많이 사용되었다.

98. J. G. Bruce, 1925, 192, 348.

99. Norton et al. 1925, 20.

100. Bauer 1937, 83, 1929년 칸첸중가 원정대에 대해 쓰면서.

101. J. G. Bruce, 1925, 69.

102. Norton et al. 1925, 107-8.

103. Unsworth 1981, 107. 셰르파 수상자 중 한 명은 나르부 이셰Narbu Yishe일지 모른
다. 그는 또한 1924년 원정대에서도 일했다(Norton et al. 1925, 153). 출간된 문헌
에서 다른 포터의 신원에 대한 단서는 찾지 못했다.

104. Tilman 1983 [1946], 281.

105. Tenzing Norgay 1955, 57.

106. Ruttledge 1935, 128-29.

107. Ruttledge 1934, 52.

108. Ruttledge 1935, 128-29.

109. Tilman 1983 [1948], 489.

110. Ortner 1989a.

3장

1. E.g., Guha and Spivak, eds., 1988.

2. Althusser 1971.

3. Fisher 1990.

4. C. G. Bruce 1910.

5. Barnes, in Tenzing Norgay 1977, 20.

6. See also Dias 1965, 13; Kohli 1969, 7.

7. Hillary and Hillary 1984, 208.

8. Burgess and Palmer 1983, 135.

9. Hagen et al. 1963, 5.

10. Hillary 1975, 151.

11. Ullman 1964, 170-71.

12. Kohli 1969; Roch 1952.

13. Sonam Gyalchen, 저자와의 인터뷰, 1990; Kohli 1969, 121.

14. Herzog 1987 [1952]; Lhakpa Norbu, 저자와의 인터뷰, 1990.

15. Allison 1993, 262.

16. Ang Nyima, 저자와의 인터뷰, 1990; Harvard and Thompson 1974.

17. Blum 1980, 74; G. O. Dyhrenfurth 1963, 113; Unsworth 1981, 422, 289;
Harvard and Thompson 1974, 172; Tilman 1983 [1948], 485.

18. Unsworth 1981, 440, 일일이 열거하기에는 참고자료가 너무 많다.

19. Hillary 1955, 207.

20. 셰르파들은 아무나 구하려고 목숨을 걸지는 않았다. 눈 속에 쓰러져 있는 셰르파족
이 아닌 포터(Thompson 1979, 48)와 동상에 걸린 셰르파니를 보고도(Dingle and
Hillary 1982, 56-57) 그냥 지나쳤다고 한다. 9장에서 이런 사례들을 살펴볼 것이다.

21. Tenzing Norgay 1955, 122; Hunt 1978, 58.

22. G. O. Dyhrenfurth 1963, 120.

23. Younghusband 1941; Tenzing Norgay 1955, 32.

24. 숭다레는 나중에 팡보체 다리에서 떨어져 죽었다. 당시 술에 취한 상태였는데, 소문에 의하면 명성에 압도돼 젊었을 적부터 알코올중독자였다고 한다.

25. Dowling 1996, 36. 롭상 장부는 그해 9월 에베레스트에서 눈사태로 사망했다.

26. Tilman 1935, 25.

27. 야크는 티베트와 장거리 무역에서 짐을 운반하는 데 이용되었고, 현지의 짐 운반에는 이용되는 일이 드물었다. 따뜻한 기후와는 맞지 않아 낮은 고도로 데려갈 수 없기 때문이다.

28. Houston 1987, 224. 알린 블룸은 "셰르파의 피 속 헤모글로빈의 실제 물리적 구조는 우리와 다르다"(1980, 84)고 했지만, 그 주장의 증거나 출처를 제시하지 않았다.

29. 셰르파 사회의 전통적 정치경제에 대해서는 Ortner 1989a 참고.

30. 이 점과 관련해 사히브들에게 공정하게 말하자면, 이는 셰르파족이 사히브들에게 그들 문화의 이런 면을 잘 숨긴 경우이다. 그래서 셰르파족은 '표정 관리'에 능하다고 여러 관찰자들이 주장했다(Thompson 1979; Zivetz 1992). 게다가 셰르파족은 외적 태도나 사람들 앞에서의 모습과 내적인 실제 모습을 구분한다(Paul 1970 참고). 그렇다면 '나쁜' 셰르파 개개인과 '나쁜' 셰르파 상호작용을 사히브들 앞에서는 숨겼을 수 있다.

31. March 1979; Brower n.d.도 참고.

32. Ortner 1989a.

33. See Ortner 1973.

34. 톰프슨은 런던대학에서 메리 더글러스Mary Douglas의 지도로 인류학 박사학위를 받았으며, 1975년 보닝턴이 이끈 그 어려운 에베레스트 남서벽 등반대를 비롯해 1970년대의 여러 등반대에 참여했다.

35. Ortner 1989a.

36. Thompson 1979, 46. *Habits of the Heart*, Robert Bellah et al.에서는 미국 중산계급의 문화 스타일에서 '상냥함'이 출현한 역사를 간략히 논하고 있다. 그들은 19세기 동안 개인의 성취에 대한 강조와 결합된 지역기반이 덜한 사회제도의 출현이 사람들에게 가한 긴장에 대해 이야기한다. "유동적인 새로운 중산계급 세계에서 자율적인 개인들은, 자신의 평가와 전망이 깊은 인상을 주고 협상할 수 있는 능력에 의존하는 상황에서 다른 자율적인 개인들을 상대해야 했다. 이러한 조건에서 사회적 상호 작용은 보통 진지했지만 제한적이고 일시적이기도 했다. '상냥함'은 이러한 상호 작용의 어려움을 완화시키는 수단으로 거의 의무가 되었다"(Bellah et al. 1985, 118).

37. 재산 분할 문제에 대한 전통적인 해결책은 두 가지였다. 수도원(한 명 이상의 아들이 수도원으로 떠나 그들 몫을 가져가지 않는 것)과 형제간 일처다부제(여러 형제가 한 여자와 결혼해 재산을 나누지 않고 공동으로 소유하는 것). 그러나 셰르파족에게는

어느 쪽도 해결책이 되지 못했다. 20세기 이전에는 솔루-쿰부에 불교 수도원이 없어서 티베트로 출가를 해야 했는데, 이는 큰일이라 그 수가 매우 적었다. 솔루-쿰부에 수도원이 건립된 이후에도 수도원 해결책은 가난한 이들에게는 사실상 가능하지 않았다(4장에서 논의될 것이다). 일처다부제는 티베트어를 쓰는 지역의 모든 소수민족들이 선택할 수 있는 사항이었지만, 셰르파족은 이런 소수민족들 사이에서도 가장 급이 낮은 편이었다. 내가 아는 한 왜 그런지는 아직 검토된 바가 없다.

38. Ortner 1989a, ch. 6.

39. Ortner 1989a; Regmi 1978.

40. Ang Tharkay 1954, 15-16. 기본적으로는 동등 상속규칙이 있지만 실제로는, 특히 더 어린 형제가 상대적으로 양심이 없는 경우 모든 것을 차지할 수 있었다.

41. Ibid., 22.

42. Tenzing Norgay 1955, 21.

43. Ang Tharkay 1954, 33.

44. Ibid., 46.

45. Ibid., 182.

46. Tenzing Norgay 1955, 22.

47. Ang Tharkay 1954, 47.

48. Knowlton 1933; Brown 1936; Shipton 1938; Tilman 1937; Herrligkoffer 1954.

49. Herrligkoffer 1954, 249.

50. Ibid., 25.

51. Ibid., 119.

52. Ibid., 126.

53. 동일한 해석이, 티베트의 전통적인 '봉건' 정치 체제와 (더 명확하게는) 중국 공산주의 체제 양쪽의 영향 하에 있는 티베트 포터들과의 나쁜 관계에도 흔히 적용될 수 있다. 그 비교가 가능할지, 어떻게 가능할지는 더 많은 연구가 필요하다.

54. Ang Tharkay 1954, 64-65.

55. J. C. Scott, 1985. 저항 연구의 새로운 방향에 대한 나의 논의는 다음을 참고. Ortner 1995b.

56. Norton et al., 1925, 97, 106ff.

57. Bauer 1937, 146; 바우어는 사다를 탓했다.

58. Ibid., 155.

59. 원정 중 사망한 셰르파의 가족을 위한 보험 문제도 있었다. 이 문제는 산에서 일어난 파업에서는 거의 다뤄지지 않았지만, 1950년대 이후 산 밖의 다양한 셰르파 조직 활동의 초점이었다(Mason 1955, 192; Tenzing Norgay 1955, 120 참고). 이제 네팔에

서는 원정대가 개별 셰르파마다 고정된 보험금을 내도록 법으로 규정돼 있지만, 셰르파 친구들 말에 따르면, 이를 따르지 않는 사히브와 원정대들이 있으며 사히브가 보험금을 내도록 소송을 제기해야 했던 경우도 있다.

60. Howard-Bury et al. 1922, 47.

61. 어떤 점이 맘에 들어서였는지 모르지만 브루스는 다음 원정에도 그 사다를 데려갔는데, 이때는 파업이 일어나지 않았다.

62. Bauer 1937, 51.

63. Ibid., 117. 안타깝게도 나는 그 소송의 결말을 알지 못한다.

64. Ang Tharkay 1954, 58.

65. Ibid.

66. 셰르파족은 많은 서구의 남성들과 마찬가지로 경쟁을 즐긴다(한계 내에서, 그리고 특히 그들이 이기는 경우에는). 그러므로 티베트인들과 경쟁하고, 자기들끼리 경쟁하고, 심지어는 사히브들과도 경쟁한 것도 그들의 쾌활함에 한몫했을 것이다. 경쟁 문제는 5장에서 다룰 것이다.

67. Bauer 1937, 51.

68. Ibid., 117.

69. Unsworth 1981, 112.

70. Tilman 1983, [1948] 450.

71. Ibid. 티베트를 통과하는 초기 원정대들은 밖에서 들어올 때 짐을 나르는 동물들을 이용할 수 있었다. 네팔을 지난 이후 원정대들은 오랫동안 동물을 이용하지 못했다. 그러나 1980년대부터 셰르파 사업가들이 쿰부에 도착한 관광객들과 원정대들을 위한 대여용으로 야크를 기르기 시작했다.

72. Tilman 1935, 25.

73. Ibid.

74. Ortner 1989a, ch. 4. 원래 자수성가로 입신출세한 이야기들은 그 구조가 유사했다. 영웅이 세상에 나가 부유한 후원자를 발견하고 이 후원자가 그에게 도움을 베풀어 강한 동기와 영리함 그리고 열심히 하려는 의지를 보여줄 기회를 준다. 그런 이야기에 대한 미국인의 기억에는 후원자가 빠져버렸다. 미국인들은 일반적으로 영웅은 혼자 열심히 해서 영웅이 되었다고 생각한다(Alger 1962 참고).

75. Adams(1996). 애덤스는 그녀의 저서에서 친다크 관계를 광범위하게 논하며 그것을 '가상 셰르파' 만들기에 대한 논쟁에 포함시킨다.

76. Laird 1981, 127에서 인용. 인도의 경우 유사한 관계에 대한 논의는 Appadurai 1990 참고.

77. 최근에 제임스 피셔는 관광 사업에 대한 셰르파의 비유를 보고했다. "관광객들은 아주

많은 가축처럼 굉장히 이동성이 좋고 생산적이고 권위가 있지만 부패하기 쉬운 부의 형태를 나타낸다. 가축처럼 관광객은 우유를 주지만 잘 먹일 때만 준다"(1990, 123). 이 비유는 호혜주의 개념은 유지하지만 양편의 지위관계를 바꿔놓는다. 그것은 물론 친다크 개념보다 존중이 덜하지만, 그 관계에 필요한 상호성의 의미는 유지한다.

78. Samuel 1993, 14.

79. Chevalley et al. 1953, 74.

80. 에릭 십턴, 1969년 9월 16일 녹음, 런던, 국립 사운드 아카이브, LP32593 기록. 이 기록을 들을 수 있게 해준 피터 핸슨에게 감사드린다.

81. Ang Tharkay 1954, 149.

82. Ibid., 139. 이것은 그 자서전에서 사히브의 환상이 심하게 주입된 구절의 한 예일 수 있다. 그래도 앙 타르카이의 생각을 엿볼 수 있다.

83. 앙 타르카이는 유창하게 구사할 만큼 유럽어를 배운 적이 없었다. 그의 자서전이 어떻게 쓰였는지 그 책에는 나오지 않지만 대충 다음과 같이 짜맞출 수 있다. 자서전은 네 팔어(아니면 힌디어) 사용자에게 구술되었을 것이다. 힌디어에 가까운 네팔어는 앙 타르카이의 제1언어가 아니었다는 점을 주목해야 한다. 그는 셰르파어를 말하며 자랐는데, 셰르파어는 티베트어의 방언으로 네팔어와 언어적으로 전혀 관련이 없다. 그러나 네팔어는 그 지역의 공통어였고 그래서 시간이 흐르면서 그는 네팔어를 꽤 잘하게 됐을 것이다. 어쨌건 앙 타르카이가 그의 이야기를 전한 네팔어 아니면 힌디어 사용자는 그의 이야기를 편집자인 바질 P. 노턴에게 영어로 구술했고, 노턴은 적합하다고 생각하는 대로 썼다. 마침내 민족지학자인 크리스토프 폰 퓌러-하이멘도르프가 "그 책의 처음 장들을 읽고… 수많은 세부사항을 명확히 해줬다"라고 감사인사를 받는다. 문제가 더 복잡해지는 부분은 노턴이 기록한 영어본이 출간된 적이 없는 것 같다는 점이다. 앙리 델고브Henri Delgove라는 사람에 의해 바로 프랑스어로 번역돼 파리에서 출간되었다. 내가 이용한 것이 바로 그 프랑스어 버전으로 내가 찾아낼 수 있는 유일한 것이었다. 그 자서전의 존재에 대해 알려준 피터 핸슨에게 한없는 감사를 드린다.

84. Ang Tharkay 1954, 9.

85. Ibid., 148.

86. Tenzing Norgay 1955, 21.

87. Chevalley et al. 1953, 74.

88. Tenzing Norgay 1955, 268.

89. Ibid., 267.

90. Ibid., 204.

91. Ibid., 135

92. Ibid., 142.

93. Ibid., 119; 강조는 저자.

94. 호랑이 메달은 영국인들이 철수하고 노동력 모집 장소가 다르질링에서 카트만두로 바뀐 후로는 수여되지 않았다. 나중에 네팔 정부도 메달을 수여하기 시작했지만 그 메달들은 동일한 감동을 전하지는 못했다.

4장

1. 20세기 초 솔루-쿰부의 정치, 경제적 동향의 역사, 그리고 수도원의 창건에 관한 모든 정보는 Ortner 1989a에서 축약 발췌한 것이다.

2. Ibid.

3. 이 사진은 고맙게도 그의 손자인 체링 텐징 라마가 내게 준 것으로, Ortner 1989a,106에 실려 있다.

4. 셰르파 대중 종교에 대한 좀 더 상세한 설명은 Ortner 1978 참고. 그 책을 쓰기 위한 현지조사는 1960년대에 했고, 그때 수도원들이 있었지만 현지 조사는 수도원 운동의 영향이 덜 미친 솔루에서 이뤄졌다. 솔루에 영향이 덜 미친 이유에 대해서는 Ortner 1989b에서 논하고 있다.

5. 솔루-쿰부에는 결혼한 라마들과(이 경우에는 스스로를 응가와로 부른다) 그 가족들로 이뤄진 완전한 공동체들도 있었다. 팡보체(솔루-쿰부에서 민족지 연구가 진행되던 무렵 평범한 세속 공동체의 중심이 되었던), 케록(오늘날 결혼한 라마 공동체로 여전히 기능하는), 타미(1950년대에 독신 수도원으로 승격된), 풍모체가 그런 공동체들이었는데, 풍모체의 경우에는 1960년대에 내가 처음으로 현지조사를 했던 시기에는 사라지고, 그 건물에는 투시 림포체의 지도 하에 티베트 난민 승려들이 그들의 수도원이 세워지고 있는 동안 거주하고 있었다. 결혼한 라마 공동체들은 그 존재 이유가 가능한 한 종교생활에 봉사하는 것으로 수도원들과 비슷했지만, 승려들과 달리 라마들은 세속적인 일을 처리해 줄 아내가 있다. 이런 공동체들은 셰르파들 사이에서 연구된 적이 없지만 티베트의 세르킴 곰파Serkim Gompa에 관해서는 Aziz(1978)를 참고하기 바란다. 별도의 언급이 없는 한 이 책에서 '결혼한 라마들'에 대한 나의 논의는 전적으로 세속 마을에 거주하며 마을 사람들의 필요에 봉사하는 결혼한 라마들을 가리킨다.

6. 샤먼은 '종교' 전문가로 간주되지 않았고 그들의 일도 '종교 활동'이 아니었다. 그러나 특정 전문 기술을 가지고 있다는 것 말고는 그들 역시 다른 모든 이들처럼 공동체의 일반 구성원이자 불교도였다.

7. 티베트 불교 맥락에서 '고등' 종교와 '열등' 종교의 관계에 대한 가장 완벽한 논의는 Geoffrey Samuel, *Civilized Shamans* (1993) 참고.

8. 셰르파 대중 신앙의 '야생성'과 고등 불교의 규율적 입장 간의 포괄적 논의는 Robert Paul (1976a, 1979, 1982) 참고. 나는 많은 점에서 그의 논의를 따랐다.

9. 공동체의 불화를 야기할 수 있을 경우 '사실'을 밝히지 않는 일의 중요성에 대해서는 Ortner 1995a; Paul (1977) 참고.

10. 결혼 문제와 관련해서 또 다른 식의 비판이 있다. 지위를 정하는 데 있어 생물학적 혈통의 가치 문제이다. 결혼한 라마들과 샤먼들은 이전에 (강력한) 결혼 라마와 샤먼을 배출한 가문에 태어났기에 그 지위를 얻는다. 특히 결혼한 라마의 경우(샤먼의 상황은 좀 더 복잡하다) 오래된 결혼 라마(라르규largyu) 가문의 혈통이면 '자수성가한'(랑중rangjung) 라마보다 더 강력하고 더 높은 라마가 된다고 여겼다. 대조적으로 승려들은 학식과 영적 성취를 강조했으며, 혈통은 지위나 사회적 정체성의 원칙으로는 폄하되었다. 평신도들은 때때로 '혈통 사람들' 혹은 '가문 사람들(gyudpi mi)'로 불렸다.

11. Ortner field notes, 1967.

12. Ortner 1989a.

13. Ortner field notes 1979.

14. Ibid.

15. 이어지는 모든 말은 여승에게도 해당되지만 여승은 승려와 같은 카리스마가 없다. 나는 여기서 승려를 종교적 이상의 1차 모델로 썼다. 여승은 8장에서 좀 더 충분히 논의될 것이다.

16. 불교 교리에 관한 일반 자료는 제시하고 싶지 않다. 목록이 엄청나기도 하지만 논쟁의 여지가 있기 때문이다. 이 책과 직접 관련되는 자료는 해당 논의의 주나 인용을 참고하기 바란다.

17. 승려 생활의 사유화는 티베트 수도원보다는 셰르파들 사이에 훨씬 더 심하다. 주요 티베트 수도원들과는 달리 셰르파 수도원들은 정부의 지원을 받지 않는다. 셰르파 승려는 주로 가족이 부양한다.

18. Ortner 1977, 47.

19. Downs 1980, 21. 인용.

20. 좀 더 충분한 논의는 Ortner (1973, 1978) 참고. 셰르파들은 너무 많은 지적 노동도 마음을 병들게 할 수 있다고 생각한다. 정신노동을 오래 하면 병이 날 수 있고 미칠 수도 있다고. 학문에 힘쓰는 승려들은 종교적 헌신의 이름으로 이런 위험을 감수하기 때문에 존경받는다. 유사하게, 과도한 정신노동은 몸에 이가 생기거나 살이 빠지게 할 수 있다. 1979년 나의 필드노트에는 다음과 같은 내용이 들어 있다. "다시 이가 생긴 것 같다고 내가 말한다. 니마 초타르(나의 조수)는 '생각하는 사람들'은 이가 생기고 수척해지기 쉽다고 말한다. 정신적으로 스트레스(셈 둑파sem dukpa)가 심한 사람들도 그렇고, 어떻게 돈을 벌까 어떻게 대출을 받을까 생각하는 사업가들도 그렇고, 내일은 사람들에게 무엇을 물어볼까 생각하는 나 같은 사람들도 그렇다고 한다."

21. Ortner field notes 1967.

22. Ortner field notes 1979.

23. 타미 수도원의 도르셈 의식은 〈셰르파〉라는 영화를 위해 1976년에 촬영됐다(Ortner 1977).

24. Brook 1985, 37 인용.

25. 여기 한 평신도의 유사한 예가 있다. "니마 초타르는 여승인 누이가 파계를 하자 속이 상했지만 겉으로는 웃으면서, '뭐, 남편이 필요하다면 그렇게 하라지요'라고 말했다." 니마 초타르의 생각이 수도원의 관점과 일치한다는 사실은 나중에 알게 될 것이다 (Ortner field notes 1979).

26. 외적인 신체 수련이 내적인 상태에 영향을 미친다는 수행론이 있다(Bourdieu 1977). 이와 비슷하게, 텡보체 라마도 수행 이론적 방식으로 인간과 신의 관계에 대해 자주 말했다. 언젠가 그는 신과 긴밀한 관계를 발전시키는 과정을 다음과 같이 설명했다. "왕의 작은 사진 한 장을 갖고 있다고 합시다. 사실 아무것도 아닙니다. 그냥 종이일 뿐이고, 왕이 실제로 거기 있는 게 아니니까요. 하지만 매일 그 사진을 닦고 바라보고 한다면 이내 더 큰 사진을 갖고 싶을 것이고 결국에는 왕을 직접 만나보고 싶게 될 겁니다"(Ortner field notes 1967).

27. Ang Tharkay 1954, 17.

28. Ibid., 58.

29. Ibid., 63.

30. Ibid.

31. Ibid.

32. Ibid.

33. Ibid., 65.

34. 일부 셰르파 가정에서는 역시나 부자가 되고 싶어서 티베트 불교에서 겔룩파의 신인 순덴Shunden(혹은 숭덴Shugden)도 숭배하고 있었다. 자툴 림포체는 이 역시 그만 둬야 한다고 했다. 그 신 역시 고기를 요구하고 버터 대신 고기 지방을 요구하는 '나쁜' 신이라면서.

35. Ang Tharkay 1954, e.g., 77-78.

36. Tilman 1983 [1948], 473.

37. Weir 1955, 104-5.

38. 살생을 그만두었다고 셰르파들 사이에서 모든 폭력이 종식되었다는 이야기는 아니다. 지난 장에서 간략히 말했듯 여전히 싸움도 많고 가정폭력도 어느 정도 있다. 그러나 살생은 거의 확실히 없어졌다.

39. 쿰부 사람들 사이에 솔루 사람들이 살인을 완전히 그만둔 게 아니라는 소문이 돌았다. 다음 이야기는 1967년 필드노트에서 나온 것이지만, 쿰부 사람들은 솔루 사람들에 대

한 편견이 심한 편이라 확인이 되지 않는 내용을 사실로 간주하기가 매우 조심스럽다. "10년 전쯤(1950년대 중반쯤일 것이다)에는 솔루에서 살인사건이 많아 평판이 좋지 않았다. 특히 탁토 근방에서. 부유한 행인들을 공격하고 강탈하고 죽이고 강에 던졌다. (한 여자의) 첫번째 남편은 도둑질과 살인을 해서 감옥에 갔고 거기서 죽었다. 현재 다르질링에서 솔루 셰르파 8명이 인도 도로공사 공무원 살인 사건에 연루돼 체포됐다."

40. 가난한 승려들이 있었지만 그들이 생활을 어떻게 유지했는지에 대한 자료가 내게는 없다. 티베트에서 국가 지원을 받지 못하는 수도원이나 추가 기금이 필요한 곳에서는 가난한 승려가 부유한 승려의 시중을 들 수 있었지만, 셰르파들 사이에서는 일반적인 일이 아니었다. 가난한 셰르파 승려는 후원자가 있어야 했을 거라고 짐작만 할 뿐이다. 아마 그를 도와줄 의무를 떠맡아서 공덕을 쌓으려는 먼 친척 같은.

41. Paul field notes 1967.

42. 승려들은 가끔 가족의 농사일을 돕기도 한다. 이는 바람직한 일은 아니지만 그렇다고 계율을 크게 어기는 일도 아니다. 승려들은 또한 자신이나 수도원을 위해 무역도 상당히 많이 한다. 이것은 '일로 여기지 않는다고 한다.

43. 영화 〈셰르파〉에 나오는 이야기를 글로 옮긴 것이다. Ortner 1977.

44. 불교의 이상이 '이기적'인지 여부에 관한 논쟁의 역사는 길다. 셰르파/티베트 불교가 속하는 대승불교학파는 소승이라 불리는 기존 불교학파가 승려들의 이기적인 성향을 조장했다는 비판에서 유래했다. 즉, 승려들에게 자신의 개인적인 구원을 추구하도록 하면서 다른 이들의 고통에 대해서는 손을 놓게 했다는 것이다(특히 Conze 1975 [1951] 참고). 셰르파/티베트 불교와 관련해 나도 초기 저서(Ortner 1978)에서는 스넬그로브(1957)와 함께 이런 입장을 지지했다. 다른 학자들은 의견이 다르며 훨씬 더 사회지향적이고 '연민'을 강조하는 불교관을 제시했다(Obeyesekere 1980, Ling 1976, Collins 1982 참고). 그렇지만 이중적인 특성을 강조하는 학자들도 있다 (Dumont 1960; Tambiah 1976 참고). 이 책에서의 논의는 나의 이전 입장을 여러모로 수정한 것이다.

45. Tenzing Norgay 1955, 18.

46. Ibid., 19.

47. Ibid., 24.

48. 그는 그 주지 라마의 이름을 대지 않았지만 어디선가 "룸부의 위대한 라마"가 텐징이라는 이름을 그에게 주었다고 하는데, 그것은 또한 그 라마 자신의 이름이기도 했다 (ibid., 18). 그 룸부 라마의 이름은 응가왕 텐징 노르부Ngawang Tenzing Norbu였다.

49. 특히 Hansen 1997, Stewart 1995 참고.

50. Tenzing Norgay 1955, 99. 강조는 저자.

51. Ortner 1978, 1989b 참고.

52. 사망 연도는 정확히 알려져 있지 않다. 다양한 정보를 종합한 결과, 대략 1936년에서 1940년 사이인 것 같다.

53. 셰르파/티베트 불교에는 세 가지 유형의 툴구가 있다. 첫번째 유형은 인간의 형상을 한 신이다. 가령 달라이 라마는 위에서 능네와 관련해 언급했던 연민의 신인 관세음보살의 환생이다. 두번째 유형은 엄밀히 말하자면 보살로 깨달음을 성취했지만 다른 이들에게 깨달음의 길을 보여주기 위해 세상에 머물기로 한 인간이다. 세번째 유형은 고귀함은 떨어지지만 그래도 매우 높은 존재로 아직 깨달음에 이르지는 못했지만 여전히 그 길을 가고 있는 위대한 종교지도자나 수행자이다. 그는 영적인 작업을 완수하기 위해서 환생한다. 셰르파 툴구는 모두 마지막 유형이라고 하지만, 셰르파 수도원의 영적 조상인 자툴 림포체는 보살이고, 중국의 티베트 침략 이후 승려들을 이끌고 솔루로 와서 정착한 그의 스승 투시 림포체는 신, 비로자나불의 환생이라고 한다.

54. 때때로 보다 학구적인 승려들은 학문의 수준과 무관하게 다른 모든 승려들보다 툴구('좀 더 낮은' 일부 툴구)를 더 높이 치는 것에 경미한 불만을 드러내기도 한다. 앞에서 언급했듯 수도원에서는 개인의 성취가 중요한데, 이는 결혼한 라마들(위의 주9 참고)의 생물학적 혈통 기반과 툴구의 영적 혈통 기반과 대조될 수 있다.

55. 그 셰르파 상인은 체팔Tsepal로, 이전 쿰부의 겜부, 즉 세금징수관 책임자로 살인을 저지른 혐의를 받고 라사로 도망쳤던 사람이다. 체팔은 텡보체의 가장 큰 재정적 후원자 중 하나였다. 이 살인사건은 앞에서 언급한 솔루-쿰부의 마지막 살인으로 알려진 바로 그 사건이다.

5장

1. Regmi 1978; Ortner 1989a, ch. 6 참고.

2. Regmi 1978, 68-69.

3. Ibid., 74.

4. Von Fürer-Haimendorf 1964, 119.

5. Miller 1965, 245-46; Von Fürer-Haimendorf 1964, 121 참고.

6. Von Fürer-Haimendorf 1964, 126.

7. 특히 Tenzing Norgay 1955, 78 참고.

8. Denman 1954.

9. Tenzing Norgay 1977, 134-35.

10. Ibid., 118.

11. Tenzing Norgay 1955, 61-62.

12. 이 일에 대해 우리가 가진 정보는 모두 폰 퓌러 하이멘도르프의 이야기(1976)에서 나온 것이다. March 1979, 128도 참고. 촌장은 여승들이 먹고살 수 있도록 땅과 돈을 기부했으며, 마을 사람들을 설득해 사찰 건립에 노동력을 기부하도록 했다. 그는 사찰의 주지로 이전에 순례 중에 마을을 지난 적이 있는 부탄인 라마를 초청했다.

13. Jerstad 1969; Von Fürer-Haimendorf 1964, 211.

14. 탁신도의 주지 라마와 초기 승려들이 새로운 수도원 건립 자금을 모으기 위해 다르질링으로 갔는데, 일이 잘됐던 것 같다.

15. Von Fürer-Haimendorf 1964, 159.

16. Ortner field notes, 1979. 20세기 초, 카르마와 상계 라마는 타실훈포에 있는 셰르파와 다른 히말라야 승려들의 기숙사 건립을 후원했다(Ortner 1989a, 129).

17. Noel 1927, 160. 벽화를 보지 않고서 벽화에 대한 노엘의 해석이 정확한지 어떤지는 알기 어렵다. 표준적인 티베트 불교 도상학에는 인간의 형상을 한 발가벗은 존재가 신의 강력한 발날(탁부takbu)에 짓밟히는 모습이 나오지만, 그런 경우 이 존재는 보통 신에게 제압된 악마라고 한다(이 맥락에서 왜 악마가 인간의 형상으로 표현되는가는 또 다른 문제이다). 그러나 문화적 관점에서 노엘의 해석은 그리 이상해 보이지 않는다.

18. Tenzing Norgay 1955, 24.

19. Ang Tharkay 1954, 180.

20. Laird 1981, 127.

21. Kohli 1969, 188; Curran 1987, 84; Brook 1985, 37 참고.

22. MacDonald 1973.

23. C. G. Bruce et al. 1923.

24. Cameron 1984, 188; Ruttledge 1952, 159.

25. Harvard and Thompson 1974, 96.

26. Ortner field notes, 1990. 셰르파들이 사히브들에게 산에서 신을 노하게 해서는 안 된다고 가르치려 했던 여러 사례에 대해서는 다음도 참고. Boardman 1982.

27. Boardman 1982, 116.

28. Bass and Wells 1986, 116.

29. Ang Tharkay 1954, 154.

30. Hillary 1955, 90.

31. Harvard and Thompson 1974, 101.

32. 푸자는 모든 종교의식을 지칭하는 네팔/힌디어이다. 그것은 이제 마을에서까지는 아니더라도 도시 셰르파들 사이에서는 일반적으로 사용된다(다양한 티베트/불교 용어를 대체한다). 흔히 영국/식민지식으로 끝에 'h'를 붙여 pujah라고 표기하기도 한다.

33. Herrligkoffer 1954, 47.

34. Jackson and Stark 1956, 152.

35. Bonington 1976, 76. 이것은 흥미로운 사건이었다. 일부 셰르파는 진지하게 참여하고 있는데 다른 셰르파들은 농담을 하고 있었다고 보닝턴은 묘사한다. 많은 해석이 마음에 떠오르지만 특정 해석을 고를 만한 정보가 충분치 않다.

36. Blum 1980, 89-90; 다음도 참고. Bass and Wells 1986, 118.

37. Allison 1993, 206. '팀의 결속력'에 미친 '푸자'의 효과는 매우 짧았다. 앨리슨에 따르면 그 원정대는 나중에 매우 못된 그리고 이기적인 개인행동들 때문에 와해됐다. 10장 참고.

38. C. G. Bruce et al. 1923, 76.

39. Ullman 1964, 111.

40. Ibid. 같은 시기에 첫번째 인도 에베레스트 원정대(1962)에서 셰르파 사망자가 한 명 나왔다. 셰르파들이 강한 반응을 내보이지는 않았지만 인도인 리더는 어떤 식으로든 오리엔탈리즘적인 운명론을 들먹이지 않았다. "산에서 죽음은 직업상의 위험에 속한다. 죽음의 위협이 상존하고 늘 죽음에 가까이 있기에 그 모든 위험한 모험에 매혹되는 것이다. 대원들과 셰르파들은 이를 잘 알고 있어서 차분히 대처함으로써 용기 있는 반응을 보였다"(Dias 1965, 33-34).

41. Bonington 1976, 78.

42. Messner 1979, 86.

43. Hillary 1975, 136-37.

44. Singh 1961, 109.

45. Ang Tharkay 1954, 109.

46. Scott 1985, 31.

47. Ortner field notes 1990.

48. Blum 1980, 233.

49. Ibid.

50. Ortner field notes 1979.

51. Ortner 1997.

52. Ortner field notes 1979.

53. Ang Tharkay 1954, 82ff.

54. E.g., Kohli 1969, 188; Ridgeway 1979, 83-84.

55. Kohli 1969, 170.

56. Adams 1996.

57. 다음도 참고. Fisher 1990.

58. C. G. Bruce et al. 1923, 74-75; Macdonald 1973.

59. Miura 1978, 117.

60. Unsworth 1981, 460-61에 요약돼 있다.

61. Morrow 1986, 71.

62. Burgess and Palmer 1983, 95.

63. Morrow 1986, 73.

6장

1. Tilman 1952.

2. Denman 1954, 222.

3. Ang Tharkay 1954,143.

4. Ibid., 162.

5. Tenzing Norgay 1955, 142.

6. Ibid.

7. Chevalley et al., 1953, 162.

8. 스위스인들은 여러 면에서 상당히 평등주의자였지만, 그래도 다음과 같은 구절들을 보게 된다. "(셰르파들은) 우리의 욕구, 우리의 필요를 점치고 예상한다. 여러 말이 필요 없다. 그들은 어린아이들처럼 놀라운 직관력을 갖고 있다"(ibid.).

9. Ibid. 168.

10. Tenzing Norgay 1955, 165.

11. Ahluwalia 1978.

12. Kohli 1969, 50.

13. Tenzing Norgay 1955, 120.

14. 마이크 체니Mike Cheney에 따르면, 이 단체에는 많은 문제가 있었다. 그의 기사 참고(1978). 그는 1990년에 나와의 인터뷰에서도 그 문제를 이야기했다. 그가 제기한 여러 비난을 평가하려면 더 많은 연구가 필요할 것이다.

15. Kohli 1969, 13; Eiselin 1961, 49.

16. Tenzing Norgay 1977, 85.

17. Unsworth 1981, 315.

18. Ibid.

19. Ullman 1964, 116.

20. Ibid. 170-79.

21. J.O.M. Roberts와 개인적 대화.

22. Unsworth 1981,155.

23. Ibid., 156.

24. Ullman 1964, 339.

25. Ibid., 159. 역사가인 언스워스(영국인이다)는 미국인들이 지나치게 위계적이라기보다는 지나치게 평등주의였다고 생각했지만(Unsworth 1981, 372), 셰르파들에게 이것이 문제가 됐는지에 대해서는 아무런 증거도 제시하지 않았다. 이런 해석은 그냥 자신의 생각이었던 것 같다.

26. Ridgeway 1979, 179.

27. Bonington 1973, 51.

28. Chevalley et al. 1953, 81.

29. Herzog 1987 [1952], 10-12.

30. Tenzing Norgay 1955, 188.

31. Hunt 1993 [1953]. 이 정보는 모든 판에 실리지 않을 수도 있는 어떤 사진 설명에 나와 있다.

32. Ibid., 232 n. 1.

33. Unsworth 1981, 316.

34. J.O.M. Roberts 1964; Ullman 1964, 56.

35. Unsworth 1981, 461-62. 언스워스는 나중에 셰르파가 100명이었다고 말했다(1981, 501).

36. 이는 특히 영국인들과 미국인들에게 해당되었는데, 2차대전의 군사적 성공에서 비롯되었을 거라고 생각할 수도 있을 것이다. 다른 식으로 생각하는 이들도 있다. 국수주의적인 냉전의 남자다움과 관련시키거나 노동자 계층이 등반에 많이 진출한 결과로 보기도 한다. 어떤 주장이든 더 많은 자료가 필요할 것이다.

37. Hillary 1975, 137.

38. Ibid., 145.

39. Fisher 1990, 48.

40. Hillary 1955, 54.

41. Unsworth 1981, 298ff.

42. Ibid., 374.

43. Unsworth 1981, 374에서 인용.

44. Ibid.

45. Jan Morris 1974, 81.

46. Ibid., 82.

47. Ibid. 모리스는 1953년 에베레스트 원정대에서 놀랄 만한 일을 해냈다. 메신저들과 무선의 체계를 세워서 성공소식을 카트만두로 보냈다가 엘리자베스 여왕 대관식에 맞춰 거기서 다시 런던으로 보냈다. 그리고 정말로 "아무것도 그를 앞질러 소식을 전할

수 없었다." 다른 신문사들도 그 특종을 얻으려고 했지만 모리스는 그의 메신저들을 으르고 협박해서 입을 막았고, 그리하여 『런던타임스』(그에게 봉급을 주고 있었을 뿐 아니라 그 원정대에 상당히 많은 자금을 댔다)가 특종으로 그 소식을 알릴 수 있었다.

48. Cameron 1984, 232.

49. Norton et al. 1925, 32.

50. Ruttledge 1935, 49-50.

51. Roch 1952, 158.

52. Chevalley et al. 1953, 36.

53. Hillary and Hillary 1984, 208.

54. Messner 1979, 96.

55. Ullman 1964, 159. 셰르파들이 보통 사히브들보다 평균적으로 나이가 어렸다는 사실 은 주목할 만하다. 그들은 10대 아니면 20대였던 반면, 사히브들은 일반적으로 20대 아니면 30대였다.

56. Unsworth 1981, 54에서 인용.

57. Ibid., 55.

58. Jackson and Stark 1956.

59. 극소수의 셰르파가 구르카 연대에 들어갔다. 이 책을 쓰기 위해 내가 인터뷰했던 등반 셰르파들 가운데 한 명이 구르카 병사였는데, 매우 '지루했다'고 했다. 한없이 줄을 서 서 기다려야 했다면서. 특히 식사를 하려면.

60. Miura 1978, 64.

61. Harvard and Thompson 1974, 71. '동등해지기' 위해 경쟁을 이용한다는 생각은 셰 르파들만의 것이 아니다. 존 로스켈리도 카라코람에서 셰르파족이 아닌 포터가 그런 시합을 시작했다고 전한다(1987, 115, 117).

62. Ortner 1989a.

63. 중국의 티베트 점령은 셰르파들에게 많은 영향을 미쳤다. 여기서 다 알아볼 수는 없지 만 한 가지 매우 중요한 사실은 히말라야 횡단무역이 막을 내린 것이었다. 이 문제는 다른 곳에서 논의되었다(von Fürer-Haimendorf 1984; Fisher 1990).

64. Ortner field notes 1967에서 인용.

65. 타미의 경우에는 몇몇 춤을 실제 일반 신자들이 추었다는 것도 문제였다. 그런 경우 그것은 '그냥 춤'이라서 의식의 효력이 없었다. 그러나 비난은 애매하게도 결혼한 라 마와 평신도 춤꾼 둘 다에게로 향했다.

66. Ortner 1989b.

67. 쿰부와는 달리 솔루에서는 수도원 창건이 대중 종교에 아무런 영향도 주지 못했다 는 뜻이 아니다. 다른 데서 논했듯 두 지역에서 그 영향이 다르게 나타났을 뿐이다

(Ortner 1989b).

68. Ortner 1975, 1978 참고.

69. 같은 의식 형상으로 보이는 다양한 형상들에 대해서는 Nebesky-Wojkowitz (1956, 514), Waddell (1888 [1959], 531-33) 참고.

70. Ortner 1978, ch. 5 참고.

71. 상세한 해석은 특히 Paul(1979) 참고. 상세한 기술은 다음 참고. Von Fürer-Haimendorf 1964, Kunwar 1989; Funke 1969.

72. 이런 요소들이 이전에도 있었다는 것은 거의 확실하다. Hardie 1957, 79; Von Fürer-Haimendorf 1964, 202.

73. Paul 1982, 109ff. 사실 그 '영감'이란 인물은 마니 림두의 여러 변형에서 여러 인물로 나눠진 것 같다. 한편으로는 해골들이 있다. 다른 한편으로는 미 체링 혹은 장수 노인 Long Life Man이라는 늙은 남자가 있다. 이 남자는 관객 중에서 한 사람을 뽑아 여러 가지 문화적 행위를 가르치려고 한다. 다쳤거나 죽은 자식을 데리고 있는 해골들(치옹 버전에서는 결혼한 커플)은 생물학적 재생산의 부정성을 보여주고, 미 체링이라는 인물은 가르침의 긍정성을, 즉 생물학적 재생산보다는 문화적 재생산의 긍정성을 나타낸다.

74. 1970년대 중반 치옹 둠지를 기록한 자신의 필드노트 복사본을 내게 준 캐서린 마치 Kathryn March에게 깊은 감사를 전한다.

75. Bauer 1937, xiii.

76. Unsworth 1981, 196.

77. Haston 1997 [1972], 18.

78. Harvard and Thompson 1974, 139.

79. Ibid.

80. Burgess and Palmer 1983, 5.

81. 원정대에서 게이 남성 등반가들이나 남성 동성애 관계의 문제도 내가 이야기를 할 때마다 등장했다. 자신이 동성애자라고 솔직히 밝히는 남성 등반가들이 많지만(John Morris 1960, Jan Morris 1974), 사히브와 셰르파 사이의 동성애 관계에 대해서는 본 적도 들은 적도 없다.

82. Ang Tharkay 1954, 79.

83. Hunt 1993 [1953], 58.

84. Tilman 1983 [1948], 455.

85. Hardie 1957, 49.

86. Ang Tharkay 1954, 157.

87. Bonington 1976, 91.

88. 원정대가 다른 소수민족 마을을 지나칠 때 셰르파들이 타망족과 라이족 여자들에게 다소 성적인 공격성을 보였다는 이야기를 데이비드 홀름버그에게서 들었지만, 내게는 이 주제에 대해 그 이상의 정보가 없다. 셰르파의 성적 공격성에 대한 소문을 들은 적은 있지만 확인된 바는 없는데, 그런 일들은 비교적 드물었던 것 같다. 그렇다고 문제가 심각하지 않다는 뜻은 아니다. 이런 소문들의 출처로 잘못 호명된 모든 당사자들에게 사과를 드린다. 다시 한번 말하지만 나는 어떤 식으로든 성적 위협을 느낀 적이 없지만, 그건 내가 강력한 '멤사히브'로 보였기 때문일 수도 있다.

89. 또한 첫번째 현지 조사 때는 내가 결혼한 상태였다. 이 사실은 확실히 영향을 끼쳤다. 두번째 현지 조사 때 독신녀로 돌아갔더니 확실히 희롱의 수준이 높아졌었다. 문제의 남자들은 원정대 셰르파들이 아니었고, 그 변화도 내가 미혼인 것과 그리고 혼자인 것과 관계가 있었을 뿐이고 논의 중인 셰르파 남성들의 성적 태도가 바뀐 것은 아닌 것으로 보였다. 그럼에도 불구하고 나는 신체적으로 완벽하게 안전하다고 느꼈다. 나의 가장 큰 두려움은 개에게 물리는 것이었고, 한 번은 물린 적도 있었다. 그보다 더 무서운 것은 다리에서 떨어지는(그 지역과 네팔 전역에서 사고사의 주된 원인이다) 일이었다.

90. Kohli 1969, 132.

91. Kumar, in an appendix on "Sherpas" in Kohli 1969, 303.

92. Miura 1978, 65.

93. Ibid.

94. Bonington 1976, 72.

95. Ibid., 85.

7장

1. 이 시기에 항공료가 크게 떨어진 것도 한몫했다. 이 점을 지적해준 피터 핸슨에게 감사드린다.

2. Burgess and Palmer 1983, 13.

3. Child 1993 참고.

4. Hansen 1996b 참고.

5. Besant 1893; David-Neel 1932.

6. Boardman 1982, 111,133.

7. Ibid., 133-4.

8. Scott 1985, 32.

9. 1970년대 등반가들도 역시 주로 교육받은 중산계급 출신이었는데(Ridgeway 1979, 7), 사실상 20세기 내내 그랬다. (초기는 내가 이미 기술했고, 1950년대는 Herzog

1987[1952], 1960년대는 Ullman 1964, 29 참고.) 그러나 이 시대에는 노동자 계층 등 반가들도 증가했다. 이것이 '사히브 문화'에 유의미한 영향을 미쳤는지 여부는 명확치 않다.

10. Boardman 1982, 111.

11. Miura 1978, 27.

12. Ibid., 4.

13. Ibid., 56.

14. Bremer-Kamp 1987, 21.

15. Miura 1978, 5.

16. Messner 1979, 9.

17. See Tilman 1983 [1948].

18. Marcus 1975.

19. Unsworth 1981, 462에서 인용.

20. Messner 1979; Scott 1984.

21. Messner 1979, 1981; Faux 1982; Child 1993.

22. Boardman 1982, 181.

23. Ibid., 183.

24. Ibid., 181.

25. Ibid., 114.

26. 프랭크 웰스는 원정대의 경쟁에 대해 몇 가지 애매한 비판적 논평을 했지만(Bass and Wells 1986, 56, 95), 다른 맥락에서는 웰스 자신이 굉장히 경쟁적이었으므로 그의 말은, 그 자신이 등반 경험이 거의 없어 원정 대원들 가운데 약한 편이라고 생각했던 사실과 관련 있어 보인다. 웰스는 1944년 네바다의 루비산에서 스키 여행 중 헬리콥터 추락사고로 사망했다.

27. 초기에는 민주적인 리더로 보이면 흔히 약하다고 여겨져 사방에서 비판을 받았다. 예로는, 1963년 미국 에베레스트 원정대(Ullman 1964, 75; Unsworth 1981, 378)와 1971년 국제 원정대(Unsworth 1981, 410)에서 노먼 디렌퍼스의 리더십에 대한 다양한 논의 참고.

28. Harvard and Thompson 1974, 33.

29. Ibid., 147.

30. Blum 1980, 116.

31. Ibid., 36.

32. Unsworth 1981, 503.

33. Bonington 1976, 62.

34. Ibid.

35. Ibid.

36. "이 돼지를 타보자"와 관련된 인용문과 결혼에서 '절대적 권위'에 관한 그의 견해에 관해서는 D. Roberts (1986a) 참고.

37. 언솔드의 지극히 '반문화적' 초상에 대해서는 Leamer 1982 참고. 이 자료를 알려준 짐 피셔에게 감사드린다.

38. Roskelley 1987, 36. 다른 이들은 그 원정대의 리더십이 약하고 우유부단했다고 주장했다. 주27 참고.

39. 마티 호이는 1982년에 에베레스트에서 추락사했다(Bass and Wells 1986).

40. D. Roberts 1986a.

41. Ibid. 윌리 언솔드는 1979년 레이니어 산에서 학생들을 이끌다 폭풍 속에서 학생 한 명과 함께 사망했다.

42. Boardman 1982, 59.

43. Gillette and Reynolds 1985.

44. ibid., 103 참고.

45. Ibid., 108; Gillette and Reynolds 1985, 65 참고.

46. 게다가 알파인 스타일의 등반으로 전환되면서 셰르파들의 수요도 훨씬 줄었는데, 이는 생각했던 것보다 경제적인 충격이 크지 않았다. 네팔로 들어오는 원정대의 수가 해마다 급속히 증가해 셰르파들보다 일자리가 늘 많았기 때문이다.

47. Cameron 1984, 193에서 인용.

48. Ibid.

49. 결국 그 해골을 검사했는데, '다소 희귀한 영양의 일종인 시로'의 해골인 것으로 밝혀졌다(Bishop 1962, 527).

50. Hillary 1964, 1-2. 카트만두의 성공한 셰르파 사업가인 칼덴Kalden은 1990년 나와의 대화에서 이런 요구를 한 것은 우르키엔이 아니라 그의 아버지 라마 옹주Ongju였다고 주장했다. 피셔에 따르면, 라마 옹주는 쿰중에 최초의 학교를 세워달라는 공식적인 청원서를 보냈다(Fisher 1990, 68). 하지만 그렇다고 해서 우르키엔에 대한 원래의 이야기가 배제되는 것은 아니다. 우르키엔은 자식들의 교육에 지대한 관심을 갖고 있었던 것 같다. 1950년대에 그가 노먼 하디에게 "(하디가) 우르키엔 자신의 두 아들을 영국이나 뉴질랜드 학교에 보내만 준다면 돈 한 푼 받지 않고 세상 어디라도 (하디의) 십장이 돼서 따라다닐 것"이라고 말했다(Hardie 1957, 69).

51. Hillary 1964. 이 학교는 사실 그 지역 최초의 학교가 아니었다. 1950년대 초 십턴이 남체 바자르를 지나갔을 때 그곳에 학교가 운영되고 있었다. 비교적 부유하고 코스모폴리탄적인(현지 기준으로) 상인들의 마을인 남체에 그 지역 최초의 학교가 있었다는

것은 말이 된다. 그런데 오래가지 못했다. 힐러리에 따르면 누군가가 "학교 기금을 갖고 도망가서" 무너진 것 같다(Hillary 1964, 35).

52. Fisher 1990, *passim*(여러 곳에 나옴)

53. Ibid., 66.

54. Ibid., xxii.

55. Ibid., xxiii.

56. 미국 도보여행자가 한 명 생각난다. 아프리카계 미국인으로 웨슬리언 대학 출신의 민족음악을 공부하는 학생이었다. 가끔 그가 어찌 됐을까 궁금했다. 그리고 스위스 기술지원협회SATA 소속으로 찰사Chalsa에서 티베트 난민 캠프를 운영했던 스위스인 두 사람도.

57. 물론 나로서는 그들이 거기 없었으면 싶었지만, 그들이 그 이야기의 일부라는 것을 알게 된 프로듀서 레슬리 우드헤드에게는 선물과도 같았다. 그 영화의 관광 부분이 아주 뛰어났으니까. 그 점과 관련해 나의 공로는 없었다.

58. Burger 1978; Bjonness 1983.

59. 삼림벌채 문제는 이미 1959년에 시작됐다. 당시 엄청난 수의 티베트 난민들이 국경을 넘어와 쿰부 여러 곳에서 몇 달씩 야영을 했다. 1976년 타미 사람들은 난민들이 장작으로 쓰려고 산허리를 벌거숭이로 만들었다고 했다.

60. Brower 1991; Stevens 1993.

61. 그는 또한 인플레이션으로 대부분이 사라져 버렸으며, 셰르파들 다수가 저축이나 투자 경험이 없어서 결국에는 별로 남는 게 없었음을 강조한다(Fisher 1990, 115-17).

62. Ibid., 118.

63. Bjonness 1983 참고.

64. Fisher 1990, 122.

65. Ibid., 111.

66. Ortner field notes 1976.

67. Bauer 1937, 83.

68. Ullman 1964, 67; 강조는 저자.

69. Dias 1965, 31; 강조는 저자.

70. Von Fürer-Haimendorf 1964, 4.

71. Ortner 1977, 69. 이때는 1966-1969년, 중국에서 문화대혁명이 일어난 시기였다. 이 시기 중국은 국경 침범에 매우 민감했고 이에 대응해 네팔은 모든 국경 봉우리의 등반을 폐쇄해 셰르파들에게 등반 일이 몹시 귀해졌다.

72. Ibid., 3.

73. Tenzing Norgay 1955, 1977; Hillary 1955.

74. 리지웨이는 '앙'이 이름이 아니라는 것을 몰랐던 것 같다. 그 말을 이름에 붙이면, '어린' 혹은 '손아래'를 의미한다. 어릴 때 그냥 '앙'을 붙였다가 그게 고착돼 나이가 들어 떼버리고 싶어도 그럴 수 없는 경우들도 있다. 미국 아이가 작다는 뜻으로 '바비Bobby'라고 불리다가 나이가 들면 '밥Bob' 내지는 '로버트Robert'로 불리기를 원하지만 모두가 그냥 바비라고 부르는 것과 유사하다. 어쨌든 어른이건 아이건 그냥 '앙'이라고 불리는 셰르파는 없다.

75. Ridgeway 1979, 229-30; 문장 순서를 재배열했다.

76. Ibid., 142-43.

77. Brook 1985, 36.

78. Cameron 1984, 233.

79. Morrow 1986, 63.

80. Burgess and Palmer 1983, 13.

81. Bonington 1976, 48.

82. Ibid., 88.

83. Bonington 1971, 87.

84. Harvard and Thompson 1974, 81.

85. Bass and Wells 1986, 119.

86. Burgess and Palmer 1983, 188.

87. In Bonington 1976, 58.

88. Burgess and Palmer 1983, 138. 스위스 산악인 디테르도 1950년대에 비슷한 일을 했다. "호기심에서 나는 60킬로그램밖에 안 되는 쿨리의 짐을 져봤다… 멀리 가지 못할 것 같았다. 두 개의 끈이 어깨를 파고들고 트렁크 때문에 등이 아파 죽을 지경이고 목은 이마에 걸치는 끈 때문에 뚝 부러질 것만 같았다. 그래서 나는 짐을 쿵 하고 내려놓을 수밖에 없었다. 이 보잘것없는 시범을 보고 셰르파들은 매우 좋아하며 웃음을 터트렸다"(in Chevalley et al. 1953, 44).

89. Ortner field notes 1990.

90. Ibid.

91. Ibid.

92. Ibid.

93. Harvard and Thompson 1974, 65.

94. Brook 1987, 56.

95. Fisher 1990, 137.

8장

1. Blum 1980, ch.1; David-Neel 1932.
2. Smythe 1931; H. Dyhrenfurth 1931.
3. Blum 1980, 6. 헤티 디렌퍼스는 그녀를 제외하고 전부 남성들로 이뤄진 이 원정대에 참여한 한 남자의 아내였다. 같은 시기에 엘리자베스 놀턴Elizabeth Knowlton이라는 미국인이 전부 남성들로 이뤄진 1933년 독일-미국 낭가파르바트 원정대에 비등반 대원으로 따라갔다. 놀턴은 "여러 차례 등반"을 한 경험 많은 산악인이었지만, "영어권 신문사 일을 처리하기 위해" 이 원정대에 가담했다(Knowlton 1933, 15).
4. Bourdillon 1956, 203. 그녀의 책 날개부분에 적힌 바에 따르면, 제니퍼 부르디옹 Jennifer Bourdillon은 "셰르파족과 혼자 몇 주를 보냈다— 백인 여성으로서는 최초로." 그녀의 남편 톰은 그때 에베레스트를 등반 중이었다. 남편은 나중에 알프스에서 사고로 죽었다(Unsworth 1981, 341).
5. Jackson and Stark 1956.
6. Birkett and Peascod 1989; Lambert and Kogan 1956.
7. Scarr 1956.
8. Birkett and Peascod 1989, 211. 코간은 이 원정대에서 눈사태로 남성 셰르파 3명과 함께 목숨을 잃었다.
9. 성적 정체성에 대한 인식이 높아지는 이 시대 등반가들의 성적 지향성에 대한 질문을 자주 받는데, 그럴 때면 나는 최근까지 주류 문헌에는 여성 등반가들의 성적 지향성에 대한 명시적 언급은 나오지 않으며 지나치면서 언급될 뿐이라고 이야기한다(da Silva, ed., 1992, "Introduction", xv-xx, and essay by Maureen O'Neill, 233-50 in that volume). 남성과 여성 모두 등반가들의 사생활을 꼬치꼬치 따지는 것이 적절한지 여부는 맥락에 따라 다르다. 여성들의 등반 참여는 문화적 젠더 가정에 위배되므로 설명이나 정당화를 요하는 것처럼 보이기 때문에, 여성 등반가들의 경우에는 좀 더 중요하긴 하지만.
10. 매우 보헤미안적인 사례는 Moffatt 1961 참고. 그웬 모팻Gwen Moffatt은 1940년대 말과 1950년대에 유럽에서 등반을 했다.
11. Shipton 1952a, 172, 174.
12. 마리화나와 대마초에 대해 네팔이 법적으로 어떤 입장인지 확실한 정보를 구하지 못했다. 인터넷에 올린 내 질문에 답해준 한 응답자에 따르면, "대마초와 마리화나는 네팔에서 1973년부터 불법이 됐다." 또 다른 응답자에 따르면, "판매만 불법이고 소유나 소비는 불법이 아니다." 나의 인터넷 담당자 팀 테일러와 응답자들에게 감사드린다.
13. Adams 1996, 56ff.
14. Fisher 1990, 127. Von Fürer-Haimendorf 1984 도 참고. 이 결혼 중의 하나에 대한

당사자의 이야기는 D. M. Sherpa 1994; F. Sherpa 1997 참고.

15. 은밀히 이야기를 해줬거나 출판이 안 됐거나 확인되지 않은 경우, 원정대나 개인들의 이름은 밝히지 않는다.

16. Ortner field notes 1990.

17. Laird 1981, 124.

18. Ortner 1977.

19. Ortner field notes 1976.

20. Ortner field notes 1990.

21. Birkett and Peascod 1989.

22. *Another Ascent*, 1975. 1975년은 사실 국제 여성의 해였다. 다베이 준코는 당시에는 그 사실을 알지 못했다고 나중에 말했다. 유엔 같은 국제기구가 '국제 여성의 해' 같은 것을 만들어내면, 적어도 이 경우에는 분명 냉소적으로 기대할 수 있는 것보다 더 많은 영향을 미친다.

23. See Ridgeway 1979, 119ff, 미국 200주년 혼성 원정대에서 알린 블룸의 문제들에 대해서는 다음도 참고. Bremer-Kamp 1987; Gillette and Reynolds 1985.

24. Tullis 1986, 150.

25. Rutkiewicz 1986 참고.

26. Tullis 1986, 227.

27. Unsworth 1981, 463 인용. 다음도 참고. Birkett and Peascod 1989, 99-111.

28. Blum 1980, 9.

29. Allison 1993, 46. 나는 여대를 가기로 했는데 되돌아보니 기본적으로 이런 이유들 때문이었던 것 같다. 그 시기에 나는 잘난 척하면서 평가하는 남자들의 시선에서 벗어나고 싶었던 것이다. 지금 이 자리를 빌려 브린모어Bryn Mawr 대학에 감사드린다. 그 대학이 아니었다면 지금 내가 여기서 이런 일을 하고 있지 못했을 것이다.

30. 다음도 참고. Johnson, in Gardiner 1990, 91.

31. 최고가 되는데 개인의 독립성과 자유보다 더 혼란스런 문제가 있는 경우도 있다. 두 명의 주요 여성 등반가, 쉐리 브레머-캄프와 스테이시 앨리슨은 겉으로는 젠더 급진주의적 삶을 이야기했지만(앨리슨의 경우에는 에베레스트 정상에 오른 것을 비롯해), 사생활에서는 자신을 학대하는 남자들과 관계를 지속했다(Bremer-Kamp 1987, Allison 1993).

32. 다시 말하지만, 개별적인 사히브/셰르파 관계에 상당한 개인적 애정이 개입된 경우가 흔하더라도 그런 것을 '동성애'라 부르는 게 맞는지 모르겠다. 로버트 폴(1970)이나 내가 첫번째 현지 조사에서 확인한 바로는 셰르파 남자들 사이에 육체적 동성애 관계는 없었던 것 같다. 그러나 일부 티베트 수도원의 남성 동성애에 대한 기록은 있다

(Goldstein 1964).

33. 그러나 그 원정대가 결성됐던 1978년에는 앞에서 언급했듯 여성이 두 차례 에베레스트를 등정했다.

34. Blum 1980, 27.

35. Ibid., 38-39.

36. 그들은 결국 결혼했다.

37. Blum 1980,179.

38. Ibid., 110.

39. E.g., ibid., 111, 169, 171.

40. 제임스 피셔는 "사내아이가 태어나면 굉장히 기뻐하고 여자아이가 태어나면 확실히 덜 기뻐하는" 현상도 보고한다(Fisher 1990, 79).

41. Fisher 1990, 79.

42. Ortner 1978; March 1979.

43. Ortner (1996a) (1983); March 1979.

44. 힌두교 요인을 강조해 준 빈캐니 애덤스에게 감사드린다.

45. Ortner 1977.

46. 그녀는 이제 매년 스위스에서 일정 기간을 보내며 그녀의 셰르파 남편은 그곳에서 등반과 스키 강사로 일하고 있다.

47. 한 셰르파 마을 사람 이야기에 따르면 그렇다. 나는 그 법이 실제로 어떤 것인지 좀 더 정확히 알아보려고 했지만 그럴 수 없었다. 사실 이제는 그 법이 바뀐 것 같다.

48. Ortner field notes 1976.

49. Ortner 1989a, ch. IX; 1996a (1983).

50. von Fürer-Haimendorf 1976, 148에서 인용.

51. 그가 셰르파어로 말한 것은 메첸가 텐metsenga ten이다. 이것을 글자 그대로 번역하면 '더러운'이다. 거기 있던 또 다른 이가 그것을 영어로 '개인적으로 아픈'이라고 번역했다.

52. Ortner 1977.

53. Ortner field notes 1990.

54. Mohanty 1991.

55. 안타깝게도 다른 두 여성에 대해서는 더 이상의 자료가 없다. 그중 하나는 이름이 앙 마야Ang Maya였는데, 등반 셰르파의 여동생이라고 들었지만 내가 아는 것은 그게 전부이다. 다른 여성의 이름은 듣지 못했다.

56. Ortner field notes 1990.

57. 인터뷰 당시 그녀와 사다 상계는 이혼 상태였다. 그녀는 재혼해 카트만두와 바우다

Baudha 사이의 도로변에서 찻집을 운영하고 있다.

58. 또 다른 셰르파 여성 트레킹 리더에 대한 이야기는 Mitten 1992, 205ff 참고.

59. 테이프 녹음 사본은 없고 나의 필드노트에서 축약해 발췌한 것이다. 나머지 이야기는 필드노트에서 요약한 것이다(1990).

60. 앙 니미는 '교육을 받지' 않았을지 모르지만 4개 국어를 유창하게 구사했다. 셰르파어, 네팔어, 불어, 영어를. 인터뷰는 영어로 진행됐다.

61. 그녀가 어디 출신인지 출판된 기록에는 나오지 않았다. 셰르파들에게도 그렇고 내게도. 그렇지만 셰르파들 사이에 같은 이름이 많다는 사정을 감안하면, 어디 출신인지가 매우 중요한데도. 이 정보는 빈캐니 애덤스에게서 개인적으로 얻었다. 애덤스는 개인적인 친구로서 그리고 대중 문화적 현상으로서 파상 라무의 이야기를 매우 많이 했다(Adams 1996, 여러 곳에 나옴).

62. 애덤스는 38,000달러라고 했다(1996, 5). 어느 쪽이든 무시할 수 없는 액수이다.

63. 야외나 눈 동굴 속에서 자는 것. 에베레스트 높이 올라가면 너무 힘들어서 대다수 등반가들은 텐트를 비롯해 남겨둘 수 있는 것은 모두 남겨둔다.

64. 다음에 실린 논쟁들 참고. *Himal*: Risal 1993; Sharma 1993; Acharya 1993; Lieberman 1993a and 1993b; Sherpa-Padgett 1993; Sangroula 1993.

65. 빈캐니 애덤스가 개인적으로 알려준 바에 따르면, 파상 라무와 락푸티 셰르파도 매우 경쟁심이 강했다고 소문이 났다.

66. 당시 미시간 대학교 인류학 박사 과정에 있던 로라 아헌Laura Ahearn이 네팔 여성 원정대가 결성된 시기에 마가Magar 마을에서 현지조사 중이었다. 그녀는 내게 보낸 편지에 다음과 같이 썼다. "파상의 죽음에 대해 네팔 여성들과 이야기를 나누었는데 몹시 흥미로웠어요. 나와 이야기를 나눈 여성들은 다들 (교육 받은) 카트만두 여성들이었는데 파상을 지지했으며 그녀의 업적에 영감을 받은 것 같았습니다. 그런 비극을 당했는데도. 그런데 네팔 가족 여성들은 (교육을 받았든 안 받았든) 산을 오르고자 했던 파상의 욕망을 기껏해야 어리석은 것으로, 가장 나쁘게는, 특히 그녀의 세 자녀를 생각할 경우에는 범죄라고 여겼습니다"(저자에게 보낸 1993년 5월 25일자 편지. 허락을 받고 인용함).

67. Mohanty 1991; Johnson-Odim 1991.

68. Risal 1993, 43.

69. Sangroula 1993, 7. 인도 여성 원정대와 니미 라마는 에베레스트 정상에 올랐던 것 같다. 이는 사실상 보도되지 않았다.

70. Risal 1993.

71. Acharya 1993.

72. Sharma 1993.

73. 20세기 초 역사적으로 유명한 남편과 아내 파트너십은 치웅 수도원의 창건자인 상계와 그의 아내였다(Ortner 1989a). 텐징 노르가이의 세번째 부인도 텐징과 함께 등반을 했고 혼자서 트레킹을 이끌기도 했다. 텐징이 많이 도와주었다(Tenzing Norgay 1977, 39).

9장

1. 피서는 이 질문을 1991년 그의 논문 제목으로 삼았다.

2. 셰르파들이 질적 저하를 경험한 또 다른 부분은 솔루-쿰부의 환경이었다. 그 지역이 관광객들과 관광과 관련된 경제 활동으로 파괴되고 있다는 생각은 1970년대 중반 사가르마타 국립공원의 탄생으로 이어져 셰르파들의 고향을 정부의 규제지역으로 바꿔놓았다. 그 뒤 브라우어Brower(1991)와 스티븐스Stevens(1993)는 환경적 위협이 과장된 것일 수 있는지를, 그렇지 않다고 해도 국립공원 지정이 해결책이었는지의 여부를 문제 삼았다.

3. Streather 1954, 80; Kohli 1969, 51; Bremer-Kamp 1987, 54.

4. 레어드는 그의 글 시작 부분에 다음과 같이 묘사돼 있다. "저자인 레어드는 그의 나이 18세였던 1972년부터 네팔을 오가며 살고 있으며 네팔어를 한다. 그는 에베레스트산 부근 네팔 동부에 사는 셰르파들과 1년 반을 보냈다. 지금 그는 다시 그곳에서 살기 위해 돌아가고 있는 중이다. 그는 우리 중 한 사람을 이렇게 초대했다. '폭포 옆 절벽 위에 있는 집을 줄 수도 있습니다. 감자 껍질을 벗기는 사이 까마귀들이 감자를 훔쳐가는 곳이죠. 1,000미터 절벽에서 떨어지는 폭포 소리가 항상 들리는 것 외에도 밤이면 은하수의 소리와 광채에 귀가 멀고 눈이 먼답니다.'"(Laird 1981, 116).

5. Ibid., 125.

6. Thompson 1979.

7. Lively 1988, 52ff도 참고.

8. Von Fürer-Haimendorf 1964, xix.

9. Ibid., 70.

10. Von Fürer-Haimendorf 1984, 12.

11. 14. Ibid., 68.

12. Ibid., 112.

13. Thompson 1979, 48. 발에 동상이 걸린 셰르파 여자를 도와주길 거절한 몇몇 셰르파 남자들을 만난 이야기에 대해서는 다음 참고. Dingle and Hillary(1982, 56-57). 초기 사히브들처럼 이 저자들도 이 경우 일반화를 삼간다.

14. 이전 해에 발표된 기사에서 체니는 원정대 셰르파의 나쁜 행동을 네팔 정부와 솔루 셰르파 사업 관계자들과 맺은 특정 거래와 관련해서 설명했다(Cheney 1978). 그러나

이 인터뷰를 할 때 그는 셰르파들이 질이 나빠지고 있다는 보다 일반적인 생각을 갖고 있는 듯했다.

15. 이 책 원고에 대한 의견, 1988. 허락을 받고 인용.

16. Brower 1991, 85-87.

17. Stevens 1993, 370ff; Fisher 1990, 122.

18. Boardman 1982, 166; Brower 1991, 85도 참고.

19. Parker 1989, 12.

20. Ibid., 13.

21. Dixit and Risal 1992, 17.

22. Fisher 1990, 123.

23. Ibid., Dixit and Risal 1992. 나라얀 슈레스타는 1992년 스페인 에베레스트 원정대에서 눈사태로 죽었다(Allison 1993, 267).

24. Fisher 1990, 123.

25. Dixit and Risal 1992,16.

26. Ibid.

27. Cheney appendix ("Organisation in Nepal"), in Bonington 1976, 180.

28. Fisher 1990, 173.

29. 가장 평판이 좋지 못한 사업은 마약 운반인데, 소수의 셰르파들이 참여하게 됐다. Brower 1991, 90 참고.

30. Fisher 1990, 115; Kunwar 1989.

31. 기장 자리까지 오른 앙 겔젠은 국제 항공노선에서 고급 제트기 조종사 자격증을 따려고 비행학교로 돌아갈 참이었는데, 1998년 11월 쿰부에서 소형 비행기 추락사고로 목숨을 잃었다.

32. Carrier 1992, 87.

33. Crossette 1991.

34. Carrier 1992, 82.

35. Thapa 1995, 50.

36. Thapa 1995; Fleming 1988, 10도 참고.

37. 이에 관한 나의 유일한 자료는, 굉장히 기억이 희미한데, Scott 1855이다. 사르케이 체링 셰르파의 말은 31페이지에 있다. 그 원정대의 성공 유무는 기록돼 있지 않다.

38. Carrier 1992, 74에서 인용.

39. Ibid., 70.

40. Ibid., 85. 현대의 의미에서 셰르파 정체성 정치는 등반을 넘어선 이슈, 특히 네팔에서 민족적, 국가적 정치 문제의 중심이다. 내게는 이 문제를 여기서 논의할 자료가 없다.

41. 왜 솔루에는 결혼한 라마들이 더 많이 남아 있는지에 대한 설명은 Ortner 1989b 참고.

42. 케록의 관행 개선에 관한 주장의 출처는 Von Fürer-Haimendorf 1984, 93.

43. 텡보체 라마가 그의 '탁부 일', 즉 사납고 폭력적인 모습의 신들을 동원하는 관행을 줄이고 있다는 이야기도 들었다.

44. Ortner 1995a.

45. 카트만두에는 셰르파 샤먼이 없다. 카트만두에서 질병을 일으키는 영들은 십중팔구 네팔 영들이라는 논리에서 셰르파들은 현지 다미dhami, 즉 네팔 샤먼들에게로 갈지 모른다(아니면 서양 의사에게, 혹은 둘 다에게).

46. Ortner field notes 1979.

47. Ortner field notes 1979. 니마 초타르는 내게 말하지 않았지만(어쩌면 그도 몰랐을 수도 있다), 마을에서 그의 어머니를 펨, 그러니까 마녀로 여겼다는 사실을 폰 퓌러 하이멘도르프의 글에서 알 수 있다. 따라서 그의 어머니가 민간 신앙의 한 결과로 그 지역 주민들의 적대감의 대상이었다는 사실이 '열등한' 대중 종교에 대한 그의 적의를 자극했다고 볼 수도 있다.

    펨에 대한 믿음은 젊은 셰르파들 사이에서 사라지고 있는 것 같다. 내가 카트만두에서 일단의 젊은 등반 셰르파들에게 펨이나 네르파(영) 때문에 고생한 적이 있느냐고 물었더니 그들은 전혀 아니라면서, 어쨌거나 카트만두에는 펨이나 네르파가 거의 없다면서, "펨은 비행기표를 못 사잖아요", "그리고 걷기에는 너무 멀고요"라고 농담을 했다.

48. 니마 초타르와 그의 아내는 1982년 다람살라로 달라이 라마를 보러 가는 순례에 나섰다가 돌아오는 길에 버스 사고로 다른 26명의 셰르파들과 함께 사망했다.

49. 셰르파 수도원들은 승려의 수로 보면 규모가 아주 크지는 않았다. 승려의 수는 전 인구의 2퍼센트밖에 되지 않았다(Paul, 1970, 1990 참고). 티베트와 비교하면 아주 낮은 수치이지만(현재까지 티베트 승려 수의 가장 정확한 추정치는 Samuel 1993, 부록 A 참고), 티베트 수도원들은 국가가 지원해주는 경우가 많고 승려들은 그런 수도원들로 들어가는 반면, 셰르파 수도원들은 사적인 지원을 받거나 전적으로 임의적이었다.

50. 코판과 라우도는 모두 반문화 전성기인 1970년대에 건립되었다. 코판의 승려들은 주로 쿰부의 타미 쪽 출신 셰르파들이고, 그곳 주지 라마는 셰르파족 환생이다. 그러나 그것은 티베트 불교의 겔룩파(달라이 라마가 속한 종파) 부속 사찰인데, 셰르파족은 늘 티베트 불교의 닝마파 수행을 해왔다. 그 수도원에서는 참여를 원하는 서구의 여행객들과 일반인들을 대상으로 불교 사상과 수행에 관한 다양한 강좌를 열고 있다. 라우도는 코판의 쿰부 '지부'로 남체 바자르와 타미 사이의 산길 위쪽으로 높이 있는 쿰비라Khumbila의 산비탈에 자리하고 있다. 라우도에는 셰르파 승려들뿐 아니라 미국인 승려들과 여승들도 여럿 있다고 했다(코판이나 라우도에 대해서는 알려진 바가 많지 않다. 코판은 승려 친구가 있어서 여러 번 방문했지만 라우도에는 가본 적이 없다. 내

가 아는 한 그곳에 대한 기록은 없지만, 여러 차례 여행 중에 부수적인 정보를 얻었다. 제임스 피셔도 두 곳에 대해 몇 가지 언급을 했다. [1990, 91-95]).

51. Lively 1988.

52. Ortner field notes 1967.

53. Ortner field notes 1979.

54. 히말라야 트러스트의 앙 리타 셰르파가 1998년 10월에 이메일로 알려주었다.

55. Von Fürer-Haimendorf 1984, 99; Adams 1996, 63.

56. Adams 1996, 102.

57. Von Fürer-Haimendorf 1964, 182; Ortner 1978, ch. 3.

58. Brook 1987, 112 참고.

59. Fisher 1990, 150.

60. 툴구의 인기가 계속되고 심지어는 더 커지는 데는 연민과의 관련성 외에도 많은 이유가 있다. 그들은 승려들의 훈련과 규율을 결합한 라마와 샤먼의 보다 직관적이고 '마법적인' 힘과 결합하는데, 그리하여 이 두 차원에 보살의 '연민'이 스며든다. 사실상 툴구는 티베트 불교의 모든 것을 단일 인물 속에 구현한 존재이다.

61. Adams 1996, 131에서 인용.

62. Ortner field notes 1979.

63. Gillette and Reynolds 1985, 23.

64. Lieberman 1991, 14. 데이비드 홀름버그는 셰르파들이 그 노래를 듣고 배꼽을 잡고 웃었던 것은 가사에 나오는 '칙chick'이란 말이 네팔어로 '성교fuck'를 의미해서, "with a chick chick here"가 "with a fuck fuck here"가 되기 때문이었을 거라고 했다.

65. Brook 1987, 71.

66. Ibid., 103; 강조는 저자.

67. Ibid., 201.

68. 나는 등반에 대한 논의와 트레킹에 대한 논의를 나누지 않았다. 네팔에서 트레킹이란 약 5,500미터 이하를 특정 기술이나 기술적 장비 없이 걷는 것으로 등반과 구별된다. '트레킹'은 관광객들이 도로가 거의 없는 그 나라를 관광하는 방식이다. 일반적으로 트레킹을 이끄는 일은 등반보다 보수가 적으며 등반과 달리 장비를 큰 보너스로 받는 일도 없지만 훨씬 안전하다. 셰르파들은 트레킹과 등반 각각의 상대적 장단점에 관해 다양한 견해를 갖고 있다. 하지만 두 일 모두 사히브들과 장기적으로 접촉하게 한다. 그래서 나는 이 두 가지를 함께 논의했다.

69. Venables 1989, 80, 108, 그리고 여러 곳에.

70. Venables 1989, 38.

71. Bonington 1987, 215.

72. Morrow 1986, 89도 참고.

73. Allison 1993, 262, 강조는 원 저자.

74. Krakauer 1997, 130.

75. Dowling 1996, 36.

76. Ibid., 260.

77. Krakauer 1997, 98에서 인용. 셰르파들의 여전한 친절함에 대한 하나의 해석은 그들이 '표정 관리'를 잘한다는 것이다(Thompson 1979,49; Zivetz 1992,109). 몇몇 특별한 경우에는 확실히 그런 것 같지만, '진심'인 경우가 많다. 아니 대부분 그렇다고 말하고 싶다. 물론 진심이라는 것이 결국 주관적 범주이긴 하지만, 일화들의 빈도뿐 아니라 세부 사항이 지니는 무게가 굉장히 설득력이 있다.

10장

1. 이 논평은 미국 중산계급에 대한 나의 새로운 프로젝트를 암시한다. Ortner 1998 참고.

2. Bass and Wells 1986, 80.

3. Venables 1989도 참고.

4. Krakauer 1997, 59-60.

5. Ibid.

6. 크라카우어는 잡지 『아웃사이드Outside』의 유급 기자로서 롭 홀의 어드벤처 컨설턴츠 그룹과 함께 갔다. 그 잡지 자체가 여피 시장 출현의 산물로, 홀이 모집한 고객의 핵심층이었던 모험을 좋아하고 신체적으로 활동적인 상류계급 독자를 대상으로 삼았다(Krakauer 1977, 66).

7. Krakauer 1997, 20.

8. Ibid., 163.

9. Allison 1993, 138. 룸부는 1960년대 문화대혁명 기간 동안 파괴되고 해체되었지만, 이 시기에 다시 부분적으로 열고 운영했다.

10. Ibid., 157.

11. 앨리슨은 원정대를 조직하는 이들이 유료 고객을 유치하는 유혹에 어떻게 빠지는지 잘 설명하고 있다. 설령 그들이 다른 가능성 있는 대원들보다 기술이나 동료애가 부족하더라도. 또한 원정대 기금 모금의 어려움에 대해서는 Ullman 1964, 21 참고. 그는 기금 모금을 "백악관 잔디밭에 칼 마르크스의 동상을 세우기 위한 기금을 모금하는 일보다 조금 덜 어려운 일"이라고 묘사했다.

12. Allison 1993, 215-17.

13. Ibid., 272.

14. Bass and Wells 1986, 295.

15. Allison 1993, 235.

16. Ibid., 269.

17. Krakauer 1997, 107.

18. Allison 1993, ch. 8.

19. Allison 1993, 189.

20. Krakauer 1997, 95.

21. Ibid.

22. 리더와의 심각한 문제 때문에 페브루어리는 일찍 원정대를 떠났다. 그 원정대에서 정상에 오른 사람이 혹시 있었다고 해도 그게 누군지 확실치 않다.

23. Child 1993, 173.

24. Cain (발행연도 불명)

25. 그는 전 세계의 8,000미터가 넘는 봉우리 14좌를 등반하는 위업을 놓고 라인홀트 메스너와 경쟁했다(아마도 메스너가 가장 유명한 등반가가 된 것은 그 경쟁에서 이긴 덕분이기도 할 것이다). 그는 1989년 로체에서 사고로 죽었다.

26. Child 1993, 174.

27. Ibid., 177.

28. Ibid., 187-88.

29. 미국 히말라야 재단이 텡보체에 기금을 댄 이야기는 상당히 극적인데, 지면상의 이유로 빼야만 했다. 무엇보다, 그 재단은 수도원에 전기를 공급하기 위해 수력발전시설 자금을 댔다. 전기가 들어온 지 1년도 채 안 돼 수도원 사찰 전부와 앞뜰을 둘러싼 전시실이(주요 의식 춤을 추는 공간) 전소됐는데, 실내 난방기의 부주의한 사용이 원인이었던 것 같다. 히말라야 재단은 다시 수도원 재건 비용 대부분을 댔다. Sassoon 1988; Adams 1996 참고.

30. *AHF Newsletter*(Summer 1996): 6.

31. 다음은 Ortner 1997에서 좀 더 상세하게 논하고 있다.

31. 특히 Taylor 1997 참고.

부록 A

1. Ortner 1978, 51 참고.

2. Von Fürer-Haimendorf 1964, 181.

부록 B

1. Ortner 1989a, ch. 7.

2. Von Fürer-Haimendorf 1984, 91.

3. 문화센터와 승려들의 기숙시설에 대해서는 Leon 1984 참고. 히말라야 재단에 대한 이 야기는 1998년 10월 앙 리타가 보내준 이메일을 통해 알았다.

4. Kohl 1988, 643.

5. Sassoon 1988.

6. 부상자나 사망자가 없었던 이유는 한 명(이 모든 일이 일어난 날 당번이었던 불쌍한 관리자)을 제외한 모든 승려들과 주지 라마가 수도원에서 '소박한 생활'을 하지 않고 카트만두의 따뜻한 날씨를 찾아 떠났기 때문이다.

7. Sassoon 1988, 8.

8. Ang Rita Sherpa 1990, 10-12. 이 사람은 에베레스트를 아홉 차례 올랐던 그 앙 리타 세르파가 아니다(8장에 나오는 여성 산악인 앙 리타도 아니다). 이 보고서를 쓴 앙 리타는 텡보체 수도원 재건 프로젝트의 총무로 책 『셰르파(1990)』를 쓸 때 짐 피셔와 함께 일해서 피셔와 함께 찍은 사진이 그 책의 커버에 실려 있다.

9. Von Fürer-Haimendorf 1964, 158.

10. 그는 나중에 서부 솔루의 토라카Tolakah 마을 사람들이 마을 사찰을 세워서 주지가 돼 달라고 청하자 그곳으로 갔다. 그와 그의 동생인 쿠소 망덴이 사찰을 설계하고 세워서 운영했다. 쿠소 툴구는 상당히 젊은 나이로, 40대 초중반에 죽었다. 과거 여승이었던 그의 아내는 재혼해 아이를 낳았는데, 그 아이가 쿠소 툴구의 환생이라고 주장했다. 셰르파들이 보기에는 다소 특이한 일이었지만—라마가 자신의 전 부인의 아들로 환생한 경우는 알려진 바 없었기에— 받아들여졌다. 동생인 쿠소 망덴 또한 토라카에서 서원을 깨고 결혼했다. 그는 계속 사찰을 운영하면서 그의 형의 어린 환생을 수련시켰다. 그 어린 툴구는 결혼해서 토라카에서 계속 살고 있다. 쿠소 망덴은 결국 토라카 후원자들과 마찰을 일으켜 은퇴했고, 쿰부에 있는 명상 은둔지(차록Charok)로 들어갔다. 그곳은 그가 이전의 타미 주지이자 결혼한 라마의 막내아들로서 물려받은 곳이었다(우리의 인터뷰는 차록에서 진행됐다). 그 자신의 아들은 타미가 독신 수도원이 된 후 타미 승려가 되었다. 그러나 그 아들도 파계를 해서 지금은 톰텡Thomteng의 마을 라마로 있는데, 그곳에서는 그를 상당한 카무, 즉 전문가로 여긴다. 그는 찰사 Chalsa 출신 어느 라마의 딸과 결혼했는데, 그녀의 증조할아버지는 그의 삼촌인 쿠소 툴구로 환생한 라마이다. 이 복잡한 관계를 이해하려면 p.393에 나오는 도표를 참고하기 바란다.

11. 쿠소 툴구는 여전히 강력하다고 생각됐다. 치옹을 떠난 후에 그는 1933년 지진을 예언하며 사람들에게 특정 시기가 되면 집을 나가 들판으로 가라고 했다. 지진 후 한 여성이 그에게 자신의 집 상태와 솔루에 있는 가족들의 안부를 점쳐달라고 했다. 그는 가족은 부상을 입지 않았으며 집은 한쪽만 부서졌다고 했는데 사실로 판명됐다. 쿠소

툴구를 때린 남자는 업보로 젊은 나이에 죽었다고 한다.

12. Von Fürer-Haimendorf 1964, 158-59.

13. 자툴 림포체의 라사 환생은 중국 침공 당시 스위스로 망명했다(셰르파들은 그를 스위스 툴구라고 부른다). 그는 서약을 깨고 그곳에서 결혼했다고 한다. 최근에는 호주 시드니로 이민을 가서 뉴사우스 웨일즈의 티베트인 지역 협회의 회장을 맡고 있다고. 이 정보를 제공한 피터 핸슨에게 감사드린다.

14. Von Fürer-Haimendorf 1964, 156-58. 달리 말하면, 생물학적 손자가 치웅 수도원의 주지로서 동일한 개인의 영적 환생을 대체한 것이다. 이 모든 일에서 얻는 중요한 교훈은 결혼한 라마 혈통의 영적인 힘이 종교 정치에 얼마나 관련되는가 하는 것이다. 비록 결혼한 라마들의 지위가 격하되었어도.

15. Snellgrove 1957, 217-22.

16. Von Fürer-Haimendorf 1964, 158도 참고. 그가 죽은 후 그의 툴구라고 주장하는 소년이 둘 있었다. 로버트 폴과 내가 현지조사를 했던 1966년에서 1968년에 이 두 소년은 6세쯤 됐다. 한 명은 티베트 난민 가족의 아이였고, 다른 한 명은 링모Ringmo 마을에 사는 솔루 셰르파 가족의 아이였다. 사람들은 티베트 아이의 말이 더 설득력이 있다고 생각하는 것 같았지만, 치웅 승려들은 그 당시 두 아이 모두 자신들의 지도자로 택하지 않았다.

17. 스넬그로브에 따르면, 그는 네팔 정부에 반대하는 '정치적 선동' 혐의를 받고 다르질링으로 피신했다(1957, 222).

18. 투시 림포체가 주재한 치웅의 마니 림두가 1980년대 중반에 촬영됐다. 제목은 〈The Lord of the Dance(Kohn 1986)〉이다.

19. 탁신도에 관한 자료 대부분은 R. A. Paul 1970과 R. A. Paul's field notes(1967)에서 나왔다. 감사드린다.

20. 몇몇 이야기에 따르면 그 수도원에 살고 있던 툴구는 캘리포니아로 떠났는데, 거기서는 타르탕Thartang 툴구로 알려져 있다. 1979년 내가 카트만두에서 얻어들은 정보에 따르면, 파프루의 라마 가문 아들인 톨덴 출팀의 환생은 승려가 됐지만 카트만두의 코판 곰파에서 살고 있다.

21. 18세기 초 원래 타미 사찰 창건의 역사에 대해서는 Ortner(1989a, 47-48) 참고.

22. Ortner 1989a,188; Von Fürer-Haimendorf 1964, 134.

23. Von Fürer-Haimendorf 1964, 211.

24. 웅가왕 삼덴은 이전 주지 라마인 라마 툰둡의 손자이다. 만일 사원이 독신 수도원으로 전환되지 않았더라면 그가 주지 자리를 물려받았을지도 모른다. 그런데 사원이 독신 수도원으로 전환되었고, 그는 룸부에서 서원을 하고 승려가 된 다음, 툴구가 다 성장할 때까지 대리인으로 수도원을 운영했다. 또한 그는 사실상 그 툴구의 아버지가 되었다.

25. 나는 1967년 첫 현지조사 때부터 그 라마를 알았다. 당시 그는 8세 정도였다. 나는 그를 잘 알지는 못했지만 네팔에 갈 때마다 그를 만났고, 1976년 우리가(나와 그라나다 텔레비전 촬영팀이) 〈셰르파〉라는 영화를 촬영할 때는 그와 상당히 많은 시간을 보냈다(Woodhead 1977). 타미 수도원은 훌륭한 상태로 영화에 나왔으며, 그 수도원에서 여러 장면이 촬영됐다.

26. MacDonald 1980.

27. Schwalbe 1979.

28. Sangye Tenzing 1971. 나는 『고등 종교』에서 이 역사에 대해 상당히 많이 참고했다. 이 책 10페이지에 상계 텐징의 사진이 실려 있다.

29. 1976년에 이 승려들 중 하나인 응가왕은 또 다른 세르파 승려의 도움을 받아 준베시에서 '체즈 응가왕Chez Ngawang'이라는 호텔을 운영하고 있었다. 아직 파계를 한 건 아니었지만, 현지 마을 사람들은 그렇게 될 거라고들 했다. 한 남자의 말처럼, "그들이 아직 파계를 하지는 않았지만 담배를 팔고 술을 판다는 게 어떤 일인가? 승려의 일이 아니라 결혼한 남자들의 일이다"(Ortner field notes 1976).

30. 나는 1996년에 한 승려에게서 그 수도원을 다시 열도록 기부를 해달라는 편지 한 통을 받았다. 일이 어찌 되었는지는 알지 못한다.

31. 투시 림포체의 자세한 초상에 대해서는 다음 참고. Aziz 1978.

32. 피터 핸슨이 개인적 대화에서 알려줌.

인용된 참고문헌

Acharya, Mamta. 1993. "A True Heroine." *Himal* (July/August): 5.

Adams, Vincanne. 1996. *Tigers of the Snow (and Other Virtual Sherpas): An Ethnography of Himalayan Encounters*. Princeton: Princeton University Press.

Ahluwalia, Major H.P.S. 1978. *Faces of Everest*. New Delhi et al.: Vikas.

Alger, Horatio. 1962. *Ragged Dick and Mark, The Match Boy: Two Novels by Horatio Alger*. New York: Collier Books.

Allison, Stacy, with Peter Carlin. 1993. *Beyond the Limits: A Woman's Triumph on Everest*. Boston: Little, Brown, and Company.

Althusser, Louis. 1971. "Ideology and Ideological State Apparatuses." In L. Althusser, *Lenin and Philosophy and Other Essays*, trans. Ben Brewster. New York: Monthly Review Press.

Ang Tharkay. 1954. *Memoires d'un Sherpa, recueillis par Basil P. Norton*, trans. (into French) Henri Delgove; trans. (in text) S. B. Ortner. Paris: Amiot Dumont.

___ *Another Ascent to the World's Highest Peak—Qomolangma*. 1975. Peking: Foreign Languages Press.

Appadurai, Arjun. 1990. "Topographies of the Self: Praise and Emotion in Hindu India." In *Language and the Politics of Emotion*, ed. C. A. Lutz and L. Abu-Lughod, 93-112. New York: Cambridge University Press.

Aziz, Barbara. 1978. *Tibetan Frontier Families*. Chapel Hill: University of North Carolina Press.

Barcott, Bruce. 1996. "Cliffhangers: The Fatal Descent of the Mountain-Climbing Memoir." *Harper's* (August): 64-69.

Bass, Dick, and Frank Wells, with Rick Ridgeway. 1986. *Seven Summits*. New York: Warner Books.

Bauer, Paul. 1937. *Himalayan Campaign: The German Attack on Kangchenjunga, the Second Highest Mountain in the World*, trans. Sumner Austin. Oxford: Basil Blackwell.

___ 1939. "Nanga Parbat, 1938." *Himalayan Journal* 11:89-106.

___ 1955. *Kangchenjunga Challenge*. London: William Kimber.

Bechtold, Fritz. 1935. "The German Himalayan Expedition to Nanga Parbat, 1934." *Himalayan Journal* 7:27-37.

Beetham, Bentley. 1925. "The Return Journey." In E. F. Norton et al., *The Fight for Everest: 1924*, 155-92. New York: Longmans, Green and Co.

Bellah, Robert N., Richard Madsen, William M. Sullivan, Ann Swidler, and Steven M. Tipton. 1985. *Habits of the Heart: Individualism and Commitment in American Life*. Berkeley: University of California Press.

Besant, Annie Wood. 1983 [1893]. *Annie Besant: An Autobiography*. Madras, India: Theosophical Publishing House.

Birkett, Bill, and Bill Peascod. 1989. *Women Climbing: 200 Years of Achievement*. Seattle: The Mountaineers.

Bishop, Barry. 1962. "Wintering on the Roof of the World." *National Geographic* 122 (4): 503-47.

Bishop, Peter. 1989. *The Myth of Shangri-La: Tibet, Travel Writing and the Western Creation of Sacred Landscape*. London: Athlone Press.

Bjonness, Inger-Marie. 1983. "External Economic Dependency and Changing Human Adjustment to Marginal Environment in the High Himalaya, Nepal." *Mountain Research and Development* 3 (3): 263-72.

Blum, Arlene. 1980. *Annapurna: A Woman's Place*. San Francisco: Sierra Club Books.

Boardman, Peter. 1982. *Sacred Summits: A Climber's Year*. Seattle: The Mountaineers.

Bonington, Chris. 1971. *Annapurna South Face*. London: Cassell.

___ 1973. *Everest: Southwest Face*. London: Hodder and Stoughton.

___ 1976 (American edition of Bonington 1973). *Everest the Hard Way*. New York: Random House.

___ 1987. *The Everest Years: A Climber's Life*. New York: Viking.

Bourdieu, Pierre. 1977. *Outline of a Theory of Practice*, trans. Richard Nice. Cambridge: Cambridge University Press.

Bourdillon, Jennifer. 1956. *Visit to the Sherpas*. London: Collins.

Bowman, W. E. 1983 (1956). *The Ascent of Rum Doodle*. London: Arrow Books.

Bremer-Kamp, Cherie. 1987. *Living on the Edge*. Layton, Utah: Gibbs M. Smith, Inc.

Brook, Elaine. 1985. "Sherpas: The Other Mountaineers." *Mountain* 101:36-39.

___ 1987. *The Windhorse*. New York: Dodd, Mead & Company.

Brower, Barbara. 1991. *Sherpa of Khumbu: People, Livestock, and Landscape*. Delhi: Oxford University Press.

___ n.d. "Geography and History in the Solukhumbu Landscape." Typescript.

Brown, T. Graham. 1936. "Nanda Devi." *Alpine Journal* 48, no. 253 (November): 311-12.

Bruce, (Major) Charles Granville. 1910. *Twenty Years in the Himalayas*. London: Edward Arnold.

Bruce, (Brigadier-General the Honorable) Charles Granville, et al. 1923. *The Assault on Mount Everest 1922*. New York: Longmans, Green and Co.

Bruce, (Captain) J. Geoffrey. 1925. "The Rongbuk Glacier." In E. F. Norton et al., *The Fight for Everest*: 1924, 54-72. New York: Longmans, Green and Co.

Burger, Veit. 1978. "The Economic Impact of Tourism in Nepal: An Input-Output Analysis." Ph.D. diss., Cornell University.

Burgess, Al, and Jim Palmer. 1983. *Everest: The Ultimate Challenge*. New York and Toronto: Beaufort Books.

Cain, Karen. n.d. "Wanda Rutkiewicz," *Rock and Ice* 27:18-24.

Cameron, Ian. 1984. *Mountains of the Gods*. New York and Oxford: Facts on File Publications.

Caplan, Lionel. 1991. " 'Bravest of the Brave': Representation of 'the Gurkha' in British Military Writings." *Modern Asian Studies* 25 (3): 571-97.

___ 1995. *Warrior Gentlemen: "Gurkhas" in the Western Imagination*. Providence, R.I., and Oxford: Berghahn Books.

Carrier, Jim. 1992. "Gatekeepers of the Himalaya." *National Geographic* 182, no. 6 (December): 70-89.

Cheney, Mike. 1978. "Events and Trends 1970-6, Nepal Himalaya." *Alpine Journal* 83, no. 327:218-27.

Chevalley, Gabriel, Rene' Dittert, and Raymond Lambert. 1953. *Avant-Premie'res a' L'Everest*, trans. (in text) S. B. Ortner. France (n.p.): B. Arthaud.

Child, Greg. 1993. *Mixed Emotions: Mountaineering Writings*. Seattle: The Mountaineers.

Clifford, James. 1997. Routes: *Travel and Translation in the Late Twentieth Century*. Cambridge, Mass.: Harvard University Press.

Clifford, James, and George E. Marcus. 1986. *Writing Culture: The Poetics and Politics of Ethnography*. Berkeley: University of California Press.

Collins, Steven. 1982. *Selfless Persons: Imagery and Thought in Theravada Buddhism*. Cambridge: Cambridge University Press.

Conze, Edward. 1975 (1951). *Buddhism: Its Essence and Development*. New York: Harper Torchbooks.

Crossette, Barbara. 1991. "A Changing Everest: Tourists and Toothache." *New York Times*, 11 March, sec. B, p.1.

Curran, Jim. 1987. *K2: Triumph and Tragedy*. Boston: Houghton Mifflin Co.

Dash, A. J. 1947. *Darjeeling. Bengal District Gazetteers*. Alipore: Bengal Government Press.

da Silva, Rachel, ed. 1992. *Leading Out: Women Climbers Reaching for the Top*. Seattle:Seal Press.

David-Neel, Alexandra. 1932. *Magic and Mystery in Tibet*. New York: Claude Kendall Publisher.

Denman, Earl. 1954. *Alone to Everest*. London: Collins.

Des Chene, Mary. 1991. "Relics of Empire: A Cultural History of the Gurkhas, 1815-1987." Ph.D. diss., Department of Anthropology, Stanford University.

Desio, Ardito. 1956. *Victory over K2: Second Highest Peak in the World*. New York: McGraw-Hill.

Dias, John. 1965. *The Everest Adventure: Story of the Second Indian Expedition*. Delhi: Government of India Publications Division.

Dingle, Graeme, and Peter Hillary. 1982. *First Across the Roof of the World: The First-Ever Traverse of the Himalayas—5,000 Kilometres from Sikkim to Pakistan*. Auckland: Hodder and Stoughton.

Dixit, Kanak Mani, and Dipesh Risal. 1992. "Mountaineering's Himalayan Face." *Himal* (November/December): 11-18.

Dowling, Claudia Glenn. 1996. "Death on the Mountain" *Life* (August): 32-46.

Downs, Hugh R. 1980. *Rhythms of a Himalayan Village*. San Francisco: Harper and Row.

Dumont, Louis. 1960. "World Renunciation in Indian Religions." *Contributions to Indian Sociology* IV: 33-62.

Dyhrenfurth, G. O. 1931. "The International Himalayan Expedition, 1930." *Himalayan Journal 3* (April): 77-91.

___ 1963. "The Mountain Exploration of the Everest Massif." In Toni Hagen, G. O. Dyhrenfurth, C. von Fürer-Haimendorf, and Erwin Schneider, *Mount*

Everest: Formation, Population, and Exploration of the Everest Region, trans. E. N. Bowman. 97-123. London: Oxford University Press.

Dyhrenfurth, Hettie. 1931. *Memsahib im Himalaya*. Leipzig: Verlag Deutsche Buchwerkstätten G. M. B. H.

Eiselin, Max. 1961. *The Ascent of Dhaulagiri*, trans. E. Joel Bowman. London and New York: Oxford University Press.

Faux, Ronald. 1982. *High Ambition: A Biography of Reinhold Messner*. London: Victor Gollancz Ltd.

Finch, Captain George. 1923. "The Attempt with Oxygen." In C. G. Bruce et al., *The Assault on Mount Everest 1922*, 273-98. New York: Longmans, Green and Co.

Fisher, James F. 1990. *Sherpas: Reflections on Change in Himalayan Nepal*. Berkeley: University of California Press.

___ 1991. "Has Success Spoiled the Sherpas?" *Natural History* (February): 39-44.

Fleming, Jon, and Ronald Faux. 1977. *Soldiers on Everest: The Joint Army Mountaineering Association-Royal Nepalese Army Mount Everest Expedition 1976*. London: Her Majesty's Stationery Office.

Fleming, Wendy Brewer. 1988. "Another First on Everest: History in the Making." *Nepal Traveller* 5, no. 3 (May): 7-10.

French, Patrick. 1995. *Younghusband: The Last Great Imperial Adventurer*. New York: Harper Collins.

Freshfield, Douglas W. 1979 (1903). *Round Kangchenjunga: A Narrative of Mountain Travel and Exploration*. Kathmandu: Ratna Pustak Bhandar.

Funke, Friedrich W. 1969. *Religioses Leben der Sherpa*. Innsbruck and Munich: Universitätsverlag Wagner.

Gardiner, Steve. 1990. *Why I Climb: Personal Insight of Top Climbers*. Harrisburg, Pa: Stackpole Books.

Geertz, Clifford. 1973. "Thick Description: Toward an Interpretive Theory of Culture." In C. Geertz, *The Interpretation of Cultures*, 1-32. New York: Basic Books.

Gillette, Ned, and Jan Reynolds. 1985. *Everest Grand Circle: A Climbing and Skiing Adventure through Nepal and Tibet*. Seattle: The Mountaineers.

Goldstein, Melvin. 1964. "Study of the *ldap ldop*." Central Asiatic Journal 9: 123-41.

Greenblatt, Stephen, ed. 1993. *New World Encounters*. Berkeley: University of California Press.

Guha, Ranajit. 1988. "The Prose of Counter-Insurgency." In R. Guha and G. C. Spivak, eds., *Selected Subaltern Studies*, 45-89.

Guha, Ranajit, and Gayatri Chakravorty Spivak, eds. 1988. *Selected Subaltern Studies*. New York and Oxford: Oxford University Press.

Gurung, Harka. 1985. "Gurkhas and Mountaineering." *Nepal Himal Journal*: 1-2.

___ 1991. "The Pioneer Mountaineers." Himal (July/August): 35.

Hagen, Toni, F. T. Wahlen, and W. R. Corti. 1972 (1961). *Nepal, The Kingdom in the Himalayas*, trans. B. M. Charleston. London: R. Hale.

Hagen, Toni, G. O. Dyhrenfurth, C. von Fürer-Haimendorf, and E. Schneider. 1963. *Mount Everest: Formation, Population, and Exploration of the Everest Region*, trans. E. N. Bowman. London: Oxford University Press.

Hansen, Peter H. 1995. "Albert Smith, the Alpine Club, and the Invention of Mountaineering in Mid-Victorian Britain." *Journal of British Studies* 34 (July): 300-24.

___ 1996a. "Vertical Boundaries, National Identites: British Mountaineering on the Frontiers of Europe and the Empire, c. 1868-1914." *Journal of Imperial and Commonwealth History* 24 (1): 48-71.

___ 1996b. "The Dancing Lamas of Everest: Cinema, Orientalism, and Anglo-Tibetan Relations in the 1920s." *American Historical Review* 101(3): 712-47.

___ 1997. "Debate: Tenzing's Two Wrist-Watches: The Conquest of Everest and Late Imperial Culture in Britain, 1921-1953." *Past and Present* 157 (November): 159-77.

___ n.d. a. "Guides and Sherpas in the Alps and Himalayas, 1850s-1950s." Typescript.

___ n.d. b. "Confetti of Empire: The Conquest of Everest in Nepal, India, Britain, and New Zealand in 1953." Typescript.

Hardie, Norman. 1957. *In Highest Nepal, Our Life among the Sherpas*. London: Allen and Unwin.

Harvard, Andrew, and Todd Thompson. 1974. *Mountain of Storms: The American Expeditions to Dhaulagiri, 1969 and 1973*. New York: New York University Press.

Haston, Dougal. 1997 (1972). *In High Places*. Seattle: The Mountaineers.

Herrligkoffer, Karl M. 1954. *Nanga Parbat*, trans. E. Brockett and A. Ehrenzweig. New York: Alfred A. Knopf.

Herzog, Maurice. 1987 (1952). *Annapurna: Conquest of the First 8,000-Metre Peak*, trans. N. Morin and J. A. Smith. London: Triad Paladin Grafton Books.

Hillary, Sir Edmund. 1955. *High Adventure*. New York: E. P. Dutton.

___ 1962. "We build a School for Sherpa Children." *National Geographic* 122, no. 4 (October): 548-51.

___ 1964. *Schoolhouse in the Clouds*. London: Hodder and Stoughton.

___ 1975. *Nothing Venture, Nothing Win*. New York: Coward, McCann, and Geohegan, Inc.

Hillary, Edmund, and Peter Hillary. 1984. *Two Generations*. London: Hodder and Stoughton.

Holmberg, David H. 1989. *Order in Paradox: Myth, Ritual and Exchange among Nepal's Tamang*. Ithaca, N.Y.: Cornell University Press.

Hooker, J. D. 1854 (1969). *Himalayan Journals*. London: J. Murray.

Houston, Charles S., M.D. 1987. Going Higher: *The Story of Man and Altitude*. Boston: Little, Brown, and Co.

Howard-Bury, C. K., et al. 1922. *Mount Everest: The Reconnaissance*, 1921. New York: Longmans, Green and Co.

Hunt, John. 1953. *The Ascent of Everest*. New York: E. P. Dutton.

___ 1978. *Life Is Meeting*. London: Hodder and Stoughton.

___ 1993 (1953). *The Ascent of Everest*. Seattle: The Mountaineers.

Jackson, Monica, and Elizabeth Stark. 1956. *Tents in the Clouds: The First Women's Himalayan Expedition*. London: Collins.

Jerstad, Luther G. 1969. *Mani Rimdu: Sherpa Dance Drama*. Calcutta: Oxford and IBH Publishing Co.

Johnson-Odim, Cheryl. 1991. "Common Themes, Different Contexts: Third World Women and Feminism." In *Third World Women and the Politics of Feminism*, ed. C.T. Mohanty et al., 314-27. Bloomington: Indiana University Press.

Kellas, A. M. 1913. "A Fourth Visit to the Sikkim Himalaya, with Ascent of the Kangchenjhau." *Alpine Journal* 27 (200):25-52.

Knowlton, Elizabeth. 1933. *The Naked Mountain*. New York and London: G. P. Putnam's Sons.

Kohl, Larry. 1988. "Heavy Hands on the Land." *National Geographic* 174, no. 5

(November): 632-51.

Kohli, M. S. 1969. *Nine Atop Everest: Story of the Indian Ascent*. Bombay: Orient Longmans Ltd.

Kohn, Richard. 1986. (Film) *The Lord of the Dance: Destroyer of Illusion*. New York: Mystic Fire Video.

Krakauer, Jon. 1997. *Into Thin Air: A Personal Account of the Mount Everest Disaster*. New York: Villard.

Kunwar, Ramesh Raj. 1989. *Fire of Himal: An Anthropological Study of the Sherpas of Nepal Himalaya Region*. Jaipur and New Delhi: Nirala Publications.

Laird, Thomas. 1981. "Mountains as Gods, Mountains as Goals." *Co-Evolution Quarterly* 31:116-29.

Lambert, Raymond, and Claude Kogan. 1956. *White Fury: Gaurisankar and Cho Oyu*, trans. Showell Styles. London: Hurst & Blackett.

Leamer, Laurence. 1982. *Ascent: The Spiritual and Physical Quest of Willi Unsoeld*. New York: Simon and Schuster.

Leon, Lydia. 1984. "Project Reports: Tengboche Culture Center in Nepal." *Cultural Survival Quarterly* 8, no. 3 (fall): 69-70.

Lieberman, Marcia R. 1991. "A Trek of One's Own in Nepal." *New York Times*, Sunday, 28 July: Travel Section, pp. 14-16.

___ 1993a. "Scott, Amundsen, and Pasang Lhamu." *Himal* (July/August): 7.

___ 1993b. "Marcia Lieberman Responds." *Himal* (September/October): 7.

Ling, Trevor. 1976. *The Buddha: Buddhist Civilization in India and Ceylon*. Harmondsworth, England: Penguin Books.

Lively, Scott Allen. 1988. "Monks and Mountaineers: The Changing Role of Monasteries in Sherpa Society from 1915 to the Present." Honors thesis, Harvard College.

Macdonald, Alexander W. 1973. "The Lama and the General." *Kailash: A Journal of Himalayan Studies* 1(3): 225-34.

___ 1980. "The Writing of Buddhist History in the Sherpa Area of Nepal." In *Studies in History of Buddhism*, ed. A. K. Narain, 121-31. New Delhi: B. R. Publishers.

Mallory, George H. (George H. Leigh-Mallory). 1922. "The Reconnaissance of the Mountain." In C. K. Howard-Bury et al., *Mount Everest: The Reconnaissance*, 1921, 183-280. New York: Longmans, Green and Co.

___ 1923a. "The First Attempt." In C. G. Bruce, et al., *The Assault on Mount Everest 1922*, 121-226. New York: Longmans, Green and Co.

___ 1923b. "The Third Attempt." In C. G. Bruce et al., *The Assault on Mount Everest 1922*, 273-98. New York: Longmans, Green and Co.

March, Kathryn. 1977. "Of People and Naks: The Meaning of High Altitude Herding among Contemporary Solu Sherpas." *Contributions to Nepal Studies* 4 (2): 83-97.

___ 1979. "The Intermediacy of Women: Female Gender Symbolism and the Social Position of Women among Tamangs and Sherpas of Highland Nepal." Ph.D. diss., Department of Anthropology, Cornell University.

Marcus, Steven. 1975. "Mt. Everest and the British National Spirit." In S. Marcus, *Representations: Essays on Literature and Society*, 76-87. New York: Random House.

Mason, Kenneth. 1955. *Abode of Snow: A History of Himalayan Exploration and Mountaineering*. London: Rupert Hart-Davis.

___ [1987. Reissued by the Mountaineers Press, Seattle.]

Messner, Reinhold. 1979. *Everest: Expedition to the Ultimate*, trans. Audrey Salkeld. New York: Oxford University Press.

___ 1981. "At My Limit: I Climbed Everest Alone." *National Geographic* 160, no. 4 (October): 552-66.

Miller, Robert. 1965. "High Altitude Mountaineering, Cash Economy and the Sherpa." *Human Organization* XXIV (3): 224-49.

Mitten, Denise. 1992. "The American Team." In *Leading Out: Women Climbers Reaching for the Top*, ed. Rachel da Silva, 201-17. Seattle: Seal Press.

Miura, Yuichiro, with Eric Perlman. 1978. *The Man Who Skied Down Everest*. San Francisco: Harper and Row.

Moffatt, Gwen. 1961. *Space Below My Feet*. Cambridge, Mass.: Houghton Mifflin.

Mohanty, Chandra T. 1991 "Under Western Eyes: Feminist Scholarship and Colonial Discourses." *In Third World Women and the Politics of Feminism*, ed. C. T. Mohanty et al., 51-80. Bloomington: Indiana University Press.

Morris, James/Jan. 1958. (as James) *Coronation Everest*. London: Faber and Faber.

___ 1974. (As Jan) *Conundrum*. New York: Harcourt Brace Jovanovich.

Morris, John. 1960. *Hired to Kill: Some Chapters of Autobiography*. N.p.: Rupert Hart-Davis in association with the Cresset Press.

Morrow, Patrick. 1986. *Beyond Everest: Quest for the Seven Summits*. Camden East, Ontario: Camden House.

Nebesky-Wojkowitz, Rene' de. 1956. *Oracles and Demons of Tibet: The Cult and Iconography of the Tibetan Protective Deities*. The Hague: Mouton.

Noel, Captain John. 1927. *The Story of Everest*. New York: Little, Brown.

Norton, E. F., et al. 1925. *The Fight for Everest*: 1924. New York: Longmans, Green and Co.

Northey, W. Brook, and C. J. Morris. 1976 (1927). *The Gurkhas: Their Manners, Customs and Country*. New Delhi: Cosmo Publications.

Ortner, Sherry B. 1973. "Sherpa Purity." *American Anthropologist* 75:49-63.

___ 1975. "Gods' Bodies, Gods' Food: A Symbolic Analysis of a Sherpa Ritual." *In The Interpretation of Symbolism*, ed. R. Willis, 133-69. London: Malaby.

___ 1977. *Sherpas* (transcript of all dialogue recorded for the film). Unpublished. (See Woodhead 1977 for film information.)

___ 1978. *Sherpas through Their Rituals*. Cambridge: Cambridge University Press.

___ 1989a. *High Religion: A Cultural and Political History of Sherpa Buddhism*. Princeton: Princeton University Press.

___ 1989b. "Cultural Politics: Religious Activism and Ideological Transformation among 20th Century Sherpas." *Dialectical Anthropology* 14:197-211.

___ 1995a. "The Case of the Disappearing Shamans, or No Individualism, No Relationalism." *Ethos* 23 (3): 355-90.

___ 1995b. "Resistance and the Problem of Ethnographic Refusal." *Comparative Studies in Society and History* 37, no. 1 (January): 173-93.

___ 1996a. *Making Gender: The Politics and Erotics of Culture*. Boston: Beacon Press.

___ 1996b (1983). "The Founding of the First Sherpa Nunnery, and the Problem of 'Women' as an Analytic Category." In S. B. Ortner, *Making Gender: The Politics and Erotics of Culture*, 116-38.

___ 1996c. "Borderland Politics and Erotics: Gender and Sexuality in Himalayan Mountaineering." In S. B. Ortner, Making Gender: *The Politics and Erotics of Culture*, 181-212.

___ 1996d. "Making Gender: Toward a Feminist, Minority, Postcolonial, Subaltern, Etc., Theory of Practice." In S. B. Ortner, *Making Gender: The Politics and Erotics of Culture*, 1-20.

___ 1997. "Thick Resistance: Death and the Cultural Construction of Agency in Himalayan Mountaineering." *Representations* 59 (summer): 135-62.

___ 1998. "Generation X: Anthropology in a Media-Saturated World." *Cultural Anthropology* 13, no. 3 (August): 414-40.

Parker, Anne. 1989. "The Meaning of 'Sherpa': An Evolving Social Category." *Himalayan Research Bulletin* IX (3): 11-14.

Paul, Robert A. 1970. "Sherpas and their Religion." Ph.D. diss., Department of Anthropology, University of Chicago.

___ 1976a. "The Sherpa Temple as a Model of the Psyche." *American Ethnologist* 3:131-46.

___ 1976b. "Some Observations on Sherpa Shamanism." In John T. Hitchcock and Rex L. Jones, ed. *Spirit Possession in the Nepal Himalayas*, 141-52. New Delhi: Vikas.

___ 1977. "The Place of Truth in Sherpa Law and Religion." *Journal of Anthropological Research* 33:167-84.

___ 1979. "Dumje: Paradox and Resolution in Sherpa Ritual Symbolism." *American Ethnologist* 6:274-304.

___ 1982. *The Tibetan Symbolic World: Psychoanalytic Explorations*. Chicago: University of Chicago Press.

___ 1990. "Recruitment to Monasticism among the Sherpas." In *Personality and the Cultural Construction of Society*, ed. D. K. Jordan and M. J. Swartz, 254-74. Tuscaloosa: University of Alabama Press.

Pfeffer, Martin, et al. 1937. "The Disaster on Nanga Parbat, 1937." *Alpine Journal* 49, no. 255 (November): 210-227.

Regmi, Mahesh Chandra. 1978. *Thatched Huts and Stucco Palaces: Peasants and Landlords in Nineteenth Century Nepal*. New Delhi: Vikas.

Ridgeway, Rick. 1979. *The Boldest Dream: The Story of Twelve Who Climbed Mount Everest*. New York and London: Harcourt Brace Jovanovich.

Risal, Dipesh. 1993. "Pasang Lhamu." *Himal* (May/June): 42-43.

Roberts, David. 1986a. "The Direct Style of John Roskelley." In *Moments of Doubt and Other Mountaineering Writings*, 145-60. Seattle: The Mountaineers.

___ 1986b. "Patey Agonistes: A Look at Climbing Autobiographies." In *Moments of Doubt and Other Mountaineering Writings*, 183-94.

Roberts, (Lieutenant Colonel) James O. M. 1964. "Transport and Sherpas." In J.

R. Ullman, *Americans on Everest*, 335-42. Philadelphia and New York: J. B. Lippincott Co.

Roch, Andre'. 1947. *Garwhal Himalaya: Expedition Suisse 1939*. Neuchâtel and Paris: Editions Victor Attinger.

___ 1952. "The Sherpas of Everest." *Himalayan Journal* XVII:157-58.

Roskelley, John. 1987. *Nanda Devi: The Tragic Expedition*. Sparkford, England: Oxford Illustrated Press.

Rubenson, C. W. 1908a. "An Ascent of Kabru." *Alpine Journal* Vol. 24, No. 179 (February): 63-67.

___ 1908b. "Kabru in 1907." *Alpine Journal* Vol. 24, No. 182 (November): 310-21.

Rutkiewicz, Wanda. 1986. "Paper read by Mrs. Wanda Rutkiewicz of Poland [Women's Mountaineering in the Himalayas and Karakorams]." In N. D. Jayal and M. Motwani, eds., *Conservation, Tourism and Mountaineering in the Himalayas*, 134-37. Dehra Dun, India: Natraj Publishers.

Ruttledge, Hugh. 1934. *Everest 1933*. London: Hodder and Stoughton.

___ 1935 (American edition of 1934). *Attack on Everest*. New York: Robert M. McBride and Co.

___ 1952. "In Memoriam: The Late Head Lama of Rongbuk Monastery." *Himalayan Journal* 17:159-60.

Sahlins, Marshall. 1981. *Historical Metaphors and Mythical Realities: Structure in the Early History of the Sandwich Islands Kingdoms*. Ann Arbor: University of Michigan Press.

___ 1995. *How "Natives" Think: About Captain Cook, for Example*. Chicago: University of Chicago Press.

Said, Edward. 1978. *Orientalism*. New York: Pantheon Books.

Samuel, Geoffrey. 1993. *Civilized Shamans: Buddhism in Tibetan Societies*. Washington, D.C., and London: Smithsonian Institution Press.

Sangroula, Yubaraj. 1993. "A National Heroine." *Himal* (September/October): 7.

Sangye Tenzing. 1971. "The Unprecedented Holy Scepter: A Religious History of the Sherpa People." Unpublished translation. Junbesi, Nepal, and Paris/ Nanterre, France: No publisher.

Sassoon, D. 1988. "The Tengboche Fire: What Went Up in Flames?" *Himalayan Research Bulletin* 8 (3):8-14.

Scarr, Josephine. 1956. *Four Miles High*. London: Victor Gollancz Ltd.

Schwalbe, Kurt J. 1979. "The Construction and Religious Meaning of the Buddhist Stupa in Solo Khumbu, Nepal." Thesis, Graduate Theological Union, Berkeley, California.

Scott, Doug. 1984. "Himalayan Climbing: Part One of a Personal Review." *Mountain* 100:26-36.

___ 1985. "Himalayan Climbing: Part Two of a Personal Review." *Mountain* 101:26-32.

Scott, James C. 1985. *Weapons of the Weak: Everyday Forms of Peasant Resistance.* New Haven: Yale University Press.

Sewell, Jessica. n.d. "Views of the Sherpas on the Early Himalayan Expeditions." Research paper commissioned as part of this project. S. B. Ortner files.

Shaha, Rishikesh. 1990. *Politics in Nepal 1980-1990.* New Delhi: Manohar Publications.

Sharma, Prayag Raj. 1993. "Don't Belittle Pasang Lhamu." *Himal* (July/August): 5.

Sherpa, Ang Rita, with assistance from Pertemba Sherpa. 1990. "Tengboche Monastery Reconstruction: An Appraisal Report." Typescript.

Sherpa, Donna M. 1994. *Living in the Middle: Sherpas of the Mid-Range Himalayas.* Prospect Heights, Ill.: Waveland Press.

Sherpa, Fran. 1997. "A Comparison of Life and Migration Experiences of Sherpa Spouses Inside and Outside Nepal." Paper given at the meetings of the Association of American Geographers, Forth Worth, Texas. Typescript.

Sherpa-Padgett, Linda M. 1993. "Devastating Words." *Himal* (September/October): 5-6.

Shipton, Eric. 1937. "Survey in the Nanda Devi District." *Alpine Journal* 49, no. 254 (May): 27-40.

___ 1938. "Shaksgam Expedition." *Alpine Journal* 50, no. 256 (May): 34-59.

___ 1952a. "The Everest 'Tigers': The Sherpas and Their Country." *Geographical Magazine* (August): 172-83.

___ 1952b. *The Mount Everest Reconnaissance Expedition 1951.* London: Hodder and Stoughton.

Simmel, Georg. 1959. "The Adventure." In *Georg Simmel, 1858-1918,* ed. Kurt H. Wolff, 243-58. Columbus: Ohio State University Press.

Singh, Gyan. 1961. *Lure of Everest: Story of the first Indian Expedition.* Delhi: Government of India Publications Division.

인용된 참고문헌

Smythe, F. S. 1931. *The Kangchenjunga Adventure*. London: Victor Gollancz Ltd.

Snellgrove, David. 1957. *Buddhist Himalaya: Travels and Studies in Quest of the Origins and Nature of Tibetan Religion*. New York: Philosophical Library.

Spivak, Gayatri Chakravorty. 1988. "Can the Subaltern Speak?" In *Marxism and the Interpretation of Cultures*, ed. C. Nelson and L. Grossberg, 271-316. Urbana: University of Illinois Press.

Stevens, Stanley F. 1993. *Claiming the High Ground: Sherpas, Subsistence, and Environmental Change in the Highest Himalaya*. Berkeley: University of California Press.

Stewart, Gordon T. 1995. "Tenzing's Two Wrist-Watches: The Conquest of Everest and Late Imperial Culture in Britain 1921-1953." *Past and Present* 149 (November): 170-97.

Stoler, Ann, and Frederick Cooper. 1997. *Tensions of Empire: Colonial Cultures in a Bourgeois World*. Berkeley: University of California Press.

Streather, H.R.A. 1954. "Third American Karakoram Expedition, 1953." *Himalayan Journal* 18: 67-80.

Survey of India. 1915. *Exploration of Tibet and Neighboring Regions*, 1879-1892. Vol. 8, Pt. 2, 383-99.

Tambiah, Stanley. 1976. *World Conqueror and World Renouncer: A Study of Buddhism and Polity in Thailand Against a Historical Background*. Cambridge and New York: Cambridge University Press.

Taylor, Timothy D. 1997. *Global Pop: World Music, World Markets*. New York: Routledge.

Tenzing Norgay. 1955. (Tenzing of Everest with James Ramsay Ullman) *Tiger of the Snows*. New York: G. P. Putnam's Sons.

___ 1977. (Tenzing Norgay Sherpa) *After Everest: An Autobiography*. As Told to Malcolm Barnes. London: George Allen & Unwin, Ltd.

Thapa, Deepak. 1995. "Fame Still Eludes Sherpas." *Himal* 8, no. 5 (September/October): 50-51.

Thapa, Vijay Jung. 1997. "Lords of Everest." *India Today International* (7 July): 54-56.

Thompson, Mike. 1979. "Sahibs and Sherpas." *Mountain* 68:45-49.

___ 1980. "Risk." Mountain 73:44-46.

Tilman, H. W. 1935. "Nanda Devi and the Sources of the Ganges." *Himalayan*

Journal 8:1-26.

___ 1937. "The Ascent of Nanda Devi." *Alpine Journal* 49, no. 254 (May): 13-26.

___ 1946. *When Men and Mountains Meet.* Cambridge: Cambridge University Press.

___ 1948. *Mount Everest, 1938.* Cambridge: Cambridge University Press.

___ 1952. *Nepal Himalaya.* Cambridge: Cambridge University Press.

___ 1983 (1946). "When Men and Mountains Meet," 269-422. In *The Seven Mountain-Travel Books.* Seattle: The Mountaineers.

___ 1983 (1948). "Everest, 1938," 423-511. In *The Seven Mountain-Travel Books.* Seattle: The Mountaineers.

Tullis, Julie. 1986. *Clouds from Both Sides.* London: Grafton Books.

Ullman, James Ramsay. 1947. *Kingdom of Adventure Everest.* New York: William Sloane Associates.

___ 1955. "The Gentleman from Chomolungma." Introduction to Tenzing Norgay, *Tiger of the Snows*, xi-xvi.

___ 1964. *Americans on Everest.* Philadelphia and New York: J. B. Lippincott Co.

Unsworth, Walt. 1981. *Everest: A Mountaineering History.* Boston: Houghton Mifflin.

Venables, Stephen. 1989. *Everest Kangshung Face.* London: Hodder and Stoughton.

Von Fürer-Haimendorf, Christoph. 1964. *The Sherpas of Nepal: Buddhist Highlanders.* London: J. Murray.

___ 1976. "A Nunnery in Nepal." *Kailash* 4:121-54.

___ 1984. *The Sherpas Transformed: Social Change in a Buddhist Society of Nepal.* New Delhi: Sterling Publishers.

___ 1990. *The Renaissance of Tibetan Civilization.* Oracle, Ariz.: Synergetic Press.

Waddell, L. A. 1888 (1959). *The Buddhism of Tibet or Lamaism.* Cambridge: W. Heffer and Sons.

Weir, Tom. 1955. *East of Kathmandu.* Edinburgh and London: Oliver and Boyd.

White, J. Claude. 1909. *Sikkim and Bhutan: Twenty-One Years on the Northeast Frontier 1887-1908.* New York: Longmans, Green and Co.

Woodhead, Leslie. 1977. (film) "Sherpas." In the series *Disappearing Worlds.* Anthropological consultant: S. B. Ortner. Manchester, England: Granada Television.

Younghusband, Sir Francis. 1925. "Introduction." In E. F. Norton et al., *The Fight for Everest*: 1924, 13-30.

___ 1926. *The Epic of Mt. Everest*. London: E. Arnold and Co.

___ 1941. *Everest: The Challenge*. London: Thomas Nepon and Sons.

Zivetz, Laurie. 1992. *Private Enterprise and the State in Modern Nepal*. Madras, India: Oxford University Press.

해제: 히말라야 '등반'을 둘러싼 동서양의 진지한 게임들

김현미, 연세대학교 문화인류학과 교수

20세기 등반의 역사는 민족지라는 장르를 통해 어떻게 '재현'될 수 있는가? 히말라야 등반이 서구 및 아시아 등반 원정대가 남긴 인간 승리의 영웅 서사가 아닌, 함께 등반한 비서구 동반자들과 함께 만든 역사라면 이제까지 기록에서 배제된 자들은 누구인가? 『에베레스트에서의 삶과 죽음』은 1910년부터 시작된 서구인들의 원정 등반 역사에서 비가시화된 행위자였던 셰르파의 삶의 경험을 해석한다.

1970년대까지 통용되던 '사히브'라는 말은 힌두어로 '보스'나 '주인'을 뜻하며 주로 고등교육을 받은 중상류계급 출신 서구 남성 산악인을 부르는 호칭이었다. 그들의 모험적인 등반을 돕는 네팔 출신 셰르파는 이들에게 고용된 고산 전문 포터로, 장비, 식량 등의 짐 나르기, 캠프 설치, 요리, 서빙, 청소 등을 담당한다. 종종 셰르파들이 수행해온 역할 때문에 셰르파를 짐꾼의 동일어라 알고 있었던 독자들은 이 책을 통해 셰르파가 네팔 북동쪽 에베레스트 산과 계곡 주변에 사는 소수민족의 이름임을 알게 될 것이다. 이 두 집단이 산을 오르는 동기는 너무 달랐지만 위험한 고도 등반에 성공하기 위해 이 둘은 협력하고 갈등을 헤쳐 나간다. 이 책은 20세기에 발견된 고도 등반이라는 스포츠 행위를 통해 동서양, 서구/비서구 문화가 어떻게 만나고 서로에게 영향을 끼쳐 왔는지를 탐색한다. 왜 유럽인들은 고도 등반이라는 생명을 건 위험한 행위에 참여했을까? 이들의 원정 등반에 참여한 셰르파들의 동기는 무엇일까? 서구 산악인과 셰르파 들은 등반이라는 위험한 거래를 통해 어떻게 지속적으로 상대방을 재정의해왔을까? 셰리 오트너는 이런 관계의 역학을 셰르파의 관점에서 이야기하고 싶었다고 말한다.

80여 년의 히말라야 등반 역사를 셰르파들의 삶의 맥락에서 기술한 것은 오트너가 30년이라는 오랜 기간 네팔에서 현지조사를 했기 때문에 가능한 일이다. 오트너는 1966년과 1968년 사이에 첫번째 현지조사를 수행했고, 이후 1976년과 1979년, 1990년에 셰르파의 고향 지역인 솔루-쿰부의 마을, 주변의 사원과 수도원, 수도 카트만두 등에서 연구했다. 이 과정에서 『의례를 통해 본 셰르파족』(케임브리지 대학교 출판부, 1978), 『고등 종교: 셰르파 불교의 문화·정치사』(프린스턴 대학교 출판부, 1989)를 출간했다. 이 두 저서는 상징과 의미를 만들어내는 종교 의례에 주목한 것으로 고전적 인류학의 문법을 따른다. 미국 프린스턴 대학교 출판부에서 1999년에 출간된 『에베레스트에서의 삶과 죽음』은 장기간에 걸친 셰르파 연구의 완성판이라 할 수 있다. 이 책은 인종, 계급, 젠더, 종교의 교차로로서 등반의 역사를 분석한 민족지로 인류학의 현지조사 방법론을 충실히 따르면서 동시에 역사적 기록, 자서전, 영화 등을 포함한 다매체적 텍스트를 활용하여 상황적 진실에 접근한다. 이 책은 2004년 가장 훌륭한 인류학 저서에 수여하는 J. I. 스탤리상을 받았다. 또한 오트너는 2001년 스웨덴 인류학 및 지리학회에서 가장 영감을 준 인류학자에게 수여하는 레티우스 메달Retzius Medal을 수상했다.

오트너는 탁월한 현장 연구자이며 또한 인류학 '이론'을 선도해온 학자다. 1970~80년대 피에르 부르디외와 함께 실천 및 행위자 이론을 선도했고, 이 책 또한 이러한 이론적 관심사를 반영한다. 사실 오트너의 명성을 알린 첫 논문은 1974년에 출간된『여성·문화·사회』(2008년 한국어판 출간됨)에 실린「여성은 자연, 남성은 문화?」이다. 오트너는 이 논문에서 불평등은 여성들이 행하는 역할이나 기여도에 따른 것이라기보다는 특정 문화가 여성성과 남성성에 다른 가치를 부여함으로써 여성을 종속시킨 결과임을 통찰력 있게 분석했다. 이후 1970년대 당시 폭발적인 페미니즘의 물결 속에서 페미니스트 인류학을 설립하는 데 크게 기여했다. 페미니스트 인류학자로서 오트너는『성적 의미: 젠더와 섹슈얼리티의 문화 구성』(케임브리지 대학교 출판부, 1981)을 공동 집필했고,『젠더 만들기: 문화의 정치와 성애』(보스턴 대학교 출판부, 1996)를 통해 젠더 헤게모니와 대항 헤게모니와의 관계를 가지고 성차를 역사화하는 것이 중요하다는 점을 주장했다.

오트너의 이론적 관심은 인류학에만 머무르지 않고 사회과학과 문화연구 분야의 지적 조류들과 인류학의 관계를 분석하는 것으로 확장된다.『문화/권력/역사: 현대사회이론의 조류』(프린스턴 대학교 출판부, 1994)를 공동집필했고, 푸코를 비롯한 후기 구조적 비판 개념과 인류학을 접목한『인류학과 사회이론: 문화, 권력, 행위주체』(듀크 대학교 출판부, 2006)를 출간했다. 저서 이외에도 인류학의 이론적 조류를 분석한「1960년대 이후 인류학 이론」(1984)과「어둠의 인류학과 그 타자들: 1980년대 이후 인류학 이론」(2016)은 인류학도들의 필독 논문으로 회자되고 있다. 흔히 이론가라면 난해한 글쓰기 방식을 취할 것이라 생각하기 쉽지만 오트너의 가장 큰 미덕은 가독성 높은 글이다. 인류학은 구체적이고 특수한 맥락과 인간 행위자의 실천을 분석하는 데 힘을 기울여야 한다는 오트너의 철학은 그의 모든 저작들에서 사건 및 감정 묘사의 풍요로움과 겸허하면서도 예지 있는 통찰로 빛을 발한다.

인류학자로서 오트너의 지적 여정은 네팔을 비롯한 해외 현지조사를 수행했던 전반기와 1990년대 후반 이후 본국인 미국에서의 현장조사로 크게 나눠진다. 최근 오트너의 관심은 21세기 신경제하에서 미국의 사회변화와 그에 따른 계급 구성, 대중문화와 미디어의 영향력을 분석하는 것으로 귀결된다. 2003년에는 고등학교 동창생들과의 심층면접을 통해 미국의 사회적, 경제적 변화가 계급 구성에 끼친 영향력을 분석한『뉴저지의 꿈: 자본, 문화, 그리고 58년도 졸업생들』(듀크 대학교 출판부, 2003)을 출간했다. 미국에서 진보적인 사회 비평가의 역할을 꾸준히 수행해온 오트너는『할리우드가 아니라!: 아메리칸 드림 쇠퇴기의 독립영화』(듀크 대학교 출판부, 2013)를 집필하여 독립영화를 통해 본 미국의 실상에 대해 비판했다.

오트너의 연구 현장과 주제의 급진적 변화는 글로벌라이제이션에 따른 이동과 이주와도 관련이 있다. 그는 한 인터뷰에서 셰르파와 30년간 함께 하는 동안 세 권의 책을 냈고, 여전히 프로젝트를 이어갈 수 있었지만 '한계'를 느꼈다고 말한다. 오트너에게 셰르파는 "너무 편안한 친구였고, 더 이상 조사가 아닌 것 같았다"는 이유 때문이다. 또 한 가지는 셰르파들이 이미 글로벌 이동을 통해 전 세계로 퍼져나갔고, 뉴욕의 퀸스 등에서도 셰르파 친구들을 만날 수 있게 되었다는 점이다. 오트너가 이 책에서 추적했던 등반이라는 특정한 형태의 서구/비서구의 조우는 셰르파들에게도 개방적인 태도를 갖게 했고, 이주에 대한 사회적 상상력을 촉진시켰다.

이 책『에베레스트에서의 삶과 죽음』은 오트너의 60년에 걸친 학문적 여정의 중간 지점에 위치한 저작으로 그의 대표적인 민족지로 꼽히고 있다. 이 책을 구성하고 있는 인류학적 이론과 개념을 구체적으로 살펴보자.

진지한 게임

이 책에서 자주 언급되는 '진지한 게임serious games'에 주목해보자. 오트너는 사히브와 셰르파 두 집단 간의 만남을 해석하기 위해 '진지한 게임'이란 개념을 사용한다. 진지한 게임이란 말 그대로 한편으로는 매우 진지하면서도 동시에 재미있는 게임처럼 참여자들에게 창조성, 진취성, 행위자성을 부여한다는 의미다. 그러나 게임은 시대적 상황을 포함한 사회 구조에서 자유롭지 않으며 권력 관계를 내재하고 있다. 등반에 참여한 사히브와 셰르파들은 상호 얽힘과 상호 생산의 관계였지만 이 둘 사이에는 엄연한 권력 관계가 존재했다. 이 둘의 조우는 "권력의 비대칭성이 수반되는 문화 간 만남"(29쪽)이었다.

진지한 게임은 오트너가 1970~80년대에 발전시킨 '실천' 이론의 핵심 개념이다. 오트너는 피에르 부르디외와 더불어 인간 행위와 구조와의 관계를 설명하는 '실천practice' 이론가로 잘 알려져 있다. 진지한 게임은 오트너의 시카고 대학교 박사 재학시절 지도교수였던 기어츠의 문화 관점에 영향을 받아 탄생한 개념이다. 기어츠는 『문화의 해석』(1973, 한국어판 1998)을 통해 타자의 문화에 대한 무미건조한 실증주의적 재현이라는 전통적 인류학과 결별하고, 해석인류학이라는 분야를 확립한다. 기어츠는 문화를 기능주의적이거나 기계론적 시각에서 보는 환원주의적 접근을 거부하고, 복잡하게 얽혀 있는 의미 체계로 본다. 인류학자는 이런 역동적이며, 불규칙하고 생소한 의미 체계를 파악하고 설명하는 사람이며, 민족지는 이런 이유로 '중층기술thick description'의 방법론을 사용해야 한다. 기어츠에게 인류학은 해석적 과학이다. 오트너는 기어츠의 '의미 체계로서의 문화'를 등반이라는 행위를 해석하는 데 사용한다. 고산 등반은 늘 죽음이 따르는 가장 위험한 스포츠이지만 사히브와 셰르파 들의 등반 동기나 그들이 부여하는 의미는 매우 달랐다. 유럽인들에게 등반은 자아 내면의 도덕성, 유대감, 우정의 가치를 담은 자기 투쟁의 영역이지만, 셰르파들에게는 불경스러움, 두려움, 공포, 경제적 보상의 의미였다. 등반이라는 게임에 가담한 이들의 동기와 의미 부여를 분석함으로써, 오트너는 서구/비서구 문화의 의미와 복잡한 실천들을 동시적으로 이해할 수 있었다.

의례나 종교를 심층적으로 분석한 오트너의 전작들이 기어츠의 해석인류학적 관점에 좀 더 충실했다면 『에베레스트에서의 삶과 죽음』은 이 관점의 한계를 뛰어넘는다. 기어츠가 지역적 특수성에 기반을 둔 문화 해석에 주력하면서 그 자체의 사회적 재생산을 당연한 것으로 받아들였다면, 오트너는 사회 변화를 추동하는 인간 행위자의 저항과 변형에 더 큰 관심을 기울인다. 이 때문에 두 집단의 '조우'는 그런 변화를 추동하고 문화적 차이들을 드러내는 역사적 순간이다. 인간 행위자는 물질적/비물질적인 욕망을 추구하는 존재이며, 또한 실천과 저항을 통해 변형적 힘을 구성해가는 존재다. 셰르파는 힘과 자원 면에서 비대칭적인 게임에 참여하면서 오리엔탈리즘적인 사고를 가진 사히브의 관행과 규범들에 영향을 받는다. 동시에 이들은 게임의 룰을 무시하거나 변형시키면서 관계를 재구성해나간다. 시간이 지남에 따라 셰르파들은 더 나은 보수와 장비, 더 많은 존중을 요구하며 파업을 벌였고 마침내 등반대원으로서의 자격을 획득하기도 한다.

이론적으로 『에베레스트에서의 삶과 죽음』은 기어츠적인 관점과 푸코와 에드워드 사이드의 권력 관점을 결합시켜가는 과정에서 탄생한 민족지다. 오트너는 셰르파를 어떻게 재현하는 것이 정치적으로 의미 있는 실천인가를 고민하며, 해체와 재구성의 이중적 작업을 수행했다고 말한다. 오트너가 기어츠의 기여를 기리며 편집한 책 『문화의 숙명』(한국어판 2003: 313쪽)에서 오트너는 기어츠의 문화 개념은 여전히 유효하고 '다르게 사용하는 것'이 가능하다고 말한다. 여기서 오트너가 기어츠와 푸코 사이를 어떻게 횡단했는지를 살펴보자.

'의미'에 대한 기어츠의 지대한 관심은 처음 표명된 시점에서 보면 가히 혁명적인 것이었으며, 지금도 대단히 중요한 것으로 인정받고 있다. 되돌아보면 그의 치명적인 약점은 의미의 문제를 권력의 문제와 대립시킨 것이었다. 권력에 초점을 두는 이론들(특히 푸코/사이드류의)은 정확히 기어츠의 대척점에 서 있으며, 그 결과 의미의 문제를 배제한다. 그래서 우리는 일반적으로 보다 급진적이라 여겨지는 이론적 입장, 즉 행위자의 편에 서서 권력의 작용을 해부하는 이론이 바로 그 행위자의 의미—욕구와 의도, 신념과 가치—에 대한 관심을 간과하는 역설적 상황에 처해 있다.

사실 오트너는 대립적인 것처럼 보이는 두 관점을 창의적으로 결합하여 '행위자성'에 대한 정교한 이론화를 시도한다. 즉 셰르파들은 단순히 권력에 순응하거나 '저항'하는 게 아니라, 자신들의 목적에 맞게 권력을 조정하고, 조건을 개선하는 존재임을 민족지적인 사례들로 증명해낸다. 오트너는 셰르파의 행위자성을 순응 혹은 저항이라는 이분법적 관점에 가두지 않고, 그들이 자신의 수행성에 어떤 의미를 부여하는지에 대한 '문화적' 독해를 한다. 여기서 문화적 독해란 불교도인 셰르파들이 '죽음'이 드리워진 고산 등반이라는 불경한 돈벌이를 어떻게 이어갈 수 있었느냐의 문제를 해석하는 것이다. 이들이 동원해낸 문화적 자원과 실천은 종교적인 것에서부터 물질적인 것까지 다양한 스펙트럼에 위치하고 있었다. 예들 들어, 이들은 신들의 보호를 받기 위해 수도원 운동에 적극 참여하면서 수행과 연민의 감정을 수련한다. 때로는 사히브에게 산에서 살생을 하지 못하게 권유함으로써 산을 정화시키는 노력에 참여하도록 유도한다. 또한 기존 셰르파 사회의 신분적 위계에서 벗어나기 위해 '친다크'라 불리는 후원자 개념을 발전시키고, 개인주의적인 사히브 문화를 모방하기도 한다. 이런 점에서 오트너는 권력은 유동적이며 산재되어 있다는 푸코의 관점을 이어나간다.

등반과 남성성들

고산 등반은 오랜 기간 남성들이 독점했던 위험한 스포츠였다. 등반을 통해 특정한 남성성은 헤게모니를 장악해왔고, 주도적인 남성성은 시대마다 달라졌다. 즉, 등반에 참여한 남성들의 정체성은 고정된 실체라기보다는 '관계적'이며 상호구성적이었다. 『에베레스트에서의 삶과 죽음』을 관통하는 또 하나의 분석 개념은 사회적 구성물로서의 젠더 개념이다.

목숨을 건 위험한 행위인 히말라야 등반을 추동해온 남성성들은 지속적으로 변화해왔다. 1920년대와 1930년대 서구의 사히브들은 당시 천박한 물질주의에 결여된 영성을 구현하기 위해 죽음을 무릅쓰고 산에 올랐다. 이들을 추동한 남성성은 '반근대'라는 감정이었고, 따라서 금욕주의, 신비주의 혹은 도덕주의적 성향이 강했다. 이런 낭만주의적 남성성은 셰르파를 '자연' 상태 혹은 '아이와 같은 때묻지 않은 존재'로 바라보게 했다. 이들은 셰르파가 경제적 동기가 아닌 비물질적인 동기에 의해 산에 오른다고 믿고 싶어했다. 셰르파들의 죽음을 목격하고도 감정을 드러내지 않는 것을 '동양적 운명론'으로 이해했다. 2차대전 이후 재기된 1950~60년대의 등반 원정이 '군사 원정'의 틀을 모방하면서 이전에 '순수한 존재'로 간주되었던 셰르파는 '통제하기 어렵고' '규율이 안 잡혀서' 엄한 아버지의 손길이 필요한 존재로 그려졌다. 오트너는 등반의 군사화를 '마초 전환'이라 부른다. 경쟁과 위계를 강조하는 군사주의 모델은 오히려 셰르파의 저항을 불러일으켰고, 이들은 각종 파업을 통해 서구 산악인들과 평등한 관계를 추구하게 만들었다. 그러나 등반과 남성성의 의미는 고정된 것이 아니라 지속적으로 변화를 경험한다. 1970년대의 서구에서 반문화가 형성된 시기에는 산악인들 또한 경쟁적 분위기보다는 모험의 동반자 관계를 지향했다. 사히브와 셰르파의 관계에서 '우정'이라는 말이 등장하기 시작했고 이때부터 사히브라는 단어는 사용되지 않았다. 이후 셰르파와 등반대는 학교를 짓고 지역 사회를 발전시키는 데 함께 참여하는 개발의 협력자가 되었다.

등반이 더 이상 남성들의 독점물이 아닌 상황을 맞이하며 젠더 역학은 더욱 복잡해진다. 1970년대 페미니즘 물결로 '평등주의'를 내재화한 서구 여성 산악인 '멤사히브'는 혼성 혹은 여성만의 단독 팀을 구성해 등반 원정에 오른다. 마찬가지로 여성 셰르파 '셰르파니' 또한 '진지한 게임'의 참여자로 등장하기 시작했다. 서구 여성 산악인의 등장은 성적 모험, 성적 정화, 금욕주의라는 복잡한 역학을 만들어내면서 두 남성 집단 간의 오랜 조우에 영향을 주는 새로운 욕망과 교섭을 만들어낸다. 가부장적 위계는 서구 남성 등반자나 셰르파 남성 모두가 공유한 권력 질서였고, 이 둘의 공모는 여성들의 등장으로 어떤 변화를 겪었는지가 충분히 분석되지 않았다는 아쉬움이 남는다.

오트너는 『인류학과 사회이론』의 서문에서 자신이 실천 이론적 접근법을 정확히 알지 못한 채 불평등하고 때로는 폭력적인 젠더 관계의 수수께끼를 풀고자 했었다는 고백을 한다. 오트너는 그가 오랜 기간

집착했던 게임이라는 개념 자체가 젠더라는 권력 관계를 설명하기에는 충분히 정치적이지 못했다는 점을 인정했다.

등반의 상업화

2004년 이후 UCLA로 자리를 옮긴 오트너는 자신의 주거지와 가까운 미국의 할리우드를 조사했다. 그는 할리우드를 지배하는 폐쇄주의적 상류계급 남성중심의 문화 때문에 만족스러울 만큼의 심층적인 연구는 번번이 좌절되었다고 말한다. 그는 모든 인맥을 가동했음에도 불구하고, 접근하기 어려웠던 상류계급이나 전문가 집단에 대한 연구의 방법론적 어려움을 고백한다. 그에게 상류계급 미국인들은 셰르파라는 이국적 존재보다 더 비밀스런 의례와 관행들을 통해 권력을 재생산하는 행위자들이다. 전지구적 자본의 확장과 기업의 영향력은 에베레스트 등반의 모습 또한 변화시키고 있다. 등반대의 규모 경쟁, 각종 첨단 장치와 취향을 만족시켜주는 기구들의 등장으로 더 많은 포터들이 동원되었고, 고산 등반은 급격히 상업화되고 있다.

오트너는 이 책의 마지막 장에서 "온 우주의 주인처럼" 행세하는 '여피 등반대'와 등반의 상업화에 대해 신랄히 비판한다. 이제까지 어떤 산악인도 셰르파의 노동 없이 산 정상에 오르지 못했다. 원정대가 동원한 기술 장비, 산소, 자본, 현란한 광고 마케팅에도 불구하고, 여전히 '보이지 않는 노동'을 수행하는 사람은 셰르파와 포터 들이며, 등반은 이들의 노동에 전폭적으로 의존해왔다는 것이다. 두 집단의 조우를 통한 상호구성성과 진지한 게임에 주목해온 오트너는 셰르파를 폄하하고, 종속시키고, 착취하는 일부 기업형 등반대의 급증으로 '게임'의

장의 질서가 심하게 훼손되고 있다고 느끼는 것 같다. 이제 에베레스트는 단순한 동서양 문화의 조우의 장이 아니라 다양한 국적의 아시아 등반대와 여행객이 참여하는 거대한 관광지가 되고 있다.

이 책이 내게 큰 흥미를 끈 이유 또한 히말라야를 오르는 한국 등반대들 간의 정상 정복을 위한 과도 경쟁과 기업 마케팅의 문제에 대한 불편한 뉴스들 때문이기도 했다. 몇 년 전 기업으로부터 지원을 받은 등반대의 "히말라야 14좌 완봉"이라는 뉴스와 함께 등반대원의 정상 인증샷과 그 뒤를 따르는 가짜 완등 의혹 등은 여전히 기억에 남아 있다. 글로벌 스포츠용품 회사의 걸어다니는 광고물이 된 등반대의 이미지부터, 네팔 산악지대에 학교를 세우고 지진 피해에 대한 구호활동을 펼치는 등반대의 모습까지 '조우'의 양상들은 다변화되고 있다. 자신을 셰르파족이라 소개하는 이주노동자를 한국에서 만나는 것 또한 낯선 경험이 아니다. 글로벌라이제이션은 매우 다른 방식으로 사회를 구성하지만 전에 없던 동시적 연결성과 접속을 가능하게 만들어준다. 인류학적 현장 또한 완벽한 강자와 무력한 약자라는 이분법을 허용하지 않는 복잡한 행위자성에 대한 섬세한 해석이 요청된다.

오트너의 『에베레스트에서의 삶과 죽음』은 등반으로 인해 물질의 세계로 초대된 셰르파들이 어떻게 문화적인 것과 물질적인 것을 결합시켜내며 나름의 완충적 감각을 구성해가는가를 잘 보여주고 있다. 과도한 물질주의적 영향력에 대한 비세속적이며 종교적인 출구를 열어가거나, 선택지들을 새롭게 만들어가는 것 또한 셰르파에게는 저항의 행위로 간주될 수 있다.

아주 오래전 이 책의 영문판을 읽고 한국어로 번역되었으면 하는 바람을 여기저기 피력해왔다. 다행히 출판사 클의 김경태 대표가 적극적으로 제안을 받아들여 이 책이 출간된 지 20여 년 만에 한국어로 읽을 수 있게 되었다. 번역자 노상미 씨의 노고에 감사드린다. 민족지는 타자의 삶의 세계에서 유영하면서 문화를 통한 변화가능성을 탐색하는 자유를 제공한다. 『에베레스트에서의 삶과 죽음』과 같은 깊이 있는 민족지를 통해 우리는 권력에 저항하는 '진지한 게임'을 수행할 줄 아는 인간 행위자에 대해 한층 잘 이해할 수 있게 되었다.

찾아보기